Kunst-Reiseführer in der Reihe DuMont Dokumente

Zur schnellen Orientierung: Hauptsehenswürdigkeiten in Rom

(Auszug aus dem ausführlichen Register Seite 403)

W0236329

In der Umschlagklappe: Stadtplan von Rom

In der hinteren Klappe: Rom-Plan von G. B. Nolli mit umrahmenden Veduten von G. B. Piranesi, 1748

Heinz-Joachim Fischer

Rom

Ein Reisebegleiter

Zweieinhalb Jahrtausende Kunst und Kultur
in der Ewigen Stadt

DuMont Buchverlag Köln

Umschlagabbildung: Piazza del Popolo

Umschlagklappe: Apsismosaik von Santa Maria Maggiore

Umschlagrückseite: Castel Sant' Angelo

Frontispiz: Papst Sixtus V. als Bauherr und Denkmalpfleger Roms. Anonymer Stich von 1589

© 1986 DuMont Buchverlag, Köln
5. Auflage 1989
Alle Rechte vorbehalten
Satz, Druck und buchbinderische Verarbeitung: Boss-Druck, Kleve

Printed in Germany   ISBN 3-7701-1991-6

Inhalt

Vorwort

Über Rom ist eigentlich schon alles geschrieben worden. Ein neues Buch über die Ewige Stadt zu verfassen, muß von vornherein als tollkühnes Unternehmen erscheinen, von dem man sich klüglich fernhalten sollte. Nichtsdestotrotz ist der Autor der Versuchung erlegen, sich in die Schar derer einreihen zu wollen, die bisher schon Gelehrtes, Geistreiches, Amüsantes über Rom zu Papier gebracht haben. Mit diesen leuchtenden, mehr und minder bekannten Vorläufern will und kann ich mich nicht messen. Ich bin ihnen zu Dank verpflichtet, weil ich auf ihren Schultern stehe und mit ihrem Material an dem unvergänglichen Rom-Bild weiter formen kann. Dennoch mußte ich ihnen oft grollen, da sie mir diese Ein- und Aussicht, jenen Tief-, Durch- und Überblick längst vorweggenommen haben. Ein großer Trost kommt mir jedoch zu Hilfe: die Leserin, der Leser selbst, die nicht nach alten Bücher gegriffen haben, sondern nach diesem neuen. Ihnen bin ich eine Erklärung schuldig, warum ich mich mit Feder, Schreibmaschine und Computer an Rom wagte.

Den jungen Studenten, der einige Jahre in Rom verbrachte, führten Freunde mit langen Fuß-wegen in die Geheimnisse der römischen Kunstwerke ein. Professoren römischer Universitäten verfeinerten diese erste Bekanntschaft mit gelehrten Darstellungen, so daß sich der Eleve in römi-schen Dingen bald selbst keck traute, Besuchern Kirchen und Paläste, Säulen und Standbilder zu erklären. Viele Bücher wurden dazu benutzt, in die Mysterien Roms einzudringen, und bald zeigte sich, daß die größte Kunst eines Cicerone in Rom darin besteht – wegzulassen, sei es auch noch so gescheit, informativ und wertvoll. Als ich dann als Italien- und Vatikan-Korrespondent der Frankfurter Allgemeinen Zeitung vor einigen Jahren nach Rom kam und von Zeit zu Zeit ein wenig von der Stadt und ihren Eigenheiten den Lesern erzählte, vertiefte sich die Freundschaft zu Rom und den Römern zur Liebe. Viele haben daran Anteil, italienische Kunst-Experten, nicht zuletzt auch die Direktoren und Mitarbeiter der Kulturinstitute der deutschsprachigen Länder, vor allem des Deutschen Archäologischen Instituts, des Kunsthistorischen Instituts der Biblioteca Hertziana und des Deutschen Historischen Instituts. Wenn ich von allen, die mir hilfreich waren, nur meine Frau hervorhebe, so weil ich ihr am meisten verdanke – von der geteilten und so doppelt intensiven Zeit bei Besichtigungen bis hin zu wertvollen Ratschlägen beim Schreiben und Warnungen vor stilistischen und wissenschaftlichen Fehltritten.

So bildeten sich während all der Jahre römische Mosaiksteine, in Zettelkästen und Zeitungs-artikeln verstreut, persönliche Erlebnisse, in Kopf und Herz aufbewahrt. Wenn »mein« so gewachsener, mit neuen Elementen bereicherter und zu einem einheitlichen Gesamtbild gestal-teter Rom-Führer anderen nützlich sein kann, sie nicht von dem »Kunst-Ungeheuer« Rom abhält, vielmehr hier und dort den Zugang erleichtert, bin ich's zufrieden.

Rom, im August 1986   *Heinz-Joachim Fischer*

VITA ROMANA – LEBEN IN ROM

Römische Tageszeiten

Zwei Uhren teilen die Zeit in Rom, bringen die unendlichen Stunden von Jahrtausenden in der Ewigen Stadt auf menschliches Maß, halbieren den Tag: die Zahlenleuchte vor dem römischen Flughafen Leonardo da Vinci in Fiumicino draußen am Meer und jene alte Zeigeruhr an der Fassade der Peterskirche. Wie alle modernen Zeitmesser führt auch der vor dem Aeroporto den Tag nicht zu Ende. 23:59 – danach springen die Zahlen sogleich auf 0:00. Wer einen Spätflug aus dem Norden gewählt hat, kann den Wechsel des Tages oft noch erleben. Schon eine halbe Stunde Verspätung beim Start in Mitteleuropa ist ein Hinweis darauf, daß mit der Zeit im Süden großzügiger umgegangen wird. In Rom signalisieren Grenzpolizisten, die nicht so scharfprüferisch dreinblicken, Gepäckbänder, die nur zögernd die Koffer hergeben, Zöllner, die es mit der Kontrolle nicht so genau nehmen, und ein höherer Nachthimmel, daß wir am Mittelmeer gelandet sind. Wer nach den schweren deutschen Autos in eines der gelben, schwachmotorig-blechernen Taxis steigt, wer nach den glatten Betonbändern oder den nahtlosen Schienensträngen der Heimat jenseits der Alpen die holprigen Wege spürt, die bekanntlich alle nach Rom führen, dem verdichten sich die ersten Eindrücke zur Ahnung eines neuen Lebensgefühles, und er ist gespannt, was der nun anbrechende Tag bringen wird, was 24 Stunden – auch verteilt auf verschiedene Tage – in Rom bergen können. Jede schlägt uns ein neues Thema an.

So schnell wie in der zweiten Stunde des Tages gelangt man sonst nie durch die Stadt, vom Kapitol nach Sankt Peter, von der Porta Pia im Osten zum Gianicolo-Hügel im Westen, vom Forum Romanum zur Piazza del Popolo oder zur Cestius-Pyramide, so ungestört kann man im Sonnenlicht nie Pantheon oder Kolosseum, Palazzo Farnese oder die Kirche Santa Maria Maggiore betrachten. Der Schein des Mondes reicht für einen Nachtspaziergang aus; die Straßenbeleuchtung stellt den silbrigen Lichtgeber nicht in den Schatten, entspricht eher mittelalterlichen Vorstellungen von Helligkeit und erinnert an Fackeln. Aber ist das von Schaden? Als Kirchen und Paläste gebaut wurden, war elektrisches Flutlicht unbekannt. Daran wollen wir uns halten. Die Bauwerke der Vergangenheit werden auch bei gedämpftem Licht auf uns wirken. Vielleicht bevölkern sich dann die Plätze, beginnen die dunklen Schatten der Nacht plötzlich zu flüstern, spricht die Geschichte beredter und mächtiger zu uns.

In der Innenstadt – im Westen markiert vom Bogen des Tibers, der geruhsam am Mausoleum des Kaisers Augustus, dann an dem des Hadrian, der Engelsburg, und der Tiberinsel vorbeifließt, im Süden und Osten begrenzt von der Aurelianischen Stadtmauer mit den Toren der Heiligen – Paolo, Sebastiano, Giovanni, Lorenzo –, mit der Porta Maggiore und der Porta

Pia findet man auch um halb drei Uhr eine geöffnete Bar – keinen Amüsierbetrieb, sondern jene geniale italienische Erfindung für Speis und Trank auf die schnelle. Einen aufmunternden Espresso oder ein Glas Milch, einen wärmenden Liquore oder ein kühles Bier, ein kräftigendes Sandwich »con prosciutto e formaggio«, mit Schinken und Käse, oder eine kleine heiße Pizza servieren ein freundlicher Domenico oder eine müde Giulia auch zu nachtschlafender Zeit. Nicht nur Hunger und Durst kann man ihnen anvertrauen, sondern auch die Begeisterung über die römischen Wunderwerke oder einen Kummer, von dem die Stadt heilen soll.

Zwischen 3.00 und 4.00 Uhr morgens erlischt auch das Leben auf der Via Veneto, dem zwei-kurvigen »Boulevard« zwischen der Piazza Barberini und der Porta Pinciana. Aus der Zeit des glitzernden Dolce Vita in den fünfziger und sechziger Jahren hat sich die Prachtstraße einen Glanz bewahrt, der die Lust des Römers an der Fassade, dem schönen Schein repräsentiert. Die Kellner im »Café de Paris« oder bei »Doney« schieben dem Liebespaar gar nicht mehr nur ver-stohlen gähnend den Scontrino, den Kassenzettel, zum Bezahlen hin, fächeln mit der Serviette kurz die Luft und löschen die Lichter. Der Geräuschpegel des römischen Verkehrs hat nun seinen niedrigsten Stand erreicht. Ganz ruhig ist es freilich noch immer nicht. Das da und dort in den engen Straßen aufsteigende Motorengedröhn vereinigt sich über den Dächern zu einer stetig schwingenden Lärmglocke. Rom scheint zu schlafen, doch der Puls schlägt noch ver-nehmlich.

Um 4.30 Uhr klingelt bei Gustavo und Anna draußen im Quartiere Tiburtino im Osten Roms, Richtung Tivoli, der Wecker. Gustavo muß um fünf Uhr das zehnstöckige Mietshaus verlassen, um rechtzeitig zu seiner Arbeitsstätte im 80 Kilometer entfernten Civitavecchia zu gelangen. Vor 20 Jahren schickten die Eltern – ähnlich ihren Vorfahren vor zwei Jahrtausenden – den damals 16 Jahre alten Analphabeten aus dem fernen Kalabrien nach Rom. Das waren harte Zeiten, da bald auch Frau und Kinder ernährt werden mußten. Jetzt hat sich Gustavo als Hilfsarbeiter »auf dem Bau« eine gewisse Fertigkeit im Anbringen von Betonverschalungen erworben und verdient gut. Von Zeit zu Zeit gibt es Ärger mit den Lohnzahlungen, weil die bauführende staatliche Gesell-schaft seiner Firma nicht die vereinbarten Gelder überweist. In der Hauptstadt findet der Bau-arbeiter keinen Platz. So fährt Gustavo mitten in der Nacht zur Arbeit.

Anna macht sich nun in der Küche zu schaffen. Da sie tagsüber als Näherin arbeitet, muß sie wie viele römische Frauen ihren eigenen Haushalt in aller Frühe führen. Wenn sie aus dem Fenster schaut, sieht sie, daß jetzt in den umliegenden Mietskasernen immer mehr Lichter angehen. Die Mehrzahl der Römer wohnt schon längst nicht mehr in der Innenstadt, deren Grenzen noch die Kaiser des Imperium Romanum vor 2000 Jahren für eine Bevölkerung von rund einer Million gezogen haben; auch nicht in den Vierteln, die in der »Gründerzeit« gebaut wurden, nach der Einigung Italiens im Jahr 1870, als Rom Hauptstadt des Königreichs Italien wurde und für die Zuwanderer stattliche Wohnungen geschaffen werden mußten. Nach dem Ende des Zweiten Weltkriegs, als immer mehr Italiener aus dem Süden zuströmten, entstanden links und rechts der Ausfallstraßen – auch diese von römischen Konsuln oder Kaisern angelegt – aus Baracken, den »Borgate«, neue Siedlungen, die »Quartieri popolari«, für »das Volk«.

Um 6.30 Uhr weckt Anna ihre drei Kinder, zwölf, elf und zehn Jahre alt, sucht die ersten Streitereien zu schlichten und verfrachtet schließlich das Mädchen und die beiden Jungen in ihren kleinen Fiat. Den öffentlichen Verkehrsmitteln mag sie ihre Kinder nicht anvertrauen. Ins Zentrum hinein dauert es nicht lange, aber die Querverbindungen zwischen den Stadtvierteln sind schlecht, und eine Stunde Fahrt in vollgepreßten Bussen, dazu das Warten beim Umsteigen – all das erscheint vielen Eltern für ihre Kinder nicht recht bekömmlich. Die römischen Behörden haben manche Anstrengung unternommen, das öffentliche Verkehrsnetz dichter zu spannen. Vor allem wollten sie der einen, noch unter Mussolini gebauten U-Bahn-Strecke eine zweite hinzufügen: vom bevölkerten Südosten durchs Zentrum hindurch nach Nordwesten in die Nähe des Vatikans. Ganze 20 Jahre zog sich der Bau des etwa 14 Kilometer langen Tunnels in der klassischen Erde hin, von der jeder Kubikmeter den Archäologen heilig ist, auf der schon immer Spekulation und Korruption wuchsen. Für die drei Millionen Bewohner des Großraums Rom sind zwei Metropolitana-Linien jedoch zuwenig. So bleibt der Hauptteil des öffentlichen Transports bei den rumpelnden Bussen und den altertümlichen Straßenbahnen, die in den engen Straßen und zwischen den unzähligen Autos nur mühsam vorankommen.

Jeden Morgen stürzen sich Hunderttausende am eigenen Steuer in den Verkehr, der gegen acht Uhr zu beängstigender Stärke anschwillt. Blechlawinen ergießen sich über die Einfallstraßen, verteilen sich zwischen Kirchen und Palästen und finden auf geheimnisvolle Weise Platz; angesichts fehlender Parkhäuser ein schieres Wunder, das nur deshalb möglich wird, weil einsichtsvolle Polizisten oft vor dem Buchstaben des Gesetzes phantasievolle Gründe für seine Übertretung gelten lassen. Rote Signale, weiße Doppellinien auf der Fahrbahn, Einbahnstraßenzeichen, Halteverbote gehören einer idealen Ordnung an, die auf dem Boden römischer Tatsachen nicht verwirklicht werden kann. Kampf bis auf den Zentimeter, Streit um einen Parkplatz, Hupkonzerte in verstopften Straßen, Slalomkurven ohne markierte Fahrspuren, meterweises Vorwärtskriechen in endlosen Staus – das sind die Ingredienzen des römischen Verkehrs. Jeder regt sich dabei über Unsitten auf, von denen er selbst nicht frei ist, erweist sich als ein auf den kleinsten Vorteil bedachter Schlaukopf und verzichtet aber auch großzügig auf die Vorfahrt, fiebert vor Nervosität und zeigt Engelsgeduld, ist rücksichtslos und in der nächsten Minute vollendet höflich, abweisend und beim ersten persönlichen Kontakt von lächelndem Charme. Mag in nördlichen Ländern der Volkscharakter von der Straßenverkehrsordnung unterdrückt sein, hier entfaltet er sich lebhaft.

Neben dem Auto für den Hauptverdiener besitzen viele römische Familien eines zum Einkaufen. Zwischen acht und neun Uhr ist die ideale Zeit, zu einem der vielen Märkte der Stadt zu fahren. Dann ist die Ware noch nicht ausgesucht. Die Händler sind noch nicht ermüdet, und ihr Witz wirkt lebhaft. Die Langschläfer fehlen im Gemenge. Unter dem Beifall der umstehenden Hausfrauen kann man einen Fischverkäufer wegen eines bedenklich riechenden Kabeljaus schelten oder ihn wegen der knackigen Schalentiere loben; man sieht, daß sie in der Nacht zuvor draußen im nahen Mittelmeer gefangen wurden. Bedächtig wählt man ein junges Täubchen aus, und niemand wird einen zu schnellerer Entscheidung drängen wollen. Denn Speis und Trank sind in Rom eine ernste Sache, der sich nur Lebensverächter und Griesgrame nicht mit der notwendigen Aufmerksamkeit widmen. Es versteht sich hier von selbst, daß Obst und Gemüse, Schinken und Salami, Brot, Käse und Fleisch jeden Tag frisch eingekauft werden.

Zwischen 9.00 und 10.00 Uhr beenden die Touristen ihr zumeist karges Frühstück. Dann drängen sie wißbegierig und schaulustig zu den besten Plätzen in gläsernen Bussen, kleben an den Scheiben, um »dort links, hier rechts« den Erklärungen des Stadtführers zu folgen, steigen aus und klettern wieder hinein, hasten in die Kirchen, erklimmen Treppen, umlagern Brunnen, überqueren ängstlich Plätze, besichtigen Paläste und Museen, spazieren durch Villen und über Parkwege, in Gruppen oder zu zweit, von den Befehlen eines »Cicerone« nach Belieben dirigiert oder in der Hand ein Buch als Führer.

Vor 11.00 Uhr erwacht in den Ministerien und Parteibüros, in der Abgeordnetenkammer und im Senat der politische Betrieb der Hauptstadt. Parlamentarier und Beamte, Manager der Staatsindustrie, Bankchefs und Gewerkschaftler beginnen nach Sitzungen bis tief in die Nacht hinein ihr Tagewerk. Sie werfen einen Blick in die Zeitungen, der sich zuweilen voll Mißfallen oder Schadenfreude an einer heftigen Attacke auf einen Kollegen festsaugt, rufen empört bei bekannten Journalisten an, beraten mit Freunden, was gegen böswillige Verleumdungen und zur Überwindung einer Krise, vor allem was zu Nutz und Frommen der Partei und der »Clientela«, der politischen Familie mit »Hausvater« und »Gesinde«, also zum Besten von Volk und Vaterland zu tun sei. Die Phantasie der Politiker bringt schon in der Morgenstunde Kabinettstücke besonderer Art hervor. Dank der Unbeirrbarkeit der Wähler, die seit Jahrzehnten die Rangfolge der Parteien festgelegt haben – zuerst die Christlichen Demokraten, dann die Kommunisten und schließlich die Sozialisten; was sich dahinter bewegt, fällt wenig ins Gewicht –, schießen der Einfallsreichtum der Verantwortlichen und die Verbreitung seiner Früchte durch gewogene Zeitungen oft hanebüchen ins Kraut. Jeder kennt jeden im politischen Rom. Selbst wenn man sich im Plenarsaal der Abgeordnetenkammer gerade beschimpft hat, so nimmt man sich im Transatlantico, der Wandelhalle draußen vor der Aula, vertraulich beim Arm, duzt sich weiterhin, verspricht beim nächsten Mal Mäßigung und meint, die Politik dürfe man nicht zu blutig-ernst sehen. Des einen Aufstieg scheint des anderen Fall, aber auf wunderbare Weise erheben sich die Gestürzten wieder, überleben jene von vorgestern noch bis übermorgen. Die »Classe politica« steht in Italien nicht in gutem Ruf. Doch das Ergebnis der Politik ist vielleicht besser, als die Klagen der Römer über die schlecht funktionierende Administration und eine überbordende Bürokratie, als vermeintliche oder wirkliche Skandale vermuten lassen.

Das schönste Verwaltungsgebäude in Rom ist »das Kapitol«, der Sitz des Bürgermeisters, der Senatorenpalast auf dem Kapitolinischen Hügel hoch über dem Forum Romanum. Von elf bis zwölf Uhr herrscht dort im »Saal des Julius Caesar« emsige Betriebsamkeit. Der Stadtrat muß einen Bebauungsplan verabschieden, muß Projekte des Kulturassessors billigen, mit denen dieser auch die wenig begüterten Schichten der »misera plebs contribuens«, des schon im Altertum bekannten »armen, aber steuerzahlenden Volkes« erreichen will. Alle Bürgermeister, seien sie nun christlich-demokratischer oder kommunistischer Couleur, wollen stets die vier ewigen Grundübel Roms bekämpfen: öffentlicher und privater Verkehr müßten ausbalanciert, neue Wohnungen gebaut werden; die Stadtplanung müsse in geordneten Bahnen verlaufen, das Gesundheitswesen noch mehr nach sozialen Maßstäben strukturiert werden. – Beamte und Angestellte in den über die ganze Stadt verstreuten Ministerien der italienischen Regierung, in den Ämtern der »Comune«, der Provinz Rom in der Via Quattro Novembre beim Quirinal, und der Region, des »Landes« Lazio, draußen in der Via della Pisana, in den Konzernzentralen der Staatsindustrien, der Banken und Versicherungsgesellschaften, in den Einrichtungen für den Fremdenverkehr prägen den Charakter Roms als Dienstleistungszentrum.

Wenn Punkt 12.00 Uhr ein Kanonenschuß vom Gianicolo-Hügel herab den »Mezzogiorno« verkündet und die Zeiger der Uhr von Sankt Peter sich auf der Zwölf überdecken, sind einmal in der Woche am Mittwoch Tausende von Besuchern und Pilgern aus aller Welt zur General-audienz des Papstes versammelt. Schwarze Ordensschwestern aus Afrika, junge Priester in langen Talaren aus Südamerika, Bischöfe aus den Vereinigten Staaten im eleganten schwarzen Anzug mit einem baumelnden Kreuz auf der Brust, bärtige Hierarchen aus dem Orient, Inder und Chinesen, Peruaner und Deutsche demonstrieren, daß in Rom das Herz der katholischen Christenheit schlägt. Die Päpste sprechen zu den Menschen entweder im Petersdom oder in der weiten Halle, die Paul VI. (1963–1978) von dem Architekten Nervi hat bauen lassen, oder auf dem Petersplatz vor der Basilika, dort im Sommer wegen der Mittagshitze jedoch erst am frühen Abend. Der Papst hält dabei gewöhnlich zuerst eine allgemeine Predigt, dann begrüßt er die Pil-gergruppen aus den einzelnen Ländern. Die Römer sind über den Andrang der Massen nicht immer glücklich, da so in der Umgebung des Vatikans für Stunden der Verkehr ins Stocken gerät. Andererseits bringt die Anwesenheit des Papstes in Rom, der nach dem Konkordat des-halb »Heiligen Stadt«, verschafft die Existenz des souveränen Staates der Vatikanstadt vielen Römern Arbeit und Brot – und zuweilen das Gefühl, noch immer Mittelpunkt der Welt zu sein. Wenn die Päpste an hohen Feiertagen ihren Segen »Urbi et Orbi«, der Stadt und dem Erdkreis, geben, dann entfaltet sich ein heiliges Schauspiel, das Millionen überall im Fernsehen beob-achten, dann rückt Rom für viele in die Mitte der Welt, zeigt sich, was diese Stadt für die Menschheit bedeutete und noch immer gilt, religiös und säkular.

Nüchtern erinnern die Römer daran, daß Zeit zum Mittagessen sei. Die einen haben sich beim Bäcker ein Stück weißer Pizza geholt, schieben eine dicke Scheibe Mortadella hinein, und der Imbiß ist fertig; andere suchen sich Gesellschaft und gehen schnell in eine Pizzeria, Rosticceria, Tavola calda oder in eine der zahlreichen Trattorie, Osterie oder in ein Ristorante. Vieles in Rom ist in den letzten Jahren anders geworden, die meisten sagen, schlechter; die Qualität von Speis und Trank hingegen blieb gleich gut; da verstehen die Römer keinen Spaß. Jeder hat seine Vorlieben bei der Wahl des Ristorante, für den »Mario am Pantheon« oder den an der Spani-schen Treppe, Präferenzen, die selten mit der Speisekarte allein, häufiger jedoch mit der Freund-lichkeit von Wirt und Kellnern zusammenhängen. Da sitzen sie einträchtig beisammen, die Chefs und ihre Angestellten, Kommunisten und Christliche Demokraten, und vergessen bei Pasta und Bistecca allen Streit. Zur Mittagszeit wird in Rom wenig gearbeitet. Da einen Termin zu vereinbaren gelingt nur zum Gespräch beim Essen.

Nach dem Pranzo in der Trattoria ist ein Spaziergang in der Innenstadt fällig. Man stößt dort auf viele alte, baufällige Häuser. Jene, die darin wohnen, besitzen meist nicht das Geld zur Sanie-rung, wollen aber den anderen, die über die notwendigen Mittel verfügen, nicht weichen. Ver-ständlich. Doch die Sympathie für die Alteingesessenen festigt nicht das morsche Holz, stützt nicht kranke Mauern. Der Staat muß sich der Erhaltung der öffentlichen Bauten widmen. Damit ist er genug beschäftigt und in Rom fast hoffnungslos überfordert. Darf die Stadt Rom mit öffentlichen Geldern den Alteingesessenen aus ihren dunklen Behausungen begehrte Luxusappartements schaffen, wo draußen in den Außenbezirken noch viele auf eine Wohnung warten? Guter Rat ist da teuer. Aber vieles wird getan, und immer häufiger tauchen im Stadtbild sorgfältig restaurierte, nicht nur frisch gestrichene Fassaden auf und zeigen, daß nicht allein geklagt, sondern auch gehandelt wird. Besorgniserregender als der Zustand der privaten Häuser ist jener der Kunstwerke. Von Zeit zu Zeit werden dringliche Alarmrufe ausgestoßen über die Gefährdung von Palastfassaden, Marmorsäulen, Statuen und Reliefs. Die Kunsthistoriker – wie etwa der ehemalige Bürgermeister von Rom, *Giulio Carlo Argan* – wollen verhindern, daß zu den bekannten Ruinen Roms zu schnell neue – trostlose, von den Umweltbedingungen der modernen Zeit zerfressene – hinzukommen.

Nur ein paar Schritte vom Centro storico, dem historischen Stadtzentrum entfernt, und wir sind in einem der römischen Parks, in der Villa Borghese bei der Via Veneto oder auf dem Palatin-Hügel unter Bäumen und an alten Palastmauern. Wenn die Tramontana, der kalte Nordwind, den Himmel von allen Wolken blitz-blank-blau gefegt hat, wenn im Februar schon linde Frühlingslüfte über blühende Mimosenbäume wehen oder die Novembersonne noch wärmt, dann lustwandelt es sich gut unter den Pinien des Pincio, wird man unter südlich weitem Himmel für viele Mißhelligkeiten des Alltags entschädigt, stellt sich jenes Lebensgefühl von leichtem Ernst und wissender Heiterkeit ein, das nur in Rom zu spüren ist.

Gegen 17.00 Uhr geht es auf den Busbahnhöfen in den Außenvierteln rings um die Stadt oder am Hauptbahnhof hektisch zu. Auf der Piazza Fermi vor der U-Bahn-Station im E.U.R-Quartier entlädt die »Corriera« Arbeiter von den Fabriken links und rechts der Via Pontina. Vor allem im Süden und im Osten Roms sind seit Kriegsende Mittel- und Kleinbetriebe entstanden, für Möbel und Baumaterialien, für chemische und pharmazeutische Produkte, Nahrungsmittel und Elektrogeräte, riesige Lagerhallen für die Belieferung der größten italienischen Stadt, die nach dem letzten Stand auf einer Fläche von 1507 Quadratkilometern fast drei Millionen Einwohner zählt. Daß Rom kaum Industrie besitzt, sondern von Handel, Handwerk und Dienstleistungen lebt, hat auch angenehme Seiten; die »Umwelt« wird, abgesehen von Müllhalden, Abwässern und Autoabgasen, weniger belastet.

Wenn um 18.00 Uhr in der Kirche San Lorenzo in Lucina einige Frauen in aller Stille zum abendlichen Gebet zusammenkommen, drängen sich draußen auf dem lärmigen Corso elegante Damen, hübsche Mädchen (»belle ragazze«), geschniegelte Signorini (»Herrchen«) und Jeans-Jünglinge mit dem Blick »Was kostet die Welt«, weichen geschickt den flinken Taxis aus, entgehen mit Mühe den Autobus-Kolossen. Die Straßen zwischen der Spanischen Treppe, der Via del Tritone, dem Corso und der Piazza del Popolo sind ein einziges Kaufhaus.

Nach 18.00 Uhr beginnt die Zeit der römischen Diebe. Weder arm noch reich, weder jung noch alt bleiben von ihnen verschont. Im Freundeskreis geht der Stoff aus persönlichen Erlebnissen mit Raub und Diebstahl nicht aus, und manche Erzählung wird damit gekrönt, man habe die Spitzbuben noch weglaufen sehen. Eine besondere Spezies von Ganoven, »Scippatori«, gehen mit einem Motorroller in den Straßen auf Jagd nach Handtaschen oder Armbanduhren. »Leichte« Kriminalität nimmt überhand, »schwere« hingegen, wie Raubmord, kommt seltener vor als in anderen Hauptstädten.

Wie überall in der industrialisierten Welt wird zwischen sieben und acht Uhr abends das Fernsehgerät eingeschaltet. Um 19.45 Uhr beginnt im Zweiten, um 20.00 Uhr im Ersten Programm der staatlichen Rundfunk- und Fernsehgesellschaft RAI die »Tagesschau«. Manchmal verspäten sie sich um einige Minuten, weil Sprecher oder Techniker noch nicht disponiert sind. Obwohl die meisten Italiener der Politik überdrüssig sind, wie sie sagen, nimmt doch den längsten Teil der Nachrichten die Innenpolitik ein. Journalisten reden sich fest, und wegen der Ausgewogenheit muß zu umstrittenen Themen – das sind fast alle – jede der im Parlament vertretenen Parteien zu Worte kommen. In Rom kann das Publikum neben den drei öffentlich-rechtlichen »Netzen« noch zu zwei Dutzend privaten TV-Programmen (und Rundfunkstationen), linken und rechten, amüsanten und frivolen, seine Zuflucht nehmen.

Wenn im Olympiastadion um 21.00 Uhr am Mittwoch die Flutlichtanlage eingeschaltet ist, herrscht König Fußball. Die römischen Untertanen sind in zwei Lager gespalten. Die einen schwören auf den Verein »Lazio«, der 1974 zur tosenden Begeisterung seiner Anhänger die italienische Fußballmeisterschaft gewann, doch jetzt zum Kummer seiner Tifosi »keine Bäume mehr ausreißt«. Die anderen gehen für »AS Roma« durchs Feuer; diese Mannschaft ist im italienischen Campionato oft ganz obenauf. Zuweilen rangiert sie sogar vor den reichen Vereinen aus Mailand und Turin, was für einen Römer, in dem auch das Herz des unterdrückten Südlers schlägt, wahrer Seelenbalsam ist und bei einigen mehr zählt als 2500 Jahre ruhmvoller Geschichte.

Andere suchen im Teatro dell' Opera, in der römischen Oper, in den zahlreichen Theatern und bei den unzähligen Konzerten – etwa in einer alten Kirche oder im Kreuzgang eines Klosters –, in Ausstellungen und Vorträgen in einem der vielen internationalen Institute, in Kabaretts, Jazzgruppen oder Kinoclubs das moderne Kulturleben.

Die römischen Studenten – das sind seit langem um die 150 000 – begehen den Feierabend auf ihre Art, so wie alle anderen auch sonst in der Welt. Eine Kategorie unter ihnen führt freilich ein Eigenleben: die Eleven der päpstlichen Universitäten, die sich in der Hauptstadt der katholischen Kirche auf das Priestertum in aller Herren Länder vorbereiten; sie sollten um 23.00 Uhr längst schlafen, denn für sie beginnt der Tag in aller »Herrgottsfrühe« mit der Messe. Die »normalen« Studenten privatisieren zumeist; nur wenige engagieren sich in politischen Parteien oder Sportclubs. Die Studentenrebellion von 1968 mit Tumulten und Molotow-Cocktails, mit Haß gegen die Amerikaner und die »Padroni«, gegen alle, die Herrschaft ausüben, mit mörderischem Terrorismus und intellektueller Liebe zur Arbeitermacht ist fast vergessen.

Kurz vor Mitternacht kann es geschehen, daß ein Römer, der gemütlich zu Hause sitzt, plötzlich aufspringt, seine Familie ins Auto lädt und durch die Stadt fährt, an Plätzen und Kirchen, Brunnen und Palästen vorbei, staunend, bewundernd, als sähen er und die Seinen Rom, den Glücksfall der Geschichte, zum erstenmal. Sie gehen über die Via della Conciliazione auf den Petersplatz zu, hinter dem sich als trutzige Festung die größte Kirche der Christenheit erhebt und über dem die mächtige Kuppel des Michelangelo im dunklen Nachthimmel schwebt. Dann steigen sie die Via Sacra, den »Heiligen Weg« zum Kapitol empor, wie vor ihnen die siegreichen Feldherrn des Imperium Romanum oder die Dichterfürsten des Mittelalters, und blicken hinunter auf das Forum, aus dem die Geschichte der Stadt und des Erdkreises wuchs. Dann fahren die Römer zufrieden nach Haus und sagen einander: Darum beneidet uns die Welt.

Römische Jahreszeiten

Schnee in der Sieben-Hügel-Stadt

Am frühen Morgen blieben die gewohnten Verkehrsgeräusche aus. Das beunruhigte, obwohl Sonntag und das Fest der Heiligen Drei Könige war, hinderte am Weiterschlafen und befahl, der Sache auf den Grund zu gehen. Ein Blick aus dem Fenster klärte alles: Es schneite, und das kommt in Rom höchst selten vor; »ad ogni morte di Papa«, wie man sagt, nur wenn ein Papst stirbt, nicht alle Tage, nicht alle Jahre. Da es in Rom weder werktags noch sonntags fleißige Zeitungsboten gibt – das ist Sache beflissener Hauswarte, freundlicher Zugehfrauen oder eben die eigene –, führte der erste Gang zum Kiosk. Da war man nach alter römischer Art am Lästern: »Nun hat sich der Himmel endlich an den polnischen Papst gewöhnt und gönnt ihm im Winter den weißen Anblick wie in seiner Heimat.«

»Polnisch« sah es in der Ewigen Stadt deshalb nicht aus. Zunächst waren alle Römer auf der Straße vergnügt über den so wenig gewohnten Einfall des himmlischen Sankt Petrus. Denn wenn es in Rom schneit, hört jeder Ernst auf. Da kann niemand erwarten, daß alles seinen gewohnten Gang geht. Nur die Zeitungen müssen natürlich da sein, auch am Sonntag, ja gerade am Feiertag. Denn den römischen Familienvater erheben die Nachrichtenblätter über jede Bemühung zugunsten von Küche und Kindern. Gut, die Zeitungen wurden verkauft. Aber den Blumenmann Pericle, der seinen Stand mit den bunten Blüten neben dem Kiosk längst hätte geöffnet haben müssen, ihn hatte offenbar der Schnee zu Hause festgehalten.

Oder die Befana? Jene hexenartige Sagengestalt, die in Italien am Dreikönigstag, an »Epiphanie« – die etymologische Verballhornung ist offenkundig – die Kinder beschenkt, nachdem die Heiligen Drei Könige bekanntlich nach Köln emigrierten und dort mit einem stattlichen Reliquienschrein sich als Gastarbeiter für die Errichtung eines schönes Doms verdingten. Seit Jahrhunderten schon reitet die Befana unverdrossen bei jedem Wetter auf ihrem Besen, macht ab und zu einen Ausflug auf den Brocken im deutschen Harz und hat in diesem Jahr von dort als Überraschung für die römischen Kinder Schnee mitgebracht. Pünktlich um Mitternacht fing es an zu schneien. Mit den ersten Flocken stellte auch der Flughafen von Fiumicino seinen Betrieb ein. Wer nicht imstande sei, auf einem Besenstiel zu fliegen, habe in der Luft nichts mehr zu suchen. Verkehrsruhe galt bald auch für den Hauptbahnhof, die Stazione Termini.

Um neun Uhr morgens waren die Straßen noch leer. Die Autos an den Bürgersteigen hatten Schneehauben tief über die Scheiben gezogen. Aber dann regten sich die römischen Kinder und forderten gebieterisch ihre Väter auf, ihnen die Befana-Freuden direkt zu bescheren. Da half kein Hinweis auf die Glätte der Straßen. Solche Ausflucht wurde mit der Frage nach den Fahrkünsten abgeriegelt, auf die hin jeder italienische Mann sich nur in die Brust werfen kann. Immerhin gestatteten die Söhne das Anlegen von Schneeketten, an die sich auch die Römer in den letzten Jahren mit zunehmendem Wintersport in den Bergen der Abruzzen gewöhnt haben. So sah man denn allenthalben am Straßenrand Vater und Sohn die – häufig deutlich abgefahrenen – Reifen eisern umgürten.

Aber noch wichtiger als die Schneeketten war der Fotoapparat. Gewöhnlich fotografieren die Römer nicht die Monumente ihrer Stadt. Wozu auch, sie haben sie ja. Doch die römischen Kirchen und Paläste, Plätze und Brunnen im Schnee, noch dazu in einer Zeit, da die Römer sie kaum mit Touristen teilen müssen – das ist ein Schauspiel, das man mit der Kamera bis zum nächsten »Papsttod« festhalten muß: die Engelsburg mit weißen Zinnen, die Engel auf der Brücke mit weißen Flügeln. Wenn der Papst heute nicht gerade in der Basilika Bischöfe weihen müßte, würde er wohl aus seinem Arbeitszimmer heraus dem eiligen Treiben der Schneeflocken über dem Petersplatz zuschauen. Denn eine solche weite weiße Piazza hätte Johannes Paul II. nicht einmal in Krakau – also hat sich der Wechsel aus der polnischen Stadt nach Rom doch gelohnt. Ein hoher Weihnachtsbaum aus dem Bayerischen Wald steht mitten auf dem Platz des Bernini und dazu eine Krippe mit übermannsgroßen Figuren und jetzt zu allem Übermaß Schnee, genauso weiß wie in der Hohen Tatra, nur nicht so tief. Wenn er wollte, der Papst, könnte er sich die Ski anschnallen und die Treppe des Petersplatzes hinunterfahren. Sage niemand, das sei lediglich eine hypothetische Betrachtung. Die Monsignori im Vatikan zittern schon, wenn sie an die Ski-Passion des Papstes denken. Die Prälaten erschraken, als der Papst beim Angelus-Gebet zuerst etwas mitleidig bemerkte, nicht alle Römer hätten Angst vor Schnee, ein paar Mutige seien ja doch gekommen, und daran einen Gruß an alle anschloß, die in den Bergen zum Skifahren weilten.

An den linken Kolonnaden lieferten sich angehende Kleriker eine Schneeballschlacht, ein »nordisches Spiel«, das die Römer seit 14 Jahren – eine ganze Kindergeneration lang – nicht treiben konnten. Ein würdiger, schon etwas älterer Priester mit langer Soutane und einem noch längeren weißen Schal um Hals und Hüften ging kopfschüttelnd an den raufenden Theologie-Studenten vorbei. Junge Ordensschwestern standen frierend nicht weit entfernt und schienen nicht wenig Lust zu haben, auch einen Schneeball in Richtung Seminaristen zu werfen.

Kapitol, Forum Romanum, Kolosseum und Palatin hatte die Befana kräftig eingezuckert. Die lange Treppe zur Kirche Santa Maria in Aracoeli auf dem Kapitolinischen Hügel, die »Himmelssteige«, war fast unpassierbar, so daß die kleinen Römer zu den traditionellen Kinderpredigten am Dreikönigstag dort wohl von der anderen Seite ins Innere der Kirche gehen mußten. Der Schutzmann auf der »Straße der Kaiserforen« hatte es schon längst aufgegeben, auf die Einhaltung der Verkehrsregeln zu achten, und wunderte sich ein wenig, daß ein Auto bei Rot tatsächlich hielt.

In der Villa Borghese, dem weiten Park in der Nähe der Via Veneto, trugen die Orangen weiße Hauben. Aber würden die Pinien und Palmen der weißen Last auf die vom Wetterdienst angekündigte Dauer standhalten? Sie sind gewohnt, daß sich die Sonne auf ihnen breitmacht, und nun sandte der Himmel ganz anderen Segen. Eine Katze miaute erbärmlich neben dem Auto, und das sonst übliche Gezwitscher der Vögel fehlte. Ein paar Männer von der Stadtreinigung verteilten einige Schaufeln Salz auf dem Corso Vittorio Emanuele in der Nähe der Piazza Navona. Würde das ausreichen, wenn am Montag das »normale« Leben in Rom mit seinem chaotischen Verkehr wieder einsetzte? Doch das waren »deutsche« Gedanken, die am Sonntag noch keinen Römer beschwerten. Morgen würde man schon sehen. Und wenn manches nicht seinen gewohnten Lauf ging, machte es auch nichts. Denn Schnee in Rom – wie gesagt, »nur wenn ein Papst stirbt«.

Am Sonntag schien der Schneefall noch pures Vergnügen zu sein, zum Ergötzen aller Kinder und jener, die sich angesichts einiger rieselnder Flocken noch so fühlen, ein Geschenk der Befana, der doppelgesichtigen, bös-guten Hexe am Dreikönigstag. Aber am Montag setzte die Kälte ein und jagte das Thermometer auf eine Tiefe, die mit der »Säule des Merkur«, wie das Quecksilberthermometer in Italien genannt wird, noch nie in der Ewigen Stadt gemessen wurde. Minus zehn Grad in der Urbs, nicht in den nahe liegenden Bergen, sondern fast auf Meereshöhe, nicht in der Nähe des Polarmeeres, sondern an den gewöhnlich lieblichen Gestaden des Mare Mediterraneum. Da froren sämtliche Marmorstatuen und schüttelten sich vor Kälte, daß ihnen Tränen die Wangen hinunterliefen und die Bärte spitz wurden vor grimmigem Frost; Stalagmiten und Stalaktiten aus Eis waren die neuesten Schöpfungen römischer Kunst.

Und Italien hatte am Montag seine Regierung verloren. Natürlich. Denn was nützte ein Minister, wenn das Ministerium leer ist, wenn der Pförtner nicht zu seinem Arbeitsplatz kommen kann – das wollten sich die italienischen Politiker ersparen, und sie verschoben deshalb den Beginn der italienischen Innenpolitik im neuen Jahr auf das Tauwetter.

Recht hatten sie. Denn im Unterschied zu nördlichen Klimazonen sind mehr als zehn Zentimeter Schnee und zehn Grad minus in Rom ein Jahrhundertereignis. Vielleicht sogar noch seltener. Der altrömische Schriftsteller Titus Livius, der von 59 vor bis 17 nach Christus lebte, hielt es immerhin für erwähnenswert, daß 400 Jahre vor ihm, im Winter 399/98 v. Chr., der Tiber zufror – wahrscheinlich hing das mit dem furchterregenden Galliereinfall zusammen. Der Kirchenvater Augustinus (353–430 n. Chr.) wollte nicht in Vergessenheit geraten lassen, daß im Jahr 177 v. Chr. der Schnee 40 Tage lang die Straßen Roms unsicher machte, und überlieferte dieses erinnerungswürdige Ereignis der Nachwelt. Daß der Schnee liegenblieb, kam also auch früher – wenn auch selten – vor, in jüngster Zeit: 1956 für sechs Tage, 1903 für sieben Tage.

Natürlich fragten viele Römer, weshalb bei Schnee und Eis alles in ihrer Stadt zusammenbrechen müsse, weshalb der Flughafen zunächst seinen Betrieb einstellen mußte und dann nur vermindert wiederaufnehmen konnte, weshalb vor allem der Verkehr im Hauptbahnhof fast gänzlich zum Erliegen gekommen sei, warum einige Unglückliche am Samstag auf der Fahrt von Florenz nach Rom 15 Stunden im Zug verbringen mußten, dann bei der Ankunft in Rom weder Bus noch Taxi fanden und zähneknirschend und -klappernd alle öffentlichen Dienste und Verkehrsmittel zum Teufel wünschten.

Um da zwischen Nachlässigkeit und höherer Gewalt unterscheiden zu können, muß von einem Fußballspiel zwischen dem römischen Verein »Lazio« und der Mailänder Mannschaft »Milan« berichtet werden, einem Spiel, das zunächst am Sonntag wegen der zehn Zentimeter Schnee ausfiel. Die Entscheidung des Schiedsrichters, das Spiel abzusagen, schien vernünftig, ebenso wie die des Bürgermeisters, den auf Montag angesetzten Schulbeginn nach den Weihnachtsferien hinauszuschieben. Damit war auch den Angestellten in den Büros der Ministerien und Konzerne, der Banken, Justizgebäude und Läden die Erlaubnis erteilt, das Erscheinen am

Arbeitsplatz ins eigene Ermessen zu stellen, am Montag, Dienstag und wer weiß wie lange noch . . . Welcher italienische Chef wollte schon die Verantwortung für die risikoreiche Anfahrt oder den noch gefahrvolleren Fußweg zur Arbeitsstelle übernehmen. Auf vielen Straßen war überraschend viel Salz gestreut worden, doch die Bürgersteige waren von dieser Sorgfalt ausgenommen. Die Römer beklagen sich zwar leicht über den Staat und die Versäumnisse der öffentlichen Verwaltung, doch mit ein paar Handvoll Sand oder Asche selbst die Wege weniger halsbrecherisch zu machen kommt ihnen nicht in den Sinn.

Das Fußballspiel war abgesagt. Aber am Montagnachmittag saßen 40 000 Römer im Olympiastadion und feuerten ihre Mannschaft Lazio an – leider weder im wörtlichen noch im übertragenen Sinn mit Erfolg. Die kälteerprobten Mailänder gewannen 1:0. Nach dem Spiel fuhren alle Zuschauer mit ihren Autos einträchtig nach Haus, als ob es trotz Schnee und Eis keine Schwierigkeiten mit dem Straßenbelag gäbe. Da soll sich nun einer auskennen. Auf der Stadiontribüne bei fünf Grad minus zu hocken ist offenbar attraktiver, als dem normalen Lauf des römischen Lebens beizuwohnen.

Jene, die jetzt alles nicht so schlimm finden und auf die Ausnahmesituation eines Jahrhundertereignisses verweisen, haben im Unterschied zu den Folgen bei anderen Naturkatastrophen ein starkes Argument für sich. Die meisten Auswirkungen von Schnee und Eis regulieren sich mit aller Wahrscheinlichkeit in Rom von allein. So war es auch. Wenn auch erst nach überraschend langem Warten. Aber was bedeuten einige Tage im Leben des »ewigen« Rom.

Ostern in Rom

Eine »fixe Idee« breitet sich immer mehr über die Welt aus: Ostern in Rom zu sein. So jedenfalls sehen es die Römer. Verärgert, empört und schließlich nur noch resigniert betrachten sie die Scharen von Touristen und Pilgern, die aus aller Herren Länder über die Stadt herfallen. Auf den ersten Blick schon stellen sie fest, ob der Passant ein Fremder ist, auf den zweiten, welcher Nation er angehört. Deutsche, Amerikaner, Franzosen sind unverkennbar, von Japanern und Afrikanern zu schweigen. Vor den Besuchern der Ewigen Stadt sind kein Ristorante und keine Bar, kein Brunnen und keine Sakristei sicher. Ihre Neugier auf römische Sehenswürdigkeiten ist unersättlich. Anders sind da die Römer, die ihre Monumente zwar mit wohlwollenden Blicken streicheln, aber es mit dieser kurzen Liebkosung auch bewenden lassen, ohne in die Geheimnisse eines Mosaiks oder einer Säule eindringen zu wollen.

Wie viele Fremde – nicht-römische Italiener gehören für einen echten Romano auch dazu – die Stadt zu Ostern heimsuchen, weiß niemand. Es mögen einige Hunderttausende sein, das läßt die Römer kalt. Aber sie erhitzen sich im Gespräch, ob es mehr Touristen oder mehr Pilger seien, Reisende, die wegen der Kunst und Kultur nach Rom kommen und den Papst, weil er denn schon hier ist, »mitnehmen«, oder Andächtige, die des Oberhaupts der katholischen Christenheit wegen in die Ewige Stadt wallfahren und der Kunst, vor allem in den Kirchen, eben weil sie auch vorhanden ist, nur einen Blick gönnen. Einer, der aus seinem souveränen Antiklerikalismus (mit einer kleinen Schwäche für den Papst) kein Hehl macht, plädiert für die Überzahl der kunstfreudigen Touristenscharen; ein anderer schätzt die Frommen in der Mehrheit und führt als Beweis den Verkehr um Sankt Peter an.

Damit ist es an den Ostertagen zum Verzweifeln. Ein Journalist, zu dessen regelmäßigen Pflichten es gehört, den »Pressesaal des Heiligen Stuhls« in der Via della Conciliazione direkt vor dem Petersplatz aufzusuchen, kapituliert irgendwann vor dem Chaos der Autoströme, die nun durch Tausende von Reisebussen fast zum Stillstand gekommen sind. Schon vor Jahren wurden Vorträge darüber gehalten, wie man das Nadelöhr des (rechten) Lungotevere an der Engelsburg vermeiden könnte, daß die Autokolonnen wenigstens ebenso schnell fahren sollten, wie der Fluß dahinzieht. Aber nichts ist geschehen. Gegenüber der Engelsburg, die für geraume Zeit ihren Engel an die Restaurierungswerkstatt abgeben mußte und nun ohne den Namensgeber Sankt Michael nur noch als Grabmal des Kaisers Hadrian daliegt, gibt es Wohnungen mit einem wunderschönen Blick, doch mit inzwischen unlösbaren Problemen: Die Bewohner leben in einem permanenten Belagerungszustand, manche sind nahe daran auszuziehen. So viele Menschen eilen an ihnen vorbei – ein unauflösliches Knäuel, schon am Beginn der Via della Conciliazione.

Die Pilger sputen sich, weil die Kirche besonders zu Ostern aus dem Füllhorn ihrer Gnadenschätze Vergünstigungen für das Himmelreich über die Gläubigen gießt. In der Woche zum Palmsonntag waren es junge Leute aus aller Welt, die zu Zehntausenden zeigten, daß nicht nur Fußball und Pop-Konzerte ihr Interesse erregen, sondern auch Kirche und Papst. Nun sind es Gläubige und weniger Gläubige, die mit Johannes Paul II. am Gründonnerstag die Feier des Abendmahls begehen, die am Karfreitag vor dem Kolosseum den Kreuzweg Jesu Christi beten, am Samstag die Liturgie der Osternacht erleben, am Ostersonntag die Auferstehungsmesse mitfeiern wollen, bis dann am Sonntagmittag der Papst von der Benediktionsloggia in der Mitte der Fassade des Petersdomes feierlich den Segen erteilt und unzählige Luftballons in den Himmel steigen, Grüße aus Rom in die Welt tragend.

Wer sich den zuweilen beglückenden, zuweilen beengenden Gemeinschaftserlebnissen nicht aussetzen will, verhält sich antizyklisch. Wenn die Massen nach Sankt Peter strömen, spaziert der Nonkonformist über die Piazza Navona, am Palazzo Madama, dem Sitz des italienischen Senats, vorbei Richtung Piazza Colonna. An einem Wochentag vor dem Fest begegnen ihm dabei italienische Politiker, Minister, Parlamentarier oder Parteiführer, die von der Abgeordnetenkammer an der Piazza Montecitorio oder dem Palazzo Chigi, dem Sitz des Ministerpräsidenten, beide nur einige Schritte vom Corso entfernt, zum Senat oder anderen Zielen hasten – und sei es auch nur zur Bar »Tazza d' Oro« neben dem Pantheon, in der es wohl den besten Kaffee von Rom gibt. In den engen Gassen lernt selbst der Fremde schnell den besonderen vielbenötigten römischen Hüftschwung, mit dem man den Autos ausweicht oder sich zwischen den eng geparkten Wagen hindurchzwängen muß. Geradlinig vorwärtsgehen kann man da selten; tänzelnde Bewegungen eignen sich besser für die Durchquerung der römischen Innenstadt.

Die Piazza del Popolo, im Norden der Innenstadt, ist in letzter Zeit in der Gunst der Römer und des Besuchers gestiegen. Die Spanische Treppe mit dem Platz davor bietet vielleicht das schönere Bild, besonders wenn sie mit Azaleenbüschen geschmückt ist; der Petersplatz ruft den großartigeren Eindruck hervor. Doch der »Volksplatz« mit den drei Marienkirchen am Fuß der kunstvollen Gartenanlage des Pincio offeriert ausgiebigen Parkplatz und zwei einander gegenüberliegende Cafés – so daß eines immer in der Sonne liegt, wenn sie scheint.

Und sie scheint nun wieder häufiger, läßt Römer und Fremde wohlig in den Himmel blinzeln, der Cappuccino schmeckt noch einmal so gut. Der langersehnte Frühling ist da. Eine Zigeunerin, ein Kind auf dem Arm, schreitet mit stolzem Gang daher, legt ein goldenes Glückshörnchen in die Hand und hält die ihre weit auf. Kann man riskieren, ihre Wünsche auszuschlagen, sich Verwünschungen zuzuziehen? Natürlich nicht. Der österliche Ablaß der Kirche und dazu die dem Geldschein – Münzen mit akzeptablem Wert gibt es in Italien nicht – angemessenen Ermunterungen der Zigeunerin – in Rom ist alles gut, was gegen die Wechselfälle des irdischen Lebens feit und für die Unsicherheiten des himmlischen vorsorgt.

Sommer

Wenn der Sommer naht und die große Hitze ihre unabweisbaren Boten schickt, verändert sich Rom. Dabei richtet sich der Beginn der »Estate Romana« weniger nach der Sonnenwende als nach dem Heiligenkalender der katholischen Kirche. Sankt Johannes am 24. Juni, Peter und Paul am 29. sind die Eingangspforten ins römische Sommerparadies. Man spürt, wie von Tag zu Tag es weniger Römer werden in der Stadt. Die Schulen haben Jungen und Mädchen in die Ferien entlassen und werden sie erst Ende September, Anfang Oktober wieder aufnehmen. Nur die Abiturienten müssen noch einen ganzen Monat lang ihre Prüfungsarbeiten vollenden und die mündlichen Examina ablegen. So bringen viele Familienväter erst einmal Frau und Kinder in die Urlaubsquartiere am Meer oder in den Bergen. Zunächst Ferien ohne Familie. Das sind Ferien von der Familie – und die sind manchem Römer nicht unwillkommen.

Andere müssen im Juni etwas tun, was den meisten im Grund widerstrebt: lang im voraus zu planen. Wieviel schöner wäre es, sich im Juli oder August der Eingebung des Augenblicks zu überlassen und einfach in die Ferien draufloszufahren, statt des Meeres, wie man noch im Juni gedacht, die Berge zu wählen, statt eine Besichtigungsreise zu unternehmen, wie ursprünglich überlegt, sich doch einfach faul an den Strand zu legen. Aber leider können auch Millionen von Individualisten nicht einfach ihren plötzlichen Einfällen folgen. Im Sommer wollen diese Millionen gut über die Apennin-Halbinsel verteilt sein, sonst gerät der Individualismus mit den Naturgesetzen in Konflikt; wo ein Individualist ist, kann nicht zugleich an derselben Stelle ein zweiter sein. Außerdem kommen zu den Italienern noch Millionen aus dem ausländischen Norden, da kann es eng werden. Pensionen und Hotels, Flugzeug, Eisenbahn und Fähre müssen vorher bestellt werden, auch wenn man nicht will.

Denn jeder römische Familienvater sieht voraus, daß am Tag der gebuchten Abfahrt die Schwiegermutter unpäßlich ist, das Kind Keuchhusten hat und der Freund spontan seinen 50. Geburtstag feiert. Wenn man sich festlegt, entgehen einem todsicher die schönsten Gelegenheiten des Lebens. Aber die Frau ist unerbittlich und schickt ihren Giovanni – zum Beispiel zur »Tirrenia«, jener Schiffsgesellschaft, welche den Fährbetrieb im italienischen Mittelmeer regelt und damit den Zugang zu den beliebtesten Ferienorten auf Sardinien oder Sizilien. Man weiß zwar, daß etwa der Fährbetrieb zwischen Civitavecchia, dem Haupthafen Roms, 78 Kilometer nordwestlich, und Olbia an der Nordostküste Sardiniens pünktlich mit dem Eintreffen der ersten Touristenscharen ins Stottern und Stocken gerät; deshalb, weil die Seeleute jetzt den günstigsten Moment sehen, auf ihre harten Arbeitsbedingungen aufmerksam zu machen. So bilden sich im Juli in Civitavecchia und im August in Olbia jeweils Heerlager von reisebereiten, im doppelten Sinn »kochenden« Auto-Familien, und mit der geplanten Abfahrtszeit ist es dann doch nichts. Aber ohne Reservierung wäre man noch schlimmer dran; und so hat es einen Sinn, daß sich nun in der römischen Via Bissolati vor dem Büro der »Tirrenia« Menschenschlangen bilden, als ob es die Tickets umsonst gäbe. Die Menschentrauben vor der römischen Tirrenia-Filiale sind – wie die Schwalben für den Frühling – der sichere Hinweis darauf, daß nun in Rom der Sommer mit dem Urlaub beginnt.

So entvölkert sich die Stadt langsam. Der chaotische Verkehr verliert zunächst seine schlimmsten Schrecken und wird dann mit zunehmendem Juli ganz passabel, bis es im August fast eine Freude ist, in Rom Auto zu fahren, wenn auch mit Vorsicht vor jenen Römern, die jetzt ihr Talent zum Rennfahrer entdecken. Märkte und Geschäfte leeren sich, bis in der Mitte des August, an *Ferragosto*, dem »Fest der Aufnahme Mariens in den Himmel« am 15. – benannt nach den »Feriae Augusti« des römischen Kaisers, der dem höchstsommerlichen Monat seinen Namen gegeben hat –, auf dem Höhepunkt der römischen Ferien also Straßen und Plätze wie ausgestorben erscheinen.

Da könnte von Ende Juni bis Ende August, Anfang September die Stunde des gewitzten Rom-Besuchers schlagen. Denn was den Römern die Ul eines unleidlichen städtischen Alltagslebens ist, könnte den Touristen im Sommer zur angenehmen Nachtigall einer erträglichen und ertragreichen Stadtvisite sein. Zumindest für jene, die auch heißen Temperaturen gewachsen sind oder sich ihnen durch die Wahl einer kühlen Unterkunft, durch die Verlegung des Besichtigungsprogramms in die Morgen- und Abendstunden anpassen können. Denn im Sommer kann auch ein Mitteleuropäer die Tücken des römischen Verkehrs meistern, findet ohne große Mühen einen Parkplatz in der Nähe seines Ziels und sieht die Schönheit von Straßen und Plätzen nicht von Blechlawinen überschwemmt. Wenn die Sonne steil am Himmel steht und der Asphalt träge vor Hitze kocht, überraschen Kirchen, Paläste und Museen mit wohltätiger Frische, spenden die Gebäude Schatten, geben dicke Mauern noch die Grade weniger warmer Jahreszeiten wieder.

Kein römischer Polizist wird dem Fremden verwehren, seine Füße im Wasser eines Brunnens zu kühlen. Manche Museen mögen geschlossen sein, aber es sind immer noch welche geöffnet. Auch einige Kaffee-Bars haben ihren Betrieb eingestellt, doch auch da findet sich immer wieder eine, die den Gast zu laben bereit ist. Man achte darauf, was die Römer zur Bewältigung von Hitze und Durst zu sich nehmen: einen *Caffè freddo*, einen Eiskaffee, eine *Granita di caffè*, ein Kaffee-Eis, eine *Spremuta di limone*, ein Zitronenwasser, insgesamt wenig Eis und tagsüber keinen Alkohol. Am Abend schmecken Wein und Bier noch einmal so gut. Gewiß, das sonst quirlende römische Leben pulsiert langsamer, fast schwerfällig unter dem Druck der Hitzeglocke. Sicher, viele Dienste werden nun in Rom nicht mehr geleistet, doch die meisten braucht ein Tourist ohnehin nicht. Aber jetzt, zwischen Juni und September, ist die Gelegenheit, die Einzelheiten Roms mit allen Sinnen wahrzunehmen, ohne daß überall Autos dazwischenfahren und die Betrachtung einer Palastfassade, einer Kirchenkuppel dröhnend unterbrechen. Schlendern, stehenbleiben, schauen und staunen, sich geruhsam irgendwo anlehnen, ein Wappen deuten, eine Inschrift übersetzen, sich andächtig einem Blick widmen, ein Panorama aufnehmen, dazu ist jetzt Zeit.

Die Stadtverwaltung bemüht sich überdies von Jahr zu Jahr mehr, auch jenen Römern etwas zu bieten, die nicht wegfahren wollen oder können. Die Besucher profitieren davon. Neben den traditionellen kulturellen Veranstaltungen hat man sich manches einfallen lassen, was bei Jung und Alt, bei Alt oder Jung Anklang findet. Unter dem Titel »Tevere Expo« etwa verbirgt sich ein besonderes Schauspiel. Von der Engelsbrücke bis hinauf zum Ponte Cavour, etwa gut 300 Meter lang, stellen auf den Kais des Tibers die Regionen Italiens ihre besonderen Produkte aus. Rasch hat sich daraus ein Volksfest entwickelt. Eine Blaskapelle der Finanzbehörden wechselt zwischen Märschen und volkstümlichen Opernmelodien, vom Radetzky-Marsch bis zu Verdi und Puccini. Scheinwerfer des Heeres beleuchten die Szene in den Nationalfarben Grün, Weiß und Rot und geleiten eine Barke, die ob der großen Zahl der Passagiere zu sinken droht, von einem zum anderen Ufer, immer wieder. Die Lichter der Stände spiegeln sich vielfach im Tiber, der an diesem Abend leise gurgelnd vorbeifließt und nicht einmal nach den Abwässern der Großstadt riecht.

Die Kais, die sonst wenig zum Spaziergang einladen und häufig genug von den Wassern des Flusses bedeckt sind, dienen jetzt der vergnüglichen Promenade der Römer. Sie genießen diesen Spaziergang am Fluß in großen Scharen, machen sich immer wieder aufmerksam auf die Kulisse: den Rundbau der Engelsburg, die vornehm-vollkommene Kuppel der Peterskirche und den Riesenbau des Justizpalastes. Das leibliche Wohl tritt in den Hintergrund. Zwar gibt es den »Biergarten« einer Münchener Brauerei und den Bratwurststand der Fabrik eines Deutschen, aber nirgendwo findet man jemanden, der zuviel getrunken hat. Ruhig, höflich flanieren die Römer an den Ständen vorbei und begutachten die Erzeugnisse des heimischen Handwerks.

Ein Sprung vom Tiber hinauf auf den Gianicolo, der nicht – wie wir wissen – zu den klassischen Hügeln Roms gehört, aber dafür einen lohnenden Rundblick auf alle sieben bietet: an der sogenannten Tasso-Eiche finden zehn Tage lang Konzerte statt. Moderne Musik und Jazz. Da sitzen sie, die jungen Römerinnen und Römer, und träumen bei schnellen und langsamen Rhythmen in die Sommernächte hinaus. Ein paar Meter weiter auf der Höhe des Janus-Hügels starren Kinder um elf Uhr nachts auf ein Puppentheater. Der Alltag einer Hausfrau, einer Mutter, wird dargestellt. Das Publikum lacht. Der Pinocchio, das hölzerne Bengele, bekommt Schläge. Die Kinder, die noch längst nicht die Schule besuchen, jubeln. Der Eimer, den Pulcinella zum Schluß einladend hinaushält, bleibt nicht leer.

Zu den traditionellen Sommervergnügen von Römern und Fremden gehört Verdis Oper »Aida« in den Caracalla-Thermen – wahrlich ein göttliches Schauspiel. Der greise Arthur Rubinstein hat es gesagt. An die zwanzig Mal hörte und sah der legendäre Pianist »Aida«. Aber die Aufführung in den römischen Ruinen beeindruckte selbst den 91 Jahre alten Künstler aufs neue.

Wohin auch könnte ein »falscher« Obelisk besser passen als in die Mitte des jahrhundertealten Gemäuers! Der Triumphmarsch der Oper, wo könnte er effektvoller erschallen als unter römischem Nachthimmel zur Sommerszeit! In den Caracalla-Thermen, deren Pfeiler es an Größe mit denen der Peterskirche aufnehmen, hat man die Bühne und ein Halbrund von Rängen errichtet, das 5000 Zuschauern Platz bietet.

Raum ist genug für Festzüge, für Szenen mit Hunderten von Sängerinnen und Sängern, Kamele und Pferde tummeln sich auf der Bühne. Bunte Scheinwerfer senden ihre langen Finger auch zu den Zuschauern. Ein göttliches Schauspiel, und alles vor der Kulisse, die von Roms Geschichte gestellt wird. Es waren die Römer, die einst ägyptische Lebensart nach Europa brachten, die mühsam die Obelisken als Siegeszeichen vom Nil in die Hauptstadt des Imperiums schleppten; noch heute sind viele Plätze damit geschmückt; nun ist es einer mehr. Kaiser Hadrian eröffnete den »Tourismus« nach Ägypten und ließ sich nach dortigem Vorbild am Tiber ein riesiges Grabmal errichten: die Engelsburg. Und schließlich ist es ihr Verdi, dessen Melodien den Italienern vertraut sind. So sehr, daß auf den oberen Rängen, wohin die Stimme der Sänger nicht mehr getragen wird, wo Orchester und Solisten schon wegen der Entfernung auseinanderfallen, die Besucher helfend einspringen können: »Celeste A-i-hi-da!« Aber die Musik ist nicht das Wichtigste.

Wichtig ist, daß in diesem Sommer das römische Volk wieder Besitz nimmt von den Monumenten, die sonst den Fremden überlassen zu sein scheinen, von den Kirchen und Plätzen, den Parkanlagen der alten Adelsvillen und dem Fluß, der sich durch die Stadt schlängelt. Die Maxentius-Basilika zwischen dem Kapitol und dem Forum, sonst nur von Touristen beachtet, ist von den Römern wiederentdeckt worden. Konzerte werden dort gegeben; da aber die Musik vom Verkehrslärm oft beeinträchtigt wird, sehen sich die Römer dort jetzt lieber Filme an. Auch das Theater des alten Ostia, tagsüber von schwitzenden Touristen bestaunt, erfreut abends die Italiener: Shakespeare, Plautus, Aristophanes, Aischylos, Goldoni. Wenn sich ein Fremder hinzugesellt, ist es auch recht.

Allerheiligen

Römisches Leben – es zeigt sich selbst auf den Friedhöfen. Der Unterschied zwischen Deutschen und Italienern, Katholiken und Protestanten, Juden und Christen wird einem auch in den Stätten ihrer letzten Ruhe bewußt. »Gottesacker« sind sie allesamt nicht, keine parkähnlichen Anlagen, in denen die Natur mit Bäumen, Sträuchern und Wiesen die Todeszeichen einbettet. Auf einem italienischen Friedhof, dem »Camposanto«, dominiert der Stein, in welcher Form auch immer, selbst in jener, die alle möglichen Gedanken, nur nicht die an Tod, hervorzurufen scheint, und – der lebende Mensch. Man möge sich davon auf dem *Campo Verano*, dem Hauptfriedhof Roms hinter der Kirche San Lorenzo fuori le Mura, am 1. November, dem kirchlichen Fest von »Allerheiligen« (Ognissanti), überzeugen. Schon vor dem Eingang suchen die Blumenstände eine gar zu traurige Stimmung zu vertreiben. Die schönsten und kräftigsten Farben sind für einen Friedhofsbesuch gerade richtig. An »Ognissanti« entwickelt sich auf dem Campo Verano fast ein Volksfest. Mit Kind und Kegel ziehen die römischen Familien zu ihren Verstorbenen, und auf dem Gang zum Grab wird wortreich und lautstark das Andenken der lieben Tante, des verehrten Großvaters, des reichen Onkels beschworen. Den Toten erweist man Ehre, indem sie lebhaft im Gespräch vergegenwärtigt werden. Der Schmerz, der dabei geweckt wird, ist tief. Doch er schneidet nicht so stark ins Gemüt, daß die Freude über das eigene Leben und an den weiteren Plänen des Tages ihn nicht bewältigen könnte. Auf dem *Cimitero Israelitico*, der einen Teil des »Verano« einnimmt, ruhen die römischen Juden, die in Rom immer eine stattliche Gemeinde bildeten und lange Zeit, vom 16. bis zum 19. Jahrhundert im Ghetto, am Tiber neben der heutigen Synagoge, eingeschlossen waren.

Ganz anders als der Campo Verano ist der *Protestantische Friedhof* neben der Cestius-Pyramide, der römische Cimitero, der den Nichtkatholiken vorbehalten war und ist. Hier sind neben anderen August Goethe, der vor seinem berühmten Vater im Jahr 1830 starb, die Schriftstellerin Malwida von Meysenburg (gestorben 1903), die englischen Dichter Percy Bysshe Shelley und – im Schatten von zwei Pinien – John Keats begraben.

Eine würdige, von Ruhe und Ernst – dicht neben dem Getriebe von Sankt Peter – erfüllte Stätte ist der *Camposanto Teutonico* im Vatikan. Die Tradition dieses Friedhofes, der den in Rom gestorbenen deutschen Katholiken reserviert ist, reicht weit zurück. Erde vom Kalvarienberg zu Jerusalem, dem Leidenshügel Jesu Christi, habe man hierhergebracht, heißt es, und unter Karl dem Großen im Jahr 799 sei der Friedhof eingerichtet worden. Es ist ein Ort der Stille und des Friedens, hoch über einem wölbt sich die Kuppel von Sankt Peter. Den Camposanto Teutonico aufsuchen zu wollen gewährt jedem Deutschen die Erlaubnis, in den Vatikan einzudringen, vorbei an den Schweizergardisten, die diesen Wunsch stets respektieren. Der Tod scheint in Rom eingebettet zu sein in die Abfolge der Generationen, das Wort von der »Ewigen« Stadt gewinnt – paradox genug – selbst auf den Friedhöfen eine Dimension in die Zukunft hinein, wo es doch meist nur von der Vergangenheit gilt. Groß ist in Rom die Sicherheit, daß nach uns anderes kommt.

Das moderne Rom – in Kürze

Die »moderne« Weltstadt Rom wird für viele Besucher nur der Rahmen der Kunst- und Schaubühne Rom sein, des historischen Welttheaters, das hier wohl sein eindrucksvollstes Stück zur Aufführung brachte. Diese äußeren Bedingungen sind für den Touristen und Kunstliebhaber wichtig, können jedoch in aller Kürze dargestellt werden:

Rom ist die Hauptstadt der Republik Italien, der *Repubblica Italiana*, Sitz des Staatspräsidenten (im Quirinalspalast), der Regierung mit dem Palazzo Chigi als amtlicher Residenz des Ministerpräsidenten, und der beiden Häuser des Parlaments: des Senats im Palazzo Madama und der Abgeordnetenkammer im Palazzo Montecitorio. Zudem schließt die Stadt Rom im Westen den »Staat der Vatikanstadt« *(Stato della Città del Vaticano)* ein, den kleinsten Staat der Welt (0,44 Quadratkilometer), mit dem Papst als Souverän, der zugleich das geistliche Oberhaupt der Katholiken in aller Welt ist, »Bischof von Rom« und »Oberster Priester, Summus Pontifex der universalen Kirche«.

Außerdem ist die Stadt Rom, *Comune di Roma*, Hauptort der gleichnamigen Provinz und der Region Lazio (Latium). Sie umfaßt eine Fläche von 1507 Quadratkilometern und zählt seit einigen Jahren – nach einer heftigen Zunahme in den fünfziger und sechziger Jahren durch Zuwanderer aus Süditalien und einem gelinden Zuwachs in den siebziger Jahren durch Immigranten und Gastarbeiter aus der ehemaligen afrikanischen Kolonie Somalia – rund drei Millionen Einwohner. Rom ist unterteilt in 22 traditionelle »Rioni«, alte Viertel, deren Gliederung zum Teil noch auf Kaiser Augustus zurückgeht, 18 neue Stadtteile (Quartieri), 11 Vororte (Suburbi) und den Agro Romano, das römische Land ringsum. Heute erstrecken sich die Vororte des Großraums Rom im Osten bis zu den Albaner Bergen, im Westen bis zum Meer bei Ostia, im Süden und Norden weit in die römische Ebene (Campagna). Im Gefolge einer Verwaltungsreform ist der Comune di Roma in 20 Bezirke (Circoscrizioni) zur Erleichterung der Verwaltung aufgeteilt worden. Die Stadt wird vom Senatorenpalast auf dem Kapitol, dem Sitz des Bürgermeisters und des Stadtrats, regiert. Alle fünf Jahre finden Kommunalwahlen statt, die darüber entscheiden, welche der beiden etwa gleich starken Parteien, Christliche Demokraten oder Kommunisten, das prestigereiche Amt des Bürgermeisters besetzen darf.

Die Stadt erstreckt sich zu beiden Seiten des Tibers, etwa 20 bis 30 Kilometer von der Mündung dieses Flusses in das Tyrrhenische Meer bei Ostia entfernt. In der Antike konnten sogar Seeschiffe, lange Zeit auch Lastkähne bis in die damaligen Stadthäfen – unterhalb des Aventin-Hügels und an der Ripetta beim Mausoleum des Augustus – gelangen. Der Tiber trägt heute nur kleine Schiffe und Hausboote. Für die Geschichte Roms, für Wirtschaft und Handel, spielt der Fluß kaum eine Rolle. Fahrten für Touristen sind auf dem Tiber im Sommer möglich, doch sind die Uferanlagen zum Schutz vor Hochwasser sehr hoch gebaut, so daß die Sicht begrenzt ist. In Ostia, das im Altertum zu den wichtigsten Häfen des Mittelmeeres gehörte, liegen nur noch Fischerboote und Segelyachten. Roms Wirtschaftshafen ist Civitavecchia im Norden.

Schon früh erkannten die Römer im Altertum die Bedeutung von guten Verkehrswegen. Die damals angelegten Konsularstraßen – *Via Aurelia, Cassia, Flaminia, Salaria, Tiburtina, Prenestina, Casilina, Tusculana und Appia* – erfüllen, ausgebaut und verbreitert, ihren Zweck noch immer. Neue kamen hinzu, so daß die Provinz Rom über ein sehr gutes, dichtes Straßennetz verfügt. Dem Autoschnellverkehr dienen der große Autobahnring um Rom *(Grande Raccordo Anulare)*, Autobahnen nach und von Norden (Florenz, Bologna, Mailand, Brenner), Süden (Neapel, Bari, Reggio Calabria, Sizilien), Nordwesten (Civitavecchia und Flughafen Fiumicino), Osten (L' Aquila, Pescara) und Südwesten (Latina). – Zwei große internationale Flughäfen, der *Aeroporto Leonardo da Vinci*, 25 Kilometer westlich der Stadt am Meer gelegen, und der *Aeroporto di Ciampino*, etwa 12 Kilometer entfernt an der Via Appia (vornehmlich Charterflüge), schließen Rom an das nationale und internationale Flugnetz an.

Rom bildet einen wichtigen Knotenpunkt für den Eisenbahnverkehr zwischen Nord- und Süditalien. Die meisten Fernzüge treffen auf der *Stazione Termini*, zuweilen auch *Tiburtina* oder *Ostiense* ein. Der Schienenverkehr innerhalb der Stadt ist wenig ausgebaut. Eine Linie der Metropolitana, der U-Bahn, fährt vom Hauptbahnhof Termini zum E.U.R.-Viertel, eine weitere nach Ostia, die dritte, 1980 fertiggestellt, verbindet Cinecittà (Filmstadt) im Südosten über Termini mit dem Stadtbezirk bei Sankt Peter. Der Berufsverkehr wird hauptsächlich von Autobussen bewältigt. Wer es nicht eilig hat, kann für eine Fahrt um die Innenstadt – im Uhrzeigersinn oder entgegen – die »Circolare« benutzen, die einzig noch verbliebene Straßenbahn.

Im Altertum war Rom als Hauptstadt des Imperium Romanum das erste Wirtschafts- und Handelszentrum des Mittelmeerraums. Diese Bedeutung hat es nicht mehr wiedererlangt, weder unter den Päpsten noch im Königreich Italien seit 1871 oder jetzt in der Republik. Weltgeltung hat Rom seit der Antike in Kunst und Religion gesucht und gewonnen, nicht in wirtschaftlichem oder sozialem Wohlergehen. Das Zeitalter der industriellen Revolution, die Entwicklung der modernen europäischen Handelsströme berührte Rom nur am Rand; es lag geographisch abseits und fand nur schwer Anschluß an den wirtschaftlich weiter vorangeschrittenen Norden. Die Lombardei, Piemont und Ligurien waren und bleiben die wirtschaftlichen Schwergebiete Italiens, obwohl Anstrengungen unternommen werden, der bevölkerungsreichsten Stadt Italiens auch die entsprechende, durch Industrie gestärkte Wirtschaftskraft zu verleihen. Da ein großer Teil der italienischen Wirtschaft im Besitz des Staates liegt, gewann Rom nach dem Zweiten Weltkrieg als Verwaltungszentrum der Staatsbetriebe auch wirtschaftlich zunehmend an Bedeutung. »Junge«, hochtechnologische Industrien kommen hinzu, so daß die Zahl der kleinen Industriebetriebe am Stadtrand und in der weiteren Umgebung gewachsen ist. Darüber hinaus garantiert die Lage in der Mitte Italiens für die Wirtschaft eine Brückenfunktion zwischen Nord und Süd. Die Mehrzahl der Beschäftigten arbeitet in der Verwaltung und im Dienstleistungsgewerbe. Die meisten Arbeitsplätze bietet traditionell der tertiäre Bereich der Wirtschaft, darunter nicht zuletzt die touristischen Einrichtungen der Stadt.

Jahrhundertelang war Rom die Hauptstadt des päpstlichen Kirchenstaates, die des geeinigten Königreichs Italien wurde es erst 1870/71. Deshalb kommt die dominierende Rolle einer politischen Hauptstadt auf kulturellem und wissenschaftlichem Gebiet neben den konkurrierenden Zentren der ehemaligen Republiken, Großherzogtümer und Königreiche auf italienischem Boden nicht so eindeutig zur Geltung wie in anderen, stets zentral regierten Staaten. Dennoch bietet die Tiberstadt mit ihren Universitäten und wissenschaftlichen Instituten, mit Theatern und Orchestern, der Oper und den Bibliotheken Vielfältiges an moderner Kultur.

Päpstliches und »italienisches« Rom zeigen sich besonders bei den Universitäten: Jahrhunderte hindurch hatten päpstliche Hochschulen und Ordensinstitute, vor allem die Universität *Sapienza* und das *Collegium Romanum* der Jesuiten, für die höhere Bildung gesorgt. Erst von 1932 bis 1935 wurde die Universitätsstadt mit der staatlichen *Università di Roma* errichtet. Zu dieser staatlichen Universität, an der bis zu 150 000 Studenten eingeschrieben sind, kommt noch eine zweite; weiter die *Università Cattolica del Sacro Cuore*, eine katholische Fakultät für Medizin, die Internationale Universität für Sozialstudien *Pro Deo* und die päpstlichen Universitäten, an der Spitze die Jesuitenhochschule *Pontificia Universitas Gregoriana*, die für die Ausbildung von Priesteramtskandidaten und Theologen aus aller Welt zuständig sind. Zahlreiche Bibliotheken, staatliche, päpstliche und private, in erster Linie die Vatikanische und die italienische Nationalbibliothek, stellen nicht nur modernste Literatur, sondern auch alte Bücher, Wiegendrucke, Handschriften und Pergamente aus alter Zeit für umfassende Studien bereit.

Mit seinen Bauwerken, Museen und Kirchen bietet Rom einzigartige Möglichkeiten für künstlerische, historische, archäologische und kirchlich-theologische Studien. Zahlreiche italienische und päpstliche Akademien und Institute kümmern sich um die Erforschung der römischen Vergangenheit und um die Pflege von Wissenschaft und Kultur. Daneben unterhalten auch viele ausländische Nationen in Rom bedeutende Akademien und wissenschaftliche Institute; die Bundesrepublik Deutschland zum Beispiel neben dem *Goethe-Institut* (für kulturellen Austausch und deutsche Sprache) die *Villa Massimo* (für deutsche Schriftsteller und Künstler), das *Historische Institut*, das *Archäologische Institut* und die *Hertziana-Bibliothek* (Kunstgeschichte), auch Österreich und die Schweiz besitzen Kulturinstitute in Rom.

Rund 30 Theater – immer wieder kommt eine Neugründung hinzu, fällt ein anderes weg – erfüllen den Wunsch nach Schauspielen und Unterhaltung. Einige Orchester, das der *Accademia di Santa Cecilia*, der Oper und der RAI (der staatlichen Rundfunk- und Fernsehgesellschaft) und Kammerorchester garantieren ein musikalisch hohes Niveau. Auch in den Sommermonaten werden in Kirchen und auf Plätzen Konzerte gegeben. Opernaufführungen in den Caracalla-Thermen während des Sommers erfreuen sich regen Zulaufs.

In Rom, dem Zentrum der katholischen Kirche, sind fast 99 Prozent der Bevölkerung – im direkten Sinne des Wortes – »römisch«-katholisch. Die jüdische Synagoge, Kirchen für andere christliche Gemeinschaften und die (geplante) Moschee zeigen jedoch, daß in Rom fast alle Konfessionen und Kulte vertreten sind. Viele Länder haben eine eigene Nationalkirche in Rom, die Deutschen *Santa Maria dell' Anima* neben der Piazza Navona. Die kunstvollen Barockkirchen der Innenstadt sind an Sonntagen weniger gefüllt als die modernen Pfarrkirchen der Außenbezirke.

Palazzi der Macht – Das politische Rom

Als erste regen sich im politischen Rom die Südtiroler Senatoren. Schon früh am Morgen kann man sich mit ihnen verabreden – es sind nur zwei, entsprechend der kleinen Gruppe der Deutschen im italienischen Staat –, zum ersten Cappuccino des Tages, dem belebenden Kaffee mit schaumiger Milch; natürlich in der Nähe des »Senats«, des Palazzo Madama, am besten an der wenige Schritte entfernten Piazza Navona. Am Morgen liegt noch Frische über dem Platz, der bis spät in die Nacht hinein bevölkerten Bühne für Römer und Fremde. Das Wasser scheint reiner in den drei Brunnen zu fließen. Da sind auch die politischen Gedanken noch nüchtern. Spekulationen über Kräche und Krisen schießen nicht phantasievoll ins Kraut – das wäre auch nicht Südtiroler Art, die immer aus freundlicher Distanz das Geschäft der italienischen Res publica in Rom betrachtet.

Die 315 Senatoren der Republik Italien, die, wie die Verfassung vorschreibt, auf regionaler Basis gewählt werden, mindestens 40 Jahre alt sind und eine der beiden Kammern des Parlaments bilden, besitzen eine traditionsreiche Versammlungsstätte. Der *Palazzo Madama* wurde schon im 16. Jahrhundert als römische Stadtresidenz der Florentiner Familie Medici errichtet. Seinen Namen verdankt er der »Madama« Margarete von Parma (geboren 1522, gestorben 1586), einer natürlichen Tochter des deutschen Kaisers Karl V. und der Holländerin Johanna von der Gheenst. Diese Margarete wurde vor allem als Generalstatthalterin der Niederlande bekannt. Aber wie kam sie nach Rom? Und weshalb wurde nach ihr dieser stattliche Palazzo am heutigen Corso del Rinascimento benannt? Papst Klemens VII. (1523–1534), ein Medici des Namens Giulio, brachte das diplomatische Kunststück fertig, sein Haus durch Heirat mit den beiden unversöhnlich verfeindeten europäischen Gegenspielern der damaligen Epoche zu verbinden: mit Kaiser Karl V. und dem französischen König Franz I. Des Papstes natürlicher Sohn Alessandro – das war zu jener Zeit möglich – bekam Margarete zur Frau. Klemens' VII. Nichte, Caterina de' Medici (1519–1589), die ebenfalls einige Zeit im Palazzo Madama wohnte, heiratete Franz' I. Sohn Heinrich, der als der zweite seines Namens mit tätiger Hilfe seiner Frau Frankreich regierte. Diese Caterina de' Medici, Mutter von insgesamt drei französischen Königen, ist nicht unumstritten, doch sie war zweifellos eine ungewöhnliche Frau. Unsere »Madama« lebte nur kurz, elf Monate, mit Alessandro de' Medici zusammen; dann wurde dieser ermordet, und Margarete mußte ein zweites Mal eine unglückliche Ehe eingehen, wieder mit dem Neffen eines Papstes: Ottavio Farnese, Nepot Pauls III. (1534–1549). Später ging Margarete als ihres Stiefbruders, des spanischen Königs Philipp II. Statthalterin in die Niederlande. Als Herzog Alba im Auftrag Philipps die Provinzen grausam züchtigte, dankte sie ab und zog sich in das ihr vom Vater verliehene Herzogtum Parma zurück. Goethe hat ihr in seinem Schauspiel »Egmont« ein rühmendes literarisches Denkmal gesetzt. Die »Madama« könnte die Senatoren Gleichmut in den Wechselfällen der Politik lehren. Aber muß man ihnen Geschichtsbewußtsein beibringen? Jenen Amtsträgern in Rom, deren Tradition mehr als zwei Jahrtausende zurückreicht, wie die Fresken des »Ehrensaals« im Innern des Palastes zeigen? Der Palazzo, außen mit einer mächtigen Barockfassade geschmückt, innen durch die würdige Pracht der Einrichtung beeindruckend, führt seit 1871 die Tradition römischer Senatoren, eine Leitlinie demokratischer Politik, fort.

Das Andenken der Madama bringt uns sogleich zu ihrer Villa, hoch über der Stadt an den Abhängen des Monte Mario, nordwestlich des Zentrums – und damit zu einer weiten, glanzvollen Aussicht über die römischen Monumente. Es gibt in Rom viele solcher »Doppel« von Palazzo und Villa mit demselben Namen, da eine »ordentliche« Familie einen Stadtpalast besaß, einen Palazzo, und dazu eine Villa »im Grünen«, mehr oder weniger außerhalb der Stadt. Bei der *Villa Madama* geraten Kunsthistoriker zu Recht ins Schwärmen. Denn es wurde kein Geringerer als Raffael von dem uns bereits bekannten Kardinal Giulio de' Medici, dem späteren Papst Klemens VII., mit den Entwürfen für die Villa beauftragt. Da dieser Künstler zu jener Zeit gerade die römischen Bauwerke der Antike studierte, gingen architektonische Ideen des Altertums aus dem damals entdeckten »Goldenen Haus« des Nero in der Nähe des Kolosseums und der Konstantinsbasilika auf dem Forum in diesen Bau ein. Nach Raffaels Tod führte der bedeutende Antonio da Sangallo der Jüngere die Villa, vor allem das Zentralgebäude, das *»Casino«*, zu Ende.

Seit einiger Zeit dient die Villa Madama der italienischen Regierung zu repräsentativen Zwecken. Ministerpräsident oder Außenminister empfangen hier Staatsgäste zum politischen Gespräch in kunstreicher Atmosphäre, und wenn die Unterredung einmal ins Stocken gerät, hilft ein Blick aus dem Fenster, ein Hinweis auf dieses oder jenes berühmte Monument unten in der Stadt. Noch mehr Bewunderung zeigen die Besucher aus aller Herren Länder beim festlichen Staatsbankett am Abend, wenn Rom heraufglitzert und die Räume im warmen Licht erstrahlen. Dann kommen, bis ins letzte Detail ausgeleuchtet, die Grotesken, Stuckdekorationen und Malereien erst ganz zur Geltung; und was in den Verhandlungen tagsüber noch nicht gelang, glückt vielleicht zur Abendstunde in beschwingter Laune.

Tagsüber – das bedeutet, daß man etwa in dem nahen Außenministerium schwierige bilaterale Fragen erörtert hat. Dieses »Ministero degli Affari Esteri«, der Auswärtigen Angelegenheiten – wegen des Ortes kurz »Farnesina« genannt, doch nicht zu verwechseln mit der durch die Fresken des Raffael viel schöneren »Villa Farnesina« gegenüber der Innenstadt am Tiber –, ist das klotzigste unter den Regierungsgebäuden in Rom. Den weißen, einförmigen Block jenseits des nördlichen Tiberbogens in der Nähe des Olympiastadions kann man nicht übersehen. Er scheint außen und innen zu gigantisch geraten, worüber auch jene klagen, die darin arbeiten. Er sei zwar eindrucksvoll-stattlich, für weiter gespannte Ambitionen konzipiert, als sie Italien jetzt als europäische Mittelmacht hege, doch kein zweckmäßiger Büropalast. Gegenüber allen anderen Ministerien in Rom hat die Farnesina jedoch einen unschätzbaren Vorteil: Sie besitzt einen riesigen Parkplatz, der nicht nur für Angestellte ausreicht, sondern auch für die Besucher, etwa ausländische Korrespondenten, die Auskunft, Hilfe und Rat suchen und hier erhalten.

Deshalb sieht ein Journalist gern darüber hinweg, daß es das Außenministerium an sorgfältigem Maß nicht mit den klassischen Palazzi der Innenstadt aufnehmen kann.

Tagsüber – das besagt für den Ministerpräsidenten harte Arbeit in seinem Amtssitz im *Palazzo Chigi* an der Piazza Colonna. Rom kann schönere und großartigere Plätze vorweisen als diese Piazza Colonna mit der Triumphsäule des Kaisers Mark Aurel, auf deren Spitze der heilige Paulus das Schwert seines christlichen Wortes zückt; doch hier sind wir im Zentrum des Zentrums, in der Mitte zwischen der Piazza Venezia im Süden und der Piazza del Popolo im Norden. Die Via del Corso führt vorbei; die Via del Tritone, eine beliebte Geschäftsstraße, stößt auf den Palazzo; gegenüber liegen ein bekanntes Kaufhaus und die Galleria Colonna mit ihrer marmornen Pracht. Hier sind wir im Knotenpunkt der Machtstränge. Von hier aus zieht der italienische Regierungschef seine Fäden, leitet den Consiglio dei Ministri, den Ministerrat, und bespricht sich mit den Parteiführern der Koalition. Dem italienischen Ministerpräsidenten konzediert die Verfassung nur eine allgemeine Richtlinienkompetenz: »Er sorgt für die einheitliche Führung von Politik und Verwaltung, indem er die Amtstätigkeit der Minister fördert und koordiniert« – eine etwas vage Arbeitsbeschreibung. Im Erdgeschoß des Palazzo Chigi warten meist Journalisten, wie die Jäger im Anschlag, eines Ministers habhaft zu werden. Häufiger als in anderen Ländern suchen sie Antwort auf die Frage: »Steht die nächste Regierungskrise bevor?«

Im Innern des alten Palazzo läuft eine moderne Regierungsmaschinerie. Nicht immer reibungslos – was die italienische Innenpolitik viel interessanter macht. Doch die Turbulenzen des Regierungsgeschäfts entsprechen der aufregenden Baugeschichte des Palastes mit allein fünf berühmten Architekten und zahllosen weniger bekannten und den wechselhaften Besitzverhältnissen. Der 1580 begonnene Palast kam erst 1659 zu jener Familie der Chigi, die ihm seinen heute noch geltenden Namen gab. Man vermutet ganz richtig, daß in jenem Jahr ein Chigi-Papst, Alexander VII. (1655–1667), auf dem höchsten Thron der Kirche saß, ein Mann, der den Ruhm seines Hauses durch den Erwerb dieses Palazzo zu mehren suchte. Der Name Chigi blieb dem Palast, als er 1917 vom Königreich Italien erworben wurde. Von 1923 bis 1959 war er der Amtssitz des Außenministers. Erst seit 1961 amtiert im Palazzo Chigi der italienische Regierungschef. Der faschistische Diktator Mussolini herrschte vom Palazzo Venezia aus, immerhin 21 Jahre lang, während die Hausherren des Palazzo Chigi in der Regel nur knapp ein Jahr bleiben, bis sie die Schlüssel einem anderen übergeben müssen.

Ohrenbetäubend umtost der Verkehr den Regierungssitz. Um den auswärtigen Staatsmännern den Lärm und den Römern die Belästigungen durch dahinbrausende Fahrzeugkolonnen von offiziellen Besuchern zu ersparen, kann der Ministerpräsident die Konsultationen in die bereits erwähnte Villa Madama verlegen oder – fast ebenso hübsch – in das *Casino der Villa Doria Pamphilj* an der alten Via Aurelia im Westen, über das Trastevere-Viertel hinaus, am Gianicolo-Hügel vorbei. Die Bemerkung erscheint fast überflüssig, daß auch hier ein Papst mit seinem Nepoten eine schöpferische Rolle spielte. Innozenz X. aus der römischen Nobelfamilie der Pamphilj, dessen Pontifikat von 1644 bis 1655 währte, der also der Vorgänger des Chigi-Papstes war, ließ für den Fürsten Camillo Pamphilj einen riesigen Park anlegen, der bis heute der größte von Rom ist. An Sonn- und Feiertagen ergehen sich die Römer darin und genießen

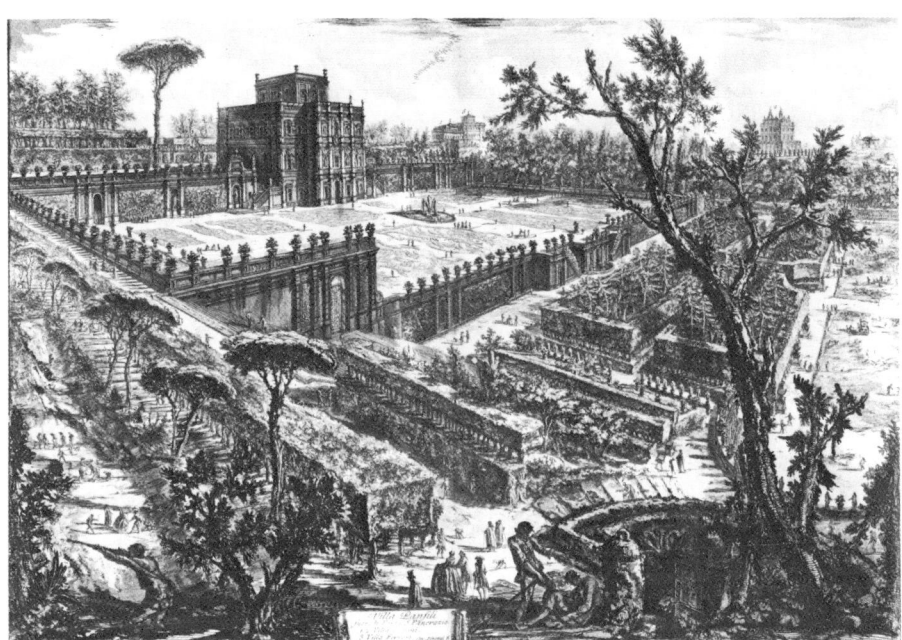

Casino der Villa Doria Pamphilj. Stich von G. B. Piranesi

die Früchte des sonst eher verwerflichen päpstlichen Nepotismus alter Zeiten. Gerade bei schwierigen Regierungskonferenzen kann es nützlich sein, in der Villa zu erwähnen, daß man im »Casino di Allegrezza« tage, im »Pavillon der Fröhlichkeit«, daß man sich an den Treppen und Terrassen, an den Statuen, Büsten und Reliefs, den Ornamenten und Malereien erfreuen dürfe, trotz des harten politischen Geschäfts. Über einen Gartenweg hinweg erblickt man, gar nicht weit entfernt, die mächtige Kuppel von Sankt Peter, und wenn es ausländische Regierungschefs klug anstellen, suchen sie sich diesen Hintergrund für wichtige Erklärungen aus. Das verleiht jeder Rede »Format«. Wenn die Staatsmänner mit politischem Geschick Lebensfreude verbinden, wünschen sie sich als Lohn für die anstrengenden Verhandlungen eine Trattoria in dem nahen Viertel von Trastevere mit seinen verwinkelten Gassen und malerischen Plätzen. Bei Pasta und Wein gewinnt man Abstand zu den politischen Problemen.

Papst Innozenz X. selbst sollten die Regierungen bei ihren Konferenzen nicht in den Genius loci miteinbeziehen. Denn er scheint kein sehr friedliebender Herr. Dem Westfälischen Frieden von 1648, als nach dem Dreißigjährigen Krieg die feindlichen Parteien in Deutschland ausgeblutet waren, verweigerte er seine Anerkennung, obwohl in seinem Wappen eine Taube den Ölzweig hält. Höchstes Symbol des Friedens!? Ja und nein. Die Bibelfesten unter den Heraldikern werden einwenden, daß die »Taube mit dem Ölbaumblatt im Schnabel« im 1. Buch Mose, der Genesis, den Stammvater Noah in der Arche hatte wissen lassen, daß die Wasser sich verlaufen hätten auf Erden, daß nun das Leben wieder beginne. – Dasselbe Wappen finden wir auch noch an anderer hervorragender Stelle in Rom: auf dem *Palazzo Pamphilj* an der Piazza Navona, der noch 1960 für Brasilien als Botschaft zu haben war und nun diesem südamerikanischen Land eine stattliche Vertretung an einem der schönsten Plätze Roms bietet, und am *Palazzo Doria*, der einen weiten Komplex zwischen Piazza Venezia, Via del Corso und Piazza del Collegio Romano einnimmt und die sehenswerte Kunstsammlung der Galleria Doria Pamphilj beherbergt. Für die Erforscher blaublütiger Stammbäume sei vermerkt, daß die Pamphilj sich mit den Doria verbanden und später in ihnen aufgingen; daher der Doppelname.

Genug der Vergangenheit! Zurück zu den modernen Machtzentren der italienischen Regierung. Schon beim Außenministerium der Farnesina zeigte sich, daß Italien trotz der zweieinhalb Jahrtausende römischer Geschichte ein junges Gebilde ist. Es mußte sich seit der Einigung zum Königreich Italien im Jahr 1870, wenige Monate bevor auch den Deutschen der erste nationale Einheitsstaat gelang, die Stätten der Machtausübung erst schaffen. Deshalb sind die meisten Ministerien in Rom Bauwerke des Königreichs Italien zwischen 1870 und 1946, als der Monarchie durch einen Volksentscheid ein Ende gesetzt wurde. Im Zweiten Weltkrieg mußte man etwa die Arbeiten an den massiven Gebäuden im E.U.R.-Viertel (Esposizione Universale di Roma, eine für 1942 geplante »Weltausstellung«) im Süden der Stadt einstellen. Ein charakteristisches Beispiel für die damalige prätentiöse Architektur ist der 1920 fertiggestellte *Palazzo del Viminale* auf dem gleichnamigen Hügel, einem der sieben klassischen Roms, in dem das Innenministerium eingerichtet ist.

Die Baumeister sollten in jenen Jahrzehnten die eher beschauliche Stadt des Papstes am Rande Europas zur Kapitale eines modernen europäischen Staates mit imperialen Ambitionen umgestalten. Das päpstliche Rom war in seiner Ausdehnung um 1870 nicht über die Grenzen der römischen Kaiserzeit, ersichtlich an der Aurelianischen Stadtmauer und dem Tiber, hinausgewachsen; ja es vermochte die Räume des kaiserlichen Rom gar nicht zu füllen. So wurden die Ministerien über das Stadtgebiet innerhalb der Mauern verstreut. Nördlich des Forum Romanum, nördlich von Kapitol und Palatin, dem antiken Zentrum der Macht, und östlich der vom Tiber umflossenen Innenstadt entstanden, anschließend an den Quirinalspalast, die Residenz der Könige, die Schaltstellen der einzelnen Regierungsressorts. An der Achse der Via XX Settembre, hinaus zur Via Nomentana – es war Mussolinis Weg vom Büro im Palazzo Venezia nach Hause zur Villa Torlonia – wurden das Verteidigungsministerium (Heer), das Haushalts- und Schatzministerium, die Ministerien für Landwirtschaft und Forsten sowie Arbeit und die Ministerien für öffentliche Arbeiten und Transport aufgereiht. Im Viertel um die prächtige Via Veneto, an der Stadtmauer im Osten (Verteidigungsministerium – Luftwaffe), am Tiber (Verteidigungsministerium – Kriegsmarine und Justiz), in Trastevere (öffentliche Bildung) und schließlich im E.U.R.-Komplex (Finanzen, Handelsmarine, Post, Außenhandel, Gesundheit) suchte man die Plätze für die neue Macht.

Die gigantischen Gebäude der Nationalbibliothek und des Justizpalastes, der zugleich Respekt und kafkaeske Gefühle der Verlorenheit erweckt, Universität und Kliniken, Nationalbank und Museen verliehen der Mitte des Staatswesens neuen Glanz. Die fieberhafte Bautätigkeit der Herren des Königreichs wirkte auf manche wie die Bemühungen eines Parvenüs, der

Palazzo di Montecitorio. Stich von G. B. Piranesi

seinem gerade erworbenen Reichtum Bestand verleihen will. Solche Reserven pflegten in Rom vor allem jene, die dem Papst nahestanden, dem »Gefangenen im Vatikan«, der seinen Kirchenstaat 1870 eingebüßt hatte und noch nicht durch die Lateranverträge von 1929 versöhnt war. Ob nun die Bauwerke des Königreichs in Rom vor dem gestrengen Auge des architektonischen und historischen Richters Gnade finden oder nicht – sie wurden in der Stadt zu Kristallisationspunkten der weiteren urbanen Entwicklung.

Das Königreich Italien war von Anfang an konstitutionelle Monarchie. So wurde den Abgeordneten 1871 ein stattlicher Palast zugewiesen, der *Palazzo Montecitorio,* direkt neben dem Palazzo Chigi. Deshalb hat es heute der Ministerpräsident nicht weit, seinen Abstimmungssiegen oder -niederlagen in der Kammer beizuwohnen. Die Überlieferung leitet den Namen »Montecitorio« von »Monte accettorio«, »ab acceptandis suffragiis« ab; hier sei man schon im Altertum zur Stimmabgabe gegangen – womit wir uns in schönster Eintracht mit der heutigen Bestimmung befänden. Wenn man auf der Piazza di Montecitorio im Süden des Palazzo neben dem ägyptischen Obelisken steht, sieht man sofort, daß an der barocken Palastfassade eine Meisterhand am Werk war, die des Bernini. Er begann den Bau um 1650 im Auftrag – wie könnte es anders sein – eines Papstes, Innozenz X., des Pamphilj, der seinen Verwandten aus der Ludovisi-Familie damit Gunst erweisen wollte. Nachdem im Jahr 1871 die Abgeordneten in Berninis Palast eingezogen waren, stellte sich bald heraus, daß er zu klein war und sein Inneres den Zwecken nicht gerecht werden konnte. So wurde er Anfang dieses Jahrhunderts umgebaut und erweitert. Daher zeigt der Palazzo der Abgeordnetenkammer auf seiner Nordseite an der Piazza del Parlamento nicht mehr die sanften Schwünge des Barock, sondern die imponieren-wollenden Aufbauten der ersten Jahrzehnte dieses Jahrhunderts.

In dem gestrengen Innern bildet der Plenarsaal mit seinen vornehmen Farben, der Holzver-täfelung und den ältlichen Dekorationen eine würdige Bühne für diese gegenüber dem Senat politisch wichtigere Kammer des Parlaments. Die Ränge steigen so steil an, daß man fast fürchtet, die Abgeordneten würden bei lebhaften Debatten aufeinanderfallen. In der Tat sind hier – zwar nicht wegen der Statik, doch wegen ihres Temperaments – die Volksvertreter schon aneinandergeraten, haben sich nicht gescheut, ihren Argumenten mit Ohrfeigen und Faust-hieben Nachdruck zu verleihen. Neofaschisten und Kommunisten waren die erbittertsten Kampfhähne – Hähne, denn in den fünfziger und sechziger Jahren gab es noch nicht so viele weibliche »Onorevoli«, Ehrenwerte, wie die Anrede trotz aller politischer Skandale unter-schiedslos für alle Abgeordneten lautet. Beängstigend eng wird es, wenn der Präsident der Repu-blik gewählt wird, in einer gemeinsamen Sitzung der beiden Kammern, der 315 Senatoren und der 630 »Deputati«, und dazu der Vertreter der Regionen. Mehr als 1000 Wahlberechtigte im muschelförmigen Plenarsaal, dazu alle Besucherlogen voll – da flieht man gern in den »Trans-atlantico« davor, eine lange Wandelhalle, so genannt, weil sie an die Gesellschaftsräume der luxuriösen Überseedampfer erinnert.

Doch auch im entgegengesetzten Fall, wenn in der Kammer eine Debatte vor fast leeren Rängen stattfindet, wenn nur ein Dutzend Abgeordnete die Gesetzgebung voranbringt, ist die Versuchung groß, die Aula des Palazzo Montecitorio zu verlassen und eines der vielen Risto-ranti der Umgebung anzusteuern. Ein Onorevole stahl sich aus dem Plenarsaal davon, ein anderer gab die Sitzung seiner parlamentarischen Kommission auf, ein dritter ließ seinen Frak-tionschef in den nahen Büros für die einzelnen Partei-»Gruppen« zurück, der vierte kommt gerade von der Lektüre der Zeitungen mit den neuesten Personal-Spekulationen – da sitzen sie nun, etwa im Ristorante »Fontanella Borghese« gegenüber dem Palazzo Borghese – richtig: von einem Kardinal, Camillo Borghese, dem späteren Paul V. (1605–21), erbaut – und tun nichts anderes als im Plenarsaal auch: sie reden, allerdings essend und ohne Geschäftsordnung. Die Ab-geordneten sind keineswegs »einfarbig«, sondern gehören verschiedenen Parteien an. Sie haben schon bei der Pasta die Innenpolitik wieder in Ordnung, wissen, wie es der christlich-demokrati-sche Parteichef besser hätte anstellen müssen, wie die Kommunisten zurückfinden könnten zu früherem Ansehen, wie die Sozialisten sich weiter an führender Stelle des Regierungsbündnisses halten. Jeder entwickelt seine Theorien und Hypothesen, und alle haben das Gefühl, daß Rom noch immer der Nabel der Welt sei.

Dann gehen sie wieder an die Arbeit – das heißt, es war ja ein »Arbeitsessen«, bei dem die poli-tische Dialektik geschärft wurde, bei dem man dem anderen ein wenig in die Karten hat schauen dürfen und von dem man in jedem Fall sich viel klüger erhebt. Der Christliche Demokrat und der Kommunist können ein gutes Stück zusammen denselben Weg zu ihren Parteizentralen gehen. Die Democrazia Cristiana (DC) hat sich in dem etwas verlassen wirkenden Palazzo del Gesù eingerichtet, zumindest mit ihrem Vorstand; ihre Verwaltungszentrale hingegen befindet sich draußen im E.U.R.-Viertel, wo im Palazzo Sturzo mehr Platz für die vielen organisatori-

schen Aufgaben einer Volkspartei ist. Die DC-Führung residiert an dem Platz, an dem die
Hauptkirche des Jesuitenordens steht, »Il Gesù«, die Mutter aller Barockkirchen. Der fromme
Name erscheint angemessen für die katholischen Politiker, während die Kommunisten viel
Spott erdulden müssen, weil ihre »Direzione« ein paar Schritte weiter in der Via delle Botteghe
Oscure liegt, in der »Straße der dunklen Geschäfte«. Die meisten wissen natürlich, daß nicht
Anti-Kommunisten der Straße den Namen gaben, sondern einfach die früher dort eingerichte-
ten Läden, die schlecht beleuchtet waren. Von der Direktion des Partito Comunista ist es zur
Piazza del Gesù, zu den Christlichen Demokraten viel näher als zur Zentrale der Sozialisten
in der Via del Corso. Erklärt das vielleicht den historischen Kompromiß, die langjährigen
Bemühungen des Partito Comunista um die Democrazia Cristiana, die lang gesuchte große
Allianz zwischen zwei so grundverschiedenen Parteien?

Wenige Meter vom kommunistischen Palazzo entfernt erhebt sich das *Kapitol,* seit alters
als Mitte Roms geheiligt. Auf dem Kapitolinischen Hügel standen in der Antike die Tempel der
vornehmsten Götter, des Jupiter und der Juno; recht besehen, existieren sie noch heute dort,
denn die Fundamente von damals bieten jetzt Kirche und Palästen den stützenden Untergrund.
Rom hat viele Metamorphosen im Lauf seiner Geschichte erlebt. Hier ist eine, ohne daß die
Würde des Ortes davon nur im geringsten beeinträchtigt worden ist. Im *Senatorenpalast* auf dem
Kapitol residiert der Bürgermeister. Besitzt irgendwo auf der Welt ein Stadtvater einen schö-
neren Amtssitz? Zwar hat der Sindaco di Roma nicht mehr die Macht, irgendeinen vom nahen
Tarpejischen Felsen zu Tode stürzen zu lassen, aber für seine Mühen im Amt wird er Tag für

Das Kapitol des Michelangelo. Stich von E. Dupérac, 1569

Tag, Stunde um Stunde entschädigt, hinten hinaus mit dem Blick über das Forum Romanum, vorn mit dem Kapitolsplatz vor der Tür, dessen feinsinnige Linien Michelangelo entworfen hat. Welcher Stadtrat kann sich rühmen, seine Debatten im »Saal des Julius Caesar« unter den wachsamen Augen einer Statue des ersten »Kaisers« zu führen? Natürlich kann die Stadt nicht mit der Rendite aus den Leistungen des Altertums verwaltet werden, auch wenn viele Römer davon leben, doch wegen ihres Amtssitzes sind Roms Bürgermeister und Stadträte zu beneiden.

Noch einmal wird Neid geweckt im politischen Rom, Traurigkeit von Deutschen darüber, daß Deutschland aufgrund der politischen Ereignisse dieses Jahrhunderts seine schönen Gebäude in Rom verlor. Sie wurden konfisziert. So hat die Nation, deren Reich einst römisch war – »Heiliges Römisches Reich Deutscher Nation«, mit Karl dem Großen am Weihnachtstag des Jahres 800 beginnend und erst unter Napoleon endend –, keinen repräsentativen Palazzo mehr, und den Deutschen in Rom bleibt nur, mit Anstand die Gebäude der anderen Länder zu bewundern. Das hält sich bei den Botschaften der Vereinigten Staaten und der Sowjetunion in Grenzen; bei den ersten, weil der *Palazzo Margherita* – es ist die von Savoyen – zwar imposant an der Kurve der Pracht-Via Veneto liegt, doch wuchtig auch die architektonischen Schwächen des vorigen Jahrhunderts verrät; bei der zweiten, weil sich die *Villa Abamelek* hinter hohen Mauern an der Via Aurelia Antica versteckt – was sie jedoch nicht vor Dieben geschützt hat. Aber ohne Einschränkung ist unser Beifall für die französische Botschaft, den *Palazzo Farnese,* den triumphalen Abschluß der Renaissance-Baukunst in der Ewigen Stadt. Stolzer kann sich eine Nation in der Fremde nicht präsentieren als Frankreich hier in Rom, auch wenn Grandezza und Gloria, Grandeur et Gloire

Palazzo Farnese. Stich von G. B. Piranesi

nur ausgeborgt sind, von italienischen Baumeistern, einem Antonio da Sangallo dem Jüngeren, einem Michelangelo, einem Giacomo della Porta. Eine kleine Variante ist bei diesem Auftraggeber anzumerken. Mit dem Bau des Palazzo wurde schon 1514 begonnen, als Alessandro Farnese noch Kardinal war; erst 20 Jahre später wurde er Papst, als Paul III. (1534–1549) – ein mutiger Mann, der von der Zukunft viel erwartete und viel erhielt. – Nur wenige Schritte sind es von der Piazza Farnese zum *Palazzo Spada* an der Piazza Capo di Ferro, doch mitten durch dichtes römisches Leben. So ist im Gewirr der engen Gassen die Architektur des Palazzo Spada nur schwer zu würdigen, in dem heute der Consiglio di Stato seinen Sitz hat, der Staatsrat, die vereinigte italienische Staatsraison. Außerdem beherbergt der Palazzo Spada noch die Galleria Spada, eine Gemäldegalerie berühmter Bilder. Glückliche Staatsräte, die es zur Kunst so nahe haben.

Fast sind wir am Schluß unseres Ganges durch das politische Rom mit den Palazzi der Macht. Es würde zu weit führen, wenn wir auch die Zentralen der Gewerkschaftsverbände und der Industriellen aufsuchten. Doch zwei Visiten müssen wir als höfliche Ausländer noch abstatten. Die erste führt uns, wie jeden Staatsgast bei einem offiziellen Besuch, an die Piazza Venezia, zum »Altar des Vaterlandes« mit dem Grabmal des Unbekannten Soldaten. Viele sprechen mit wenig Respekt von diesem mitten in der Stadt hoch aufragenden »Denkmal für Viktor Emanuel«, den ersten König des geeinten Italiens, nennen es sogar abschätzig wegen seiner ungewöhnlichen Gestalt »Schreibmaschine«. Viele wenden ein, sein kalter weißer Kalkstein passe nicht in die warmen Travertinfarben des übrigen Rom, meinen, es stehe einfach am falschen Platz. Aber hier ist nun einmal die Mitte der Stadt, und weil sich die patriotischen Politiker damals so sehr über die nationale Einheit freuten, war ihnen der würdigste Boden Roms gerade gut genug dafür, Italien zu feiern.

Einen außergewöhnlichen Rundblick über Rom genießt man auch, wenn man beim Präsidenten der Republik in dessen Amtssitz, den *Quirinalspalast,* eingeladen ist. Ein Frühstück im viereckigen Turmzimmer des Palastes zur Morgenstunde, wenn die Sonne noch unverbraucht die Kuppeln der Kirchen und die Dächer der Paläste aufhellt, bleibt unvergeßlich. Nach vier Seiten öffnet sich die Aussicht, und was für eine! Dem Belvedere kommt zugute, daß wir uns im Quirinal auf einem der höchsten der klassischen sieben Hügel Roms befinden. Die Höhe von 50 Metern über dem Meer und damit der etwas frischere Wind können kaum der Grund gewesen sein, warum Gregor XIII. (1572–1585) hier der Überlieferung nach die Sommerresidenz der Päpste einrichten wollte; denn der Vatikanische Hügel steigt sogar bis auf 60 Meter an, und die Nähe zum Tiber mit seinem damals malariafördernden Wasser ist fast gleich. Vielleicht liebte es Gregor XIII. auch nur, eine neue Idee zu verwirklichen. Er war ein unternehmungsfreudiger Papst, mit Weitblick und Scharfsinn begabt. Nicht umsonst haben wir ihm den Gregorianischen Kalender zu verdanken, die Reform, die durch Ausschaltung von zehn Tagen zwischen dem 4. und 15. Oktober 1582 den Kalender der Menschen wieder dem Stand der Sonne anglich. Da jedoch Gregor XIII. auch die von den Protestanten wenig geschätzte Gegenreformation betrieb, nahmen die evangelischen Länder Europas den päpstlichen Kalender erst mehr als 100 Jahre später an, Rußland gar erst 1923.

Aber der Quirinal heute ist von konfessionellem Zwist gänzlich frei. Wahrscheinlich ging es Gregor XIII. nur um eine Abwechslung zum Vatikanischen Palast, als er eine Residenz auf

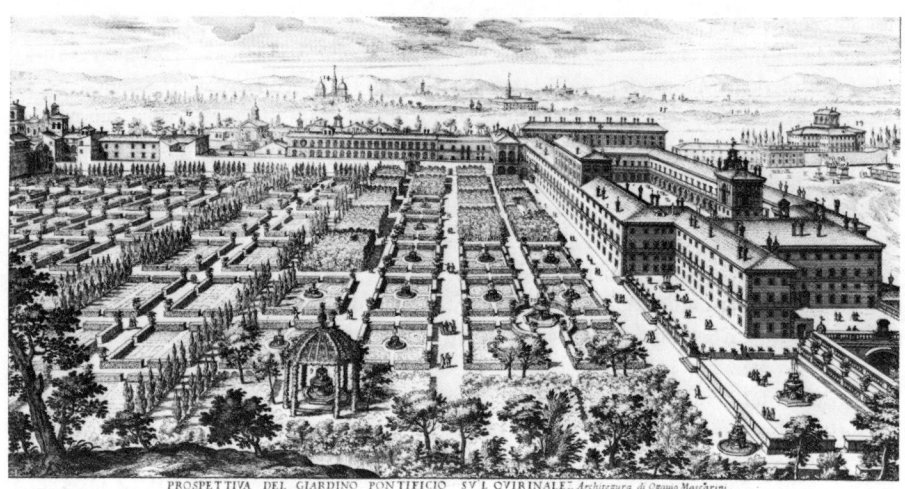

PROSPETTIVA DEL GIARDINO PONTIFICIO SVL QVIRINALE. *Architettura di Ottauio Mascarini .*

Der Garten des Quirinalspalastes. Stich von G. B. Falda

diesem Hügel aufschlagen wollte. Dort stand zuvor eine Villa des Kardinals Ippolito d'Este, des Sohnes der Lukrezia Borgia, also des Enkels Papst Alexander VI. (1492–1503). Vielleicht schwebte dem Papst vor, was Kardinal Ippolito in der berühmten Villa d'Este zu Tivoli bei Rom durch das heitere Zusammenspiel von Natur und Kunst, von Landschaft, Wasser und Architektur erreicht hatte, mitten in der Stadt hervorzubringen. Die vatikanische Palastanlage wird ihm schon zu alt, zu unpraktisch und unbequem gewesen sein, und seinen Nachfolgern wohl auch, denn schon Klemens VIII. zog 1592 in den Quirinal um, lange bevor der Bau ganz abgeschlossen war (zwischen 1730 und 1740). Als 1870 Papst Pius IX. von den Italienern in den Vatikan zurückgedrängt wurde, fühlte er sich wohl auch wohnungsmäßig strafversetzt. Im Quirinal lebte es sich besser.

Dort durften dann die italienischen Könige residieren und nach ihnen, ab 1947, die Präsidenten der Republik Italien. Etwas von diesem festlich-unbeschwert-repräsentativen Lebensgefühl, das von dem Palazzo del Quirinale ausgeht, teilt sich mit, wenn der Staatspräsident zum Nationalfeiertag Anfang Juni in den Palast bittet. Da drängen sich in den gepflegten Gärten italienische Politiker und ausländische Diplomaten, hohe Militärs und Beamte, berühmte Leute und solche, die es waren oder werden, und sie führen ihre Damen am Arm im Bewußtsein, daß es die bessere, schönere und durch den Schmuck zweifellos auch wertvollere Hälfte sei. Der Sekt – der beste Spumante, den Italien hervorbringt, der dem Champagner nicht nachsteht – perlt aus unversiegbaren Quellen, und der reichgedeckten Buffet-Tische vermögen auch die vielen Gäste nicht Herr zu werden. Wenn man dann auf die Terrasse des Parks tritt, hinüberschaut zur Kuppel von Sankt Peter im feurig-gleißenden Abendlicht und unter sich die »Stadt der Städte« liegen sieht, aus der nur sanft der Lärm heraufbrodelt, stellt sich für einen Moment die Ahnung ein, was Könige und Päpste hier einst gefühlt haben.

Vor den Mauern des Vatikans

Wenn die Ampel am Borgo Pio vor der Porta Sant' Anna, dem Tor der heiligen Anna, Grün zeigt, ist der Weg in den Vatikan noch längst nicht frei. An der Grenze, über die man mitten in Rom in den kleinsten Staat der Welt gelangen will, halten Posten der Schweizergarde – seit 1506, bald einem halben Jahrtausend, die treue Wachmannschaft der Päpste – den Fremden an. Erst wenn man einen triftigen Grund für den Besuch im »Stato della Città del Vaticano« (S. C. V.) genannt hat, die Post etwa, die Redaktion des »Osservatore Romano«, der offiziellen Zeitung des Kirchenstaates, oder die Biblioteca Vaticana, wird man eingelassen. Besser noch, man vermag einen Monsignore oder gar Kardinal als Ziel des Besuches und Garanten für den Eintritt anzugeben. Vom Rang des Erwähnten fällt ein Glanz auf den Einlaßbegehrenden, und der Schweizer gibt seinem ohnehin gestrafften Körper noch mehr ehrerbietige Festigkeit, wenn es sich um eine Exzellenz, einen Bischof, oder gar eine Eminenz, einen Kardinal, handelt.

Mit dem Plazet der Gardisten, die gewöhnlich in einer einfachen dunkelblauen Uniform hier stehen, nicht im gelb-blau-roten Paradegewand, ist der Zugang zum vatikanischen Staat noch nicht gewonnen. Zehn Meter weiter stoppen päpstliche Gendarmen mit derselben Frage nach dem »Wohin« den Eindringling und verweisen ihn, wenn kein »exzellenter« oder »eminenter« Grund vorliegt, in die Wachstube. Dort muß ein Formular ausgefüllt werden: »Name, Beruf, wohnhaft in, Adresse in Rom, Art des Ausweises, ausgestellt von, am soundsovielten mit der Nummer, polizeiliches Kennzeichen des Autos, wünscht den Eintritt zu, aus folgendem Grund, Datum, Uhrzeit, S. C. V.« – es kann nicht ausbleiben, daß angesichts des vatikanischen Auskunftheischens der Scherz der Römer mit dieser Abkürzung S. C. V. in den Sinn kommt: *Se Cristo vedesse,* wenn das Christus sähe, und umgekehrt: *Vi cacciarebbe subito,* würde er euch (alle sofort aus dem Tempel) verjagen. – Als Lohn für rückhaltloses Offenlegen von Identität und Besuchsmotiv erhält man einen »Permesso di accesso«, eine Zutrittserlaubnis zur Vatikanstadt, anstandslos, ohne Visum im Paß und ohne jede Gebühr – diese mögliche Einnahmequelle für einen für Touristen sicher begehrten Stempel hebt sich der Vatikan vielleicht für schlechtere Zeiten auf.

Mit dem Passierschein in der Hand besitzt man schriftlich, daß hier ein wirklicher Staat seine Souveränität ausübt, wenn auch nur auf 44 Hektar, auf jenem hügeligen Gelände, das seit der Antike »Vaticanus ager« heißt, das »vatikanische Feld« zwischen dem Monte Mario im Norden und dem Gianicolo-Hügel im Süden, dessen Boden übrigens, wie die alten römischen Schriftsteller klagten, karg und dessen Wein schlecht gewesen sei – also hat man es guten Gewissens bebauen können. Ein wirklicher Staat, dessen Existenz und Legitimität von kaum jemandem ernsthaft in Frage gestellt werden. Der amerikanische Präsident oder der sowjetische Außenminister, der deutsche Bundeskanzler oder der DDR-Chef sind gleich begierig, dieses Gebilde zu betreten und seinem Souverän, dem Papst, ihre Aufwartung zu machen. Die einen meinen, das Oberhaupt der katholischen Kirche müsse kraft seiner Stellung und Würde über einen eigenen Staat verfügen, die anderen treffen sich wenigstens darin, daß der Staat sinnvoll sei, damit der Papst von keiner anderen Macht abhänge. So sind es die meisten zufrieden.

Ein wirklicher Staat also, mit genau umrissenen Grenzen, der ein eigenes Oberhaupt hat, den Papst, eine Regierung, den »Governatorato« im Gouverneurspalast hinter der Peterskirche, und knapp 1000 Untertanen, die einen vatikanischen Paß besitzen dürfen. Ein Staat, der – zur Freude der Sammler – eigene Briefmarken drucken und Münzen prägen kann, der in der Schweizergarde eine winzige »Streitmacht« und in den päpstlichen Gendarmen eine Wachpolizei unterhält, der auf Steuern verzichtet, so daß vatikanische Bürger und einige beneidet Begünstigte die Waren des täglichen Bedarfs wie Butter und Fleisch in der »Annona«, dem vatikanischen Supermarkt, und vor allem Benzin an besonderen Tankstellen in und außerhalb des Vatikans kaufen können; ein Staat mit Radiosender (Radio Vaticana) und einem Eisenbahnanschluß, der freilich im Vergleich zum Heliport, dem Hubschrauberplatz, für den reisefreudigen Johannes Paul II. wenig Bedeutung hat, mit Elektrizitätswerk, Postamt und vor allem einer umfangreichen Baubehörde, die den größten Teil der Angestellten und Arbeiter des Vatikans für sich beansprucht – was angesichts der vielen jahrhundertealten Gebäude nicht weiter verwunderlich ist. Aber Strom und Post gehören schon zu jenen Dingen, die jede Kleinstadt zu ihren Errungenschaften zählt, ebenso wie Apotheke, Buchhandlung oder Druckerei, zu denen man über die belebte Via del Pellegrino neben der Porta Sant' Anna gelangt.

Jedoch nicht der Kleinstadt mit allen notwendigen technischen Einrichtungen gilt unser Besuch, sondern dem Kirchenstaat auf dem »Vaticanus ager« – ein paar weitere Kirchen und Gebäude in der Stadt und die Sommerresidenz der Päpste in Castel Gandolfo, etwa 25 Kilometer von Rom entfernt, hoch über dem Albaner See, haben exterritorialen Status und gehören »von außerhalb« zum Staat dazu. Diesmal sind wir mit einem Monsignore an der Porta Sant' Anna verabredet, zur Mittagszeit, wenn in den vatikanischen Amtsstuben schon der größte Teil der Tagesarbeit getan ist. Der Fremde ist pünktlich, eingedenk, daß man »jenseits des Tibers« – so nennt das politische Rom den Vatikan – die üblichen Verspätungen der Politiker »diesseits« des Flusses, in der italienischen Politik-Zentrale, mißbilligt. Zu pünktlich, so bleibt Zeit, den Strom der Passanten zu beobachten, einige der etwa 2000 Angestellten des Vatikans, die ihre Büros oder Werkstätten jetzt zur Mittagspause verlassen, Zivilisten oder Priester. Wenige Frauen sind darunter, ein paar Ordensschwestern, aber sie verlieren sich in dem männlichen Strom. (Daß die zivilen Angestellten des Vatikans in einer Gewerkschaft organisiert sind, wacker für ihre Rechte eintreten, auch mit Streikdrohungen, sei nur am Rande erwähnt.)

Ein paar Schritte von der Porta Sant' Anna, auch Porta Angelica genannt, entfernt, erhebt sich trutzig ein mächtiges Bollwerk, halbkreisrund und gewiß 30 Meter hoch. Sein martialisches, möglichen Gegnern Respekt einflößendes Aussehen läßt den Schluß zu, daß dieser »Torrione di Nicolò V«, der Gefechtsturm Papst Nikolaus' V. (1447–1455), nicht zum Spaß errichtet wurde, offenbar ebenso wenig wie die abweisend emporragenden Mauern rings um die 44 Hektar (Abb. 118).

Aus welchem Grund aber mußten hier Bastionen angelegt werden? Da der Prälat noch nicht in Sicht ist, können wir in einem Sauseschritt durch die Geschichte die Antwort darauf suchen – ohne damit die ausführliche Geschichte des Papsttums in einem eigenen Kapitel vorwegzunehmen: Die Bischöfe von Rom hatten in den ersten Jahrhunderten nach den Zeiten der Verfolgung durch die römischen Kaiser und vor allem nach dem Sinneswandel Kaiser Konstantins (312–337) zugunsten des Christentums nicht nur ihre geistliche, sondern auch ihre weltlich-politische Stellung erhöhen können. Die Jahrhunderte der Völkerwanderung boten dann jedoch in Rom noch keine gute Gelegenheit zur Ausübung der steigenden Macht; später bedrängten Adelsfamilien den Papst. Im Mittelalter suchten die Päpste ihre Stadt und ihren Kirchenstaat, das »Patrimonium Petri«, vom Lateranspalast aus am anderen Ende der Stadt zu beherrschen oder wenigstens die häufigen Wirren jener dunklen Jahrhunderte zu überstehen. Auf dem Vaticanus gab es neben der ersten Peterskirche aus dem 4. Jahrhundert nur ein bescheidenes Bischofshaus; doch immerhin konnte dort Karl der Große im Jahr 800 zur Kaiserkrönung Wohnung nehmen. Erst nachdem die Päpste aus dem demütigenden Exil in Avignon, aus der babylonischen Gefangenschaft der Kirche von 1309 bis 1377, nach Rom zurückgekehrt waren, schlugen sie ihre Residenz neben Sankt Peter im Vatikan auf. Der Bau ihres Palastes und bald die Wiedererrichtung der zerfallenen Basilika war Ausdruck ihres gestiegenen Machtbewußtseins in der Renaissance und im Barock.

Bis 1870 war das geistliche Oberhaupt der Kirche auch weltlicher Herr über den großen Kirchenstaat, nicht immer zur Zufriedenheit der Untertanen. Da waren schützende Wehrwerke nicht gänzlich unsinnig. Es ist eine Ironie der Geschichte, daß im Jahr 1870 der Papst vom Ersten Vatikanischen Konzil mit der Gloriole des unfehlbaren Summus Pontifex, eines absolutistischen Monarchen umgeben wurde und noch im selben Jahr seines Staates verlustig ging, da dieser vom neuen Königreich Italien annektiert wurde. In die päpstliche Hauptstadt Rom drangen italienische Truppen ein, doch vor den Mauern des Vatikans machten sie halt. Erst 1929 fand der faschistische Diktator Mussolini die Lösung, um den Papst als »Gefangenen im Vatikan« und die Millionen betrübter Katholiken über den Verlust des stattlichen Territoriums der Kirche zu trösten: Die vatikanische Residenz erhob man zum Staat, der geistliche Herr wurde – wieder – weltlicher Souverän, doch ein absoluter Monarch ohne Land und fast ohne Untertanen; um so leichter konnte er seine moralische Autorität entfalten. – Genug der Geschichte und der Erklärung für das Bollwerk. Der Monsignore kommt.

Wie die meisten vatikanischen Prälaten hat Monsignore C. – C wie »Cicerone« – nichts mit dem Stato della Città del Vaticano zu tun, sondern mit dem »Heiligen Apostolischen Stuhl«, also mit der Zentralregierung der katholischen Kirche unter dem Papst. Denn »der Vatikan« ist für die meisten nicht der kuriose Zwergstaat, 140 mal kleiner als die Mini-Republik San Marino, sondern die unzugängliche Spitze einer Kirche mit mehr als 800 Millionen Katholiken, das geheimnisvolle Innere einer Institution, »nicht von dieser Welt«, und dennoch schon zwei Jahrtausende auf Erden.

Unersteigbar, undurchdringbar wirken die Festungs- und Stützmauern des päpstlichen Palastes links von uns, als wir die Via del Belvedere auf die langen Trakte der heutigen Museen zuschreiten. Rechts erstreckt sich ein kleines Viertel relativ flacher Häuser mit vorwiegend »praktischen« Einrichtungen, fast kleinstädtische Gemütlichkeit verbreitend. Die Mauern links mußten nie Kanonenschüssen standhalten, aber sie haben immer Unbefugten den Zugang verwehrt, fremde Neugier zurückgewiesen. Manchmal mögen einen angesichts dieser aufeinandergetürmten Steine, angesichts der Höhe des Palastes Gefühle beschleichen, wie sie Kafka in seinem Roman »Das Schloß« zu wecken versteht – Gefühle der Aussichtslosigkeit, den Geheimnissen dieses »verschlossenen Schlosses« beizukommen. Der begleitende Geistliche lächelt dazu.

Die katholische Kirche wird über und hinter diesen Mauern regiert. Doch nur zum Teil. Die meisten der vatikanischen Kongregationen, Tribunale, Sekretariate, Kommissionen, Räte, Büros und Verwaltungen haben ihren Sitz nicht in den vatikanischen Palastbauten, jenem Komplex rechts des Petersplatzes zwischen der Porta Sant' Anna und der Basilika, der mit den Museumsbauten im Norden durch lange Galerien verbunden ist, der alles in allem 1400 Zimmer, Säle und Kapellen auf 30 000 Quadratmetern umfaßt, denen 20 Innenhöfe (25 000 Quadratmeter) Licht geben. Man sollte meinen, 1400 Räume müßten für die Verwaltung der Kirche ausreichen; aber ein großer Teil wird von den zahlreichen Museen des Vatikans eingenommen. So sind die meisten kirchlichen Ministerien und Ämter außerhalb der Vatikan-Mauern zu finden, etwa im »Palast der Kongregationen« an der Piazza Pio XII direkt vor dem Petersplatz oder an der Piazza San Calisto in Trastevere. Oder sie haben ihren eigenen Palast, wie die »Kongregation für die Glaubenslehre« den Palazzo del Sant' Uffizio links neben den Kolonnaden des Petersplatzes, die »Kongregation für die Evangelisierung der Völker« den Palazzo di Propaganda Fide an der Spanischen Treppe mitten in der Stadt oder die Gerichtsbehörden in dem Palazzo della Cancelleria, einem Meisterwerk der Renaissance-Architektur, in der Nähe der Piazza Navona.

Von dort aus greift »Rom«, wie katholische Gläubige den Vatikan auch nennen, immer wieder in den Organismus der Kirche überall in der Welt ein. »*Roma locuta, causa finita*« – Rom hat gesprochen, der Fall ist abgeschlossen –, dieses Wort gilt heutzutage, wie wir noch in der Papstgeschichte erfahren werden, mehr als in jenen ersten nachchristlichen Jahrhunderten, da es erfunden wurde. Wie »Rom« freilich hinter den Mauern der Palazzi zu seiner Weisheit kommt, in welcher Erleuchtung es die Bischöfe für Lateinamerika oder Ozeanien ernennt, mit welcher theologischen Erkenntnis vor jenen Theologen gewarnt wird, welchen römischen Einsichten dieses Projekt in den Ländern der dritten Welt seine Förderung verdankt, welchen katholischen Ehen von der »Heiligen Rota« die Nichtigkeit zuerkannt wird, das findet nicht immer eine leichte Erklärung, und manchmal nur die, daß die Entscheidung im Schatten des Papstes gefällt wurde, über dem die Sonne der Unfehlbarkeit auch jene Bereiche erhellt, die das normale Kirchenregiment betreffen.

In letzter Instanz wird die katholische Kirche vom Apostolischen Palast im Vatikan her regiert. Hoch über dem Petersplatz, gegenüber den päpstlichen Gemächern, auf der anderen Seite des Damasus-Hofes, haben das Staatssekretariat und der »Consiglio per gli affari pubblici della Chiesa«, der »Rat für die öffentlichen Angelegenheiten der Kirche«, ihren Sitz. Sie sind die Schaltzentrale der römischen Kurie, allen Kongregationen und Kommissionen, Räten und Sekretariaten vorangestellt, das Staatssekretariat mit dem Kardinalstaatssekretär an der Spitze und dem Substituten, dem »Innenminister«, an der zweiten Stelle und der »Consiglio« unter dem Kardinalstaatssekretär als Präfekt und dem Sekretär, dem »Außenminister« des Vatikans. Einen von diesen dreien – der Kardinal wacht also in Personalunion über Sekretariat und »Rat« – als Besuchsgrund »vor den Mauern« anzugeben verschafft bei jedem Wachposten, Türsteher oder Fahrstuhlführer noch tieferen Respekt. Da wird man im Wagen freundlich durchgewunken, darf im Cortile del Belvedere das Auto parken wo man will und sich seinen Weg unter den Hinweisen, nicht Befehlen, des Personals bahnen, bis man zu den Loggien hoch über dem Damasus-Hof in die Vorzimmer der vatikanischen Mächtigen gelangt ist. Staatssekretariat und Consiglio spiegeln direkt den Willen des Papstes wider, verkörpern am deutlichsten, was der »Heilige« oder »Apostolische Stuhl« ist: Als souveräner Staat mit einem unbedeutenden Territorium die Leitung der katholischen Kirche, das ausführende Organ für den Primat des Papstes über die Katholiken in aller Welt, ein Völkerrechtssubjekt, das von Staat zu Staat Beziehungen mit anderen Ländern pflegt und seine Stimme in internationalen Organisationen erhebt, das diplomatische Vertreter entsendet und akkreditiert, eine absolutistische Monokratie, die ohne Macht Herrschaft ausübt, die mit ihrem geistlichen und moralischen Anspruch auch auf Widerrede stößt und doch in diesem Gegensatz Bestand hat. In dieser Verbindung – oder in diesem Paradox – von höchster Prätention, die Gewissen von Millionen von Menschen zu bestimmen, und zwergenhafter Machtbasis, die, von den Steinmauern eindrucksvoll drapiert, mehr verborgen als offenbart wird, liegt das Geheimnis des Vatikans. Und in seinem Alter von zwei Millennien, selbst wenn es ein weiter, von Unebenheiten und Abweichungen nicht freier Weg war von jenen Steinmauern unter der Petersbasilika, die nach Ansicht von Archäologen das Grab des heiligen Petrus markieren, bis zu jenem Anspruch eines unfehlbaren Primats, der aus den Vatikanischen Mauern hinaus in alle Welt getragen wird.

Der Weg zum Papst selbst beginnt am *Portone di Bronzo*, dem »Bronzetor« rechts am Petersplatz unter den Kolonnaden, den Säulenreihen des Bernini, die wie Arme nach den Pilgern und Besuchern zu greifen scheinen. Da stehen erwartungsvoll die Bischöfe aus der Weltkirche, die bei dem vom Kanonischen Recht vorgeschriebenen »Ad-limina«-Besuch – »an den Schwellen« der Gräber der Apostel Petrus und Paulus in Rom – vor den vatikanischen Behörden und dem »Stellvertreter Christi« Rechenschaft über ihre Bistumsleitung ablegen müssen, und jene, die beim Papst zu einer Privataudienz vorgelassen sind. Auch hier gilt es zunächst, das dienstliche Mißtrauen der Schweizergardisten zu zerstreuen; am besten, man ist nachdrücklich angemeldet oder vermag ein vertrauenswürdiges Dokument vorzuzeigen. Der langsam ansteigende *Corridore del Bernini*, der Aufgang des Bernini, zwingt einen zu bedächtigem, fast schon andächtigem Schreiten, das auf der Scala Pia geradezu fromm zu werden droht, nicht wegen des Namens der Treppe (»pia« bedeutet auch »fromm«) – der geht auf Pius IX. zurück –, sondern wegen der »steigenden« Pracht. In der Tat tragen die Höhenunterschiede nicht wenig zur Ehrfurcht bei, je näher man dem Papst, das heißt dem Niveau seiner Räume kommt. Denn jetzt am Ende der Scala Pia vor dem Damasus-Hof befinden wir uns schon 19 Meter über dem Petersplatz. Staatsgäste oder andere hohe Besucher können hierher auch mit dem chauffierten Auto gelangen, um standesgemäß empfangen zu werden.

Wir vertrauen uns wieder einer Wache an und müssen noch einmal so hoch steigen, diesmal jedoch mit dem Fahrstuhl, bevor wir am Anfang jener Saalflucht stehen, die schon seit Jahr-

Die Scala Regia von Bernini, Aufgang zum Apostolischen Palast

hunderten die Besucher des Papstes im beabsichtigten Abstand hält: Sala Clementina, del Concistorio, dei Sediari, del Gendarme, d' Angolo (dem Ecksaal, aus dem manche voll Ehrfurcht »Engelssaal« machen, weil »Angelo« so ähnlich und viel frömmer klingt), degli Arazzi (der Wandteppiche), Guarda Nobile (der Nobelgarde), del Trono (des Thrones), Anticamera Segreta, dei Papi, di San Giovanni, del Tronetto; erst dann befindet man sich vor der Bibliothek, dem Arbeitszimmer des Papstes. Diese Säle, die auf vier Seiten um einen Innenhof angelegt sind, erfüllen bei den vielen Audienzen des Papstes eine wichtige Funktion; die Besucher können voneinander getrennt werden, und dem Papst bleibt jederzeit ein freier Zu- und Abgang gewahrt. Besonders eindrucksvoll ist bei diesem Rundgang durch so feierliche Hallen – ich gestehe es – der Blick aus dem Südfenster auf die Piazza San Pietro und ganz Rom, der wohl schönste Logenplatz 50 Meter über der Stadt. Es soll Audienzbesucher gegeben haben, die aus der Betrachtung der Stadt erst durch den Papst geweckt wurden.

Peterskirche, nordöstlicher Querschiffpfeiler

Die meisten, die den Papst sehen wollen, müssen sich jedoch mit Geringerem bescheiden: am Sonntag mit einem Blick vom Petersplatz, wenn der Papst von einem Fenster des obersten Stockwerks des Palastes aus den traditionellen »Angelus« betet und danach seinen Segen erteilt; am Mittwoch mit der Teilnahme an einer Generalaudienz in der großen Halle, die nach Plänen des italienischen Architekten Nervi im Auftrag Pauls VI. 1971 fertiggestellt wurde. Dieser Papst hatte während seines Pontifikats von 1963 bis 1978 Freude am Bauen; die neue Audienzhalle, Konstruktionen in den Museen und Restaurationen zeugen davon. Paul VI. kannte den Vatikan genau, da er schon als Monsignor Montini mehr als 30 Jahre darin gedient hatte, und wußte, was den Palästen nottat: Modernisierung und Sanierung. Zeitgemäße Beleuchtung in den Sälen, funktionierende Aufzüge, Heizung, Klimaanlagen. Die cremefarbenen Veloursbespannungen an den Wänden statt der abgenutzten Damaststoffe wurden zumeist von Paul VI. angeordnet und erleichtern Leben und Dienst im Vatikan. Bei der Audienzhalle machte der päpstliche Eifer

45

nicht einmal an den Vatikan-Grenzen halt. Die Aula mußte zum größten Teil auf italienischem Territorium errichtet werden, so daß nur die Bühne für den Papst zum Vatikan-Gebiet gehört. Denn nach dem Willen Mussolinis und den Lateranverträgen von 1929 liegen die Halle und ihr Vorplatz, der »Camposanto Teutonico« (Priesterkolleg, Kirche und Friedhof der Deutschen) und sogar der Palast der Glaubenskongregation außerhalb des Vatikanischen Staates. Dennoch sehen sich die Pilger vor der Audienz zunächst wieder mit Schweizergardisten konfrontiert, die sich aber hier ohne Rückfragen mit der Eintrittskarte zufriedengeben; anderes wäre freilich bei Tausenden auch nur schwer möglich. Die Wachhabenden mustern mit kritischen Blicken die Menschenströme, und oft wird auch der Inhalt der Taschen kontrolliert, seitdem im Mai 1981 ein Attentäter bei der Generalaudienz auf dem Petersplatz mit einer Pistole auf den Papst schoß und ihn lebensgefährlich verletzte.

Am leichtesten ist der Eintritt in die Basilika des heiligen Petrus, in die majestätischste Kirche der Christenheit, den Hohen Tempel des Katholizismus, die Apotheose des Papsttums; besonders zur Winterszeit, wenn die Versuchung gering ist, nur leicht bekleidet Sankt Peter zu besichtigen. Dem Allerheiligsten der katholischen Kirche soll man sich züchtig nahen, zumindest den kirchlichen Anstandsregeln des Landes entsprechend; darauf achten hier die päpstlichen Türhüter.

Fast ebenso leicht gelangt man in die *Vatikanischen Museen* – nur ist hier, im Norden der Vatikanischen Mauer, ein Eintrittsgeld zu entrichten. Viele, die den Mysterien des Vatikans auf die Spur kommen wollen, übersehen leicht, daß sie ihnen in den zahlreichen Musei Vaticani sehr nahe sind. Kunst und Geschichte der Päpste, die sich hier enthüllen, sind nicht tote Fossilien, getrennt von der Gegenwart, gesammelt allein zum Ergötzen der Nachfahren. Die Sixtinische Kapelle oder die Stanzen des Raffael »leben«, weil der Leitstern des Papsttums die Auftraggeber von damals mit dem Herrn von heute verbindet, der übrigens eifersüchtig über seine Schätze wacht und kein Stück veräußern läßt, weil der Glaube und die Überzeugung der Künstler von einst noch heute in der vatikanisch-katholischen Kirche lebendig sind. Wer von dem eigentlichen Museumstrakt im Norden (mit dem achteckigen Belvedere-Hof) durch die langen Galerien am Hof »des Pinienzapfens«, an der Bibliothek und dem Geheimarchiv, am großen Belvedere-Hof vorbeiwandert, begibt sich durch Jahrhunderte und endet in den verschachtelten Sälen und Kapellen, die in der Vergangenheit entstanden, deren Geist jedoch beständig von Papst und Kardinälen in die Gegenwart übersetzt wird.

In früheren Zeiten, als der Vatikan vor allem weltlich-herrscherliche Residenz war, begaben sich die Päpste zur Entspannung in die *Vatikanischen Gärten.* Seitdem Autos und Touristen vom Vatikan Besitz ergriffen haben, ist das nicht mehr ratsam. Viele Gründe gibt es, durch den *Arco delle Campane,* links von der Peterskirche, oder unmittelbar daneben an der Kirche Santa Maria di Pietà am *Camposanto Teutonico* in den Vatikan zu fahren. Ein einziger triftiger genügt, der den Wachpolizisten zufriedenstellt. Dann ist man gleich an der Sakristei von Sankt Peter vorbei hinter der Basilika. Hier kann man am besten die Stärke der Mauern begutachten, auf denen sich die »Kuppel aller Kuppeln« erhebt. Atemberaubend ist der Anblick dieser Kirchenkrönung, wenn man sich etwas höher hinauf in die Vatikanischen Gärten begibt, den *Palazzo San Carlo* (mit der »Kommission für die Sozialen Kommunikationen«, der vatikanischen

Stanzen des Raffael, Sala della Segnatura

»PR-Abteilung«), das Gebäude mit dem päpstlichen Gericht und dem Wachkorps und den *Bahnhof* links liegen läßt, ebenso wie den *Gouverneurspalast,* das *Äthiopische Kolleg,* das *Funkzentrum,* den *Johannes-Turm,* den Johannes XXIII. als – nie benutzte – Alternativ-Wohnung restaurieren ließ, und die Gebäude von *Radio Vatikan.* Von den Gärten aus, etwa in der Höhe des *Casino Pius IV.,* des Sitzes der *Päpstlichen Akademie,* gehen einem die Größe und Höhe von Kirche und Palast erst ganz auf und dazu die Weite der Museen mit ihren vielen Abteilungen, von denen jede zahlreiche Räume und Magazine hat. Von der *Zecca,* der ehemaligen Münzstätte – heute Wohnung einflußreicher Prälaten –, wirkt die zinnenbewehrte *Sixtinische Kapelle* zwischen Basilika und Palazzo wie eine kleine Arche Noah, die sich dorthin verirrt hat. Wenn man sich nicht einer Gruppenführung oder -fahrt durch die Gärten angeschlossen hat, geht man am besten hier in Begleitung eines Bischofs spazieren, der im Vatikan bekannt ist oder der wenigstens eine violette Schärpe trägt. Das gibt einem in den Augen der Wachhabenden Kredit und gestattet ungestörtes Schauen – zumal wenn der Geistliche gerade Brevier betet, die den katholischen Priestern für die einzelnen Tageszeiten vorgeschriebenen Psalmen und Orationen.

Die Verliese des Vatikans existieren vornehmlich in der Phantasie der Schriftsteller. Folterkammern und verborgene Geheimarchive scheinen zu jener Institution zu passen, die ihren Einfluß in der Welt nicht nur auf den Glauben gründet, sondern auch auf Strukturen der Macht, seien sie auch ohne Divisionen.

Heiliges Jahr – Als Pilger in Rom

Heiliges Jahr in der Ewigen Stadt Rom – im 20. Jahrhundert schon sechsmal: 1900 – 1925 – 1933 – 1950 – 1975 – 1983. Millionen von Neugierigen, Touristen und Pilger, begaben sich da auf den Weg, um das römische »Spectaculum mundi«, das »geistliche Welttheater«, zu schauen. Wer es miterleben wollte, konnte sich etwa einem der da noch zahlreicheren Pilgerzüge anschließen, an der Spitze oft ein Bischof. Diese Gruppen durften bei der Ankunft in Rom ungeniert die Kirchenlieder ihrer Heimat singen. Kein Römer würde sich nach einem »Großer Gott, wir loben Dich« mißbilligend umdrehen. Auch wer sich etwa profaneren Unternehmen anvertraute oder mit dem Auto anreiste merkte bald, daß im Heiligen Jahr die Pilger den Ton in Rom angeben.

Für die anrückenden Massen im Heiligen Jahr sind die Römer seit eh und je mit jener Gleichgültigkeit gerüstet, die in der Geschichte schon viele Wogen über der Stadt zusammenbrechen und wieder abfließen sah. Der »Comune di Roma«, die römische Stadtverwaltung, freilich weiß gewöhnlich zur Bändigung des stärkeren Verkehrs nicht viel mehr, als jene Regelungen zu treffen, die Italiens größter Dichter, Dante Alighieri, in der »Göttlichen Komödie« für das erste Heilige Jahr 1300 in Erinnerung rief: »So haben auch im Jubeljahr die Römer den großen Zugang nach der Brücke hin derart geregelt, daß auf einer Seite, die Stirn nach der Engelsburg gerichtet, die Leute gehen, die zu Sankt Peter pilgern, und auf der anderen Seite die zum Hügel.« (Inferno, 18. Gesang) Die damals noch viel schmalere Brücke zum Mausoleum des Kaisers Aelius Hadrian, der alte Ponte Elio, wurde zur Einbahnstraße erklärt. Dieses System ist in Rom ausgebaut worden und im Zeitalter des Automobils durch die Erfindung der Fußgängerzonen ergänzt. Da werden beträchtliche Fußmärsche erzwungen und moderne Touristen wieder zu wandernden Pilgern. Die Vorteile dessen, der sich mit dem eigenen Wagen auf die Pilgerschaft begibt, sind daher gering. Wer sich mit seinem Auto in den Strudel der Via Nazionale, der Piazza Venezia, der Via Veneto oder der Lunghitevere hineinwagt, dem müßten viele Sünden vergeben werden ob der ausgestandenen Ängste um das Blechkleid und wegen der Furcht vor Einbrüchen. Die Schutzheiligen des Besitzes liegen im Streit mit dem heidnischen Gott der Diebe. Wer da obsiegt, ist in Rom nicht ausgemacht. Hier kann man schon ein wenig Buße tun, ganz im Sinn des Heiligen Jahres.

Doch warum sollte es dem Besucher Roms im 20. Jahrhundert besser ergehen als vor 1000 Jahren oder vor 500? Selbst in den dunkelsten Jahrhunderten des mittelalterlichen Rom, in den Wirren des 9., 10. und 11. Säkulums, nahmen die Christen die Mißhelligkeiten einer Reise in die Stadt des Papstes auf sich. Sie waren weniger sicher als heute, heil oder überhaupt in ihre nordische Heimat zurückzukehren. Gefahren in den Alpen, Wegelagerer hinter dem Brenner,

Papst Bonifaz VIII. verkündet das Heilige Jahr 1300. Fragment eines Freskos von Giotto in der Lateransbasilika

Räuber – und Schlimmeres – in den Gasthöfen der Städte, Betrüger vor den Kirchen warteten auf sie. Die Reiseberichte aus allen Jahrhunderten sind voll solcher Schrecken. Und dennoch: wie ein Magnet zieht die Stadt Rom die Völker und vornehmlich die germanischen an. Ein so erfahrener Mann wie Goethe blieb – wir wissen es – von dem »Genius des katholischen äußeren Gottesdienstes« nicht unberührt. So machen sich die Deutschen seit Jahrhunderten auf, den »Genius loci«, das Faszinierende auch des »Heiligen Rom« aufzuspüren. Der Drang der Germanen nach Süden hat Geschichte gemacht; der Zug auf die südliche Halbinsel lockte immer wieder, verführte selbst die Nüchternen. Das galt noch mehr für die Frommen. Die Gläubigen ersehnten die römischen Apostelgräber. Was der Papst zu bieten hatte, inmitten der prächtigen Kirchen und der unermeßlichen Reliquienschätze als Statthalter Christi, Nachfolger Petri und Besitzer der Schlüssel, als Inhaber der geistlich maßlosen Macht, im Himmel und auf Erden zu binden und zu lösen, das konnte ihnen der Krummstab zu Mainz und Magdeburg nicht verschaffen. Daran glaubten die Christen fest, das ließ sie die Unbill der weiten Reise ertragen. Da war man außerdem dem Einerlei des gewohnten Lebens, auch der Sorge um das tägliche Brot enthoben – Klöster am Wege gab es genug –, und am Ende winkte das ewige Leben.

Anno Domini 1300: Scharen von Pilgern sind zur Jahrhundertwende in Rom. Deshalb verkündet *Bonifaz VIII.* als erster Papst am 23. Februar den gläubigen Fremden für das Jahr 1300

LE SETTE CHIESE DI ROMA
Per esser uenuto lanno del santo Jubileo con:
cesso da Nostro Sig.re Gregorio XIII secondo
lanticho consueto e fatto questo disegno con il
circuito de Roma, doue si uedeno dette chiese
cauate dal naturale, et se non sono poste nel
suo luogo, ogni persona iuditiosa conoscera
depender la causa per non hauer piu spatio
Di queste sette chiese quattro sono le piuile:
giate segnate con li Santi a chi sono de:
dicate, et con una ✠ et in esse si piglia il
Santo Jubileo, ilquale i Dio ci dia sua Santa
pace per poterlo acquistare nel presente
anno. 1575. ANT. LAFRERII ROMAE

Die sieben römischen Pil-
gerkirchen.   Werbeblatt
zum Heiligen Jahr 1575

und für jedes folgende 100. Jahr »nicht nur volle und ganze, sondern übergroße Verzeihung«, wenn sie in den Basiliken der heiligen Apostelfürsten Petrus und Paulus mit Andacht beteten (vgl. Abb. Seite 49). Der Papst hätte seine geistliche Vollmacht an allen Orten des »Orbis«, des Erdkreises, entfalten können, doch es gefiel ihm wohl, sie auf die »Urbs«, auf Rom, zu konzentrieren. So konnte auch seine Stellung von der Massenwanderung profitieren. Daß er dabei reich geworden sei, ist ein Irrtum schon seiner Zeitgenossen. Die Spenden kamen den einzelnen Kirchen zugute. Die Wohnungspreise stiegen hoch, berichten die Chronisten, die Lebensmittel blieben dank päpstlicher Vorsorge billig.

Zwei Jahrhunderte später bot *Alexander VI.,* der berüchtigte Renaissance-Fürst aus dem Haus der Borgia, ein anderes Bild des Papsttums. Dennoch waren die Pilger auch im »Heiligen Jahr« 1500 wieder da, um an den Gräbern der Apostel zu beten. Sankt Peter sahen sie als riesigen Bauplatz. Die alte Basilika war verfallen. Gelder aus aller Welt ermöglichten den Neubau. Ein paar Jahre später (1510/11) zog auch *Martin Luther,* halb als Pilger, halb »geschäftlich«, nach Rom. Er war entsetzt sowohl über Papst Julius II., dem Kunst und Kriege mehr bedeuteten als die notwendige Erneuerung der Kirche, als auch über die Stadt Rom und die Römer, die sich wenig darum scherten, Zentrum der noch ungeteilten abendländischen Christenheit zu sein, und das schon gar nicht als moralische Verpflichtung nahmen. – Das Jubeljahr 1600 wurde anders gefeiert. Inmitten herrlicher Neubauten stand ein Scheiterhaufen, der des Philosophen und Theologen *Giordano Bruno,* der als Ketzer auf dem Campo de' Fiori verbrannt wurde. Die Gegenreformation war entflammt. Drei Jahrhunderte später – wieder war es ein Heiliges Jahr, doch in einer Stadt, deren Herr nicht mehr der Papst war, sondern das liberal-bürgerliche Königreich Italien – errichtete man dem freiheitlichen Geist Brunos ein Denkmal.

Gläubige und Nichtgläubige anzuziehen ist der Sinn des Heiligen Jahres, die Absicht der Päpste durch die Jahrhunderte. Jeden Sonntag um zwölf Uhr scharen sich die Pilger zu Zehntausenden um den Obelisken auf der Piazza San Pietro und erwarten den Segen des Papstes oder wollen nur die weiße Gestalt im Fenster des Vatikanischen Palastes hoch über der Menge sehen: Nonnen aus Indien, Prälaten aus den Vereinigten Staaten, Maroniten aus dem Libanon, Indios aus Lateinamerika, Bauern aus dem Münsterland, Italienerinnen. Die ihn am Sonntag erleben, gehen oft auch am Mittwoch zur Papstaudienz, in der neuen Halle dicht neben Sankt Peter oder auf dem Platz davor. Ihn noch einmal zu erblicken ist stundenlanges Warten und Stehen wert. Gebannt schauen auch die zu ihm auf, die Italienisch nicht verstehen, freuen sich um so mehr, wenn der Papst sich in ihrer Sprache an sie wendet. Rollstühle werden freundlich geschoben, junge feurige Italiener umwerben deutsche Mädchen, amerikanische Damen hauchen begeistert »wonderful«, Blitzlichter zucken, die weiße Gestalt entschwindet.

Der Fremde sucht das Tor des Petersdomes, mit dessen Öffnung am Weihnachtstag durch den römischen Bischof das Heilige Jahr begonnen hat. Rechts in der Vorhalle beugen sich Pilger nieder, um das Gemäuer zu küssen. Gleich hinter dem Tor die »Pietà« des Michelangelo, liebliches Madonnengesicht. Der Leere der Hallen von Sankt Peter darf man sich nicht ausliefern. Die Kirche muß gefüllt sein, Gedränge und Gewoge der Massen, Schrittescharren, wehende Gewänder, vielsprachiges Getuschel in den Beichtstühlen, rasche Kniebeugen, von irgendwo ein Kirchenlied, heftiges Gebimmel. In der Mitte unter der Kuppel die großen Worte, mit denen

S. Paolo fuori le Mura. Stich von G. B. Piranesi

nach römischem Verständnis das Papsttum begonnen hat: »TV ES PETRVS – Du bist Petrus, und auf diesen Felsen will ich meine Kirche bauen, dir will ich die Schlüssel des Himmelreiches geben.« In der Erde versteckt, weit unter dem Boden, zeigt man das Grab des Petrus. Welch ein Schrein für ein einfaches Grab!

Weiter zieht es einen zu den Heiligen Pforten der drei anderen Patriarchalbasiliken: *San Giovanni in Laterano, San Paolo fuori le Mura* und *Santa Maria Maggiore*. Die Bischofskirche des Papstes beim Lateranspalast wirkt kahl, riesig – ohne Maß. Sonst für ein kleines, im Heiligen Jahr für ein größeres Trinkgeld beleuchtet der Custode die Köpfe der Apostelfürsten über dem Altar (Farbt. 12). Silbern fordern die Reliquien Verehrung. – Treten wir in die Kirche des Paulus, so umgibt uns feierliches Dunkel. In der unter der Kirche liegenden Nekropole hat man noch nicht nach dem Grab des Völkerapostels geforscht. Seine Kirche ist manchem lieb als Stätte ökumenischer Begegnungen. Hier verkündete Papst Johannes XXIII. im Januar 1959 seinen Plan, ein Allgemeines Konzil einzuberufen. Die Römer erinnert San Paolo an den ehemaligen Benediktinerabt Franzoni, einen stattlichen Mann. Er hatte gegen die Bodenspekulation in Rom gewettert und gepredigt, daß die Erde allen gehöre. Als er zu heftig die vatikanische Kirchenführung kritisierte und sich auf seine Ideen des sozialen Dienstes am Mitmenschen versteifte, wurde er seiner Ämter enthoben.

Kanoniker aus vielen Ländere prägen das internationale Bild der altehrwürdigen Basilika von Santa Maria Maggiore. Wenn diese »Sekretäre Seiner Heiligkeit, Ehrenprälaten und Apostolischen Protonotare«, so ihre päpstlichen Titel, am Sonntagnachmittag die Vesper singen, hat man genügend Muße, das strahlend erleuchtete Apsismosaik zu betrachten (vgl. Umschlag-klappe). Die Schönheit des mittelalterlichen Marienbildes versöhne selbst hartnäckige Prote-stanten, heißt es in Rom. Wenn man durch das Heilige Tor, die »Pforte der Gerechtigkeit«, wieder hinausgeht, erschrickt man vor dem brausenden Verkehr. Man teilt die Meinung der Experten, die davon Schäden für das alte Gemäuer befürchten.

Mit dem Besuch der vier Patriarchalbasiliken wäre nun der Ablaßpflicht Genüge getan. Wer mehr für sein Seelenheil tun will, kann – am frömmsten zu Fuß – noch zu den drei weiteren, stets hochverehrten Pilgerkirchen gehen: *San Lorenzo fuori le Mura* am Hauptfriedhof des Campo Verano, *Santa Croce in Gerusalemme* (Abb. 80), nicht weit von San Giovanni in Late-rano, und *San Sebastiano fuori le Mura* an der Via Appia.

Die Bewohner der Stadt geben sich bei allem gleichgültig. Aber ihr häufig zur Schau gestellter »Indifferentismo« ist nur die halbe Wahrheit. Nicht allein die Hoteliers und die vielen, die vom Tourismus leben, stört es empfindlich, wenn die Fremden nicht so zahlreich kommen wie erhofft. Jeder fühlt sich getroffen, wenn Rom besonders im Heiligen Jahr nicht anziehend erscheint. Kriminalität, die »kleine« der Taschendiebe und Straßenräuber, stört dabei sehr. Kritische Stimmen warnen regelmäßig, der vernachlässigte römische Stadtorganismus sei den Millionen Pilgern und Besuchern nicht gewachsen. Weitplanende Organisation ist jedoch schwierig in einer Stadt, in der selbst das Ausheben einer Sickergrube für ein Zeltlager jugend-licher Wallfahrer weit vor den Toren der Stadt an der Via Appia Antica im Jahr 1983 zu einem Zerwürfnis zwischen Vatikan, Stadtverwaltung, Justiz und Archäologen führte. Der Grund: Katakomben liegen darunter. Pessimisten malen dann stets ein düsteres Bild: Schmutz, schlech-tes Wasser, mangelhafte Kanalisation, fehlende Krankenhausbetten gefährdeten die Gesundheit; Katastrophen, Seuchen, Zusammenbruch des gesamten Verkehrswesens seien unvermeidlich. Von all diesen Schwierigkeiten wird man am Ostersonntag, dem Höhepunkt des »Anno Santo«, auf dem Petersplatz nichts merken. Da erliegt man dem römischen Paradox, daß die Stadt, die am stärksten das Religiöse veräußerlicht hat, in vielen Menschen das Innerste zu rühren vermag, daß in der Spannung zwischen zum Äußersten gesteigerter Pracht und dem einfachen Ursprung des Glaubens sich das Erlebnis »Rom« vollzieht. Der Papst erteilt »Urbi et Orbi«, der Stadt und dem Erdkreis seinen Segen. Wenn dann die bunten Luftballons aufsteigen, kann Rom für Hunderttausende von Pilgern, für Millionen überall der glückliche Nabel der Welt sein.

Deutsche in Rom

»Blonde Germanen« gehen seit mehr als zwei Jahrtausenden über die römischen Foren. Zu den Zeiten Caesars und der Imperatoren sind es die Angehörigen unterworfener Stämme im Norden des Reiches; in den Jahrzehnten der Völkerwanderung herrschen sie über die Römer, im Jahr 410 *Alarich* und seine *Westgoten,* 455 *Geiserich* und die *Vandalen,* im Jahr 500 *Theoderich* und die *Ostgoten.* Die Krönung des Frankenkönigs Karl durch Papst Leo III. im Jahr 800 stellt die Beziehungen zwischen Deutschen und Römern auf eine friedlichere Grundlage, auf die des »Heiligen Römischen Reiches Deutscher Nation«, auch wenn es bei den damit anhebenden Besuchen deutscher Könige in Rom oft nicht ohne Waffengewalt und Verwicklungen abgeht. Erst 1452 endet die Serie dieser imperialen Zeremonien mit Kaiser Friedrich III. und Papst Nikolaus V. Deutsche Könige wollen in Rom nicht nur gekrönt, sondern manche auch begraben sein, wie Otto II., der 983, erst 28 Jahre alt, in Rom stirbt und in der Peterskirche bestattet wird.

Auch die Päpste deutscher Abstammung: der erste – *Gregor V.* (996–999), der Sachse Bruno, der als Vierundzwanzigjähriger seinen sechzehnjährigen Vetter Otto III. zum Kaiser krönt – und der letzte – *Hadrian VI.,* Hadrian Florensz aus Utrecht (1522/23), der Lehrer Kaiser Karl V. – finden ihre letzte Ruhestätte in der Ewigen Stadt. An Hadrians Grabmal in der deutschen Nationalkirche Santa Maria dell' Anima stehen die Worte des lateinischen Schriftstellers Plinius: PROH DOLOR QUANTUM REFERT IN QUAE TEMPORA VEL OPTIMI CUIUSQ(ue) VIRTUS INCIDAT – Wehe, wieviel hängt davon ab, in welche Zeit auch des besten Mannes Wirken fällt –, ein resigniertes Resümee dieses Papstes, dessen Bemühen um eine Reform der Kirche in der Zeit der Reformation scheitert.

Daß eine Reise nach Rom oder gar ein Aufenthalt in der Heiligen Stadt bis in die jüngste Zeit ein Abenteuer sein kann, schreckt weder Könige noch Künstler, weder Handwerksgesellen noch -meister aus deutschen Landen. Deutsche Zünfte, Schuster und Buchdrucker etwa, sind im Rom des 15. und 16. Jahrhunderts vertreten. Im 18. Jahrhundert beginnt ein wahrer Pilgerstrom deutscher Künstler nach Rom, vielleicht weil die römische Kunst ihre blendendste Zeit hinter sich hat: Dichter und Schriftsteller, Kunstgeschichtler und Komponisten, Historiker und Philosophen. Lessing, Herder, Winckelmann, Goethe, Angelika Kauffmann, August von Platen, Theodor Mommsen und Ferdinand Gregorovius, Schopenhauer und Nietzsche, Mendelssohn, Liszt und Wagner. Das *Caffè Greco in der Via Condotti* ist mehr unter dem Namen »deutsches Café« bekannt. Auf preußische Generäle und Diplomaten wie Helmuth von Moltke, Bartholdy oder Wilhelm von Humboldt übt Rom eine besondere Anziehungskraft aus. Gedenktafeln erinnern noch heute an diese Deutschen: Via del Corso Nr. 18 an *Goethe,*

Via del Babuino Nr. 79 an *Richard Wagner,* Via Sistina Nr. 56 an *Nietzsche.* Für den Ruhm Goethes schenkt Kaiser Wilhelm II., der 1888, im Jahr seiner Thronbesteigung, selbst in Rom weilt, Anfang dieses Jahrhunderts (1904) der Stadt Rom sogar ein gewaltiges Denkmal (von Eberlein, in der Villa Borghese). Die *Malerschule der Nazarener* vereint in Rom bedeutende Künstler aus Deutschland.

Wir müssen uns versagen, hier ins Detail zu gehen oder dem Ehrgeiz der Vollständigkeit nachzugeben. Deshalb nur ein paar Schlaglichter auf die Geschichten von Deutschen in Rom: Unter dem Protektorat des deutschen Kardinals Schönberg hält *Nikolaus Kopernikus* im Jahr 1500 Vorlesungen an der Universität Sapienza. Im Jahr 1707 gibt *Georg Friedrich Händel* ein Orgelkonzert in der Lateransbasilika. Von April bis Juli 1770 wohnen *Leopold und Wolfgang Amadeus Mozart* an der Piazza Nicosia; der junge Komponist und Virtuose Wolfgang spielt zum Entzücken der Römer eigene Konzerte, auch im Pontificium Collegium Germanicum et Hungaricum, dem deutsch-ungarischen Theologenkonvikt. *Wilhelm von Humboldt* residiert als preußischer Vertreter bis 1808 in der Villa Malta in der Nähe der Porta Pinciana bei der Via Sistina; zwei seiner Kinder liegen auf dem römischen Friedhof der Nicht-Katholiken begraben, ebenso wie »Goethe Filius«, Goethes Sohn August. Im Jahr 1818 schließt der preußische Gesandte beim Papst, der Historiker *Niebuhr,* ein Konkordat mit der Kirche ab; ein Jahr später, zur 300-Jahr-Feier der Reformation, wird in seiner Residenz, dem Palazzo Orsini a Monte Savello im Marcellus-Theater, der erste protestantische Gottesdienst in Rom gefeiert. *Richard Strauss* beeindrucken besonders die Caracalla-Thermen für seine Sinfonische Fantasie »aus Italien«, 1887.

Keine andere Sprach-Nation entfaltet in Rom auch in der Gegenwart ein so reiches geistiges Leben wie die deutsche, mit den Institutionen der vier Staaten, Bundesrepublik, Österreich, Schweiz und DDR, damit anknüpfend an die Zeit, die keine so scharfen politischen Grenzen kannte. Dem dienen in erster Linie die traditionsreichen *Kulturinstitute:* das »Deutsche Historische«, jetzt draußen in der Via Aurelia, das »Archäologische« in der Via Sardegna, das »Kunsthistorische«, die »Biblioteca Hertziana« im Palazzo Zuccari in der Via Gregoriana an der Spanischen Treppe, die Künstlerakademie der »Villa Massimo«, die römische »Görres-Gesellschaft« mit Sitz im Vatikan und die verschiedenen Schulen deutscher Sprache. Die beiden *deutschen Nationalkirchen,* die katholische Santa Maria dell'Anima und die protestantische »Erlöserkirche« in der Via Toscana, sammeln die Christen verschiedener Konfessionen. Drei Kollegien, *Collegio Teutonico* (mit dem Camposanto neben Sankt Peter), *Santa Maria dell' Anima* (mit der Gemeindekirche) und das *Collegium Germanicum et Hungaricum,* ziehen Priester und Priesteramtskandidaten zur Ausbildung oder zu weiteren Studien aus Deutschland und den umliegenden Ländern nach Rom ins Zentrum der katholischen Kirche. Die *deutsche Buchhandlung* »Herder« an der Piazza Montecitorio gegenüber der Abgeordnetenkammer hält ein reiches Sortiment mit Büchern deutscher Sprache, aber auch theologische und kunstgeschichtliche Fachliteratur bereit. Deutsche Journalisten bilden in Rom das zahlenmäßig stärkste Kontingent einer Nation unter der Auslandspresse.

Antico Caffè Greco

Das »Alte Griechische Café« in der Via Condotti, nur ein paar Schritte vom »Spanischen Platz« entfernt, ist nicht das größte, nicht das typischste, aber sicher das an Geschichte und Geschichten reichste Kaffeehaus Roms. In die großen Bars am Corso geht man, wenn man Hunger und Durst schnell loswerden will; in die Straßencafés an der Via Veneto setzt man sich, um zu sehen und gesehen zu werden – ein bißchen Abenteuerlust mag dabei sein. Das Caffè Creco hingegen betreten jene, die miteinander plaudern oder allein Zeitung lesen wollen, andere, die erschöpft sind und bei einem Cappuccino oder Campari, einem Vermouth und einem Tramezzino, wie hier ein mit Käse, Salami, Schinken, Fisch, Salta und Tomaten pikant gefülltes Sandwich-Dreieck genannt wird, neue Kraft schöpfen wollen.

Keine Frage, in den umliegenden Straßen kann man leicht Geld ausgeben, in der noblen *Via dei Condotti*, in der lebhaften *Via Frattina* oder der modischen *Via Borgognona*, wo man bei Fendi elegante Handtaschen, exklusive Pelze und viele andere chice Sachen kaufen, an der nächsten Straßenecke aber gelungene Imitationen mancher nobler Marken für die Hälfte oder gar ein Drittel erhandeln kann, im Corso ebenso wie an der Piazza di Spagna. Aber jene, die der Zufall vom Einkaufsbummel hierherweht, schaffen nicht die unverwechselbare Atmosphäre des »Griechischen Cafés«. Die ist schon da, seit über 200 Jahren, als 1760 der Grieche Nicola della Maddalena einen Steuerbefehl vom Rechnungshof des päpstlichen Kirchenstaates bekam, unwillig zahlte und auf diese Weise der Nachwelt einen schriftlichen Beweis der Existenz des »Greco« hinterließ. Schon Goethe besuchte bei seinen Aufenthalten in Rom den gastlichen Griechen. Viel Phantasie braucht es nicht, ihn sich beim Rendezvous hier vorzustellen, etwa mit dem »bräunlichen Mädchen«, das der »eilende Barbare« in einer der »Römischen Elegien« besang: »lieblich – gab sie Umarmung und Kuß bald mir gelehrig zurück«, oder mit der »guten Angelika«, wie der Dichterfürst etwas herablassend in seiner »Italienischen Reise« notiert; unter den vielen Gemälden, die an den Wänden des Cafés hängen, ist die Schweizer Malerin Angelika Kauffmann würdig vertreten.

Die Liste der berühmten Gäste ist lang. Grundsätzlich darf man annehmen, daß Deutsche, die nach Rom reisten, ihren Kaffee auch einmal im »Greco« tranken, ob Ludwig I. von Bayern oder Richard Wagner, Arthur Schopenhauer oder Franz Liszt, den es immer wieder hierher zog. So sehr wurde das Café zum Treffpunkt deutscher Künstler, daß der Dichter Wilhelm Heinse vorschlug, aus dem »griechischen« ein »deutsches« zu machen: Caffè Tedesco? Der Plan drang nicht durch. Es wäre auch schade gewesen, wenn sich die Dichter und Denker, die Maler und Musiker, die Historiker und Schriftsteller aus anderen Ländern hier nicht mehr hätten heimisch fühlen können. Amerikaner und Engländer, Franzosen und – natürlich – Italiener blieben dem Caffè Greco treu. Auch als Mitte des vorigen Jahrhunderts das immer noch »griechische« Café eine deutsche Besitzerin bekam. Eva von Stauting, eine resolute und ungemein tüchtige Dame aus Bayern, kaufte das Ganze und heiratete in die römische Gesellschaft ein. Das Innere der »Bottega di Caffè« mußte sein Äußeres ändern. Der erste Saal, die heutige Stehbar, wo die Römer rasch einen Espresso, dazu am Morgen noch ein Cornetto, ein Blätterteighörnchen, im Vorübergehen nehmen, wurde mit Ansichten von Venedig ausgemalt. Die weiteren Säle schmückte die fleißige Adlige mit Gemälden, Landschaften, Stadtveduten und Portraits, die im Lauf der Zeit zusammengekommen waren, nicht selten zum Begleichen einer lang gestundeten Rechnung. Bilder, Medaillons, ein paar Bücher und Urkunden hinter Glas, Erinnerungszeichen an große Namen, so sieht es heute noch aus in den hintereinanderliegenden Räumen, von denen jeder wie ein Separee in dunkelrot gedämpften Farben zum vertraulichen Plausch einlädt. Hier kann man sich wohlfühlen, wird in Ruhe gelassen, sieht kleine Schwärme von Touristen herein- und hinausziehen, hört Journalisten die neuesten Meldungen austauschen, Intellektuelle erregt die Mißstände in Süditalien anprangern. Wenn man das Vertrauen des Kellners gewonnen hat, erzählt der einem zwischen zwei Cappuccini, daß der Herr dort drüben etwas schwierig sei und die Dame drei Tische weiter jeden Tag zur selben Stunde, doch immer mit verschiedenen Pelzmänteln komme, mal Zobel, mal Breitschwanz, daß der im November 1980 verstorbene italienische Maler De Chirico Stammgast und im Grunde ein herzensguter, furchtsamer Mensch gewesen sei, daß ... Aber da kann er die hübsche Signorina, die zahlen möchte, nicht länger übersehen.

Johann Wolfgang v. Goethe – Karneval und Elegien

Kein deutscher Rom-Führer kommt ohne die Worte aus, die Johann Wolfgang von Goethe 1828 seinem Sekretär Eckermann diktierte: »*Ich kann sagen, daß ich nur in Rom empfunden habe, was eigentlich ein Mensch sei. Zu dieser Höhe, zu diesem Glück der Empfindung bin ich später nie wieder gekommen, ich bin, mit meinem Zustand in Rom verglichen, eigentlich nachher nie wieder froh geworden.*« Sie können schon gar nicht fehlen, nachdem sich das Goethische Erlebnis zum 200. Mal gejährt hat. Vom 29. Oktober 1786 bis zum 22. Februar 1787 und vom 7. Juni 1787 bis zum 23. April 1788 – zwischendurch trieb es den knapp 40 Jahre alten Dichter nach Süditalien –, also fast 15 Monate lang weilte Goethe in Rom, der »*Hauptstadt der Welt*«, wie er in der »Italienischen Reise«, der persönlichen autobiographischen Beschreibung des ingesamt fast zwei Jahre währenden Aufenthalts in Italien, anmerkt. Eine Tafel am Haus Nummer 20 in der Via del Corso, der zentralen Hauptstraße Roms, und ein kleines Museum in diesem Palazzo weisen neben dem Goethe-Denkmal in der Villa Borghese auf die römische Hoch-Zeit des deutschen Dichterfürsten hin.

Den Tagebuchnotizen Goethes und seinen Briefen verdanken wir anregende Gedanken, kluge Einsichten und treffende Bemerkungen über Rom und die Römer, über römische Kunstwerke und das Alltagsleben, die noch heute Geltung haben und durch ihre präzise Schilderung fesseln. Es scheint, daß sich Goethe während des ersten Aufenthalts vor Begeisterung kaum fassen konnte, als ob ihm Rom den Atem nehme und zugleich neues Leben gebe: »*Denn es geht, man darf wohl sagen, ein neues Leben an ...*«; so notiert, gleich nach der Ankunft am 1. November 1786. Die Stadt überwältigt den aus Deutschland Geflohenen, und der Dichter gibt sich diesem Glück hin, so vollständig, daß er darüber zuweilen sogar das Schreiben vergißt oder hintanstellt. »*Wenn man so eine Existenz ansieht, die zweitausend Jahre und darüber alt ist, durch den*

Wechsel der Zeiten so mannigfaltig und vom Grund aus verändert, und doch noch derselbe Boden, derselbe Berg, ja oft dieselbe Säule und Mauer, und im Volk noch die Spuren des alten Charakters, so wird man ein Mitgenosse der großen Ratschlüsse des Schicksals ... Und dieses Ungeheure wirkt ganz ruhig auf uns ein, wenn wir in Rom hin und her eilen, um zu den höchsten Gegenständen zu gelangen. Anderer Orten muß man das Bedeutende aufsuchen, hier werden wir davon überdrängt und überfüllt. Wie man geht und steht, zeigt sich ein landschaftliches Bild aller Art und Weise, Paläste und Ruinen, Gärten und Wildnis, Fernen und Engen, Häuschen, Ställe, Triumphbögen und Säulen, oft alles zusammen so nah, daß es auf ein (Zeichen-) Blatt gebracht werden könnte. Man müßte mit tausend Griffeln schreiben, was soll hier eine Feder!« (5. November 1786)

Goethes Ansichten über Kunstwerke und Kunstepochen werden wir nicht in allen Punkten teilen können. Wir haben in den zwei Jahrhunderten seither durch die Kunstgeschichte gelernt, unsere Aufmerksamkeit allen Stilperioden zuzuwenden und danach unsere Vorliebe zu verteilen, ohne deshalb die Gegenstände unseres geringeren Interesses zu verachten. So verschloß sich Goethe der Kunst ganzer Jahrhunderte, anderes würdigte er erst gar nicht eines Blickes. Das antike Rom ging ihm über alles. Mittelalter, Renaissance und Barock galten ihm wenig oder gar nichts: »*Gestehen wir jedoch, es ist ein saures und trauriges Geschäft, das alte Rom aus dem neuen herauszuklauben, aber man muß es denn doch tun und zuletzt eine unschätzbare Befriedigung hoffen. Man trifft auf Spuren einer Herrlichkeit und einer Zerstörung, die beide über unsere Begriffe gehen. Was die Barbaren stehen ließen, haben die Baumeister des neuen Rom verwüstet.*« Für die Symbiose der Jahrhunderte, die alles in Rom nebeneinander und ineinander gelten läßt, war Goethe noch nicht offen genug. Geht es manchen seiner nachfolgenden Landsleute auch heute noch so?

Während seines zweiten Aufenthalts, vom 7. Juni 1787 bis zum 23. April 1788, nach dem Erlebnis Süditaliens, vertieft sich Goethe in die Einzelheiten – Roms, der Römer und der Römerinnen, des römischen Lebens. Er beschäftigt sich zudem auch mehr mit eigenen schriftstellerischen Projekten und pflegt die Kontakte zur deutschen Künstlerkolonie in der Ewigen Stadt. Am originellsten sind seine Beobachtungen des Karnevalstreibens, das ihm in der Abhandlung »Das Römische Karneval« zur Allegorie des römischen Lebens, ja des Lebens überhaupt wird. Nur einige Sätze aus dem Kapitel »Aschermittwoch« seien zitiert, weil sie uns das Treiben auf den Straßen und Plätzen Roms wie einen Spiegel des menschlichen Lebens vorhalten:

»*Wenn uns während des Laufs dieser Torheiten der rohe Pulcinell ungebührlich an die Freuden der Liebe erinnert, denen wir unser Dasein zu danken haben, wenn ein Baubo auf öffentlichem Platze die Geheimnisse der Gebärerin entweiht, wenn so viele nächtlich angezündete Kerzen uns an die letzte Feierlichkeit erinnern, so werden wir mitten unter dem Unsinne auf die wichtigsten Szenen unsers Lebens aufmerksam gemacht. Noch mehr erinnert uns die schmale, lange, gedrängt volle Straße an die Wege des Weltlebens, wo jeder Zuschauer und Teilnehmer mit freiem Gesicht oder unter der Maske ..., mehr geschoben wird als geht, mehr aufgehalten wird als willig stille steht, nur eifriger dahin zu gelangen sucht, wo es besser und froher zugeht, und dann auch da wieder in die Enge kommt und zuletzt verdrängt wird. Dürfen wir fortfahren, ernsthafter zu sprechen ..., so bemerken wir: ... daß Freiheit und Gleichheit nur in dem Taumel des Wahnsinns genossen werden können, und daß die größte Lust nur dann am höchsten reizt, wenn sie sich ganz nahe an die Gefahr drängt und lüstern ängstlich-süße Empfindungen in ihrer Nähe genießet. Und so hätten wir, ohne selbst daran zu denken, auch unser Karneval mit einer Aschermittwochsbetrachtung geschlossen, wodurch wir keinen unsrer Leser traurig zu machen fürchten. Vielmehr wünschen wir, daß jeder mit uns, da das Leben im ganzen, wie das Römische Karneval, unübersehlich, ungenießbar, ja bedenklich bleibt, durch diese unbekümmerte Maskengesellschaft an die Wichtigkeit jedes augenblicklichen, oft gering scheinenden Lebensgenusses erinnert werden möge.«*

Am vollkommensten, wie mir scheint, hat Goethe sein Lebensgefühl in Rom in den »Römischen Elegien« ausgedrückt. Die fünfte und der Anfang der siebten seien hier wiedergegeben, weil nur die Dichterworte jene Heiterkeit des Glücks zurückrufen, die zuweilen auch flüchtigere Besucher Roms empfinden.

> Froh empfind' ich mich nun auf klassischem Boden begeistert,
> Vor- und Mitwelt spricht lauter und reizender mir.
> Hier befolg' ich den Rat, durchblättre die Werke der Alten
> Mit geschäftiger Hand, täglich mit neuem Genuß.
> Aber die Nächte hindurch hält Amor mich anders beschäftigt;
> Werd' ich auch halb nur gelehrt, bin ich doch doppelt beglückt.
> Und belehr' ich mich nicht, indem ich des lieblichen Busens
> Formen spähe, die Hand leite die Hüften hinab?
> Dann versteh' ich den Marmor erst recht: ich denk' und vergleiche,
> Sehe mit fühlendem Aug', fühle mit sehender Hand.
> Raubt die Liebste denn gleich mir einige Stunden des Tages,
> Gibt sie Stunden der Nacht mir zur Entschädigung hin.
> Wird doch nicht immer geküßt, es wird vernünftig gesprochen;
> Überfällt sie der Schlaf, lieg' ich und denke mir viel.
> Oftmals hab' ich auch schon in ihren Armen gedichtet
> Und des Hexameters Maß leise mit fingernder Hand
> Ihr auf den Rücken gezählt. Sie atmet in lieblichem Schlummer,
> Und es durchglühet ihr Hauch mir bis ins Tiefste die Brust.
> Amor schüret die Lamp' indes und denket der Zeiten,
> Da er den nämlichen Dienst seinen Triumvirn getan.
>
> O wie fühl' ich in Rom mich so froh! gedenk' ich der Zeiten,
> Da mich ein graulicher Tag hinten im Norden umfing,
> Trübe der Himmel und schwer auf meine Scheitel sich senkte,
> Farb- und gestaltlos die Welt um den Ermatteten lag,
> Und ich über mein Ich, des unbefriedigten Geistes
> Düstre Wege zu spähn, still in Betrachtung versank.
> Nun umleuchtet der Glanz des helleren Äthers die Stirne;
> Phöbus rufet, der Gott, Formen und Farben hervor.
> Sternhell glänzet die Nacht, sie klingt von weichen Gesängen,
> Und mir leuchtet der Mond heller als nordischer Tag.

Der kranke Marmor

Der Anblick der marmornen Triumphsäulen in Rom bedrückt. Wo früher das hochgemute Gesicht eines Feldherrn und die stolzen Mienen seiner Offiziere überlegenen Sieg ausdrückten, starren nun ausgehöhlte, totenhafte Masken. Wo einst die kraftvollen Körper der Soldaten, die bebenden Nüstern der Pferde Kampfeslust verbreiteten, siechen nun lepröse Marmorleiber zu Skeletten dahin. Was in Marmor gehauen für die Ewigkeit zu sein schien, zeigt nicht mehr nur die Spuren der Vergänglichkeit. Vieles ist bereits vergangen, verloren für immer. Das sei das Ergebnis einer langwierigen Stein-Krankheit, sagen die Experten, leicht zu erklären: SO_2 SO_3 – H_2SO_4 – $CaCO_3$ – $CaSO_4$, so werde aus Marmor mit Hilfe schwefliger Umwelteinflüsse Gips, ganz einfach Gips, der in Rom langsam von Säulen und Tempeln, von Triumphbögen und Palastfassaden abfällt und sich mit dem Staub der Gosse mischt.

Ein Gang durch das historische Zentrum Roms, von der Piazza del Popolo im Norden die Via del Corso hinunter über die Piazza Venezia, vorbei an den Kaiserforen und dem Forum Romanum bis zum Kolosseum und den Triumphbögen des Titus und des Konstantin, stimmt besorgt. Um viele Monumente stehen eiserne Gerüste; grüne Schutzplanen verbergen Marmorreliefs. Ein genauer Blick lehrt, daß es da nicht um Schönheitskorrekturen geht, sondern um Substanz-Operationen, darum, den weiteren Verfall aufzuhalten, zu retten, was noch gerettet werden kann. Die Kunsthistoriker und Gesteinsexperten hatten seit langem gewarnt. Jetzt, da der Schaden schon weit fortgeschritten ist, nimmt man erschrocken wahr, daß dringende Hilfe fast schon zu spät kommt. Sonst können unsere Söhne und Enkel auf den Reliefbändern zu Ehren des Trajan und des Mark Aurel statt der kämpfenden Krieger und schnaubenden Pferde nur noch Gerippe sehen.

Nicht allein der Zahn der Zeit – Regen, Hagel, Frost, Erdbeben, Sonne, Schnee – hat an den jahrhundertealten Meisterwerken römischer Bildhauerkunst aus dem Marmor von Paros und Carrara genagt. Gewiß, er hatte an den 30 Meter hohen Triumphsäulen, die heute statt der Kaiser die Apostel Petrus und Paulus auf ihrer Spitze tragen, reiche Beute. Aber seit einigen Jahrzehnten sind schärfere und gewalttätigere Feinde hinzugekommen: die Abgase des Millionenheeres der römischen Autos, die Vibrationen, hervorgerufen von schweren Motoren und vorbeirüttelnden Bussen, die feine tödliche Risse im Gestein bewirken, dazu die jetzt überall verbreiteten Heizungen, die im Winter die Bauwerke oft mit einer öligen Rußschicht zudecken. Die Schwefel- und Stickstoffverbindungen, die das moderne Leben in einer Millionenstadt begleiten, führen ihren eigenen Kampf mit den Legionen der römischen Kaiser und den feindlichen Barbaren, den Dakern und Markomannen, den Quaden und Sarmaten. Die Siegesaussichten der steinernen Imperatoren scheinen gegenwärtig nicht günstig.

Der verantwortliche Denkmalpfleger für Rom und Latium, Adriano La Regina, sprach Anfang der achtziger Jahre ohne Schonung von den Schäden der Marmorplastiken: »Die Feinheit des Werkes ist verloren. Es bleiben nur geringe Spuren der ursprünglichen Oberfläche. Wenn man die Oberfläche berührt, behält man in den Händen Stückchen von Marmor, der wie Zucker scheint. Der Prozeß, der den Stein zu Gips und Mehl werden läßt, ist nach wissenschaftlichen Erkenntnissen in einem weit fortgeschrittenen Stadium irreversibel. Was man machen kann, ist allein, diesen Verfall mit vorsichtigen Eingriffen zu bremsen; in der Zwischenzeit muß sich die Stadt in Ordnung bringen.« Der fast ohnmächtige Herrscher über die Altertümer zählte viele Objekte in Rom auf, die akut gefährdet seien oder an denen schon Gerüste stehen. Da finden sich fast alle Tempel, an der Spitze der des Saturn auf dem Forum Romanum, die Triumphbögen, besonders der des Septimius Severus und der des Konstantin, die Obelisken, zahlreiche Statuen, Inschriften und Gemälde, die alten Tiberübergänge des Ponte Milvio und des Ponte Fabricio, das Kolosseum ebenso wie der kleine Elefant des Bernini vor der Kirche Santa Maria sopra Minerva. In seiner Sorgenliste ganz vorn rangierte *das bronzene Reiterstandbild des Kaisers Mark Aurel* (Farbt. 1). Es stand auf dem Kapitolsplatz, bevor es in die Werkstatt zu den Restauratoren kam. Anders war der Zerfall der Bronze nicht aufzuhalten.

Doch was mit einem Standbild möglich ist, versagt bei einer ganzen Stadt. Denn rings um das alte Rom herum mit seinen Säulen und Tempeln lebt es und quirlt es, brodelt unverbannbar der Verkehr. Man kann eine einzelne Straße schließen, wie die Via della Consolazione, die zu Füßen des Kapitolinischen Hügels zwischen den Tempeln hindurchführte. Aber man kann nicht alle Monumente Roms mit Friedhofsstille umgeben oder ins Museum sperren. Etwas anderes kommt hinzu. Die Römer haben immer mit ihren Altertümern gelebt, zwanglos, selbstverständlich, mit einer gewissen Nachlässigkeit. Wären sonst Ruinen entstanden und stehengeblieben? Vieles Neue hat nur deshalb gebaut werden können, weil man Altes einfach überging. Rom wäre nicht Rom geworden, wenn die Römer und ihre Bauherren übertriebene Rücksicht auf die Vergangenheit gezeigt hätten. Manchem mag es respektlos erscheinen, daß sie Steine und Marmorplatten aus dem Kolosseum brachen und etwa in neuen Gebäuden, dem Palazzo Venezia, dem Palazzo Farnese oder dem der Cancelleria wieder-, manchmal vielleicht sogar besser verwendeten.

Ein allgemein gültiges Konzept, ein Patentrezept für das »Aufheben« der gestalteten Kultur Roms ist noch nicht gefunden. Bloße Konservierung – ganz Rom in einen luftdichten Plastikbeutel verpackt – kann weder wünschenswerte noch realisierbare Maxime zur Rettung der überkommenen Kulturgüter sein. Der Kunsthistoriker mag sich darüber erregen, daß in der Zeit des Faschismus die Architekten 1936 in das Häusergewirr von Sankt Peter die Via della Conciliazione hineinbrachen (damit jedoch nur ein jahrhundertealtes Projekt verwirklichend), daß sie ebenso gewaltsam zwischen das Forum Romanum und die Kaiserforen die Via dei Fori Imperiali legten, eine breite Autoschneise zwischen historisch und künstlerisch geheiligte Stätten, mit der sich Archäologen, Historiker und Liebhaber von Kunst und Kultur nie abfinden werden. Der Stadtverkehr jedoch ist ohne diese Straßen kaum vorstellbar. So ist Rom. Jeden Tag will hier das Problem gelöst sein, wie die »Ewige Stadt« mit den Bedürfnissen einer Millionenbevölkerung und den Schätzen ihrer Geschichte leben kann, ohne dabei die Zukunft zu verlieren und die Vergangenheit einzubüßen. Der langjährige Bau der »Metropolitana«, der

Untergrundbahn, durch die Innenstadt, mitten durch den an klassischem Schutt reichen Boden – mit der Möglichkeit, archäologisch kostbare Schätze zu finden, freilich auch mit der Gefahr, daß Vasen und Statuen von gierigen Baggern zermalmt werden könnten –, deckte die tausend Schwierigkeiten des römischen Lebens zwischen »gestern« und »morgen« auf.

Mit den bisher vom italienischen Staat bereitgestellten Mitteln sind die notwendigen Arbeiten in Rom kaum auszuführen. Doch die Probleme sind nicht allein finanzieller Art. Die Zahl aller mit der Pflege der Denkmäler betrauten Experten müßte um ein Vielfaches wachsen. Das würde langfristige Planung verlangen bei gleichbleibender Bereitschaft und Fähigkeit, sich Denkmalpflege etwas kosten zu lassen, und zwar in gewaltigen Dimensionen. Dies könnte die römischen Kräfte, vielleicht gar die des italienischen Staates überfordern. Nicht umsonst bat der ehemalige Bürgermeister von Rom, der Kunsthistoriker Giulio Carlo Argan, die UNESCO um Hilfe, mit dem betrüblichen Eingeständnis über den Zustand der Denkmäler: »Obwohl einige Erfolge in der Forschung zu verzeichnen sind, muß man sagen, daß gegenwärtig keine vorbeugende und heilende Therapie gefunden worden ist und daß, wenn auch einige Restaurierungseingriffe ermutigende Ergebnisse erbracht haben, diese so langsam, kostspielig und schwierig sind, daß sie nicht auf so ausgedehnten Flächen angewandt werden können wie denen von Rom, die schon von dem Übel angegriffen sind.« Es läßt sich wohl nicht verhindern, daß die Kunstschätze Roms »alt« werden, daß sie immer mehr Spuren der Vergänglichkeit aufweisen. Aber rasch muß man Vorsorge treffen, daß der Zerfall, den der Mensch und die modernen Lebensumstände heute beschleunigen, nicht weiter um sich greift.

Doch das sind nicht die einzigen römischen Sorgen mit alten Bauten. Das historische Zentrum, *il Centro storico* in der Tiberschleife, ist zwar nicht der älteste Teil der Hauptstadt, hat vielleicht auch nicht die berühmtesten »Monumenti«, aber seine Bausubstanz versetzte die Urbanisten in Alarm. Es ist malerisch, gewiß, was man halt so malerisch nennt, wenn man an enge Gassen ohne Bürgersteige denkt, an deren Ende Kirchenkuppeln schweben; an Häuser mit abblätterndem Putz, zwischen denen plötzlich die Fassade eines stolzen Adelspalastes aufsteigt; an Plätze mit Brunnen und alten Standbildern, an kleine Handwerksläden und praktische Geschäfte. Aber die Bewohner in diesen vom Tiber umarmten Vierteln, in den Rioni Ponte und Parione, sind voller Sorge. Ihre Häuser mögen vielleicht für den Touristen beneidenswerte Plätze sein, wären als Kulisse einer italienischen Oper noch immer unübertroffen, doch mitten im Denkmalschutz wohnt es sich schlecht. »Sanierung« heißt das Wort, mit dem man diesen Römern Hoffnung macht und Schrecken einjagt. Denn sie wohnen dort seit Generationen. Ohne daß sie es so recht merkten – südliche Gleichgültigkeit hat diese Entwicklung begünstigt –, begannen ihre Häuser zu zerfallen. Die Besitzer hatten auch nicht das Geld für größere Reparaturen. Die Mieten waren und sind zudem bescheiden. Einige Gewitzte haben ihre Häuser an italienische oder ausländische Firmen verkauft, die dann in den alten Gebäuden Luxuswohnungen oder Büros einrichteten und an begüterte Italiener oder »Romantiker« aus dem Ausland vermieteten. So bleiben die Bauten erhalten, doch die Römer fühlen sich von den reichen Fremden in ihrer angestammten Heimat gestört und bedroht.

Guter Rat ist teuer. Von den Mieten, die dort seit Jahren gezahlt werden, läßt sich eine Sanierung nicht finanzieren. Aber kann der Staat oder die Stadt Rom den Alteingesessenen mit öffentlichen Geldern aus den dunklen Behausungen, die oft ohne ausreichende sanitäre Anlagen sind, begehrte Luxusappartements schaffen? Was gilt mehr: das Recht auf Heimat seit Generationen oder das Geld der Reichen, die darauf warten, daß die Häuser am Farnese-Platz oder am Campo de' Fiori, am alten Blumenmarkt, frei werden und sie dort »sanieren« können? Soll man die römische Altstadt verfallen lassen, bis man eine sozialpolitisch und wirtschaftlich befriedigende Antwort gefunden hat, um ein nicht unumstrittenes Ideal von sozialer Wohnungsgerechtigkeit durchzufechten? Denn die öffentliche Hand kann nicht so viele Wohltaten in der Innenstadt verteilen, wo draußen in den Außenbezirken noch Baracken stehen und Tausende auf eine Wohnung warten.

Solche Überlegungen lasten auf den Römern links und rechts des Corso Vittorio Emanuele. Mut macht es ihnen, wenn ein Sanierungsprojekt von der Stadt in Angriff genommen wird, wie das am Tor di Nona im Norden des inneren Tiberbogens. Dann beunruhigen wieder Fragen, welche Auswirkungen das geplante Mietrahmengesetz hier haben werde. Müssen die alten Händler, die geschickten Handwerker dann wegen der neuen Regelung weichen?

Ein »Komitee von Handwerkern und Händlern des historischen Zentrums« hat sich gebildet, damit die kunstvollen Restauratoren, die fleißigen Schuster, die Schreiner und Schmiede, die Lieferanten von Öl und Wein, Käse und Wurst nicht aus dem Schatten des Pantheons, aus dem Umkreis der Piazza Navona durch höhere Abgaben vertrieben werden. Aber zwischen den Schleifen des Tibers hat man im Laufe der Geschichte schon größere Sorgen erlebt. So wird man wohl auch diesmal in Rom keine »sauberen Lösungen« treffen, die das Unterste zuoberst kehren und den Charakter dieses Rom zerstören. Viele Alteingesessene halten sich hartnäckig und bewahren »das Römische« des historischen Zentrums, auch wenn manche weichen müssen. Hier und da sieht man sorgfältig erneuerte Fassaden oder Baugerüste, die auf gründliche Restaurierung schließen lassen. Einiges verändert sich, was für die Betroffenen zuweilen mit Opfern verbunden ist. Doch andererseits ist zu begrüßen, daß man nicht tatenlos dem Verfall wertvoller Bausubstanz zusieht. Es wird viel restauriert, doch nicht »saniert«. Man vergreift sich nicht gewaltsam blind an ganzen Straßenzügen – das würde auch die wirtschaftlichen und finanziellen Mittel der Römer übersteigen –, sondern stärkt vereinzelt dem Alten die gebrechlichen Mauern. Das ist nicht wenig und bewahrt Rom vor schlimmerem Schaden.

2 Blick vom Turm des Senatorenpalastes auf den Kapitolsplatz und über die Stadt

3 Kapitolsplatz mit Senatorenpalast
4 Fragment der Kolossalstatue des Kaisers Konstantin
  im Hof des Konservatorenpalastes

5 Statue der Minerva über dem Brunnen des Senatorenpalastes

6, 7 »Kapitolinische Venus« (links) und »Esquilinische Venus«. Musei Capitolini

8–10   Antike Bronzen im Kapitolinischen Museum: »Dornauszieher«; »Brutus-Kopf«; »Kapitolinische Wölfin«

11 Treppe von S. Maria in Aracoeli

12 S. Maria in Aracoeli

13 Palazzo Venezia

14 Blick vom Monumento Nazionale auf Piazza Venezia und Trajanssäule

16 Blick vom Turm des Senatorenpalastes über das Forum Romanum ▷

15 Trajansforum, Trajanssäule und die Kirchen S. Maria di Loreto und SS. Nome di Maria

17 Septimius-Severus-Bogen, Phokas-Säule und Kirche Ss. Luca e Martina

18 Titus-Bogen und romanischer Glockenturm von S. Francesca Romana ▷

19 Relief am Titus-Bogen: Trophäen aus dem Tempel des eroberten Jerusalem

22 Kolosseum und Konstantinsbogen ▷

20 S. Maria Antiqua am Forum Romanum

21 Tempel der Vesta auf dem Forum

23
Rekonstruk-
tionsmodell des
antiken Rom:
Circus Maxi-
mus, Palatin,
Forum Roma-
num, Kaiser-
foren. Museo
della Civiltà
Romana

STORIE DI ROMA – DIE GESCHICHTEN ROMS

Die Ewige Stadt

Es gibt keine »Geschichte Roms«. Noch niemandem ist gelungen, eine vollendete Geschichte jener Stadt zu schreiben, welche zu Recht die »Ewige« heißt, »Caput mundi«, Haupt der Welt, genannt, Mittelpunkt des Imperium Romanum, eine exemplarische Geschichte der Stadt, die das Zentrum der abendländischen Christenheit war und noch immer das der katholischen Kirche ist, die lange die Mitte der europäischen Kunst blieb. Keiner vermochte alles zu berichten, was sich in dieser Stadt seit mehr als zweieinhalb Jahrtausenden an Großem ereignet hat, was an Kunst geschaffen wurde, wie Rom gewachsen ist und sich in allen Jahrhunderten durch die Kraft des Aufnehmens und Angleichens behauptet hat wie keine andere Stadt dieser Welt. Niemand ist bisher dieser Geschichte Roms so gewachsen gewesen, daß er sie wie aus einem Guß hätte nachbilden können und der Klang dieser einen Glocke uns heute vernehmen ließe, was Rom gewesen ist, was es für die Welt bewirkte und noch bedeutet.

Der eine hat dies herausgegriffen, der andere jenes, und es entstanden bewundernswerte Geschichtswerke. Das fing schon früh an. Bereits im Altertum verspürte man das Bedürfnis, die Geschichte dieser einzigartigen Stadt aufzuschreiben. *Caesar, Sallust* und *Livius, Vergil* und *Horaz, Ovid* und *Tacitus,* römische Schriftsteller also der beiden Jahrhunderte vor und nach Christus, stillten – und sie waren nicht die ersten – nicht nur den Wissensdurst ihrer Zeitgenossen an der römischen Geschichte vom Mythos bis in die jeweilige Gegenwart, sondern auch den künftiger Geschlechter. In den folgenden Jahrhunderten fühlten sich immer wieder bedeutende Geister von der Geschichte Roms und des Imperiums herausgefordert. Je weiter die Geschichte Roms voranschritt, desto reicher wurde die Literatur, desto mehr variierte der Blickwinkel der Betrachter, wie etwa bei dem großen christlichen Kirchenlehrer *Augustinus* (354–430) in seinem »Gottesstaat«. Denn aus dem »Caput mundi«, dem Haupt des Römischen Reiches, erwuchs das Zentrum der Christenheit, die Stadt der Päpste.

Bedeutende Historiker, gerade deutscher Sprache, ein *Theodor Mommsen* oder *Ferdinand Gregorovius, Leopold von Ranke* oder *Ludwig von Pastor* etwa, alle vom ursprünglichen historischen Wagemut des 19. Jahrhunderts getragen, wandten ihre ganze Gelehrsamkeit verschiedenen Geschichten Roms zu, der antiken »Römischen Geschichte« (Mommsen), der »Geschichte der Stadt Rom im Mittelalter« (Gregorovius), jener der Päpste und des Papsttums (Ranke und Pastor). Umfangreiche grandiose Werke verfaßten sie, die noch heute durch ihr immenses Wissensmaterial und die gestalterische Kraft, ihre Übersichten und Ordnungslinien

◁ 24 Ruinen des Palatin

beeindrucken. Und dennoch können sie nicht mehr als eben Geschichten Roms sein. Nicht Anekdoten, beileibe nicht, aber doch nur einzelne Stämme und Zweige dieses riesigen Baumes »Rom«. Man kann nicht anders als dieses gigantische Gewächs von verschiedenen Seiten betrachten, es umschreiten, hier und dort verharren.

So wollen auch wir nichts anderes, als einige »Geschichten« der römischen Geschichte kennenlernen, jene großen Kapitel, welche die Antike, das Christentum und das Papsttum auf römischem Boden geschrieben haben, jene Geschichten von den Ursprüngen der in Mythen getauchten Stadtgründung bis an die Schwelle zum Weltreich, dann die des Imperium Romanum und der Kaiser, die des christlichen Rom und schließlich die besondere des Papsttums, seiner Idee und seiner Träger.

Unsere Aufgabe ist freilich nicht die abstrakte Geschichtsbetrachtung, sondern besteht immer im Besehen der Zeugnisse, die uns in Stein und Farbe überliefert sind und uns in der Stadt vor Augen liegen. Deshalb findet jeder Blick in die historische Vergangenheit, auf die Folge der Ereignisse seine Entsprechung in dem, was Künstler geschaffen haben, was man in seinen vielfachen Beziehungen »Kunstgeschichte« nennt, wie Architekten, Bildhauer und Maler und, nicht zu vergessen, Dichter, Schriftsteller und Handwerker ein Stück ihrer Zeit durch ihre Werke festgehalten, für die Nachwelt »aufgehoben« haben.

Dann wird uns das archäologische Rom beschäftigen, das christliche der ersten Jahrhunderte, das mittelalterliche, die Stadt der Renaissance und des Barock in besonderer Weise. Das bringt mit sich, daß wir unsere Aufmerksamkeit nicht nur einzelnen Kunstwerken schenken, den Foren und Tempeln, den Säulen und Triumphbögen, den Kirchen und Palästen, Brunnen und Plätzen, sondern auch der Stadt insgesamt, ihrer urbanistischen Entwicklung, ihrem Wachsen und Abnehmen, der allgemeinen Bautätigkeit und Bevölkerungsentwicklung. Überschneidungen, Überlappungen, auch Wiederholungen, freilich unter einem neuen Licht, werden sich dabei nicht vermeiden lassen, wenn unser Gang von der profanen in die »heilige« Geschichte der Ewigen Stadt führt. Und schließlich werden wir immer wieder in einzelnen »Porträts« von der unpersönlichen Geschichte der Epochen zu den lebendigen Geschichten der Kaiser und Päpste, der mythischen Gestalten und der Heiligen, der Künstler und Politiker übergehen, werden die Brücke schlagen von den die Weltgeschichte bestimmenden Geschehnissen am Unterlauf des Tibers bei den sieben Hügeln zu den die Kultur des Abendlandes prägenden Kunstwerken in Rom.

Vom Mythos in die Geschichte

So will es das Merkwort, so wollte es der Lateinlehrer, und so bleibt es erst einmal: »Sieben, fünf, drei – Rom kroch aus dem Ei«, genau am 21. April 753 v. Chr., wie es der altrömische Schriftsteller Varro errechnete und wie es heute die Römer Jahr für Jahr feiern. Dazu erzählen sie, die Gründer der Stadt seien *Romulus und Remus* gewesen. Romulus habe die erste Siedlung auf dem Palatin umgrenzt und den Bewohnern Regeln für das Zusammenleben und eine militärische Ordnung gegeben. Dann habe er die Römer auf dem Palatin mit den Sabinern auf dem Quirinal zu einer Gemeinde zusammengeführt. Auch die Herkunft der beiden Brüder ist von Legenden umwoben: Romulus und Remus seien Söhne des Gottes Mars und der Rhea Silvia, der Tochter des Königs Numitor von Alba Longa in der Nähe. Ein Bruder des Numitor, Amulius mit Namen, habe jedoch diesen König vom Thron vertrieben und dessen Tochter Rhea Silvia zur Vestalin bestimmt, ihr damit das Keuschheitsgebot auferlegt, um legitime Nachkommen und eine Gefährdung seiner usurpierten Stellung zu verhindern. Nach einer anderen Version wurde Rhea Silvia in den Tiber gestürzt. Um seine Macht weiter zu sichern, ließ Amulius die beiden unbequemen Neffen gleich nach ihrer Geburt aussetzen, angeblich, weil ihm ein Orakel geweissagt hatte, Romulus werde König einer berühmten Stadt. Wie das Glück Roms es jedoch wollte, wurden die Zwillinge von einer Wölfin gesäugt, weshalb man dieses Tier in das Wappen der Stadt aufnahm. Später fand die beiden Brüder ein Hirte, Faustulus, und zog sie groß.

Und die Römer erzählen seit Jahrtausenden weiter: Als Romulus und Remus kräftige Männer waren, rächten sie, wie nicht anders der Gerechtigkeit halber zu erwarten war, ihren entmachteten Großvater, töteten den Onkel. Sie gründeten, dem Orakel und der Pflicht entsprechend, Rom. Romulus geriet mit Remus jedoch in Streit, weil dieser die von Romulus errichtete Mauer spöttisch übersprang und damit die vom Bruder gezogenen Grenzen mißachtete; so tötete Romulus den Remus. Ein bißchen später raubten sich die Römer die Sabinerinnen, Mädchen aus den nahe gelegenen Bergen, zum Zwecke einer zahlreichen Nachkommenschaft; so ging der »Raub der Sabinerinnen« in das abendländische Bildungsgut ein. Kriege mit den Nachbarn blieben nicht aus. Doch es sind im Mythos immer wieder die Frauen, die versöhnungstiftend eingreifen. Auch der Tod des Stadtgründers Romulus ist von Sagen umgeben. Die eine meldet, er sei einem Mordanschlag zum Opfer gefallen, die andere, er sei mit seinem Pferd in einer Erdspalte verschwunden oder nach einem Unwetter zu den Göttern erhoben worden. In der Tat wurde Romulus in der Antike von den Römern als Gott verehrt. Der Mythen um die Gründung ihrer Stadt schämen sich jedenfalls die Römer nicht. Die Abstammung vom Kriegsgott Mars mag dabei in den ersten Jahrhunderten ihr besonderer Stolz, der Leitfaden der Geschichte gewesen sein.

Was es auch immer mit den Sagen um Romulus und Remus, der göttlichen Herkunft und dem bösen Onkel, mit der Wölfin und dem gnädigen Hirten auf sich hat – und das sind längst nicht alle Mythen, die sich um die Anfänge Roms ranken –, aus dem Dunkel des Mythos entsteht geschichtlich greifbar Anfang des ersten Jahrtausends v. Chr. am Unterlauf des Tiber-Flusses auf jenen Hügeln, deren Namen und Siebenzahl klassisch werden – *Kapitol, Palatin, Aventin, Caelius, Esquilin, Viminal* und *Quirinal* –, vornehmlich jedoch auf dem Palatin eine Siedlung, die um 650 v. Chr. Gestalt und Namen annimmt. Die Bewohner dieser Hügelstadt richten sich zwar nach den kulturell überlegenen, von außerhalb Italiens eingewanderten Etruskern des Umlands aus, übernehmen wohl auch von dem etruskischen Geschlecht »Rumlna« den Namen, bleiben aber in ihrer Sprache und in der Ordnung ihres Gemeinwesens latinisch, den hier seit Vorzeiten wohnenden Italikern verwandt.

Da die Hügel durch ihre geringe Höhe und flache Gestalt militärisch keinen Schutz gewähren, sind die Römer gezwungen, sich durch kriegerische Tüchtigkeit verteidigungsbereit zu halten, eine Tugend, die dann auch für Angriffsunternehmen taugt. Die Siedlung wird größer und schafft sich ihre religiöse, politische und militärische Mitte auf dem Kapitol. Könige aus dem Etruskerland im Norden regieren die Stadt, bis die Römer um 510 v. Chr. den König Tarquinius vertreiben, damit die etruskische Vorherrschaft abwerfen und eine Republik errichten. Patrizier übernehmen die politische und religiöse Führung in der Verwaltung der »Res publica«, der öffentlichen Sache, und bilden für Jahrhunderte eine Schicht verantwortungsbewußter Bürger, die sich in den verschiedenen Ämtern dem Staat zur Verfügung stellen. Die Vornehmen sehen jedoch ihre Stellung durch die Plebejer, das arme Volk, bedrängt und entwickeln daher ein wirksames staatliches System für den Ausgleich der sozialen Spannungen und wirtschaftlichen Interessen, zur Befriedung der Plebs und zum Gedeihen der Republik. Deshalb kann Rom trotz der inneren Auseinandersetzungen in einem sich kräftig erweiternden Stadtstaat, trotz der Bedrohungen durch die Nachbarstämme und des überraschenden Einfalls der Gallier – 387 v. Chr., so sehr lag Rom am Boden, daß es seine Rettung allein dem Geschnatter der wachsamen Gänse auf dem damals allein befestigten Kapitol verdankte – im vierten vorchristlichen Jahrhundert seine Macht in Latium erweitern. Ungefähr seit 270 ist die Römische Republik Herrin von ganz Mittel- und Süditalien. So fühlt sie sich militärisch und wirtschaftlich stark genug, den Kampf um die Vorherrschaft im Mittelmeerraum aufzunehmen. Am Ende der drei Punischen Kriege (264–241, 218–201, 149–146 v. Chr.) sind die Karthager, die mächtigsten und heftigsten Konkurrenten, besiegt. Rom kann von keiner Macht mehr gehindert werden, sich alle Länder an den Küsten des Mittelmeeres zu unterwerfen.

Die Wirren der Republik

Je weiter die Macht Roms sich nach außen dehnt, je mehr Völker des Mittelmeeres die militärische Überlegenheit Roms und den unbedingten römischen Herrscherwillen in einem immer größeren Staatsverband kennenlernen, desto heftigere Spannungen und Erschütterungen treten im Innern auf. Bauern, Soldaten und Beamte, Patrizier und Plebejer geraten aneinander. Bürgerkriege sind die Folge. Revolutionäre Bewegungen, wie die der Gracchen (133–121 v. Chr.), Sklavenaufstände, wie der des Spartakus (73–71 v. Chr.), Kämpfe zwischen Marius und Sulla (120–70 v. Chr.), zwischen Pompejus und Caesar (70–44 v. Chr.), Verschwörungen und der Machtehrgeiz einzelner, wie der des Catilina (62 v. Chr.), rufen tiefe innere Unruhen hervor und bringen die Ordnung der »Res publica« durcheinander. Doch all dies erscheint im zusammenfassenden Rückblick wie die Gärungszeit, aus der etwas Neues entsteht. Der Übergang von der alten zur neuen Epoche ist mit der Ermordung Caesars durch Brutus (»Auch du, mein Sohn«) und andere Verschwörer an den Iden des März im Jahr 44 v. Chr. markiert.

Architektur und Bauten der Republikanischen Zeit

Je mehr die Macht Roms gegenüber den nahen und fernen Nachbarn steigt, desto mehr Mittel wendet man dem Bauen zu. Schon früh werden in Rom Abwasserleitungen gezogen, zum Bei-

Mündung der Cloaca Maxima und Pflasterung der Via Appia. Aus »Della Magnificenza…« bzw. »Antichità Romane« von G. B. Piranesi

spiel das zuerst offene, dann geschlossene Kanalsystem der *Cloaca Maxima*, werden Straßen in alle Himmelsrichtungen nicht nur gestampft, sondern mit schweren Steinplatten gelegt, um Soldaten und Händlern den Verkehr zu erleichtern und die wirtschaftliche wie militärische Macht in die eroberten Gebiete Italiens zu tragen, werden zur Versorgung der Stadt mit Wasser kilometerlange *Aquädukte* konstruiert. Darin zeigt sich im Unterschied zu den Griechen der mehr praktisch orientierte Bausinn der Römer. An Kanälen, Straßen, Aquädukten und stützenden Untermauern können die Konstruktionsprinzipien, einmal erdacht, beliebig oft wiederholt werden. Es bildet sich eine »Massenarchitektur«, die bald durch die konsequente Verwendung von neuem Material, einem betonartigen Gußmauerwerk, durch neuartig gefertigte Backsteine und in Massen produzierte Werksteine überall eingesetzt werden kann. Der Marmor bleibt meist der Dekoration und der Verblendung des Mauerwerkes vorbehalten. So können starke, tragfähige Mauern errichtet werden, Bögen und Wölbungen wie Kuppeln, Tonnen- und Kreuzgewölbe. Schwierig ist da zu entscheiden, was die Römer den Etruskern verdanken, was den Griechen, was sie selbst erfunden und was sie übernommen haben. Wir wissen es nicht genau und dürfen nicht vergessen, daß die großen Beispiele der römischen Baukunst einer späteren Zeit angehören.

Stadtgrenzen und Bevölkerung der Republik

Der Palatin-Hügel spielt für die Ursprünge Roms die erste Rolle. Dort wohnten in der sogenannten »Roma quadrata«, dem quadratischen Rom, Latiner, dann auf den gegenüberliegenden
Höhen, dem Kapitol, Quirinal und Esquilin, Sabiner, die sich – wie erwähnt – unter etruski-
scher Vormundschaft zusammenschlossen. Nehmen wir noch die drei weiteren Hügel hinzu,
Caelius, Aventin und Viminal, und schon ist die Sieben-Hügel-Stadt fertig. Erst recht, als sie
nach dem Einfall der Gallier (387 v. Chr.) auch noch mit der *Servianischen Mauer* umgeben
wurde, deren Verlauf an einigen Punkten der heutigen Stadt noch aufzuspüren und auf einem
Plan zu verfolgen ist (vgl. Abb. Seite 96).

Von dem Stadtbild Roms in der Zeit der Könige und der Republik können wir uns nur eine un-
gefähre Vorstellung machen. Bei diesem allgemeinen Urteil der Wissenschaftler muß es bleiben,
auch wenn in den Werken römischer Schriftsteller von einer Vielzahl öffentlicher Bauten in
dieser Zeit die Rede ist. Für das erste vorchristliche Jahrhundert sind wir in einer besseren Lage.
Da sind uns das *Tabularium* am Kapitolshügel unter dem heutigen Senatorenpalast, der sogenannte *Vesta-Tempel* und der *Tempel der Fortuna virilis* (an der Piazza della Bocca della Verità
am Tiber) und die *vier Tempel des Republikanischen Forums* (am Largo Argentina) erhalten. Von
jener Zeit an finden wir dann in Rom deutlicher sichtbare Zeugnisse aus allen Jahrhunderten.

Schon unter Sulla (138–78 v. Chr.) begann sich Rom über die Servianische Mauer auszu-
dehnen. Vor allem nach dem Zuzug von Italikern, den Alteingesessenen der Apennin-Halb-

Tempel der Fortuna virilis und sog. Vesta-Tempel an der Piazza della Bocca della Verità. Stich von G. B. Piranesi

insel, wurden Mietskasernen gebaut, mußten ganze Vorstädte neu angelegt werden. Die Stadt sah sich einer Fülle von wirtschaftlichen und sozialen Problemen gegenüber. Großkapital und Sklavenarbeit, Großgrundbesitz und Latifundienwirtschaft, kleine Handwerker und große Manufakturen, Landflucht und Überbevölkerung in der Stadt, Bodenspekulation und Mietwucher, Großstadtproletariat und privilegierte Schichten waren gesellschaftliche Faktoren, die stets miteinander ausgeglichen werden mußten, nicht nur in der Republikanischen Zeit, sondern auch und noch stärker in der Kaiserzeit. Die Wohnviertel bildeten meist ein unansehnliches Gewirr enger, winkliger Gassen. Das Stadtbild Roms entsprach nicht seiner politischen Bedeutung.

Das Imperium Romanum – Die Kaiser des Reiches und ihre Bauwerke in Rom

Das sollte sich ändern. Denn im Jahr 44 v. Chr. kündet sich eine neue Epoche an: die des imperialen Rom, die Kaiserzeit. Die Imperatoren, die Kaiser also sind es, die der Ära ihren Namen geben, da ihre Stellung so beherrschend und ihre Befugnisse so allmächtig sind, daß sie jede andere Person oder Institution des Staates in den Schatten stellen. Doch wie die Kaiser der Zeit ihr Siegel aufdrücken, die Imperatoren dem Imperium, so gibt ein einzelner, der selbst noch nicht Kaiser ist, seinen Namen her, um den alleinigen Inhaber der politischen Gewalt zu bezeichnen, um in den germanischen und slawischen Sprachen das Wort »Kaiser« und »Zar« zu bilden: *Gaius Julius Caesar*. So eindrucksvoll führt Caesar als Feldherr seine Kriege, als Sieger entschieden, doch großdenkend, daß er für die Germanen der Herrscher schlechthin wurde. Die Namen »Caesar«, »Kaiser«, »Zar« waren künftig dem Träger der höchsten politischen Macht reserviert.

CAESAR

Im Jahr 100 v. Chr. geboren, nach einigen genau am 13. Juli, war Gaius Julius Caesar, aus einer vornehmen römischen Familie, den Juliern, stammend, vielleicht für ein Priesteramt vorgesehen. Als Sechzehnjähriger heiratete er Cornelia, die Tochter des damaligen Machthabers Cinna, und hatte nur zwei Jahre später trotz seiner Jugend schon die Festigkeit, die von dem Diktator Sulla aus Rivalität zu Cinna verlangte Scheidung von ihr zu verweigern; später freilich folgten der ersten Gemahlin weitere. Mit 16 Jahren begann Caesar eine militärische Laufbahn, studierte von 75 bis 73 in Rhodos, lernte dort die griechische Kultur kennen und wurde 63 in Rom zum Pontifex Maximus, zum Vorsitzenden des politisch wichtigen Priesterkollegiums, gewählt. Drei Jahre später (60) gelang es ihm, die damals mächtigsten Männer, Pompejus und Crassus, miteinander zu versöhnen und für ein Bündnis zu dritt zu gewinnen, das *Triumvirat*. Diese »kollektive Diktatur« legte fest, daß in der Politik nichts unternommen werden sollte, was einem von den dreien mißfalle. So konnte Caesar seine politischen und sozialen Gesetze auch gegen den Willen des Senats durchbringen. Als ihm vom Senat die zwei gallischen Provinzen für fünf Jahre übertragen wurden und dazu vier Legionen, war ihm der Schlüssel für eine Herrschaft gegeben, den er bis zu seinem Tod nicht mehr aus der Hand legen sollte. Selten hatte zuvor ein römischer Politiker der Republik so viel Macht in einer Hand vereint. Caesar vermehrte sie ständig. Von 58 bis 51 v. Chr. führte er den »Gallischen Krieg«, zuerst gegen die

Helvetier, dann zwang er bis 53 Gallien unter das römische Joch. 55 überschritt er zum erstenmal den Rhein nach Germanien und zog noch im selben Jahr nach Britannien. 49 überquerte er, von Norden kommend, den Rubikon-Fluß (in der heutigen Romagna bei Rimini) und trat so mit seinem erprobten und ihm treuergebenen Heer unerlaubt in das Hoheitsgebiet des römischen Senats ein. Es begann ein Bürgerkrieg, den Caesar dank seiner überlegenen Feldherrenkunst gegen Pompejus und dessen Anhänger gewann. Wie schon in Gallien (»De bello Gallico«), fand Caesar auch jetzt Zeit, seine militärischen Operationen mit literarischem Ehrgeiz (»De bello civile« – Über den Bürgerkrieg) zu beschreiben. Nach Kämpfen auch in Spanien, Griechenland und Ägypten, einem halbjährigen Aufenthalt in der ägyptischen Metropole Alexandrien – die Königin Kleopatra gebar ihm den Sohn Kaisarion –, weiteren Kriegen gegen seine Gegner in Afrika und nochmals in Spanien wurde er 47 zum Diktator für ein Jahr, 46 für zehn Jahre und 44 auf Lebenszeit ernannt. Durch diese Ämter und Ehren vermehrte er jedesmal die Zahl seiner Gegner, die er durch seine Siege in den Feldzügen vermindert hatte. Der machtbewußte Politiker war nun Alleinherrscher im Imperium. Den Ausgang der Republikanischen Zeit hat er allein durch seine überragende Persönlichkeit geprägt. Den Schlußpunkt setzte er, als er sich am 15. Februar 44 als Diktator in altrömischer Königstracht huldigen ließ. Damit war für die Republikaner das Zeichen zur Rebellion gegeben. Einen Monat später wurde er an den Iden des März von Verschwörern, darunter sein Vertrauter Brutus, ermordet. Aber die Zeit war offenbar reif für die absolute Monarchie, das Reich ohne Maßen verlangte nach einem maßlosen Alleinherrscher, und das Volk verehrte willig den Machthaber, so wie es den »vergöttlichten Caesar« in dem von diesem erbauten Caesar-Forum beim Kapitol verehrte und ihm auf dem Forum Romanum einen Kult erwies.

Augustus

Theoretisch war die Machtstellung vorhanden. Nun fehlte der Mann, der sie schaffen und ausfüllen konnte. Es war *Gaius Octavianus Augustus,* am 23. September 63 v. Chr. geboren, als Großneffe und Adoptivsohn Caesars dessen – auch selbst ernannter – Erbe. Er konnte die Herrschaft nur nach schweren Kämpfen, endlosen Feldzügen, Racheaktionen – nach der Schlacht bei Philippi (41) ließ er das Haupt des Brutus vor Caesars Statue in Rom niederlegen – und Rivalitäten mit Konkurrenten erringen. Doch es war ihm anders als Caesar vergönnt, sich in der gewonnenen Position zu behaupten. Mit 20 Jahren verband er sich mit Antonius und Lepidus im 2. Triumvirat gegen die Mörder Caesars: Brutus und Cassius. Augustus, Antonius und Lepidus teilten das Imperium in drei Machtsphären auf: Augustus nahm den Westen, Antonius den Osten und Lepidus Afrika. Mit seinem Sieg in der Seeschlacht von Aktium (31 v. Chr.) und dem Tod von Antonius und Kleopatra in Ägypten wurde Augustus faktisch Alleinherrscher, auch wenn sich in den folgenden Jahren immer wieder Gegner erhoben. Unter ihm schien aus dem Prinzipat ein Dominat geworden zu sein, an der Spitze des Reiches stand nicht mehr ein von Gleichberechtigten Gewählter, sondern ein einziger Herr. Im »Augusteischen Zeitalter« befriedete er das aufgewühlte Reich und gab dem Frieden eine politische Ordnung; die Grenzen ließ er militärisch ausbauen, die bedrohten Provinzen sichern. Großzügig förderte er Kunst und Wissenschaft. Die Dichter Vergil, Horaz und Ovid verherrlichten ihn in ihren Gedichten.

Eine Volkszählung, die Augustus um jene Zeit durchführen ließ, als Jesus von Nazareth in Galiläa geboren wurde, ergab 4 233 000 römische Bürger in dem von Rom beherrschten Imperium. In hohem Alter, mit knapp 77 Jahren, starb Augustus am 19. August 14 n. Chr. im süditalienischen Nola. Heute erinnern an diesen ersten und strahlendsten Kaiser der römischen Geschichte vor allem das große *Mausoleum* neben dem Tiber mit der *Ara Pacis,* dem Altar des Friedens (Abb. 44) und sein *Hauspalast auf dem Palatin.* Büsten und Marmorstandbilder, etwa die im Vatikanischen Museum (Augustus von Prima Porta, Abb. 112), gaben eine verklärte Idee von seinem Aussehen: So erschien Augustus den Bürgern des Römischen Weltreiches als der Kaiser des – wenn auch nicht gänzlich ungestörten – Friedens.

NERO

Mußte sich Augustus die imperiale Macht erst erkämpfen, so wurde sie seinem vierten Nachfolger (nach Tiberius, Caligula und Claudius), Claudius Germanicus Nero, in den Schoß gelegt. Der 37 n. Chr. in Antium, dem in der Nähe Roms am Meer gelegenen heutigen Anzio, geborene Nero wurde 54 n. Chr. als 17 Jahre alter Jüngling von den Prätorianern, der von ihm dann gehätschelten Truppe, zum Kaiser proklamiert und vom Senat bestätigt – was diesem Gremium kein gutes Zeugnis ausstellt. Oder hofften die Senatoren, daß sich der Einfluß des philosophischen Erziehers Seneca bei Nero durchsetzen würde? Jedenfalls waren die ersten fünf Jahre seiner Regierung in der Tat ein – nach dem Urteil der Historiker – durch maßvolles Herrschen glückliches Quinquennium. Dann jedoch übte Nero ein Schreckensregiment aus. Er betrieb die Ermordung seiner Mutter Agrippina, weil diese sein Verhältnis mit der Poppäa Sabina zu

Domus aurea und Maxentius-Basilika. Aus »Antichità Romane« von G. B. Piranesi

hintertreiben suchte, und nach Scheidung und Verbannung die Vergiftung seiner Frau Octavia, die der Poppäa also unterlag. Er verschuldete durch Roheit den Tod der von ihm geheirateten, schwangeren Poppäa, tröstete sich jedoch mit anderen Frauen und der neuen Gemahlin Statilia Messalina, die, zuvor schon viermal verheiratet, das moralische Niveau am Kaiserhof nicht eben hob. Messalina muß immerhin faszinierend gewesen sein. Denn auch nach Neros Tod wurde sie von dem Soldatenkaiser Otho zur Frau begehrt (69). Otho war freilich ein Draufgänger, der früher schon die Poppäa aus einer Ehe entführt und sie geheiratet hatte, sie dann jedoch Nero überlassen mußte. Noch unter den flavischen Kaisern Vespasian und Titus spielte Messalina in der römischen Gesellschaft eine Rolle. – Zurück zu Nero. Seine Neigung zu Dilettantentum als Dichter, Musiker und Maler und sein Hang zum Zügellosen rissen ihn immer mehr fort. So hieß es, der Kaiser selbst habe die Zerstörung einiger übervölkerter römischer Wohnviertel durch Brand angeordnet (64); er wollte freien Platz für großartige Bauten schaffen. Nero verfolgte jedoch die Christen als Schuldige. Zu den neuen Bauwerken gehörte seine *Domus Aurea*, das »Goldene Haus«, eine prächtige, riesige Palastanlage auf dem Mons Oppius, dem Colle Oppio, welche die Maler und Bildhauer der Renaissance tief beeindruckte, als sie Anfang des 16. Jahrhunderts freigelegt wurde. Eine kolossale Statue, die ihm zu Ehren unterhalb dieses Hügels errichtet wurde, gab dem »Kolosseum«, dem flavischen Amphitheater, seinen Namen. Als nach 66 in vielen Provinzen des Reiches Unruhen aufflackerten und in Judäa der Krieg ausbrach, Nero sich jedoch davon unberührt mit Messalina auf eine Künstler-Tournee nach Griechenland begab, war es genug. Der Kaiser wurde zum Staatsfeind erklärt, floh, nach Rom zurückgekehrt, wieder aus seiner Hauptstadt und beging am 9. Juni 68 Selbstmord – mit 31 Jahren.

TRAJAN

Marcus Ulpius Traianus war der erste römische Kaiser, der aus einer der Provinzen des Reiches, der spanischen, stammte. 53 geboren, ein Jahr vor dem Regierungsantritt Neros, wurde er schon früh wegen seiner Leistungen als Soldat ausgezeichnet und im Jahr 97 wegen seiner militärischen Erfolge und hervorragenden politischen Eigenschaften von Kaiser Nerva adoptiert. Hier bewährte sich das System, daß der Kaiser den Tüchtigsten an Sohnes Statt nahm und damit den Besten zum Nachfolger bestimmte, nicht den leiblichen Sohn. Trajan wurde dann zum Mitregenten ernannt, da das Reich durch die Germanen bedroht war. Nach dem Tod Nervas im Jahr 98 – diesem waren nach Nero die Soldatenkaiser *Galba, Otho* und *Vitellius* und die flavischen Imperatoren *Vespasian, Titus* und *Domitian* vorausgegangen – wurde Trajan zum Alleinherrscher ausgerufen. In seiner Regierungszeit erreichte das Römische Imperium seine größte Ausdehnung: von Schottland bis Mesopotamien, von der Donau bis nach Marokko. In zwei schwierigen Kriegen besiegte er die Daker und konnte das Goldreich Dakien im Nordosten dem Imperium einverleiben. Darstellungen dieser Feldzüge finden wir auf der *Trajanssäule* in den Kaiserforen. Thronstreitigkeiten um Armenien lieferten den Vorwand für den darauffolgenden Krieg gegen die Parther. Dabei drang Trajan bis nach Mesopotamien und Assyrien vor, was eine weitere Vergrößerung des Römischen Reiches zur Folge hatte. Doch die Parther wehrten sich lange Jahre gegen die römische Herrschaft; so blieb Trajan im Feld. Schwer erkrankt, gab er nach erbitterten Kämpfen in Mesopotamien weitere Eroberungspläne auf und trat die Rückreise nach Rom an. Er kam nicht weit. In der kleinasiatischen Stadt Selinus am Schwarzen Meer starb er am 8. August 117. Zeit seines Lebens führte der energische und einfallsreiche Trajan Kriege; so war er als Kaiser und Soldat gleich tüchtig. Das *Trajansforum* in Rom mit Speichern und Läden für preiswerte Lebensmittel erinnert an seine sozialpolitische Fürsorge für das Volk und die ausgedehnte Bautätigkeit, seine *Triumphsäule*, auf der sich in alter Zeit das Standbild des Kaisers erhob (heute das des Petrus), an die siegreichen Feldzüge und den Eroberungswillen des Imperators.

HADRIAN

Unmittelbar nach dem Tod Trajans wurde Hadrian, Publius Aelius Hadrianus, vom syrischen Heer zum Kaiser ausgerufen, als vermutlicher Adoptivsohn des Imperators Trajan – und wie dieser in der spanischen Provinz Italica im Jahr 76 geboren, zudem mit einer Großnichte Trajans verheiratet. Der 41 Jahre alte Hadrian begann eine entscheidungsreiche, fruchtbare Regierung. Die Eroberungspolitik seines Vorgängers schränkte er wegen der zu hohen finanziellen Belastungen ein. Seine 22 Jahre dauernde Herrschaft richtete er vor allem auf die Festigung des Reiches aus, auf die Wiederherstellung des Augusteischen Friedens. Er befahl, den »Hadrianswall« in Britannien und den »Limes« in Germanien als bewehrte Grenzwälle zu errichten; umfangreiche Reste davon bestehen noch heute. In seiner Regierungszeit wagten die Juden unter der Führung Bar Kochbars einen verzweifelten Aufstand (132–135), weil an der Stelle des Tempels in Jerusalem ein Jupiter-Tempel errichtet werden sollte und man ein Beschneidungsverbot einführen wollte. Die Revolte wurde blutig niedergeschlagen und endete in einem furchtbaren Massaker. – Hadrian reiste gern und viel. Es scheint, daß er fast alle Provinzen und interessanten Gegenden seines Reiches besucht hat. Für die Natur und landschaft-

Innenansicht des Pantheons. Stich von G. B. Piranesi

liche Schönheit konnte er sich so sehr begeistern, daß er den 3323 Meter hohen Ätna-Vulkan auf Sizilien bestieg. Die ägyptischen Altertümer faszinierten ihn; noch heute findet man im fernen Luxor am Nil seinen Namen in einen der Memnon-Kolosse eingeritzt. Der Kaiser mit dem Philosophenbart bevorzugte die griechische Kultur und förderte das Eindringen hellenistischer Geistesart in die römische Welt, eine erste Renaissance des Griechentums. Athen schien ihm mehr ans Herz gewachsen als Rom, die Hauptstadt seines Imperiums. Dennoch sind die Spuren der Baufreudigkeit dieses Kaisers auch hier unübersehbar: sein *Mausoleum,* die heutige *Engelsburg* (Abb. 104), das *Pantheon* (Abb. 29, Farbt. 16) und im nahen Städtchen Tibur (Tivoli) die *Villa Adriana,* eine ausgedehnte Palastanlage »im Grünen« (Farbt. 30). Hadrian starb im 63. Lebensjahr am 10. Juli 138 in Baiae zwischen Rom und Neapel, ein halbes Jahr später wurde er in seinem Mausoleum am Tiber beigesetzt.

Mark Aurel

Marcus Aurelius Antoninus ist der direkte Nachfolger des Kaisers Antoninus Pius, der lange, von 138 bis 161, unauffällig, doch wirksam regierte und dessen Reichsverwaltung allgemein als hervorragend gelobt wurde, weil er sich um ausgeglichene öffentliche Finanzen und um die Pflege des Rechts kümmerte. Mark Aurel, 121 in Rom geboren, weckte schon früh das Interesse Kaiser Hadrians, wurde auf dessen Wunsch von Antoninus Pius adoptiert und an der Regierung beteiligt. Von diesem übernahm er gut vorbereitet ein intaktes, relativ ruhiges Reich. Doch just mit seinem Regierungsantritt brachen an allen Fronten Kriege aus, und vielerlei Unheil, Naturkatastrophen, Hungersnöte und Epidemien, suchten die Bürger des Imperiums heim. So mußte er während seiner Regierungszeit von 161 bis 180 immer bedrohlichere äußere Gefahren abwehren und innere Krisen dämmen. Die Kaledonier in Britannien, die Parther in Syrien, die Chatten in Germanien rüttelten an der römischen Herrschaft. Quaden, Jazygen, Rinderhirten im Nildelta, Mauren in Spanien bedrohten mit Aufständen den Frieden und den Zusammenhalt des riesigen Imperiums. Vor allem jedoch machten die Markomannen im Norden dem Kaiser zu schaffen. Wie schon dem Kaiser Trajan wurde Mark Aurel zu Ehren die auf der Piazza Colonna am Corso stehende, nach ihm benannte *Triumphsäule* mit Darstellungen aus den Schlachten gegen die Markomannen errichtet. Auf einem dieser Feldzüge starb der Kaiser 180 in Wien (Vindobona) an der Pest. Trotz der vielen Kriege gilt Mark Aurel als der Philosoph auf dem römischen Kaiserthron. Seine Weltanschauung und Lebensauffassung hinterließ er uns in dem literarischen Werk der »Selbstbetrachtungen«. Sein freundliches, nachdenkliches Gesicht begegnet uns in seinem *Reiterstandbild,* der einzigen in Rom erhaltenen Bronzestatue der Antike (Farbt. 1).

Konstantin

Waren die 95 Jahre zwischen 98 und 193 n. Chr. mit fünf Kaisern ausgekommen, so wurden zwischen 193 und 306, in 113 Jahren – also wenig mehr – 29 Imperatoren »verschlissen«. Dann brachte Konstantin I., der Große, wieder Ruhe in das Amt an der Spitze des Reiches. Er steht jedoch schon am Übergang zwischen der ausgehenden Kaiserzeit und der anbrechenden Ära des Christentums. Dieser Flavius Valerius Constantinus, geboren um 285 als Sohn des Mitkaisers

Constantius, lebte als Jüngling am Hof Kaiser Diokletians. Dadurch gewann er früh Einblick in die Regierungsgeschäfte und wurde Zeuge der von Diokletian angeordneten Christenverfolgungen, ihrer Gründe und Auswirkungen. 306, mit 21 Jahren, wurde Konstantin Mitkaiser im gevierteilten Römischen Reich. Sechs Jahre später (312) besiegte er seinen »Kollegen« und Rivalen Maxentius an der Milvischen Brücke, im Norden vor Rom am Tiber. Sein unerwarteter Triumph wurde von den Christen mit dem Eingreifen ihres Gottes erklärt: Dem Feldherrn sei vor der Schlacht eine Erscheinung zuteil geworden, die ihm von dem Kreuz mit Christus-Monogramm »XP« (Chi-Rho, Anfangsbuchstaben des griechischen Wortes »Christos«) versprach: »In diesem Zeichen wirst du siegen.« 324 entmachtete Konstantin auch seinen Mitregenten Licinius, so daß er ab 325 als Alleinherrscher regierte. Mit dem *Toleranzedikt von Mailand 313* wurden der christlichen Kirche Rechtsfähigkeit und ihre erworbenen Güter gesichert und dem Christentum der Weg zur Staatsreligion bereitet. Einschneidend für Rom war, daß Konstantin 330 die Kaiserresidenz von Rom nach Konstantinopel (später Byzanz und Istanbul) verlegte und dort die östliche Hauptstadt des Reiches errichtete. Erst kurz vor seinem Tod 337 ließ er sich taufen; dennoch wird er von der armenischen, russischen und griechischen Kirche als Heiliger verehrt. Vielleicht deshalb nicht ohne Berechtigung, weil er dem christlichen Glauben den Durchbruch in die rechtlich gesicherte Öffentlichkeit verschaffte, in der Erkenntnis, daß die weitere Unterdrückung der christlichen Minderheit dem Reich größere Schwierigkeiten bereiten würde als die Tolerierung dieser neuen Religion mit ihren staatspolitisch auch nützlichen Besonderheiten. – In Rom erinnern an seine Regierungszeit die *Basilika des Maxentius* am Forum Romanum, die er vollenden ließ, so daß sie auch seinen Namen trägt, die *Kirche Santa Costanza* an der Via Nomentana als Grabstätte seiner Tochter (Abb. 78), *Teile seiner Kolossalstatue* im Konservatorenpalast des Kapitolinischen Museums (Abb. 4) und vor allem die frühchristlichen Basiliken von *Sankt Johannes im Lateran* und *Sankt Peter* auf dem Vatikan-Hügel, die zu seiner Zeit dank der für die Christen verbesserten Rechtslage begonnen werden konnten.

Imperiale Baukunst

Es heißt, Kaiser Augustus habe eine Stadt aus Lehm vorgefunden und eine aus Marmor hinterlassen. Zwar hatte man schon in der Republikanischen Zeit unter den Konsuln große Bauprojekte wie Fernstraßen und Aquädukte, Brücken und Hallen, Tempel und andere Staatsgebäude ins Werk gesetzt, zwar waren die letzten bedeutenden Politiker jener Zeit, Pompejus (das erste steinerne Theater Roms) und Caesar (Forum Julium, Basilika) als ehrgeizige Bauherrn hervorgetreten, doch der erste Imperator Roms ging mit anderen, weiter gespannten Maßstäben ans Werk. Augustus ordnete die Stadtviertel neu (in 14 Regionen, die als »Rioni« bis ins 20. Jahrhundert bestanden), ließ zerstörte oder verfallene Tempel wiederherstellen, wobei er statt der bisherigen ärmlichen Baustoffe wie Holz, Tuff und Peperino (fester, granitähnlicher Stein) kostbarere und haltbarere Materialien wie Travertin und Marmor zu verwenden gebot. An neuerrichtete Tempel wurden Bibliotheken angefügt, aus Ägypten herbeigeschaffte hohe *Obelisken* setzten Akzente im Stadtbild, das Mausoleum des Kaisers und die ihm gewidmete *Ara Pacis*, das von Agrippa begonnene *Pantheon* und die erste Thermenanlage zeigten, welche architektoni-

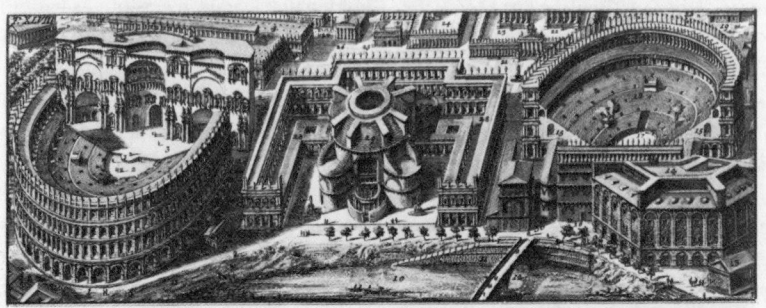

Elevazione de' Teatri di Balbo, e di Marcello con gli altri edifizj ch'eran loro vicini.

Scenographia Theatrorum Balbi, et Marcelli aliorumque aedificiorum, quae prope habuerunt.

Piranesi F.

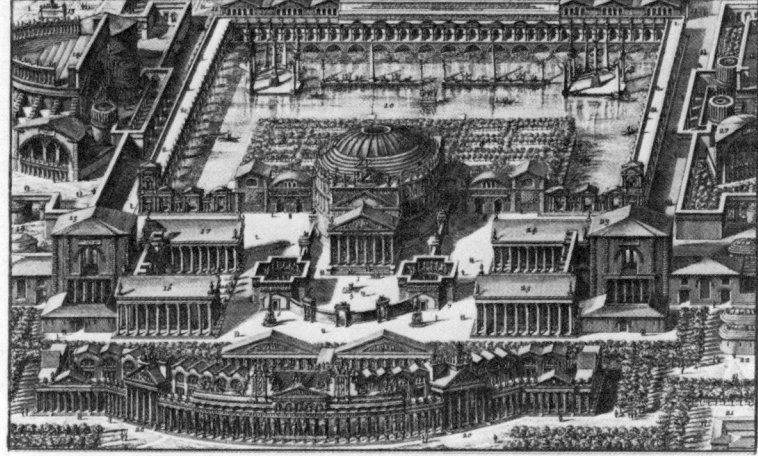

Elevazione del Pantheon, e degli altri edifizi che gli eran vicini.

Scenographia Panthei aliorumque aedificiorum, quae prope habuit.

Piranesi F.

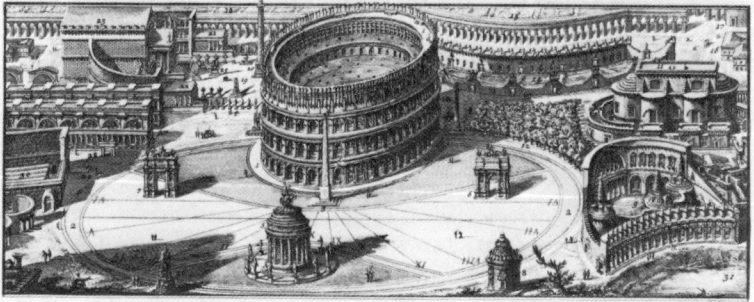

Elevazione dell' Anfiteatro di Statilio Tauro, e degli altri edifizj che gli eran vicini.

Scenographia Theatri Statilii Tauri, aliorumque aedificiorum, quae prope habuit.

Piranesi F.

Drei Vogelschauperspektiven des antiken Rom. Aus »Il Campo Marzio dell' antica Roma« von G. B. Piranesi

schen Fähigkeiten in den Römern steckten. Das war nur der Anfang. Denn von nun an wetteiferte jeder Kaiser mit seinem Vorgänger darin, die Stadt zu verändern, zu verschönern, ihr seinen untilgbaren Stempel aufzudrücken, fürchtend, daß der Nachfolger ihn zu übertrumpfen suche, hoffend, daß es diesem nicht gelingen werde. Bis zur Tollheit wie bei Nero geht diese zuweilen maßlose Baulust der Imperatoren. Tempel und Thermen, Siegessäulen und Triumphbögen, Theater, Paläste und Grabstätten, die noch heute die Stadt prägen, verleihen dem Rom der Kaiserzeit wahre imperiale Bedeutung und Würde. Und immer wieder kreist das Bemühen der Herrscher um das *Forum Romanum*, dort selbst etwas verändernd oder auf dem darüberliegenden *Palatin* stattliche Paläste errichtend oder das zentrale Forum durch neue Foren, die sogenannten *Kaiserforen*, erweiternd. Unzählige Standbilder, Büsten und Reiterstatuen kamen weniger aus rein ästhetischen Gründen wie bei den Griechen, sondern vor allem zur Ehrung jener hinzu, die sich um den immer mächtigeren, seinesgleichen auf Erden nicht mehr findenden Staat verdient gemacht hatten. Auch das Motiv, Rom schöner zu gestalten, einfach »zur Zierde der Stadt« zu bauen, gewinnt an Kraft.

Die Baulust erprobt sich an den unterschiedlichsten Aufgaben:

– an *Wohnhäusern* in der Stadt und *Villen* auf dem Land; an den *kaiserlichen Palästen* und den Stadthäusern der vornehmen Bürger;

– an den öffentlichen Gebäuden wie der *Basilika*, die als Markthalle und Gerichtssaal, als Bankgebäude und Börse, als allgemeiner Treffpunkt und Festraum dienen kann, die schon in der Kaiserzeit manche bauliche Variation und Erweiterung erfährt – erst recht dann im Christentum als Kirche;

– an den *Thermen*, die zum Erholungszentrum für die ganze städtische Bevölkerung werden, für Sport und Spiel, für Badefreuden und geselliges Treiben – schon zur Zeit des Augustus gibt es 170 öffentliche Bäder, von Privatleuten geführt, bald übernimmt der Staat diesen wichtigen Teil des öffentlichen Lebens, sorgt für den arbeitsintensiven Betrieb der Anlagen und steigert den architektonischen Aufwand ins Riesenhafte;

– an *Theatern und Amphitheatern,* nach den Vorbildern des Pompejus- und des Marcellustheaters aus Republikanischer Zeit, doch in gigantischen Ausmaßen am flavischen Kolosseum;

– an *Gebäuden für Handel und Gewerbe,* für industrielle Produktion und Handwerk wie den Trajansmärkten – in denen vielleicht zum erstenmal in der Baugeschichte genau bedacht die Übereinstimmung von kommerzieller Funktion, einer wegen des Höhenunterschieds gewagten Konstruktion und der Form gefunden wird, industrielle Bauten weit späterer Zeiten vorwegnehmend;

– an *Ingenieurbauten* wie Straßen und Kanälen, Hafenanlagen und Brücken, Wasserleitungen (Aquädukten) und Entwässerungskanalisationen;

– an *Heiligtümern* für die Götter des Staates, die olympischen und kaiserlichen, deren Grundmuster durch eine rechteckige Cella oder einen runden Zentralraum vorgegeben sind.

So wurde nicht nur Rom schöner und prächtiger, sondern es werden auch Marksteine für die Baukunst und Kunstgeschichte des Abendlandes gesetzt: Der Friedensaltar des Augustus, *Ara Pacis,* das von Agrippa 27 v. Chr. begonnene, unter Hadrian (117–125 n. Chr.) neukonstruierte *Pantheon,* das *Forum Romanum* selbst und die *Kaiserforen* (vor allem das des Trajan), die *Domus*

Aurea des Nero, die *Kaiserpaläste auf dem Palatin,* das Amphitheater der Flavier *(Kolosseum),* das *Mausoleum des Hadrian,* die »Engelsburg«, die *Thermen des Caracalla* (212–223) *und die des Diokletian* (284–305), die *Basilika des Maxentius und des Konstantin,* die *Triumphbögen des Titus, des Septimius Severus und des Konstantin* und außerhalb der Stadt die Palastanlage des Hadrian, die *Villa Adriana* bei Tivoli, werden zu Vorbildern für die gesamte europäische Architektur, dazu mit ihren Skulpturen und Gemälden beispielhaft für Plastik und Malerei. An dem Streit, ob die römische Baukunst gegenüber der griechischen ein bedauernswerter Abstieg ob des überladenen Prunks und der ins Riesenhafte gesteigerten Dimensionen ist oder die dem Zentrum eines Weltreichs entsprechende »imperiale« Weiterführung, wollen wir uns nicht beteiligen. Dem Auge offenbart Rom seinen eigenen Wert, ohne Vergleich.

Von der Servianischen zur Aurelianischen Mauer

Schon am Ende der Republikanischen Zeit war die Stadt über die Servianische Mauer hinausgewuchert. Nun gingen die Kaiser planmäßig daran, jenseits dieser Grenze öffentliche Bauten zu errichten. Das *Marsfeld,* das weite Areal im Tiberbogen, das heutige Stadtzentrum, wurde in die

Die antiken Stadtmauern von Rom

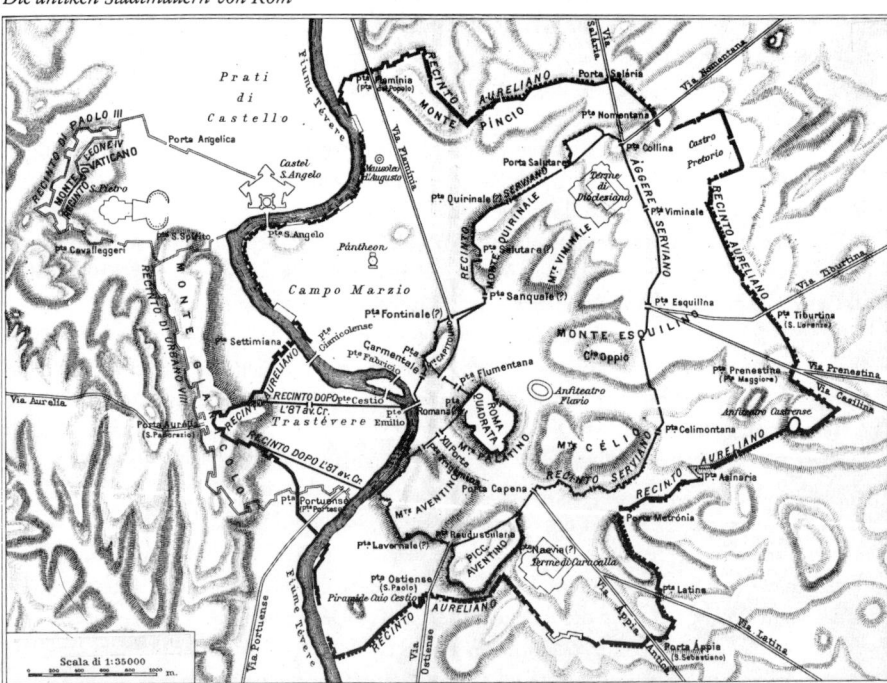

Urbs miteinbezogen, ebenso die Gebiete südlich von Aventin und Caelius, westlich von Esquilin und Viminal und nördlich des Quirinal. Rom ging in die Breite und in die Höhe, denn die Mietskasernen des Volkes, ohnehin schon eng in winkligen Gassen gedrängt, wurden aufgestockt.

Die über die Mauer des 4. vorchristlichen Jahrhunderts längst hinausgewachsene Stadt durch eine neue Befestigung zu sichern kam lange Zeit nicht in den Sinn. Das Imperium war so stark, daß man sein Zentrum nicht zu schützen brauchte. Man stelle sich vor, das »Caput mundi«, das Haupt der Welt, in einschnürenden Bandagen! Doch die Zeiten änderten sich. Die Gegner standen nicht mehr nur an den Grenzen, sondern drangen in die äußeren Provinzen des Reiches ein. In der Mitte des 3. nachchristlichen Jahrhunderts war es soweit. Kaiser Aurelianus begann 271 mit dem Bau der nach ihm benannten Mauer. Sie umschloß die 14 Regionen der Stadt, war etwa 18 Kilometer lang, wies 14 Tore und 380 Türme auf und erschien abwehrend genug (auf weite Strecken hin eindrucksvoll erhalten). Der Machtverfall im Reich, die Verlegung der kaiserlichen Hauptstadt von Rom nach Konstantinopel und wirtschaftliche Krisen beschleunigten den Niedergang der Stadt. Die Bautätigkeit erlahmte, ja, die Römer waren nicht mehr imstande, die bestehenden öffentlichen Gebäude und Denkmäler zu erhalten. Besonders deutlich wurde diese Dekadenz an den heidnischen Tempeln. Zum einen fehlten die finanziellen Mittel zu ihrer Pflege, zum anderen wurden sie wegen des Zurückdrängens der altrömischen Religionen und »neuer« orientalischer Kulte nicht mehr gebraucht; das Leben entfernte sich aus ihnen und sproß anderswo. Denn nun begann in Rom eine neue Ära: die des Christentums.

Das archäologische Rom

Bevor wir diese neue Seite im Geschichtenbuch Roms aufschlagen, sei ein kurzer Exkurs in das archäologische Rom unternommen: in das Rom der vorchristlichen Jahrhunderte bis zur Zeit Konstantins, das offen daliegt oder auch häufig noch im Erdreich verborgen ist. Keine Stadt der Welt kann es mit dem archäologischen »Angebot« Roms aufnehmen. Nirgendwo sind auf einer so weiten Fläche Bauten der Antike zu finden. Doch Rom ist ja keine tote Stadt, die man den Archäologen zum Ausgraben je ganz freigeben könnte, wie Pompeji oder Ostia Antica. Auch im Niedergang des Römischen Reiches lebten weiter Römer in ihrer Stadt, wenn auch in immer geringerer Zahl, doch inmitten der Bauwerke einer besseren Zeit. Die Einfälle der »barbarischen« Germanen richteten weniger Schaden an, als das Wort vom »Vandalismus« der »Vandalen« besagen will. Die wandernden Völker konnten auf ihren Zügen auch schwerlich Marmorplatten, die Trommeln der Säulen oder Wagenladungen mit Ziegeln mitschleppen. Es war zudem nicht leicht, die mit aufwendigen technischen Mitteln errichteten Bauwerke der Kaiserzeit mit den Möglichkeiten wandernder Stämme zu zerstören. Die Römer benutzten jedoch als Baumaterial Marmor, Steine, Metalle aus jenen Gebäuden, deren Benutzung aus vielerlei Gründen nachgelassen hatte. Im übrigen gaben sie die Bauwerke, deren Erhalt sie nicht länger sichern konnten oder wollten, dem Verfall und Einsturz anheim. Vieles in Rom sank so in sich zusammen, wurde von Erde und Geröll bedeckt, vergessen, wieder überbaut. Der »Zahn der Zeit« war wirksamer und zäher als die Germanen. Durch den Schutt stieg das Bodenniveau

Das Forum Romanum (»Campo Vaccino«) im 18. Jahrhundert. Stich von G. B. Piranesi

Roms – wie an einigen Stellen der Stadt, etwa am Pantheon, deutlich sichtbar – um mehrere Meter an. Manches mußten die Archäologen freilegen, aus der Erde holen. Manchmal ging das einfach, zuweilen war es nur mit großen Schwierigkeiten zu bewerkstelligen. Einiges blieb wegen seiner Höhe und Monumentalität auch einfach stehen und erinnerte die Römer und ihre Besucher in allen Jahrhunderten an die einstige Größe. Doch was zählte oft für die Römer der Ruhm der Vergangenheit, wenn bald neue Gebäude und prächtigere Kunstwerke die Antike vergessen machten!

Auf dem Aventin und an der Stazione Termini stoßen wir auf Reste der Servianischen Mauer und oft in der Stadt auf die gut erhaltene Aurelianische, sehen auf der Via Appia Antica die alten Pflastersteine, links und rechts die die Straße säumenden Grabmäler und in der Ferne die schwingenden Bögen der Aquädukte, betrachten in der Tiefe und in der Höhe das Zentrum des antiken Rom, auf dem Kapitolinischen Hügel, im Forum Romanum, in den Kaiserforen, auf dem Palatin und beim Kolosseum, und wagen eine Rekonstruktion, wie wohl ein Germane des 2. nachchristlichen Jahrhunderts das kaiserliche Rom gesehen haben muß. Das kann uns durch Modelle und Bilder erleichtert werden (vgl. Abb. 23). Wir vermögen die Tempel kaum zu zählen – der bekannte Rom-Archäologe Coarelli kommt auf 70. Der rekonstruierbaren Überreste sind es manchmal mehr, manchmal weniger. Kaum bleibt Zeit für die Details, für Statuen, Säulenkapitelle, Reliefs, Mosaiken, Figuren der Triumphbögen, Wandfresken in Palästen, da werden unsere Blicke wieder durch Großbauten abgelenkt, wie die Maxentius-Basilika, das Kolosseum oder die Paläste des Palatin-Hügels. Wir verschmähen nicht, in die unbekannteren Wohnviertel des alten Rom zu gehen, auf den Caelius, den Esquilin, Quirinal und Viminal, zur Via Lata und auf den Pincio, aufs Marsfeld – wo gerade deutsche Archäologen durch bedeutende Funde wie die berühmte Sonnenuhr Aufsehen erregen – und zum Circus Maximus. Solche archäologische Wanderung verlangt die Liebe zum verborgenen Detail. Sie endet oft in den Katakomben, in unterirdischen christlichen Grabstätten und Kirchen, wie der von San Clemente. Da sind wir schon mitten in der nun anhebenden neuen Zeit.

Das frühchristliche Rom

Es ist eine gänzlich andere Ära, die mit dem Christentum in Rom beginnt: Nach der imperialen Idee transformiert die geistliche Herrschaft die Stadt. Ihr Anfang im ersten Jahrhundert wird wohl mit der Ankunft des Petrus, des ersten Apostels des Jesus Christus von Nazareth, gesetzt. Doch erst drei Jahrhunderte später zeigt sie sich offen, nachdem die Christen ihre Religion seit dem Toleranzedikt von Mailand im Jahr 313 gleichberechtigt mit anderen Konfessionen und Kulten ausüben dürfen. Vorsichtig nehmen die Christen ihre neuen Rechte und Pflichten wahr. Sie empfinden sich als verschieden von den Heiden, ihr Gott ist anders als die heidnischen Götter mit ihren mannigfachen Forderungen; so müssen auch die Stätten für ihren Gottesdienst anders beschaffen sein als die Tempel und Kultstätten für jene Olympischen, über der die Gott des gekreuzigten und auferstandenen Jesus Christus seinen Sieg, bald den endgültigen, davon-trägt. So wie im Politischen vollzieht sich auch im Äußeren, in der Architektur neuer Bau-werke, der Übergang vom Heidentum zum Christentum – langsam, fast ohne Gewalt. Kaiser Konstantin regt noch die ersten christlichen Bauten beim Lateran (Sankt Johannes) und beim Vatikan (Sankt Peter) an, doch dann gilt sein Interesse mehr der neuen Residenz von Konstanti-nopel, der jungen Hauptstadt des sich entfremdenden, konkurrierenden Oströmischen Reiches, dem fernen Gegenpol zum alten heidnischen Rom.

Offenbar ist es für die römischen Christen keine ernsthafte Versuchung, es den Heiden gleich-zutun oder sie gar zu übertreffen, indem man größere und prächtigere Tempel baut. Der heidni-sche Sakralbau, der vor allem nach außen seine Bestimmung kundtut, im Innern jedoch in seiner funktionalen Ausgestaltung blaß bleibt, ist für die Christen kein Modell. Sie denken von innen nach außen. Sie brauchen zuallererst einen Versammlungsraum, und sei es auch nur eine Scheune oder ein Speicher, ein einfaches Wohnhaus, eine Halle, in denen sie in der Gemein-schaft Mahl und Opfer begehen, den Lobpreis des Schöpfers und das Gedächtnis ihres Erlösers feiern. Deshalb müssen sie die Vorbilder für ihre Kirchen in den Profanbauten der Antike suchen, in den Basiliken und Thermen, die durch Einfachheit und Klarheit, durch weite Flächen und große Räume sich anbieten. So werden Gemeindehäuser und Hauskirchen, Memorien, Martyrien und Mausoleen, Gedächtnisstätten für verehrte Personen, Bauten zur Erinnerung an ein Martyrium und Grabanlagen errichtet.

S. Costanza. Stich von G. B. Piranesi

Zwei Modelle werden dabei immer wieder variiert: *die Basilika,* wie sie überall im antiken Rom zu finden war und wie sie an der Wende vom heidnischen zum christlichen Rom in dem riesigen Komplex des Maxentius und des Konstantin noch vollendet wird, und *der Zentralbau des Pantheons.* Der ersten Form, der Basilika, nähert man sich schon, wenn man einen kastenförmig einfachen Raum baut und daran Zusätze anfügt: an der Stirnseite das Querschiff und eine Apsis, später mehrere Apsiden, hinten eine Vorhalle, an den Seiten zwei oder vier Seitenschiffe, oben sich entweder mit einer flachen Decke oder einem offenen Dachstuhl begnügt oder den Schritt zu Gewölben in ihren zahlreichen Formen wagt. Auch die Urform des Pantheons mit Zylinder und Kuppel wird einfallsreich abgewandelt; mit Säulen und Pfeilern spart man nicht. Hier orientiert sich die frühchristliche Architektur für Tauf- und Gedenkkirchen stärker an antiken Vorbildern, so für das Baptisterium neben dem Lateran, Santa Costanza an der Via Nomentana (Abb. 78) oder Santo Stefano Rotondo neben dem Caelius.

Der Aufschwung des Christentums im 4. Jahrhundert in Rom ist – wie schon angedeutet – von politischem und wirtschaftlichem Niedergang begleitet. Doch der entweichenden Macht, die in den vergangenen Jahrhunderten Zeichen ihrer Gegenwart in Fülle gesetzt hat, rücken in Rom andere Kräfte nach. Aus der weltlichen Hauptstadt des Imperium Romanum wird langsam, langsam ein Zentrum der Christenheit. Die großen Basiliken, die im 4. und 5. Jahrhundert entstehen und heute noch nach dem alten Grundriß Bestand haben, bezeugen es, aber auch die Titelkirchen (herausgehobene Gotteshäuser für besondere Geistliche, später für Kardinäle) als Pfarreien und die Diakonien als kleinere kirchliche Stätten der Seelsorge. Sankt Johannes im Lateran *(San Giovanni in Laterano)* und Sankt Peter *(San Pietro in Vaticano)*, Sankt Paul vor den Mauern *(San Paolo fuori le Mura)*, Sankt Laurentius *(San Lorenzo fuori le Mura)*, Sankt Sebastian *(San Sebastiano)* und Sankt Stephan *(Santo Stefano Rotondo)*, die Kirche der heiligen Kosmas und Damian am Forum *(Santi Cosma e Damiano)* und Sankt Klemens *(San Clemente)*, die Marienkirche *Santa Maria Maggiore* und die Heiligkreuzkirche *(Santa Croce in Gerusalemme)* werden neben die heidnischen Heiligtümer gestellt.

Die Stürme der Völkerwanderung zerzausen diese erste christliche Blüte. Rom wird 410 durch die *Westgoten unter Alarich,* 455 durch die *Vandalen unter Geiserich,* 546 durch die *Ostgoten unter Totila* erobert und jeweils geplündert, mit bedrückenden Folgen für die Bevölkerung, doch ohne die – wir müssen es gegen das verbreitete Klischee wiederholen – berüchtigten barbarischen Zerstörungen, die man gewöhnlich und für das flache Land wohl nicht ohne Berechtigung »Vandalen« nachsagt. Seit der Mitte des 6. Jahrhunderts ist Rom eine Provinzstadt des Byzantinischen Reiches, die Ravenna den politischen Primat in Italien überlassen muß. Die Spannung der Machtkonzentration ist aus Rom gewichen, und so sinkt die Stadt immer mehr in sich zusammen, bis Rom in der zweiten Hälfte des 6. Jahrhunderts auf unter 50 000 Einwohner schrumpft, in einem Stadtorganismus für eine Million. Das Stadtzentrum wandert von den Foren und dem Palatin nach Südosten zum Lateran, dem Sitz des Bischofs, der bald allgemein Papst, Vater, genannt wird. Die Päpste, wie *Leo der Große* (440–461) und *Gregor der Große* (590–604), hatten die Stadt zu schützen gesucht, ohne dauerhaften Erfolg.

Die römisch-deutschen Kaiser

Erst als Papst *Stephan II.* im Jahr 754 den fränkischen König Pippin gegen die Langobarden zu Hilfe ruft, von diesem als Gegengabe für die Legitimierung des karolingischen Geschlechts in der sogenannten *Pippinischen Schenkung* den Grundstock für den Kirchenstaat erhält, als diese Verbindung zwischen den fränkisch-deutschen Königen und dem Papsttum im »Heiligen Römischen Reich Deutscher Nation« mit der *Kaiserkrönung Karls des Großen* am Weihnachtstag des Jahres 800 in der Peterskirche durch Papst *Leo III.* bekräftigt wird, geht es aufwärts mit Rom. Entscheidend ist, daß der geistlichen Macht des Papstes die weltliche des deutschen Königs und Kaisers zur Seite steht. Freilich ist sie nicht immer zur Stelle. Denn wenn die Deutschen fern sind, liefern sich römische Stadtgeschlechter, die *Frangipani, Pierleoni, Colonna oder Orsini* und die Grafen aus der Umgebung untereinander und mit dem Papst blutige Fehden. Auch vom Meer her drohen Gefahren. Die Sarazenen kommen immer wieder mit ihren Schiffen und ziehen plündernd durch die Campagna und die Stadt. Dunkel und oft schmerzlich ist die Geschichte im 9., 10. und 11. Jahrhundert für die Römer, die wenigen Zehntausend, die im Verfall einer einst glänzenden Stadt zu leben vermögen, die nur mit Mühe inmitten von weiten Trümmerfeldern einige Häuser-Ansammlungen bevölkern. Um die Jahrtausendwende gewinnen die päpstlichen Stadtherren wieder mehr Macht, können sich gegen die Rivalen auf lokaler Ebene durchsetzen und damit der Bevölkerung etwas Sicherheit geben. Doch durch die Einfälle der Normannen unter Robert Guiscard (1084), durch gewaltige Brände, Überschwemmungen des Tibers und andere Zerstörungen erleidet die Stadt neue Rückschläge. Im 12. Jahrhundert stehen die Zeitläufe günstiger für Rom. Das bedeutet für die Stadt Erholung, Ruhe und Frieden, ja sogar einen zaghaft wachsenden Wohlstand der Bevölkerung. Ihren neuen Reichtum zeigen die Römer auch durch den Bau und die Verschönerung von Kirchen. Die zwei Marienkirchen *Santa Maria in Cosmedin* und *Santa Maria in Trastevere* stehen als Beispiele für viele (Abb. 90, 91, 98). *Innozenz III.* (1198–1216), der Herr von Kaisern und Königen, führt das Papsttum auf einen Gipfel, auf dem es sich ein Jahrhundert hält, mit erfreulichen Folgen für seine Bischofsstadt. Auf dem 4. Laterankonzil (1215), einer Versammlung von mehr als 400 Bischöfen und 800 Äbten in San Giovanni in Laterano, kann der Papst eine eindrucksvolle Bilanz seiner Macht und des neuen Glanzes seiner Stadt ziehen.

Exil und Rückkehr der Päpste

Doch die Päpste sind in ihrer eigenen Stadt nicht unangefochten. Der Widerstand gegen den Bischof von Rom als politischen Herrn findet seinen Ausdruck in den Erhebungen des *Arnold von Brescia*, der 1155 hingerichtet wird, und des *Cola di Rienzi*, der 1354 in Rom ermordet wird. So wie der Verfall des Römischen Reiches, die Unruhen der Völkerwanderung, die Wirren des dunklen Frühmittelalters vor dem helleren Hochmittelalter Rom und die Römer niedergeworfen haben, so gerät die Ewige Stadt wieder an den Rand, als die Päpste auf Druck des französischen Königs im *Exil zu Avignon* in der Provence residieren, als die »Babylonische Gefangenschaft der Kirche« die Christen allgemein, die Römer jedoch ganz besonders drückt. Wieder geht die Zahl der Bevölkerung auf einige Zehntausend zurück. Straßen und Plätze, Kirchen und Paläste, kaum hergerichtet, veröden aufs neue. Das ändert sich auch nicht wesentlich, als 1377/78 die Päpste zwar wieder in ihre Bischofsstadt zurückkehren, doch von 1378 bis 1417 das »Große Schisma« die abendländische Christenheit spaltet, weil mehrere die Tiara des Papstes tragen wollen. Rom kennt nun seit langem keinen anderen Herrn mehr als den Papst, doch die Römer wissen nicht, wer es von den vielen ist, der die Cathedra Petri zu Recht beanspruchen darf.

Nun hätte es mit Rom endgültig bergab gehen können. Die machtpolitischen und wirtschaftlichen Entwicklungen in Europa im 14. und 15. Jahrhundert standen gegen die Stadt am Tiber. Die wirklichen Machtzentren bildeten sich viel weiter nördlich, in Gesamteuropa und auch in Italien. Und im Süden drohte stets der Islam, warteten Kalifen und Wesire auf die Schwächen der abendländischen Herrscher, lauerten im Mittelmeer muslimische Piraten. Doch es kommt anders für Rom. Im 15. Jahrhundert sind die meisten Päpste bedeutende Persönlichkeiten. Durch den Humanismus und die aufkommende Renaissance geprägt, wuchern sie mit dem römischen Erbe und geben Rom langsam seine Weltgeltung als Zentrum der Christenheit und der Kunst des Okzidents zurück. In einem Ruinengelände richten die Päpste die größte Baustelle Europas ein. Der Römer *Martin V.* (1417–1431), ein Colonna, setzt einen ersten Wendepunkt; mit voller Kraft beginnt *Nikolaus V.* (1447–1455) diese neue Zeit. Die Päpste wollen –

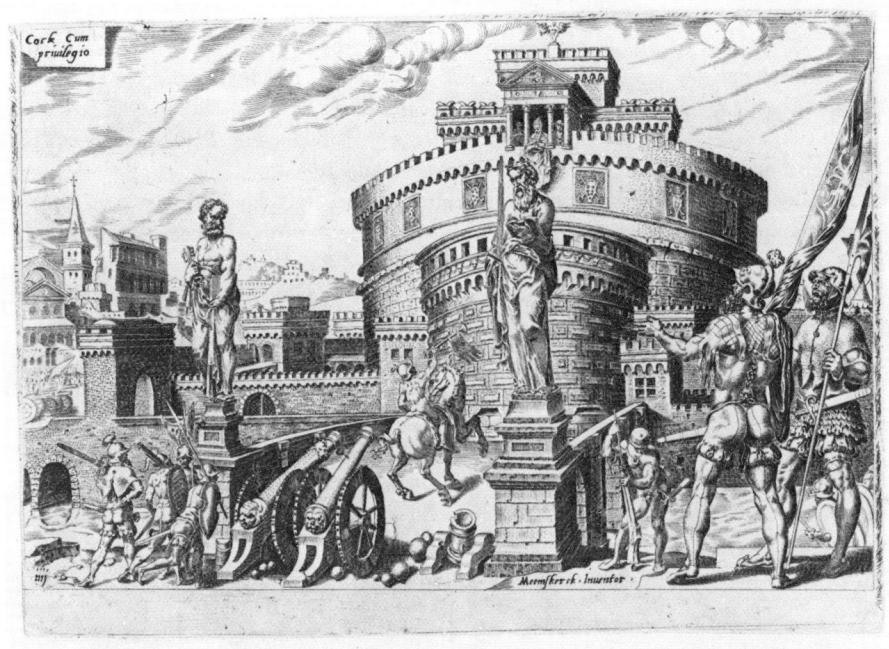

CAPTA VRBE, ADRIANI PRÆCELSA IN MOLE TENETVR
OBSESSVS CLEMENS, MVLTO TANDEM ÆRE REDEMPTVS.

Papst Klemens VII. sieht aus der Loggia der Engelsburg der Belagerung der Landsknechte beim Sacco di Roma zu. Nach Marten van Heemskerck

koste es, was es wolle (nicht nur im übertragenen Sinn) – aus Verfall und Elend der Stadt wieder einen Glanz verleihen, den sie zu lange schon entbehren mußte und der ihr doch zukommt. Rom läuft dem im 15. Jahrhundert noch führenden Florenz den Rang der ersten Kunststadt Europas ab. Es ist dabei wohl kein Zufall, daß es wie in Florenz auch in Rom Medici sind, dort als Stadtherren, hier als Päpste, *Leo X.* (1513–1521) und *Klemens VII.* (1523–1534), die an diesem Wechsel mitbeteiligt sind. Der *Sacco di Roma,* die Plünderung Roms durch die spanischen Landsknechte Kaiser Karls V. im Jahre 1527, veranlaßt durch eine törichte Schaukelpolitik Papst Klemens' VII. zwischen dem deutschen Kaiser und dem französischen König Franz I. in der Zeit der Reformation, bedeutet für diese ununterbrochene Baulust eine Störung, wirkt jedoch noch mehr als Anreiz zu neuen architektonischen Darbietungen. Für die Römer freilich bleibt der »Sacco« ein unvergessener Schrecken, der in der Stadt beträchtliche Zerstörungen anrichtet und die Bevölkerung nach – sicher übertreibenden – Berichten von Zeitgenossen von 90 000 auf 30 000 herunterdrückt, wovon sich Rom freilich sehr schnell erholt.

Humanismus – Renaissance – Barock

Für drei Jahrhunderte, von 1417 bis zum Ende des 17. Jahrhunderts, nehmen die Herren des Kirchenstaats die Ewige Stadt als Schaubühne für ihre äußere Prachtentfaltung, und es entsteht der Welt schönste Stadtanlage: ein Zaubergarten von Kirchen und Palästen, Plätzen und Straßen, Brunnen und Brücken, der alle Möglichkeiten der Renaissance und des Barock zu eindrucksvoller Entfaltung bringt, der die Architektur, Malerei und Bildhauerkunst in ihren strahlendsten Ausprägungen zeigt. Die größten Künstler wetteifern miteinander. Was wären die Päpste ohne *Bramante, Raffael, Michelangelo, Bernini* und *Borromini* – doch was wären diese ohne die Fürsten auf dem Papstthron? Ohne den drängenden *Julius II.* (della Rovere), ohne den kunstsinnigen *Leo X.*, ohne die *Farnese,* die *Boncompagni,* die *Borghese.* Die drei Bienen aus dem Wappen der *Barberini,* das heraldische Gütezeichen eines päpstlichen Bauherrn, *Urbans VIII.* (1623–1644), schwärmen über die ganze Stadt, lassen sich am Baldachin über dem Altar von Sankt Peter nieder, an der Sakramentskapelle dort, auf Brunnen und auf Kirchen – Zierde der Bauten neben den Blumen und Tieren, Sternen und Hügeln aus den Wappen anderer Päpste.

Die 200 Jahre von der zweiten Hälfte des 15. bis zu der des 17. Jahrhunderts sind reich an überragenden Persönlichkeiten in allen Bereichen. Einer oder mehreren von ihnen besonderes

»Die Schule von Athen« in den Stanzen des Raffael. (Die Architektur gleicht dem Neubau der Peterskirche)

Augenmerk zu schenken bedeutet, andere zu Unrecht hintanzusetzen. Wenn man jedoch in Rom den Künstlern Bramante, Raffael, Michelangelo, Bernini und Borromini Aufmerksamkeit widmet, ist der Tort für andere geringer. Daß diese Männer allesamt keine Römer sind, sei nur am Rande hervorgehoben, als Hinweis auf die Anziehungskraft des »Neuen Rom«.

BRAMANTE

Der italienische Baumeister und Maler Donato d'Angelo Lazzari, genannt Bramante, 1444 in Fermignano bei Urbino in den Marken geboren, 1514 in Rom gestorben, schlägt in Rom den ersten großen Akkord in der Architektur der Hochrenaissance. Zuerst arbeitet er als Baumeister in Mailand, dort auch schon als Maler, dann ab 1499 in Rom. Hier entwickelt er unter dem Eindruck der Antike seinen Baustil, der zum Kanon der Zeit wird. Von ihm stammt der *Plan für den Neubau von Sankt Peter,* der auf klassische Vorbilder des alten Rom – vor allem auf das Pantheon und die Maxentius-Konstantins-Basilika – zurückgeht, doch nach seinem Tod von Raffael und Michelangelo geändert wird. Andere Werke Bramantes in Rom sind der *Klosterhof von Santa Maria della Pace* (Abb. 41) und vor allem der *Rundtempel (»Tempietto«) im Hof von San Pietro in Montorio* auf dem Gianicolo-Hügel, ein architektonischer Kosmos der Renaissance im kleinen.

RAFFAEL

Wie Bramante stammt auch Raffaello Santi (Sanzio; Raffael oder Raphael) aus den Marken. Dort wird er in dem Städtchen Urbino, der Residenz der Herzöge von Urbino, am 6. April 1483 geboren. Er ist ein universeller Künstler, als Maler, Bildhauer und Architekt gleich begabt, doch haben vor allem seine Gemälde ihm unsterblichen Ruhm gesichert. Als Gehilfe seines Vaters, des Malers Giovanni Santi, beginnt er seine Karriere, wird anschließend Schüler des Perugino (aus Perugia), des umbrischen Malers, geht 1504 nach Florenz und 1508 nach Rom. Mit 32 Jahren wird er von Papst Leo X. mit der Bauleitung von St. Peter beauftragt, Nachfolger des gestorbenen Bramante, und zugleich zum Konservator der antiken Denkmäler ernannt. Der jugendliche Künstler gewinnt die Zuneigung der römischen Gesellschaft und erhält dadurch als Maler und Architekt viele Aufträge. Das Volk beeindruckt er durch die Innigkeit und Frömmigkeit seiner Madonnenbilder, die an naiver reiner Schönheit unübertrefflich erscheinen. Sein Meisterwerk schafft er in den nach ihm benannten *Stanzen im Vatikanischen Palast* – die malerische Krönung der Renaissance, wieder ein Mikrokosmos aus der Hand eines Künstlers. Seine letzten Gemälde wie die *Verklärung Christi* (Vatikanische Pinakothek) weisen voraus zu Manierismus und Barock. Als Raffael schon mit 37 Jahren, am 6. April 1520, seinem Geburtstag, stirbt, betrauert ihn ganz Rom. Ausdruck dieser Verehrung ist, daß man ihm im Pantheon die Grabstätte bereitet.

MICHELANGELO

Michelangelo Buonarroti (1475–1564) verdient mehr als nur Aufmerksamkeit. Es ist schwer, von ihm in Rom nicht gebannt, nicht geblendet zu sein. So hell strahlt sein Stern, als Maler, Bildhauer und Architekt, sogar als Dichter und Forscher, nicht nur heute, sondern schon zu seinen

Selbstbildnis Raffael. Florenz, Palazzo Pitti   *Büste des Michelangelo. Rom, Konservatorenpalast*

Lebzeiten im 16. Jahrhundert. In Architektur, Malerei und Plastik hat er Unvergleichliches, von anderen nicht Erreichtes geschaffen und so die Kunst der Renaissance zur höchsten Vollendung geführt. Am 6. März 1475 in Caprese (das Städtchen gibt sich später zu Ehren des Künstlers den Zusatznamen: Caprese Michelangelo) in der Toskana als Sohn des Bürgermeisters geboren, tritt er mit 13 Jahren in die Werkstatt des Malers Ghirlandaio in Florenz ein. Lorenzo dem Prächtigen, dem Herrn dieser Stadt, fällt auf, daß der Knabe noch mehr Leidenschaft für die Bildhauerkunst entwickelt. So läßt er ihm eine gediegene Ausbildung in dieser Kunstgattung zuteil werden. 1494, mit 19 Jahren, verläßt Michelangelo Florenz. Nach einem kurzen Aufenthalt in Venedig arbeitet er in Bologna, dann wieder in Florenz und schließlich, ab 1496 bis 1501, in der Stadt der Päpste. In dieser Zeit entsteht in Rom die »Pietà« (Sankt Peter, Abb. 113). Sein unruhiger Geist und verschiedene Aufträge lassen ihn zwischen 1501 und 1534 ein unstetes Wanderleben zwischen Rom, Florenz und Bologna führen. Wir müssen uns auf Rom konzentrieren, müssen uns mit den Werken in dieser Stadt bescheiden. 1505 ruft ihn der machtvolle Papst Julius II. della Rovere in den Vatikan und beauftragt ihn mit dem Entwurf für sein Grabmal. Fast ein ganzes Leben lang drückt Michelangelo dieser Auftrag; immer wieder sucht er sich mit neuen Werken dieser Last zu entledigen. Nach dem Tod Julius' II. (1513) werden die Streitigkeiten mit den Erben weitergeführt. Von 1508 bis 1512 malt Michelangelo in mühevoller Arbeit die Fresken der Schöpfungsgeschichte in das *Gewölbe der Sixtinischen Kapelle* (Abb. 115, 116), zwischen 1513 und 1516 meißelt er für das *Juliusgrab* zwei Sklavenfiguren (heute im Louvre in Paris) und anschließend den berühmten *Moses* (in San Pietro in Vincoli, Abb. 86). Durch immer neue Veränderungen der Pläne für das Grabmal des Rovere-Papstes verzögert sich die Fertigstellung dieses Werkes. Letztlich wird es nie vollendet, das 1545 in San Pietro in Vincoli aufgestellte Grabmal bleibt weit hinter dem ursprünglichen Projekt zurück. 1534 übersiedelt Michelangelo ganz nach Rom und lebt dort mit kurzen Intervallen bis zu seinem Tod im Jahr 1564. Von 1534 bis 1541 wirkt er wieder in der Sixtinischen Kapelle, nun an der Altarwand, und »erschafft« das *Jüngste Gericht*, das gewaltigste Fresko von Rom, vielleicht der Welt. Von 1542 bis 1550 ist er, mehrfach unterbrochen von Krankheiten, in der *Cappella Paolina* des Vatikans beschäftigt, an den zwei Fresken der »Bekehrung des Saulus« und der »Kreuzigung des Petrus«. Während seines langen Lebens hatte Michelangelo auch immer wieder Neigung und Eignung zur Baukunst entwickelt, zuerst in Florenz, nun in Rom. Der *Palazzo Farnese,* der *Kapitolsplatz* (Abb. 1–3), die *Peterskirche,* deren Riesenkuppel seine größte architektonische Leistung bildet (Farbt. 18, 20), *Santa Maria degli Angeli* (Abb. 76), *die Porta Pia* (Abb. 74), *die Treppe des Belvedere-Hofs im Vatikan* entstehen oder verdanken Plänen Michelangelos ihre Gestalt. Sein Leben – bewundernswert schaffensreich, oft schwierig, doch von Erfolg gekrönt – beschließt er in Rom. Sein Leichnam jedoch wird nach Florenz überführt und dort in der Kirche Santa Croce bestattet. Der größte Künstler Roms bleibt nicht in der Stadt, die ihm die machtvollste Entfaltung seiner Kunst ermöglichte, sondern kehrt in die Heimat zurück.

BERNINI

Ohne Giovanni Lorenzo Bernini, geboren am 7. Dezember 1598 in Neapel, gestorben am 28. November 1680 in Rom, den Sohn und Schüler des Bildhauers Pietro Bernini, wäre das barocke Rom nicht vorstellbar. Gian Lorenzo Bernini hat als Baumeister und Bildhauer das Stadtbild entscheidend geprägt. Es sind nun, zwei Menschenalter nach Michelangelos Tod, Päpste und Kardinäle des 17. Jahrhunderts, die Bernini mit unzähligen Aufträgen bedenken; der Künstler dankt es ihnen über sein Werk hinaus, indem er ihre Wappen anbringt, an Pälasten,

Die Kolonnaden des Petersplatzes von Bernini

Kirchen und Bildwerken. So schafft Bernini unter den Päpsten *Urban VIII.* (1623–1644, einem Barberini, im Wappen drei Bienen), *Innozenz X.* (1644–1655, aus der Familie der Pamphilj, im Wappen eine Taube mit Zweig und Lilien), *Alexander VII.* (1655–1667, einem Chigi, im Wappen Baum, Sterne und Hügelkuppen) eine Fülle von Meisterwerken, nicht zuletzt im Wettstreit mit dem Rivalen Borromini. Der *Bronzebaldachin* und das *Grabmal Urbans VIII.* in St. Peter, die Statuengruppe *Verzückung der heiligen Theresa von Avila* in Santa Maria della Vittoria (Abb. 72), der *Vier-Ströme-Brunnen* auf der Piazza Navona (Abb. 34, Farbt. 5), die *Kolonnaden des Peters-platzes,* der *Petersplatz* selbst, die Kirche *Sant'Andrea al Quirinale* (Abb. 69), die *Scala Regia* im Vatikan und großartige Statuen, heute im Museum der Villa Borghese, sind Ergebnisse seiner gewaltigen künstlerischen Schaffenskraft.

BORROMINI

Francesco Borromini, 1599 bei Lugano im Tessin geboren, 1667 in Rom gestorben, ebenfalls Architekt unter den eben genannten baufreudigen Päpsten, ist im barocken Rom der große Konkurrent Berninis. Es scheint, daß er eine unüberwindliche Abneigung gegen gerade Linien hat; es müssen konkav- oder konvexgeschwungene Fassaden sein, gebrochene Giebel, ovale Kuppeln, stets unterbrochene Mauern. Als Erfinder von rhythmisch gekurvten Grundrissen,

Francesco Borromini: S. Ivo alla Sapienza und S. Carlo alle Quattro Fontane. Schnitte nach »Opera del Caval. Francesco Borromino etc.« bzw. J. B. Homann

über die er beschwingte Raumgebilde setzt, gibt er auch dem deutschen Spätbarock manche Anregungen. Gegenüber dem Vier-Ströme-Brunnen seines Rivalen Bernini auf der Piazza Navona erbaut er die Kirche *Sant'Agnese in Agone* (Farbt. 5, 6). Seine Kirche *San Carlo alle Quattro Fontane*, von den Römern liebevoll San Carlino genannt, zeigt besonders eindrucksvoll den Stil Borrominis (Abb. 70). Die Kapelle *Sant'Ivo* mit ihrem hübschen Kuppelaufbau und der Laterne bei der ehemaligen Päpstlichen Universität »Sapienza« ist ebenfalls sein Werk (Abb. 30).

Die Päpste verschreiben sich in den Jahrhunderten von Renaissance und Barock fast ganz dem kunstvollen Ausbau ihrer Stadt, die Römer profitieren davon. Doch die weltliche Macht des Oberhaupts – nicht mehr der Christenheit, sondern nur noch der katholischen Kirche – sinkt, die Bedeutung Roms als Herrschaftszentrum geht zurück. Haben die Päpste früher Heere in Gang gesetzt, um ihre Ziele zu erreichen, so verlassen sie sich nun auf die Klugheit ihrer Diplomaten. Bald ist der Kirchenstaat nur noch einer unter vielen in Italien, neben Königreichen und Republiken, Herzogtümern und Grafschaften. Die Französische Revolution und der Wirbelwind, mit dem Napoleon die europäische Staatenwelt durcheinanderbringt, treffen auch Rom. 1798 ist Rom Hauptstadt der Römischen Republik, von 1809 bis 1811 Teil des französischen Kaiserreiches – Napoleons einziger Sohn erhält den Titel »König von Rom« –, 1814 durch den Wiener Kongreß wieder Hauptstadt des Kirchenstaates mit dem Papst als Souverän. Nicht lange. Die Revolutionen und die nationale Einigungsbewegung des 19. Jahrhunderts erfassen auch das päpstliche Patrimonium. Als 1870 wegen des Deutsch-Französischen Krieges die französischen Schutztruppen aus Rom abgezogen werden, rücken die Italiener durch die Porta Pia ein. Rom wird Hauptstadt des Königreiches Italien (1870/71); die Päpste ziehen sich aus Protest gegen den Raub des Kirchenstaates hinter die Mauern des Vatikans zurück.

Das neue Königreich will regiert werden. Die dazu notwendigen Verwaltungsbauten entstehen überall in der Stadt und mischen den Stil des 19. Jahrhunderts in den der vergangenen Epochen. Die Bautätigkeit wird nochmals geschürt, als Mussolini 1922 die Macht in Italien übernimmt. Rom vergrößert sich zur volkreichsten Stadt im Mittelmeerraum. Mussolini gelingt es, 1929 mit dem Papst Frieden zu schließen durch die *Lateranverträge* zwischen dem Heiligen Stuhl und dem italienischen Staat. Die Päpste erhalten den winzigen Vatikanstaat mit einer Reihe von exterritorialen Bezirken als souveränes Hoheitsgebiet.

Im 19. und 20. Jahrhundert fördern die italienischen Regierungen und einige Päpste moderne Architektur und Kunst (Bauten in der E.U.R.-Ausstellungsstadt südlich von Rom und anläßlich der Olympischen Spiele 1960, Audienzhalle im Vatikan unter Paul VI.); sie unterstützen historische Forschungen und betreiben immer eifriger archäologische Unternehmen. In den beiden Weltkriegen erleidet die Stadt Rom keine nennenswerten Schäden. Erhebliche Schwierigkeiten bereitet jedoch, daß nach dem Zweiten Weltkrieg Hunderttausende von Süditalienern in die Stadt integriert werden müssen; für die Zuwanderer werden rings um Rom neue Satellitenstädte angelegt. Die Bevölkerung der Stadt steigt auf drei Millionen. Rom ändert sich in wenigen Jahren mehr als in Jahrhunderten zuvor und bleibt doch dieselbe Ewige Stadt, nicht zuletzt auch deshalb, weil das historische Zentrum und alle Kunstwerke den Römern und der Welt unantastbar geworden sind.

Das Papsttum –
Idee, Geschichte und seine bedeutendsten Träger

Rom ist ohne das Papsttum nicht denkbar. Aber was ist das Papsttum? Jener Anspruch, auf den mehr als 800 Millionen Katholiken in aller Welt heute ausgerichtet sind, der seine Kraft in der Geschichte immer und immer wieder noch im schärfsten Widerspruch bewiesen hat, der die Welt seit mehr als 19 Jahrhunderten anruft und herausfordert? Versuchen wir, ihm nachzugehen, um Rom besser zu verstehen.

Die Ära der Päpste wird in Rom auf wenige Meter zusammengedrängt: zwischen dem grauen Grab des Petrus im unterirdischen Totenreich der Peterskirche und dem Altar in der Mitte der Basilika, doppelt überhöht vom Baldachin des Bernini und der Kuppel des Michelangelo. Doch diese kurze Strecke beschwört den langen Weg des Papsttums, von den armseligen Anfängen bis zur Gegenwart, Glied für Glied einer ununterbrochenen Kette, welche die europäische Geschichte und die Historie der römischen Stadt begleitete. Die Träger des Papsttums sind Menschen, die noch in ihrem Versagen die wohl faszinierendste, zweifellos jedoch dauerhafteste Institution aller Kulturen schufen. Die Reihe der 266 römischen Bischöfe konfrontiert uns, in Bewunderung oder Ablehnung, mit Gestalten, wert höchsten Respekts ebenso wie skeptischer Distanz. Das Geheimnis des Papsttums erschließt sich nicht leicht. Denn nie erhoben im Abendland Menschen einen höheren Anspruch: Nachfolger des Petrus zu sein, des ersten Christus-Jüngers, mehr noch: Stellvertreter des Gottessohnes selbst. Die Geschichte wird daran gemessen.

Schon in der Nekropole unter Sankt Peter erhebt sich Streit. War Petrus, der Fischer vom See Galiläa, überhaupt in Rom? War er Bischof? Ist er an dieser Stelle, beim Zirkus des Kaisers Nero am Vatikanischen Hügel, beigesetzt worden? Bibelkundige Exegeten, findige Historiker, penible Archäologen suchen nach gültigen Antworten, und viele sehen trotz mancher Gegenrede hier die letzte Ruhestätte des Fischers aus Galiläa, da man in Rom häufig über den Gräbern der Märtyrer kleine Kirchen errichtete und das Ortsgedächtnis der Römer über Jahrhunderte erstaunlich verläßlich war. Aufschluß über den Zusammenhang von einst und jetzt bekommt der Besucher des Vatikans nur, wenn er hoch in die Basilika schaut: TV ES PETRVS ET SVPER HANC PETRAM AEDIFICABO ECCLESIAM MEAM ET TIBI DABO CLAVES REGNI CAELORVM – »Du bist Petrus, und auf diesen Felsen werde ich meine Kirche erbauen, und die Mächte der Hölle werden sie nicht überwältigen. Dir gebe ich die Schlüssel des Himmelreiches.« Im Tambour der Michelangelo-Kuppel stehen diese Worte. Und ringsherum, oben in den Hallen, die anderen: wie Hammerschläge der dreimalige Ruf Jesu an Petrus: »Weide meine Schafe, weide meine Lämmer!«; und dazu noch: »Simon, wenn du dich einst bekehrt hast, stärke deine Brüder.« Wie Jesus Christus, der Nazarener, diese Worte meinte? Die Dispute zwischen Katholiken und Protestanten lassen den Schluß zu, daß man es vorerst zu Einstimmigkeit nicht bringen wird. Wichtiger ist der Geschichte, wie man es tatsächlich verstanden hat.

Von hohen Ansprüchen wissen die Leiter der römischen Gemeinde in den ersten beiden Jahrhunderten wenig. Ihr Selbstbewußtsein festigt sich erst langsam. Allmählich nur glauben die Gemeindevorsteher, Nachfolger des Petrus zu sein – und deshalb war es auch angemessen, daß sich die Gräber der Apostelfürsten Petrus und Paulus in Rom befanden. Wir können vieles nur vermuten. Die christliche Begleitmusik zu den Spektakeln der ersten römischen Kaiser (Caligula, Nero, Domitian oder Trajan) ist zu leise. Schrill klingen nur die Schreie der Verfolgten; das Blut der Märtyrer kennt keine »Päpste«. Im Jahre 70 – das apostolische Zeitalter, die Zeit jener, die Jesus von Nazareth noch leibhaftig erlebt hatten, neigt sich dem Ende zu – wird Jerusalem, der Todesort des Gekreuzigten und Auferstandenen, durch den römischen Feldherrn Titus, den späteren, unglücklich und nur ein Jahr regierenden Kaiser, eingenommen und zerstört. Sein Verbot für die Juden, dort je wieder zu siedeln, wirft die erste Heilige Stadt der Christenheit für lange Zeit in die Geschichtslosigkeit. Ihr bis dahin unbestritten erster Rang unter den Christengemeinden fällt an Rom.

Die Zeit vom Jahr 69 n. Chr., als Kaiser Vespasian nach den Neronischen Wirren die Regierung antritt, bis zum Jahr 312, als Konstantin sich die Weltbühne erkämpft, erscheint für das

Kaiser Konstantin und Papst Sylvester. Fresko aus der Sylvester-Kapelle in Ss. Quattro Coronati, Mitte 12. Jahrhundert

111

»Papsttum« wie ein Ausheben der Fundamente, auf denen einst Größeres sich erheben soll. Eindeutige geschichtliche Belege für den Primat des Papstes, wie er heute in der katholischen Kirche verstanden wird, kann man an diesen Dezennien nicht ablesen. Die Rekonstruktionen der Historiker weisen auf, daß dem römischen Bischof schon bald ein besonderer Rang zukommt, daß seine Bedeutung im Westen des Römischen Reiches zunimmt, bis eines Tages der Satz des Kirchenlehrers Augustinus (354–430): *Roma locuta, causa finita* (Rom hat gesprochen, die Sache ist damit abgeschlossen) als geflügeltes Wort unter den Christen der Provinz allgemeine Verbreitung und Anerkennung findet. Wir wollen uns an den Auseinandersetzungen um den päpstlichen Primat nicht beteiligen – er hat mit seinen Glaubenskämpfen Jahrhunderte der europäischen Geschichte bestimmt – und halten uns an die sichtbaren Zeugnisse des Papsttums in Rom.

Da finden wir sie schon. Kaiser Konstantin gestattet den Christen neben dem Riesenbau der Basilika des Erlösers am Lateran (später San Giovanni) einen weiteren, den der ersten Petrus-Kirche. Wo die letztere errichtet wird, ist bedeutsam: Den halben Vatikanischen Hügel muß man abtragen, den Abhang auffüllen, zwölf Meter hohe Stützmauern einziehen. Ein ungünstiger Platz, zudem draußen vor der Stadt. Die Erinnerung an Petrus, der fortan weißgelockt auf allen Mosaiken erscheint – die Darstellung in den »Grotten« unter Sankt Peter ist die berühmteste –, läßt offenbar keinen anderen Platz zu. Das Gedächtnis der Römer weist zur Totenstadt »ad Vaticanum«, beim Zirkus und den Gärten des Nero. *San Paolo fuori le Mura* heißt die später gebaute Basilika an der Straße nach Ostia. Dort hat sich die Überlieferung für Paulus, den zweiten Apostelfürsten, festgesetzt.

SYLVESTER I.

Der 33. in der Reihe der Nachfolger des Petrus, Sylvester I. (314–335), tritt als erster Papst in die Geschichte – und in das allgemeine Bewußtsein, weil sein Fest die Jahreswende markiert. Mit ihm zeigt sich zaghaft das römische Papsttum. Der Römer leuchtet freilich nicht selbst. Er wird dem Dunkel aus Unkenntnis und Fabeln entrissen, das fast alle seine Vorgänger auf dem römischen Bischofsstuhl umgibt; dazu auserkoren, den Aufstieg des Christentums nach Jahrzehnten der Verfolgung zu begleiten. In seiner Amtszeit ist der Handelnde Kaiser Konstantin. An Machtfülle kann Sylvester als Bischof von Rom nicht denken. Zu sehr ist er in Auseinandersetzungen mit Feinden und Konkurrenten verwickelt. Böse Zungen behaupten sogar, er habe in der Zeit der Verfolgung den heidnischen Göttern geopfert. Schwankender Glaube, geschickte Anpassungsfähigkeit oder nur Fama? Die Legende schweigt darüber, schreibt ihm lieber Freundliches zu. Er habe den Kaiser vom Aussatz geheilt, ihn auf dem Sterbebett getauft. Wenn dies auch der Obelisk vor dem Lateranspalast verkündet, die Historiker wissen davon wenig.

Daß Kaiser Konstantin dem Sylvester in einer Schenkung die Hoheit über Geistliches und Irdisches gab, den römischen Bischof damit über alle anderen Bistumsleiter des Reiches erhob, ist jener Zeit nicht bekannt. Die *»Konstantinische Schenkung«* ist eine um 750 entstandene urkundliche Bestätigung einer bereits vollzogenen Erhöhung, kühne Fälschung, folgerichtige Konstruktion zur Festigung päpstlicher Prätentionen. Im 4. Jahrhundert profitierte die Gemeinde

26 S. Andrea delle Fratte: Turm von Borromini

27 Hauseingang in der Via Gregoriana

◁ 25 S. Carlo al Corso

28 Piazza S. Ignazio

29   Das Pantheon inmitten der Altstadt

30   Hof des Palazzo della Sapienza mit Kirche S. Ivo von Borromini ▷

31 S. Maria sopra Minerva: Altarbild von Filippino
    Lippi in der Carafa-Kapelle

32 S. Maria sopra Minerva: »Auferstandener Christus«
    von Michelangelo

33 S. Maria dell'Anima: Grabmal des letzten deutschen Papstes Hadrian VI. (gest. 1523)

35 Blick von einem Altstadthaus über Dächer und Kuppeln
◁ 34 Vier-Ströme-Brunnen an der Piazza Navona
36 Piazza Navona

37 Palazzo Pamphilj: Fresko von Pietro da Cortona

38 S. Maria della Pace: »Sibyllen«, Fresko von Raffael

39 S. Maria in Vallicella (Chiesa Nuova) und Oratorio dei Filippini

40 S. Agostino

41 S. Maria della Pace: Kreuzgang von Bramante

42 Hof des Palazzo Borghese

43
S. Luigi dei Francesi:
»Die Berufung
des Matthäus« von
Caravaggio

44
Ara Pacis: Prozession
der Familie des
Augustus

45 Il Gesù, Fassade von G. della Porta

46 Il Gesù, Blick in die Kuppel

47 Kuppel von S. Andrea della Valle

48 S. Andrea della Valle

49 Palazzo della Cancelleria

50 Arkaden im Hof der Cancelleria

53 Brunnen vor dem Palazzo Farnese ▷

51 Brunnen mit dem Wappen des Kardinals Riario
   nahe der Cancelleria

52 Hof des Palazzo Farnese

54 Campo de' Fiori

55 Hof des Palazzo Spada

56 Fries am Haus der Kreszentier

57 Marcellus-Theater und Säulen vom Tempel des Apollo Sosianus; im Hintergrund die Synagoge

des westlichen Reichszentrums noch in besonderer Weise vom Aufschwung des Christentums, und mit ihr der Bischof von Rom. Das römische Weltreich verband sich mit dem einst verachteten Christentum. Von nun an war die Kirche Verbündete des Staates, erfreute sie sich kaiserlicher Förderung, um die weltliche Macht zu stützen. Die Kirche ging diese Liaison von Thron und Altar nicht ohne Gefährdung ein, für die Amtsfülle des römischen Bischofs jedoch mit günstigen Folgen. Dieser tritt, ohne es noch zu ahnen, die Nachfolge der römischen Kaiser an. Das Imperium Romanum setzt sich geistlich im Sacerdotium, dem Priestertum, fort, erst recht, als es der deutschen Nation übergeben wird.

Im 4. Jahrhundert erwuchs Rom in Konstantinopel, der neu gegründeten Hauptstadt des oströmischen Reichsteils, eine mächtige Nebenbuhlerin. Tatsächlich wird der Streit zwischen Rom und Konstantinopel um die Priorität von der östlichen Hauptstadtgemeinde und ihrem Bischof mit Selbstbewußtsein und Unbefangenheit geführt, als sei noch längst nicht ausgemacht, wem der Primat gebühre. Die Rivalität dauert die nächsten Jahrhunderte an, bis sie in die große abendländische Kirchenspaltung, das Schisma von 1054, treibt. Die tragische Trennung der lateinischen und griechischen Kirche entsteht, zum Schaden des Christlichen, zum Nutzen der römischen Vorzugsstellung. Erstaunlich ist, daß im politischen Niedergang Roms, in den Wirren der über Italien flutenden Völkermassen der römische Bischof seine Stellung als »Primus« festigen kann. Ist es die Größe der einzelnen Bischofspäpste? Oder bietet im zusammenbrechenden Reich nur noch die kirchliche Hierarchie mit der Ausrichtung nach Rom Halt und Würde? Seit dem 5. Jahrhundert jedenfalls scheint der Vorrang der römischen Bischöfe in Verwaltung, Rechtsprechung und im Lehramt (Konzil von Chalkedon 451) gesichert.

Leo I. der Grosse

Nur zwei Päpsten kommt allgemein der Beiname »der Große« zu, dem ersten Leo und Gregor I. Den ehemaligen Administrator Leo aus Tuszien beseelt als Papst (440–461) der Wille zu herrschen, die Möglichkeiten des römischen Bischofsamtes auszuschöpfen und auszuweiten. Er begreift als erster ganz, welches Instrument ihm in der Cathedra Petri zur Verfügung steht. Den Stolz des Adligen, dessen weltliche Macht mit dem weströmischen Reich schwindet, projiziert er ins Geistliche. Bei ihm entsteht der römische Primat für die Kirche, wächst unter Leos eindrucksvoller Formulierungskunst und seiner kühnen Theologie vom Petrusamt, wirkt in die praktische Kirchenverwaltung hinein und siegt im »rechtgläubigen« Glaubensbekenntnis. Seinen Mut beweist er in den Wirren der Völkerwanderung. Der römische Bischof operiert freilich auch mit überirdischer Hilfe. Das zeigt ein *Marmorrelief in Sankt Peter:* Leo I. (440–461) wehrt, unterstützt von den Apostelfürsten Petrus und Paul, den Hunnenkönig Attila ab. Der Maler *Raffael* noch hat es ihm in den *Stanzen* (1512–1514) gedankt.

Gregor I. der Grosse

Aus römischem Senatsadel hingegen stammt Gregor I. (590–604). Eineinhalb Jahrhunderte später als Leo I. übernimmt er als erster Mönch, aus dem Orden des heiligen Benedikt, das Amt. Aus dem ersten Gregor wird man nicht recht klug. Die Urteile der Zeitgenossen und der Kirchengeschichte schwanken zwischen Bewunderung und kritischem Tadel. Er ist ein Mann

Papst Leo der Große trifft Attila vor den Toren Roms. Fresko von Raffael in der Stanza di Eliodoro im Vatikan

der Gegensätze – offenbar von polarisierendem Charakter, vielleicht von unterschiedlichen Qualitäten. Die ersten Missionare schickt er nach England, ohne sich recht der Bedeutung dieser Saat bewußt zu sein. Er ist so reich, daß er die Klöster selbst gründet, in denen er als Benediktinermönch wirkt. Er hat sich die Niedrigkeit freiwillig gewählt; eine unverbogene Demut scheint das aber nicht zu sein, dafür streitet Gregor zu gern um die Ehren der Römer. In dem Titel »Diener der Diener Gottes«, den er sich und allen künftigen obersten Pontifices zulegt, schwingt viel mit von sich selbst erhöhender Bescheidenheit. Gregor ist Mönch. Darin liegt bei ihm, dem Großen, auch etwas Enges, Kleinliches. Indes wird dadurch die religiöse Dimension des Papsttums gestärkt. Noch als alter, kranker Mann, von der Gicht schmerzhaft gequält, schreibt er erbauliche Literatur, die sich freilich mit den hohen Werken der lateinischen und griechischen Kirchenväter nicht immer messen kann. Ob er besonders musikalisch war und wir ihm – wie es die Tradition will – einige Gregorianische Choräle zu verdanken haben, wissen wir nicht genau. Sein Handbuch der Seelsorge wird vom Klerus des Mittelalters fleißig benutzt, es eignete sich zur Popularisierung. Gregor der Große, der Heilige, nimmt dennoch einen hohen Rang in der Papstgeschichte ein.

In dieser Zeit begann die Hinwendung der römischen Kirche zu den Germanen. Durch die neuen bekehrten Völker des Nordens erweiterte sich die Jurisdiktionsgewalt des »Servus servorum Dei«, des Dieners der Diener Gottes, beträchtlich. Vertrauen und Gehorsam, Treue und Gefolgschaft richteten sich auf den Himmelspförtner, der die Tore des Paradieses aufschließen oder versperren konnte. Es war, als ob Franken und Angelsachsen auf den höchsten Herrn gewartet hätten, dem sie sich als Vasallen willig unterwerfen konnten. Sie suchten in Rom weniger den obersten Verwalter der Kirche als vielmehr den Schlüsselträger, der die Gewalt zu binden und zu lösen auf Erden und im Himmel hatte. In der Ferne stieg das Ansehen des römischen Bischofs ins Überirdische, daheim geriet er in mancherlei Bedrängnisse. Die Übergriffe der oströmischen Kaiser, die Eroberungsgelüste der muslimischen Araber, der Sarazenen, die Wildheit der Langobarden, der Übermut der römischen Adelsfamilien, der den Papst oft aus dem Lateran vertrieb, machten zu schaffen. Dennoch erwarben sich die Päpste allmählich ein »Patrimonium Petri«, den Kirchenstaat in Italien. Aber allein konnten sie sich nicht gegen alle Widerstände behaupten; sie mußten Schutz suchen, für sich und ihre Kirche.

Im Hauptschiff der Petersbasilika, beim Eingang, ist eine Porphyrplatte in den Boden eingelassen. An dieser Stelle soll Leo III. am Weihnachtstag des Jahres 800 dem Frankenkönig Karl die römische Kaiserwürde übertragen haben. Ein schicksalhafter Bund war geschlossen, für Italien und Deutschland, für die romanischen und fränkisch-germanischen Völker. Doch der als Schutzherr gegen weltliche Gefahren angerufen war, wollte bei der Leitung der Kirche mitbestimmen. Hier war ein Konflikt angelegt, der lange dahinschwelte, bis es im *Investiturstreit,* dem Streit um die Einsetzung der Bischöfe, zwischen Kaiser und Papst zum offenen Kampf kam. Karolinger, Sachsen, Salier und Staufer wechselten sich in der deutschen Königswürde ab; um Kaiser zu werden, mußten sie nach Rom. Mußten sie? Die Geschichte des »Heiligen Römischen Reiches Deutscher Nation«, des Zusammenwirkens und Gegeneinanders von päpstlichem Priestertum und kaiserlicher Herrschaft, bewegt sich machtvoll und beklagenswert zugleich auf den verschlungenen Pfaden von nüchterner Realpolitik und unberechenbarem Glaubenstrieb. Zwischendurch aber, im 9. und 10. Jahrhundert, taucht das Papsttum in seine dunkelste Epoche, in Habsucht, Verbrechen, Mord, in endlose Geschlechterfehden; in Terror und brutaler Kriminalität droht es unterzugehen. »Römer« war ein Schimpfwort, Rom eine sterbende Stadt, in die sich nur mutige Pilger wagten. Kaum jemals klafften Idee und Wirklichkeit des römisch-universalen Bischofsamtes spannungsvoller auseinander.

Das Papsttum ging nicht unter. Hilfe kam von außen. Die deutschen Könige, voran die Ottonen – Otto II. findet als einziger deutscher Kaiser sein Grab in den Grotten von Sankt Peter –, erinnerten sich ihrer Ordnungsfunktion – Recht und Last zugleich. Deutsche Päpste förderten die Besinnung auf das geistliche Amt. Im Innern wurden Kräfte wach, die mit Nachdruck die Erneuerung der Kirche und die Freiheit der Päpste von weltlichen Übergriffen forderten. Die Reformbewegung des 11. Jahrhunderts, vom burgundischen Kloster Cluny ausgehend, durchdrang die Kirche, entfachte aber auch mit der Investitur, der Besetzung kirchlicher Ämter, den Streit zwischen den beiden Gewalten.

GREGOR VII.

Gregor VII. (1073–1085) spricht dem König, dem weltlichen Herrn, das Recht ab, Bischofsstühle und Abteien zu vergeben. Eine größere Herausforderung für die Verwaltung des Reiches ist kaum denkbar. Kaiser Heinrich IV. muß sich 1077 in Canossa unterwerfen, um über Gregor zu siegen. Doch dessen Forderung nach Oberhoheit triumphiert schließlich doch – im *Wormser Konkordat von 1122*. Dieser Gregor ist Mönch, durch und durch »vom Mutterschoß an«, wie es in der Bibel heißt, fanatisch dem Geistlichen ergeben, das Irdische verachtend, kompromißlos bis zur Selbstaufgabe. Er reißt das Papsttum nach Jahrhunderten jämmerlichen Niedergangs wieder empor. Der »Mönch Hildebrand«, den Kaiser und Könige verfluchen und fürchten, den die Kirche heiligspricht, will die Reinheit in die Kirche zurückzwingen, mit aller geistlichen Gewalt. Klein von Gestalt, wenig ansehnlich, indes von unbeugsamem Willen erfüllt, selten liebenswürdig, meist scharf und herausfordernd, hat er nichts anderes im Sinn als die Erhöhung des Papsttums, die Erneuerung der Kirche, darin bestärkt durch die Gewißheit seiner überirdischen Sendung. Dazu sind ihm viele Mittel recht: heilsame, wie Verbot von Simonie (des Kaufs geistlicher Ämter) und Priesterehe; gefährlicher schon: der Bannstrahl gegen den deutschen König und Kreuzzüge. Bedenkenlos verficht er die Ansprüche der Kirche mit dem Schwert. Aus seiner Herrschgier macht er keinen Hehl; er verlangt Gehorsam, sonst nichts. Wenig liebend und kaum geliebt, glühend hassend und gehaßt, treibt er die Geschichte voran. Maßlos ist das alles. Dennoch: Hätte dieser Gregor nicht hochmütig-klar seine übersteigerten Ziele aufgestellt, das Papsttum wäre in Mittelmäßigkeit versunken, die Kirche von den Mächten der Welt verschluckt worden.

Triumph nicht nur im Geistlichen. Die Stellung des Papstes wirkte auf Könige und Völker. Den Ideen-Dom des Papsttums baute man nun in der Wirklichkeit aus. Die verwaltende Tätigkeit des »Patriarchen des Abendlandes« wurde durch die römische Kurie immer mehr erweitert – und vom »Erdkreis« hingenommen. Machtvoll drang der Pontifex maximus in die politische Welt ein: Kämpfe mit den Normannen und anderen Gruppen um den Kirchenstaat, Waffengänge mit den erstarkten deutschen Kaisern, mit Friedrich Barbarossa und Heinrich VI. scheute er nicht. Die Kreuzzüge verstrickten den Papst in die Händel der Welt, erhoben ihn indes zugleich darüber, dank des geistlichen Ursprungs seiner Herrschaft. Doch wo die Spitze nach Gregor VII. erreicht ist, in Innozenz III. (1198–1216), dem Richter der Gewissen und der Könige, drohte der Abstieg. Rettendes für die Kirche zeigte sich woanders: in der *Gründung der Bettelorden*.

Innozenz III.

Der dritte Innozenz ist es, der die Früchte Gregors VII. reich erntet. Schon als der Adlige aus der Lombardei mit 37 Jahren den Thron besteigt, geht ihm der Ruf einer genialen Persönlichkeit voraus. Machtwillig und herrschfähig, wirkt er dennoch versöhnlich. Er kann beides sein: stolz gebietend und sanft mitfühlend, gewinnend-humorvoll und unnahbar-hoheitsvoll. Er hält die Welt – Königreiche und Völker – für wert genug, über sie zu herrschen. Er sieht gut aus, an Intelligenz ist er allen überlegen. Er ist ein kluger Politiker, wenn auch nicht so weise, zuweilen die Politik sein zu lassen, zu sehr Politiker, um immer fromm zu sein. Innozenz ist der vollkommenste Mann auf dem Papstthron, das Papsttum unter ihm in seiner mächtigsten Gestalt. Dennoch versagt ihm die Geschichte den Beinamen »der Große«. Doch während die Krone funkelt,

Papst Innozenz III. träumt, die Lateransbasilika werde vom hl. Franziskus gestützt. Fresko von Giotto in S. Francesco zu Assisi

wankt die Kirche. Ketzer, Katharer, Waldenser, Albigenser machen zu schaffen, die Kreuzzüge bleiben erfolglos. Wenn in seine Amtszeit nicht die beiden Ordensgründer, *Franziskus* aus Assisi in Umbrien und der Spanier *Dominikus,* hineinragten, würde seinem Pontifikat viel fehlen.

Bonifaz VIII.

Ein Jahrhundert später, an der Wende vom 13. zum 14., ist alles ganz anders. Das Ringen mit Kaiser Friedrich II. (1212–1250), die Überwindung des deutschen Imperiums, hat das Papsttum erschöpft und Italien gespalten in *Guelfen* und *Ghibellinen:* erstere Anhänger des Papstes (Guelfi nach den mit dem staufischen Herrscherhaus rivalisierenden Welfen), letztere kaiserliche Parteigänger (Ghibellini nach der italienischen Lautumschreibung für den Herkunftsort der Staufer, Waiblingen). Bei Bonifaz VIII. (1294–1303) reichen deshalb die Mittel nicht mehr aus, den von Innozenz III. gestürmten Gipfel zu behaupten. Er übertrifft seine großen Vorgänger zwar in Worten, an Fähigkeiten bleibt er hinter ihnen jedoch zurück. Seine Schwächen beeinträchtigen seine bedeutenden Anlagen. Ihm werden Bildung und Verstand, Erfahrung und Mut, eine vornehme, eindrucksvolle Statur bescheinigt, aber zugleich gilt er als reizbar, töricht-verletzend und unbeherrscht. Die Juden in Rom haben unter ihm zu leiden. Der große Dichter *Dante* mag ihn nicht. Streit entsteht mit Frankreich, mit dem skrupellosen König Philipp IV.

dem Schönen. Gedemütigt muß der Papst klein beigeben; die Zeit päpstlicher Weltherrschaft ist vorbei. Seine Nachfolger bekommen es in Avignon, die Christenheit im Schisma zu spüren. Noch einmal erhebt Bonifaz in der *Bulle »Unam sanctam«* den stolzesten Anspruch, der je erhoben wurde: Alle Gewalt, die geistliche und die weltliche, gebühre dem Papst; von ihm werde sie verliehen. Deshalb: »Dem römischen Pontifex untertan sein ist für jedes menschliche Geschöpf unbedingt zum Heil notwendig.« Ruft Bonifaz deshalb als erster Papst ein *Heiliges Jahr* (1300) aus und die Pilger des ganzen Abendlandes nach Rom? (Vgl. Abb. Seite 49.)

Der französische König hatte wenig darauf gegeben und sich nicht unterworfen. Er riß das Papsttum in die Erniedrigung, zwang die Päpste in die Verbannung nach *Avignon* (1309–1377), wo sie sich in den Mauern ihres Palastes vornehmlich Hofintrigen und der Verschwendung hingaben – und der Kirche zur Last wurden. Ebenso trostlos wie das Papsttum war in dieser Zeit der Anblick der verfallenden Konstantinischen Petersbasilika. Die Rückkehr des Papstes nach Rom setzte ein erstes Zeichen, der endgültige Umzug vom Lateran in den Vatikanischen Palast änderte mehr. Religiös jedoch schien es immer tiefer hinabzugehen, durch schismatische Wirren, durch die ehrgeizigen Ansprüche illegitimer Päpste. Die Bischöfe sammelten ihre Kräfte, um gemeinsam, zusammengeschlossen im Konzil, die Päpste in die Schranken zu weisen. Doch die fundamentale Frage, wer über dem anderen steht, Konzil oder Papst, hielten die römischen Pontifices so lange offen, bis sie die Entscheidung in ihrem Sinn treffen konnten.

ALEXANDER VI.

Dann ist es, als sollte das Papsttum verenden, als könnte einem Alexander VI. aus der Borgia-Familie nichts anderes als »Halt« zugerufen werden, als sollte der Reformator *Martin Luther* dem geistlichen »Popanz« von Pontifikat den Todesstoß versetzen. Der Nachwelt hat sich Alexander VI. (1492–1503) als der Wüstling auf dem Papstthron eingeprägt. Die Kirche schämt sich seiner, aber sie verschweigt ihn nicht. An der Mauer des Vatikanischen Palastes, rechts bei den Kolonnaden, dicht neben der heutigen Poststelle, kann man ein kleines Wappen entdecken, das bescheiden an diese Ausgeburt der Renaissance erinnert. Man möchte wissen – wenn nicht die moralische Entrüstung die historische Neugier gänzlich vertreibt –, wie dieser »Stellvertreter Christi« und »Nachfolger des Apostelfürsten« seine skrupellosen Taten ausgehalten hat. Die Macht seiner Familie, der Borgia, zu mehren scheint bei ihm die oberste Maxime, offenbar wichtiger als die Zehn Gebote; das Papsttum ist nur Instrument, als beerbbarer Monarch eines ansehnlichen Staates zu herrschen. Dieses »Ideal«, den sich aufs Geistliche gründenden Kirchenstaat vollends zu säkularisieren, verdrängt bei ihm alles andere. Darin ist er nicht einmal originell. Mit 26 Jahren schon Kardinal, lernt er in der italienischen Renaissancewelt, Skrupel zu vergessen. Daß Alexander, kunstverständig und energisch, den Sinnesfreuden völlig erliegt, ist ein persönliches Laster, allerdings ein hervorstechendes. Der Bußprediger *Savonarola* endet der Borgia wegen auf dem Scheiterhaufen. Das Papsttum überlebt.

Und wie! Humanismus und Renaissance hatten die Päpste ergriffen und ließen sie nicht mehr los. Ebenso förderten gerade die geistlichen Statthalter Christi die weltliche Kultur. Das lenkte sie von ihren religiösen Aufgaben ab, erfüllte sie jedoch mit Kraft, nahm ihnen vor allem die ver-

Papst Gregor IX. (mit den Zügen Julius' II.) unterzeichnet die Dekrete. Fresko von Raffael in der Stanza della Segnatura im Vatikan

derbliche Schwächlichkeit, das tatenlose Zusehen. Neues Selbstbewußtsein demonstrierten *Julius II.* (Giuliano della Rovere; 1503–1513), *Leo X.* (Giovanni de' Medici; 1513–1521) und *Klemens VII.* (Giulio de' Medici; 1523–1534). Die Päpste begannen in der zweiten Hälfte des 15. Jahrhunderts – wir wissen es – den Umbau des Vatikanischen Palastes und den *Neubau der Peterskirche.* Gelder dafür nach Rom zu bringen war Grund einer Reise Martin Luthers 1510/11. Vatikan und Sankt Peter – und das war ihnen noch nicht genug –, welch ein Unterfangen in einer weithin noch armseligen Stadt, deren Herren jedoch darauf brannten, das glänzende Florenz in den Schatten zu stellen und Rom zum bestimmenden Zentrum von Kunst und Kultur in Europa zu machen. Zum geistlichen Neubau der Kirche reichten die Kräfte noch nicht, dazu bedurfte es des *Tridentinischen Konzils* (1545–1563), der Gegenreformation. Die kleine Episode des letzten deutschen Papstes, *Hadrian VI.* (1522/23) aus Utrecht, beweist es; in Gram und Resignation, voll des besten Willens zur Erneuerung, starb er, verlacht von den Römern. Für machtpolitische Tollheiten, wie sie noch einem Alexander VI. oder einem Julius II. einfallen konnten, schien die Zeit vorbei. Mit dem deutschen Kaiser Karl V. probierte es Klemens VII. dennoch. Den rüstigsten Verteidiger des katholischen Glaubens spielte er gegen

Der Platz vor der im Bau befindlichen Peterskirche, während der Papst den Segen spendet, 1567

den französischen König aus. Die machtpolitische Torheit ihres Herrn mußten die Römer mit dem *Sacco di Roma,* der Verwüstung ihrer Stadt durch kaiserliche Truppen, bezahlen. Doch die Päpste lernten daraus, und bald setzen sie nicht mehr auf Heere, sondern nur noch auf ihre Diplomaten. Aber noch wichtiger als die Politik erschien den Päpsten, ihre Stadt zu verschönern und mit unvergänglichen Kunstwerken zu schmücken. Fast drei Jahrhunderte trieb sie rastlos dieser Ehrgeiz. Rom selbst brachte wenige Künstler hervor. So riefen die Päpste sie aus anderen Städten und Staaten Italiens herbei. Die besten Baumeister, Maler und Bildhauer suchten sich darin zu überbieten, dem Papst als dem Herrn des Kirchenstaats und der katholischen Kirche ein Zentrum zu schaffen, das es mit den anderen Kapitalen Europas an Pracht und Schönheit aufnehmen konnte. Es gelang ihnen. In der Hauptstadt der katholischen Kirche schien die Religion in Kunst und Darstellung aufzugehen, während im Norden Europas die Angehörigen protestantischer Bekenntnisse im ernsthaften Betreiben ihrer Geschäfte eine besondere Ethik des wirtschaftlichen Erfolges entwickelten.

PAUL V.

Einen Papst aus der Zeit des Barock herauszustellen grenzt an Willkür. Denn die großen Gestalten drängen sich geradezu auf. Einer sei dennoch ausgewählt, weil er sich selbst unübersehbar präsentiert. Mit den größten Lettern oben auf der Fassade der Peterskirche, nach der Vollendung der Basilika: PAVLVS V. BVRGHESIVS ROMANVS (1605–1621), mit Greif und Adler im Wappen. Der bedauerliche Nepotismus belastet auch ihn, dem sonst ein bescheidener Lebenswandel attestiert wird, auch Frömmigkeit und milde Beherrschtheit. Die Welt dreht sich bei ihm längst nicht mehr um Rom (sondern um die Sonne – den ersten Prozeß gegen Galilei läßt Paul V. führen). Politisch ist der Kirchenstaat eine europäische Randmacht geworden. Die anderen wissen das; der streitlustige, gebildete Jurist Paul noch nicht ganz. Er überschätzt seinen Einfluß auf die Großmächte und kann dem Ausbruch des Dreißigjährigen Kriegs nur hilflos zusehen. Doch der freigebige Mäzen macht Rom zur grandiosen Bühne der Kunst.

Nun stand der ideelle Bau des Papsttums längst. Aber die Christenheit hatte sich – nicht zuletzt deshalb – wieder geteilt; Papst und Konzil hatten in Trient (1545–1563) den Protestanten das »Anathema«, Verdammung, nachgerufen. An der Stellung des römischen Bischofs war in der katholischen Kirche nicht mehr zu rütteln. Die römische Kurie machte sich dies zunutze; der meist unwidersprochene Primat wurde in den folgenden Jahrhunderten routiniert in die Verwaltung der Kirche übersetzt. Fehlentscheidungen, wie das Urteil der Inquisition im Fall Galilei, die Direktiven für die Mission in China oder Südamerika, die Einschätzung der »Sklaven« in Afrika oder die Aufhebung des Jesuitenordens 1773, konnten die innerkirchliche Position des Papstes nur wenig beeinträchtigen. Die Schläge kamen von außen: Joseph II. von Österreich, im Bann der Aufklärung, stritt mit Pius VI. um die Kerzen am Altar – und nicht nur darum –, er demütigte den nach Wien Eilenden. Die Französische Revolution setzte in ihrer politischen Konsequenz umstürzende Ideen von Freiheit, Gleichheit und Brüderlichkeit in die Welt. Und es kam zu der noch tieferen Demütigung Pius' VII. durch Napoleon.

Pius VII.

Der Kontrast ist unübersehbar: Nach den auf ihren Denkmälern apotheotisch thronenden Päpsten des Barock gemahnt die kniende Thorwaldsen-Gestalt dieses von dem französischen Kaiser kujonierten Pius VII. (links am Ende des Seitenschiffs der Peterskirche) abrupt an Schmerz und Leid. Der böse Dämon dieses Chiaramonti-Papstes ist Napoleon; noch auf dem Totenbett verfolgt ihn der Franzose. Die schmerzhaften Bosheiten, die ihm der Korse mit der Verbannung nach Savona und der Verschleppung nach Fontainebleau zufügt, gelten der Kirche, die Napoleon jedoch auch dank der Weitsicht des Papstes und des Kardinalstaatssekretärs Consalvi nicht zu unterwerfen vermag. Mut und Charakterstärke zeichnen den gelehrten Benediktinermönch auf der Cathedra Petri aus, Furchtlosigkeit, an der die Gewalt selbst eines Napoleon zerschellt. Ergeben nimmt er hin, daß die Kirche zu seiner Zeit der Revolution und ihren kriegerischen Folgen ausgesetzt ist, fest davon überzeugt, daß sie auch in und nach dieser Sturzflut Bestand hat. Der Ausgang des Wiener Kongresses gewährt Pius VII. ein leichtes Aufatmen.

Pius IX.

Dann erleben auch die Päpste die Rebellion ihrer Untertanen. Die von 1848 erschreckt den anfangs liberalen Pius IX. (1846–1878) so tief, daß er auf Gegenmittel sinnt. Denn im Anfang seines Pontifikats galt der Graf als der modernen Zeit geöffnet. Ein Amnestiedekret und kleinere Reformen hatten nicht nur in dem politisch und sozial zurückgebliebenen Kirchenstaat Hoffnungen geweckt. Beliebtheit schmeichelt seiner Eitelkeit. Damit ist es sofort vorbei, als der Aufruhr der revolutionären Massen 1848/49 in Rom auch über ihn hinwegströmt. Jetzt stellt er sich gegen alles Neue, gegen seine Untertanen, gegen Italien, gegen die ganze Welt. Solcher Widerstand – ein nüchternerer Charakter wäre dazu kaum imstande – hat Größe, auch wenn er die Kirche in vermeidbare Gegnerschaften führt. Bei Giovanni Mastai Ferretti setzt das Gefühl dem Verstand Grenzen. Aufwallungen des Gemüts reißen die sichernden Schranken der klaren Vernunft ein. Die großen Fähigkeiten werden zuweilen durch kleine Schwächen entwertet. 1854 stellt Pius IX. die Lehre von der »Unbefleckten Empfängnis Mariens« als Dogma auf – in den Vatikanischen Museen erinnert ein großes Fresko daran: Hier wird die Verbindung des Glaubens mit dem Papst als dem Brennpunkt der Kirche in einprägsamer Form zelebriert; das alte Glaubensgut von Jahrhunderten soll, zum Dogma erhärtet, den Obersten Hirten adeln. Das *Mariendogma* und die folgende Verurteilung aller modernen Ideen sind nur die Vorbereitung für den Rückzug in die höchste spirituale Autokratie: im *Unfehlbarkeitsdogma*. Den untergehenden, zum Teil feindlichen Monarchen kann Pius die perfekte Zentralorganisation der katholischen Kirche triumphierend entgegenhalten, bevor er seines Staates durch die Einigung Italiens 1870 verlustig geht. Die Konzentration des Papsttums ins Geistliche ist dem bescheiden lebenden, manchmal fehlgreifenden und versagenden Mann gelungen. Jetzt muß sie nur richtig ausgeübt werden.

Die Geschichte war grausam. Zwei Monate nach dem *Ersten Vatikanischen Konzil* (1869/70) – die 642 Prälaten hatten damals noch im rechten Seitenschiff der Basilika Platz, 92 Jahre später müssen die über 2000 Bischöfe des *Zweiten Vaticanums* in die Haupthalle ziehen – rückten italienische Soldaten in den Kirchenstaat ein, besetzten die Ewige Stadt. Die französischen Schutztruppen des Papstes waren zuvor wegen des Krieges zwischen Deutschland und Frankreich abberufen worden. Pius IX. zog sich, seines Staates beraubt, schmollend in den Vatikanischen Palast zurück; mit dem italienischen Staat, mit der modernen Welt war er zerfallen. Erst in den *Lateranverträgen* 1929, unter Pius XI., gelang die Versöhnung mit Italien, später, beim *Zweiten Vatikanischen Konzil*, wohl auch mit der Welt. Der Papst wurde Souverän der Vatikanstadt, eines arg zusammengeschmolzenen Kirchenstaates. Aber zunehmende, in zwei Weltkriegen erhärtete moralische Autorität entschädigt ihn für die verlorene weltliche Macht.

Die Via della Conciliazione, die »Straße der Versöhnung«, die zum Gedenken an die Lateranverträge von 1929 angelegt wird, gibt seit 1950 schon an der Engelsburg den Blick auf Platz und Dom von Sankt Peter frei. Über diesen breiten, prachtvollen Zugang strömen zahllose Gläubige und Besucher aus aller Welt herbei. Wenn der »Heilige Vater« aus dem Fenster seines Palastes Neugierigen und Ergriffenen den Segen erteilt, wenn er auf dem Petersplatz oder in der Audienzhalle zu Fragen der Kirche und der Welt Stellung nimmt, spüren Tausende etwas von der mächtigen Faszination, die von den Päpsten und dem Papsttum ausgeht. Einige gehen danach hinunter zu dem einfachen Grab des Petrus unter der Basilika. Die Rückkehr zu den Anfängen, vorbei an den toten Päpsten, ist ein langer Weg.

VEDUTE DI ROMA – ANSICHTEN VON ROM

Sonnenaufgang – Sonnenuntergang: Die Hügel

Man muß nicht unbedingt um vier Uhr morgens aufstehen, um den Sonnenaufgang über Rom vom Gianicolo-Hügel aus zu erleben (Abb. 100). Wenn man den Ehrgeiz dafür nicht gerade Ende Juni zur Sonnenwende mit der kürzesten Nacht und dem längsten Tag entwickelt, kann es auch später sein. Aber einmal sollte man doch von der Piazza Garibaldi mit dem Denkmal des italienischen Patrioten aus mitansehen, wie sich der Stadt von Osten her der Tag nähert, wie allmählich die dunklen Schatten, die unten in der Stadt zwischen den Mauern lagern, weichen und langsam, zögernd eine zuerst schwache, doch wachsende Helle das Übergewicht gewinnt, wie ein sanftes, dann kräftiger werdendes Rot sich vom Horizont heraufschiebt, wie die ersten Strahlen der Sonne die Spitzen der Türme, die Schalen der Kuppeln berühren, wie die »rosenfingrige Morgenröte«, die »Eos« der Griechen, die »Aurora« der Römer, die Stadt leise küßt. Selten ist zwischen März und November die Wolkendecke über der Ewigen Stadt so dick, daß die Sonne sich gar nicht zur Geltung bringen und mit ihrem Schein von Kirchen und Palästen, Straßen und Plätzen Besitz ergreifen kann. Es ist, als ob der neue Tag alle Kunstwerke Roms einzeln zum morgendlichen Appell beim Namen rufen wollte: Sankt Peter und die Engelsburg, den riesigen Justizpalast und den langgestreckten Quirinal, die Kirchen Santa Maria Maggiore und San Giovanni in Laterano – der Turm der ersten und die Figuren auf der Fassade der zweiten heben sich deutlich gegen den blassen Himmel ab.

Von unserem Standpunkt in 81 Meter Höhe – der Tiber fließt bei 12 Meter über dem Meeresspiegel – ist die Stadt am besten zu überblicken, und man lobt die Stadtväter, daß sie in all den Jahren der modernen Zeit den Versuchungen weitgehend widerstanden haben und die einzigartige Silhouette Roms nicht durch Wolkenkratzer verderben ließen.

Der *Gianicolo,* die geographische Erhebung des Gottes Janus, gehört nicht zu den sieben klassischen Hügeln. In der Schule mußten wir diese auswendig lernen, was zuweilen nur bis fünf oder sechs gelang. Statt das Gedächtnis übermäßig zu strapazieren, könnten wir eine morgendliche Rundfahrt – bei geringerem Verkehr zu früher Stunde – unternehmen. Da merkt man sich die Namen leichter. Anfangen könnte man mit dem *Kapitol,* dem heiligsten Hügel Roms. Seine Höhe von 38 Metern genügte den Römern nicht, man setzte ihm schon im Altertum Tempel drauf, und heute sind der Turm des Senatorenpalastes, das Nationaldenkmal und die nackte Fassade von Santa Maria in Aracoeli weithin sichtbar. Umgekehrt bieten sich auch vom Hügel herab interessante Einblicke in die Stadt. Auf den *Palatin,* den eingezäunten Hügel der Nobiles, der Oberen Zehntausend des antiken Rom, kommen wir so früh nicht. Wir merken ihn uns für

Piazza di Monte Cavallo (Quirinalshügel). Stich von G. B. Piranesi

einen nachmittäglichen Spaziergang in gesunder Höhenluft (von 51 Metern) vor und fahren statt dessen am Circus Maximus entlang, so daß wir links die höhlenartigen Abhänge des Palatins sehen und rechts zum *Aventin* hinaufgelangen, dem dritten in der Reihe, 47 Meter hoch. Er verweigert uns auch zu dieser Stunde nicht das Vergnügen, auf der Piazza dei Cavalieri di Malta durch das berühmte Schlüsselloch nach Sankt Peter hinüberzuschauen und der heiligen Sabina in ihrer nahen Kirche den Morgengruß zu entbieten.

Über die Porta Capena mit dem Obelisken von Axum, am Kolosseum vorbei, in die Via Claudia – und schon sind wir bei Santa Maria in Domnica (51 Meter) und durch den Arco di Dolabella bei der Kirche Santi Giovanni e Paolo (41 Meter) auf dem *Caelius*, gegenüber dem Palatin. Die Villa Celimontana, ein die Hügellage elegant nutzender Park, lädt zum Spazieren ein. – Vom Kolosseum sieht man deutlich, wie nach Norden der Colle Oppio als Teil des *Esquilin-Hügels* ansteigt. Hier ließ sich Kaiser Nero die Palastanlage der Domus Aurea bauen, etwas weiter im Norden wurde eine Hügelkuppe (55 Meter) zum Standort für die Kirche Santa Maria Maggiore erkoren. Deutlich fällt das Gelände auf der Apsisseite dieser Basilika nach Norden ab und steigt empor zum nächsten Hügel, dem *Viminal* (49 Meter), einer kleinflächigen Erhebung, die vom Innenministerium in Beschlag genommen wird. Wie auf einer Achterbahn führt die Straße, die Via delle Quattro Fontane, vom Viminal nun in eine Senke hinunter und wieder hinauf zum siebten und letzten Hügel, dem *Quirinal* (50 Meter), den heute fast ganz der Amtssitz des Staatspräsidenten einnimmt.

Da haben wir sie schon alle beieinander und könnten jetzt – zur Repetition, denn »Repetitio est mater studiorum«, auch so ein Satz, den zu merken die Lehrer in der Schule empfahlen: »Wiederholung ist die Mutter des Studierens und Wissens« – uns für den Abend einen Besuch auf der *Terrasse des Pincio* vornehmen (Farbt. 8, Abb. 59). Natürlich bei Sonnenuntergang, um den Rundblick über alle unsere Stationen in der richtigen Stimmung bei wechselnder Beleuchtung zu genießen. Finden wir sie noch alle von der schönsten Terrasse der Welt aus? Sankt Peter und der Gianicolo sind nicht zu übersehen. Aber die zählen nicht. Gefragt sind: Kapitol, Palatin, Aventin, Caelius, Esquilin, Viminal und Quirinal. Sehr gut, hätte jetzt der Lateinlehrer gesagt.

Mauern und Stadttore

Wahrscheinlich hätte man die Stadtmauern in Rom gar nicht zu bauen brauchen. Den ersten, engen Verteidigungsring aus der Republikanischen Zeit, die *Servianische Mauer* (Mura Serviane) errichtete man, nachdem die Gallier im Jahr 397 v. Chr. in Rom eingefallen waren. Danach galt für diesen Wall, dessen Überreste wir noch heute am Aventin, am Kapitolinischen Hügel und in der Gegend der Stazione Termini sehen können, was sich allgemein von Defensivwaffen sagen läßt: Hat man sie, braucht man sie nicht, hat man sie nicht, benötigt man sie. Die bereits im Jahr 203 v. Chr. auf 214 000, im Jahr 125 v. Chr. auf 394 000 angewachsene Bevölkerung schreckte im Altertum viele Feinde allein schon durch ihre Zahl ab. In der Zwischenzeit, vom Anfang des 4. bis zum Ende des 3. Jahrhunderts, bewahrte wohl, wenn wir den lateinischen Schriftstellern glauben dürfen, mehr die altrömische »Virtus« – Tugend, Tapferkeit, Disziplin und Ordnung –, kurz, Machtwille und Staatsräson die Stadt vor Schaden als die Mauer.

Der zweite, weiter gezogene Befestigungsring, die *Aurelianische Mauer,* 271 n. Chr. von Kaiser Aurelianus begonnen und von seinem Nachfolger Probus (276–282) beendet, war 18 800 Meter lang und 7,80 Meter im Durchschnitt hoch. Sie hätte in den kommenden Jahrzehnten und Jahrhunderten nützlich sein können gegen die von Norden anbrandenden germanischen Völker, wenn man genügend Truppen gehabt hätte, um eine so ausgedehnte Verteidigungsanlage rings um eine so riesige Stadt zu besetzen. Aber es fehlte bald sowohl an Militär als auch an Bevölkerung. Unter militärischem Gesichtspunkt wären die aurelianischen Befestigungen ein gelungenes Werk gewesen, mit ihren 380 Türmen und 16 Stadttoren, mit der Stellung ihrer Bastionen und Schanzen. Sie dienten als Vorbild für spätere Fortifikationen in der Baugeschichte des Abendlandes. Von ihrer imposanten und in früheren Zeiten sicher abschreckenden Wirkung kann man sich noch heute überzeugen. Aber wenn es darauf ankam, bei den Germanen in den Zeiten der Völkerwanderung, bei den Truppen Kaiser Karls V. im verheerenden »Sacco di Roma« von 1527 oder den französischen Soldaten Napoleons etwa, bildeten die Mauern kein ernsthaftes Hindernis.

Piazza del Popolo mit Porta Flaminia und Kirche S. Maria del Popolo. Stich von D. Amici

Den Verlauf des Aurelianischen Rings können wir heute in den wesentlichen Teilen gut verfolgen. Besonders eindrucksvoll sind dabei die Stadttore, umfangreiche Festungswerke, denen es auch nicht an bemerkenswerter architektonischer Gestaltung für friedliche Zwecke – manchmal nach dem Vorbild römischer Triumphbögen – mangelt.

Die *Porta Flaminia* im Norden, an der Piazza del Popolo (daher auch Porta del Popolo, im Mittelalter Porta San Valentino genannt nach einer Kirche in der Nähe), empfing vormals die Besucher aus dem Norden, die über die Via Cassia oder Via Flaminia und die Milvische Brücke zur Stadt kamen. Wie wichtig den päpstlichen Stadtherren der erste Eindruck war, zeigen die Namen der Architekten: Vignola errichtete 1561 nach einem Entwurf Michelangelos die äußere Schauseite, die innere Fassade schuf Bernini 1655 aus Anlaß des Einzugs der Königin Christine aus Schweden. Sie verzichtete auf ihren Thron, weil sie zum katholischen Glauben konvertierte, und nahm Wohnung im Zentrum der päpstlichen Kirche.

Fahren wir von der Porta Flaminia nach Osten die Straße des »Muro Torto«, der »gewundenen Mauer«, entlang, sind wir bald an der *Porta Pinciana,* einem ganz asymmetrisch gebauten Tor, das heute in die prächtige Via Veneto führt. Deshalb ist sie wohl der am besten bekannte und am meisten fotografierte Teil der Stadtmauer. Weiter über die Schnellstraße des Muro Torto, treffen wir auf die *Porta Pia,* die frühere Porta Nomentana an der gleichnamigen Konsularstraße (Abb. 74). Diese Porta Pia, die Michelangelo 1561–64 als letztes architektonisches Werk im Übergang von den Formen der Renaissance zu denen des Barock im Auftrag des Medici-Papstes Pius IV. schuf, ist italienischen Patrioten besonders wert, weil hier am 20. September 1870 italienische Truppen in die Stadt des Papstes eindrangen. »Porta Pia« und »Venti Settembre« (20. September) sind daher in Italien zugleich die Synonyme für die nationale Einigung, den Sieg des liberalen Staates über Papst und Kirche. Aus demselben Grund waren diese Begriffe den Päpsten lange Zeit weniger lieb, in der Erinnerung daran, daß sie dadurch ihrer weltlichen Macht, des Kirchenstaates verlustig gingen – was sie wohl inzwischen verschmerzt haben.

Die *Porta Tiburtina*, unsere nächste Station, neben dem Hauptbahnhof der Stazione Termini, das Stadttor der Via Tiburtina hinaus nach Tivoli, dem antiken Tibur, wurde zunächst, unter Kaiser Augustus im Jahr 5 v. Chr., als Bogen für die Wasserleitungen der Aqua Marcia, Tepula und Julia errichtet. Davor setzte man Anfang des 5. Jahrhunderts n. Chr. unter Kaiser Honorius ein von Türmen flankiertes Tor. Nicht weit davon entfernt erhebt sich die *Porta Maggiore*, heute vom Verkehr umtost, eines der feierlichsten Bauwerke des Römischen Reiches, das unter Kaiser Claudius im Jahr 52 n. Chr. an der Gabelung der Straßen nach Preneste, dem heutigen Palestrina (Via Prenestina), und nach Labici (Via Labicana oder Via Casilina) erbaut wurde. Der Zweck war praktischer Natur: es sollte ein Durchgang unter den zwei Aquädukten der Aqua Claudia und des Anio Novus, des Aniene-Flusses, geschaffen werden. Erst unter Kaiser Aurelianus

Porta Maggiore. Stich von G. B. Piranesi

Porta S. Sebastiano und Drusus-Bogen. Stich von D. Amici

wurde der Bau als Tor in die Stadtmauer einbezogen. Daneben befindet sich das berühmte Grabmal für den Bäcker und Brotfabrikanten Eurysakes und seine Frau.

Die nächsten Tore, *Porta San Giovanni, Porta Metronia* und *Porta Latina,* sind eher schön verkleidete Mauerdurchbrüche als herausgehobene Ein- und Ausgänge der Stadt. Dafür beeindruckt die *Porta San Sebastiano* an der Via Appia Antica – daher auch Porta Appia – um so mehr. Dieses Stadttor wurde Ende des 4. Jahrhunderts wegen der wachsenden Gefährdung Roms unter Kaiser Honorius wieder bewehrt und im 6. Jahrhundert nochmals von den oströmischen Feldherrn Belisar und Narses erneuert. Die Porta Appia, die erst später nach der Kirche des in Rom getöteten, hochverehrten christlichen Märtyrers Sebastian an der Via Appia ihren Namen wechselte, war einer der wichtigsten Zugänge nach Rom. Der im Innern vor der Porta San Sebastiano stehende sogenannte *Drusus-Bogen* geht vermutlich auf die Zeit Trajans zurück und wurde unter Kaiser Septimius Severus als Stütze für den Aquädukt der Aqua Marcia errichtet, der das Wasser in die nahen Caracalla-Thermen führte. Nicht weit davon entfernt, über die Via Cristoforo Colombo mit der Porta Ardeatina hinüber, befindet sich der *Bastione del Sangallo,* eine von dem Baumeister Antonio Sangallo dem Jüngeren im Auftrag Papst Paul III. (1534–1549) wenige Jahre nach dem »Sacco di Roma« angelegte Festung.

Die *Porta San Paolo,* früher auch Porta Ostiense genannt, wegen der durch sie hindurchführenden Straße nach Ostia, wird flankiert von der in Rom erratisch-fremd wirkenden, mit weißen Travertinsteinen bedeckten *Cestius-Pyramide.* Das Stadttor bewahrt mit seinen mächtigen Türmen und einigen Gedenktafeln die Erinnerung an militärische Ereignisse, die sich hier im Süden der Stadt beim Aventin abspielten, zuletzt den Einzug der alliierten Truppen während des Zweiten Weltkriegs im Juni 1944. Fahren wir nun stadteinwärts, zwischen dem Aventin zur Linken und dem »Kleinen Aventin« zur Rechten, so sind wir nach einigen hundert Metern an der *Porta Capena,* dem belebtesten Stadttor der »Servianischen Mauer«. Der Kreis schließt sich.

Der Tiber und die Brücken

Rom liegt am Tiber. Natürlich. Dennoch wird die Stadt nicht durch den Fluß geprägt wie andere Metropolen. Rom verdankt dem Wasserlauf nicht seine Existenz. Den Lebensunterhalt gewannen die Römer nie vom Tiber, ernährt wurden sie stets vom Umland. Dazu gehörten auch die Ackerflächen bis zum Meer. Die Waren von dort wurden jahrhundertelang bis in die Neuzeit mit Lastkähnen auf dem Tiber bis in die Stadthäfen gebracht, den ersten unterhalb des Aventin, den zweiten an der »Ripetta« in der Nähe des Mausoleo di Augusto, am heutigen Ponte Cavour. Sehr belebt werden die Häfen nicht gewesen sein. Auf alten zeitgenössischen Stichen des 17. und 18. Jahrhunderts liegen immer nur wenige Boote an der Mole. Im Altertum war es anders; doch auch da übernahm Ostia die Hauptfunktionen der Hafenstadt. Was damals vom Meer nach Rom kam, war nicht selten nur Luxus und zuweilen, wie bei der Einfuhr von billigem Getreide aus Sizilien oder Ägypten, eher störend für die Bauern rings um die Stadt. Der Fluß bot sich als bequemer Verkehrsweg, doch da er zugleich viele Windungen vollführte, kam man auf den Straßen meist besser voran. Nur in einem Punkt diente er unermüdlich und lange Zeit unverzichtbar den Römern: er trieb jahrhundertelang unter den Brücken Mühlen zum Mahlen des Korns an. Doch dafür dankten die Römer wenig, nachdem moderne Mittel zur Gewinnung des Mehls erfunden waren; Anhänglichkeit ist ohnehin nicht eine ihrer Haupttugenden.

Porto di Ripetta (Tiberhafen). Stich von G. B. Piranesi

Der Tiber war auch nicht besonders freundlich zu den Römern. Er bedrohte zu allen Zeiten mit seinen häufigen Überschwemmungen die Existenz der Städter. Die Hügel links und rechts des Tibers dienten den ersten Bewohnern der alten Siedlung zunächst als Zufluchtsort vor den ungebärdigen und bis in die neuste Zeit ungebändigten Fluten des Flusses. Erst im letzten Jahrhundert begriff man, daß zur Abwehr der Flußwasser nicht Menschenopfer wie in der Antike und nicht fromme Gaben oder Segenssprüche wie unter den Päpsten ausreichten. Erst nach 1870, nachdem Rom »italienisch« geworden war, zähmte man den Tiber und sperrte ihn zwischen hohe Mauern ein.

Diese Maßnahme trennte die Römer endgültig vom Tiber. Sie waren zwar Überschwemmungen und Schlamm in den Straßen ein für allemal los, aber damit geriet ihnen auch der Fluß abhanden. Er floß jetzt so tief unter ihnen, daß sie ihn gut ignorieren konnten. In den ersten Jahrzehnten dieses Jahrhunderts konnte man zwar immer noch im Tiber baden, aber das ist seit geraumer Zeit wegen der zunehmenden Abwässer wenig ratsam und gilt heute als lebensgefährlich. Daß einige Römer einen Verein »Amici del Tevere« (Freunde des Tibers) gründeten und während der Sommermonate einen kleinen Schiffsdienst für Interessierte und Touristen einrichteten, half wenig gegen die Vernachlässigung. Die »Amici« hofften, man würde wie in den Booten auf der Seine in Paris die Stadt bewundern, und vergaßen, daß die Uferbefestigungen so hoch hatten gebaut werden müssen, daß man von den Kunstwerken der Stadt nur noch wenig sieht. Zur Ehre des Tibers muß jedoch bemerkt werden, daß er in der heutigen Zeit mit den vielen Autos wenigstens auch kein zusätzliches Verkehrshindernis bildet. Im Gegenteil, die »Lunghitevere«, die Straßen links und rechts entlang dem Fluß, die man durch die Kanalisierung gewonnen hatte, sind relativ breite Verbindungswege, und vor den Brücken staut sich der Verkehr nicht mehr als auch sonst in der Stadt an den Kreuzungen.

Ein römisches Viertel trägt den Namen des Flusses, *Trastevere* – jenseits des Tibers –, und die Bewohner dieses ein wenig, doch in malerischer Schönheit heruntergekommenen Viertels sind stolz darauf. Die Bezeichnung besagt zugleich, daß die Stadt Rom mit ihren klassischen sieben Hügeln ganz auf der linken Flußseite lag. Freilich ist »Trastevere« uralt, ja die Bewohner dieses Quartiers behaupten sogar bei guter Laune, sie seien älter als die Römer »auf der anderen Seite«. Von der Aurelianischen Stadtmauer wurden die Trasteverini jedenfalls eingeschlossen; davon kann man sich überzeugen. – »Jenseits des Tibers« verwendet man darüber hinaus im politischen Rom für den Vatikan, die kleine Stadt des päpstlichen Kirchenstaates mit der Zentralregierung der katholischen Kirche. Je nachdem wie die Beziehungen zwischen dem Papst und der italienischen Staatsführung, zwischen Kirche und Gesellschaft in Italien stehen, spricht man auch davon, der Tiber sei schmaler oder breiter geworden.

Sei's drum. Uns geht es jetzt mehr um den wirklichen Fluß, und deshalb begeben wir uns auf eine hypothetische Bootsfahrt von Norden nach Süden dem Lauf entsprechend, die man leider wegen der Dämme und Untiefen nur auf dem Papier unternehmen kann, die jedoch einen interessanten, gänzlich ungewohnten Aspekt von Rom zeigt. Solch eine Tour müßte auf dem Nebenfluß *Aniene* beginnen, der, von Tivoli kommend, sich windungsreich durch die Campagna schiebt. Denn bei den Brücken des Aniene – Ponte Nomentano, Ponte Tazio, Via delle Valli und Ponte Salario – sind wir nicht nur im modernen Rom, das sich hier weit im Norden der Stadt in modern-monotonen Mietskasernen präsentiert, sondern auch unter Bauwerken, die schon in der Antike als Flußübergänge eine Rolle spielten.

Lassen wir, nun auf dem Tiber, die ersten (modernen) drei Brücken – *Tor di Quinto, Bailey* und die großräumige und zugleich längste, 1951 fertiggestellte *Flaminio* – hinter uns, so haben wir vor uns den *Ponte Milvio* oder *Ponte Molle.* Diese Brücke begrüßte seit alters die Ankömmlinge aus dem Norden, da hier die Via Cassia und die Via Flaminia gemeinsam auf das linke Ufer wechseln. Bereits in der Republikanischen Zeit wurde hier im Norden der Stadt, in der geraden Verlängerung der Via Flaminia vom Forum und der Piazza del Popolo, eine Brücke über den Tiber geschlagen. An dieser Milvischen Brücke endete am 28. Oktober 312 die geschichtlich bedeutsame Schlacht zwischen Kaiser Konstantin und seinem Mitkaiser Maxentius, mit einem dem Christengott zugeschriebenen und den Christen gedankten Sieg des ersten. – Einer, der hier nur schwer Abschied von Rom nahm, war Goethe, dem das Wort zugeschrieben wird: »Euch darf ich's wohl gestehen, seit ich über den Ponte Molle heimwärts fuhr, habe ich keinen rein glücklichen Tag mehr gehabt.« So schlimm muß es nicht immer kommen, wenn man Rom verläßt.

Die nächste und drittnächste Brücke, den *Ponte Duca d' Aosta* und den *Ponte Matteotti,* verdanken die Römer Mussolini, weil der faschistische Diktator ein weites Sportgelände, *Foro Italico* (mit dem heutigen Olympiastadion) errichten ließ und eine notwendige Verbindung zwischen den neuen Vierteln *Parioli* und *Prati* schaffen wollte. Die Brücken *Risorgimento, Regina Margherita, Cavour* und *Umberto I.* hatte schon das Königreich Italien nach 1870 für die Bedürf-

Ponte und Castel Sant'Angelo. Stich von G. B. Piranesi

nisse der sich ausdehnenden lebhafteren Hauptstadt bauen lassen, die U-Bahn-Überführung dazwischen, den *Ponte Metropolitana,* erst die Republik Anfang der achtziger Jahre. Da sind wir auch schon, an Wohnbooten vorbei, die im Sommer auch als Bar oder Ristorante dienen, an der Engelsbrücke, dem *Ponte Sant' Angelo.* Sie ist die schönste der römischen Brücken. Kaiser Hadrian ließ sie im Jahr 136 n.Chr. als Zugang zu seinem Mausoleum über den Tiber schlagen, deshalb wird sie auch *Pons Aelius* genannt, nach einem der Vornamen des Kaisers. Die Engels-statuen der Brücke wurden nach Zeichnungen des großen Bernini von seinen Schülern zwi-schen 1660 und 1667 geschaffen (Abb. 104).

Den folgenden zwei Brücken, *Vittorio Emanuele* und *Principe Amedeo,* gelingt es tagsüber nie, ihrer Bestimmung gemäß, der Flußüberquerer Herr zu werden. Der Andrang in die Stadt und umgekehrt nach Sankt Peter ist zu groß, die Autos in Ost-West-Richtung prallen hier am heftig-sten auf jene in der Nord-Süd-Passage. Der folgende *Ponte Mazzini* erleichtert zwar den Zugang zum Gefängnis »Regina Coeli« auf dem rechten Ufer, doch für den Verkehr ist er unerheblich, was – ohne den Kerker, doch statt dessen zum Nutzen der zu Fuß gehenden Touristen – auch für den nächsten *Ponte Sisto* gilt, nicht jedoch für den *Ponte Garibaldi,* der den Verkehr zwischen »diesseits des Tibers« und Trastevere bewältigen muß.

Dahinter sind wir an der schönsten Stelle des Flusses, an der *Tiberinsel,* die sich wie ein großes, leicht gebogenes Schiff in den Strom legt, den Campanile von San Bartolomeo stolz als Mast prä-sentierend. Hier könnte man einmal die Ruhe eines Sonntagvormittags nutzen und auf den

Mündung der Cloaca Maxima in den Tiber. Stich von G. B. Piranesi

Molen entlangspazieren, dabei die verschiedenen Ansichten aus der Tiberperspektive in sich aufnehmend: Die beiden Brücken aus dem 1. vorchristlichen Jahrhundert, den *Ponte Fabricio* und den *Ponte Cestio,* die erste 57,30 Meter, die zweite 54,30 Meter lang; die eindrucksvollen Überreste des *Ponte Rotto,* der »kaputten« Brücke, aus der Antike; den Einfluß der Cloaca Maxima, des Hauptkanalisationssystems der Antike, in den Tiber hinter dem *Ponte Palatino* und das, was sich an Gebäuden und Glockentürmen jeweils über der Uferbefestigung zeigt. Niemand würde uns dann schelten, wenn wir unsere Fahrt schon hier beendeten und die übrigen Brücken (Sublicio, Testaccio, Industria, Marconi, Magliana und Scafa) als moderne Konstruktionen inmitten eintöniger Vorstadtsiedlungen auf sich beruhen lassen und dem Strömen des römischen Wassers nachsinnen.

Die Plätze – Bühnen für ein menschliches Welttheater

Eine Stadt ist reich, wenn sie einen einzigen schönen Platz besitzt. So selten sind im Zeitalter der Autos Plätze geworden, die nicht nur dem Straßenverkehr »Platz machen«, sondern dem Menschen eine Bühne des Lebens bieten, einen Rahmen, in dem Politik und Religion, Handel und Wandel ihren gemäßen Platz finden. Rom hat von solchen Plätzen einige, und diese bilden nicht den einzigen kunstarchitektonischen Reichtum der Stadt. Doch unter diesen ragt ein Dreigestirn hervor, dem am Himmel der urbanistischen Baukunst nichts gleichkommt: die *Piazza del Campidoglio,* des Kapitolinischen Hügels, der *Petersplatz* und die *Piazza Navona.*

Diese drei wurden zum Glück weitestgehend von Autos freigehalten; viele andere Plätze Roms sind, der Not gehorchend, leider zu Parkflächen degradiert. Aber zu den schönsten Plätzen Roms wird man – trotz des Verkehrs – auch die Piazza della Bocca della Verità, die Piazza Colonna, Farnese, del Popolo, del Quirinale, della Rotonda (vor dem Pantheon), San Giovanni in Laterano, Sant' Ignazio, Santa Maria in Trastevere, di Spagna und Venezia rechnen – die alphabetische Reihenfolge soll jede Rangordnung vermeiden –, selbst wenn man ihre ganze Schönheit und Eigenart nur in einer ruhigen Sonntagsstunde ohne Autos erfahren kann.

Selten wird ein Platz fix und fertig gebaut. In den meisten Fällen entsteht er erst im Lauf von Jahrzehnten oder gar Jahrhunderten. Goethes Ratschläge an die Architekten aus dem Roman »Wilhelm Meisters Wanderjahre« gelten daher in besonderer Weise: »Der Bauende soll nicht herumtasten und versuchen; was stehenbleiben soll, muß recht stehen, und wo nicht für die Ewigkeit, doch für geraume Zeit genügen. Mag man doch immer Fehler begehen, bauen darf man keine.« Diese Mahnung ist jedoch bei einem Platz noch schwieriger zu beherzigen, weil hier mehrere Architekten keine Fehler bauen dürfen, sich schon Vorhandenem anpassen, das alte Gegebene in eine neu gewollte Form umgestalten müssen. Da Plätze aber nicht das Experimentierfeld architektonischer Technik sind – von Aufmarschplätzen für Massenveranstaltungen oder Parkhalden zu schweigen, die als Wegwerfplätze oder Einwegkonstruktionen ihr wahres Gesicht in trostloser Leere enthüllen –, sondern Kristallisierungen des städtischen Lebens, müssen sie von den Bürgern angenommen, also gern bevölkert werden.

Über den *Kapitolsplatz* mit den Palästen der Senatoren, der Konservatoren und des Kapitolinischen Museums, seinem Zugang und den Ausgängen, dem trapezförmigen Grundriß und dem linearen Muster im Pflaster, der zur Mitte hin ansteigenden, durch die weißen Linien bewegten Fläche, dem dort aufgestellten Reiterstandbild des Kaisers Mark Aurel schreibt der Kunsthistoriker Heinrich Lützeler: »Dieser Ort war im Altertum, durch Tempel, Opfer und Staatsakte geheiligt, Inbegriff Roms und des Imperium Romanum. Wenn die Renaissance die inzwischen verfallene Stätte neu formte, so wollte sie sich damit zugleich den alten Sinn neu aneignen: sie empfand die eigene Gegenwart als Fortsetzung römischer Größe. Im Mittelalter wurde der Platz zur Aufstellung städtischer Rechtssymbole benutzt, 1143 der Sitz der Stadtverwaltung dorthin verlegt. Damit war er im Hinblick auf die städtischen, der Autokratie des Papstes entgegengestellten Freiheiten wieder im höchsten Grade symbolmächtig. Michelangelo orientierte den in der Antike zum Forum hin geöffneten Platz auf St. Peter zu – aus verkehrstechnischen, aber auch aus inneren Gründen: die weltliche Roma mit ihrer reichen Geschichte war so durch die Ausdruckskraft städtebaulicher Planung der geistlichen Roma zugeordnet. Im Kapitolsplatz stellte sich verdichtet die Aufgabe der Städtebaukunst dar: die Eingrenzung des Freiraums durch Treppe, Turm und Wand, die Schaffung räumlicher Bezüge zum Teil über große Entfernungen hinweg, die Einschmelzung aller Einzelteile, besonders der plastischen Monumente, in den räumlichen Zusammenhang.«

Und der *Petersplatz?* Die Piazza des Bernini, Roms gewaltigster Platz, ist eine vollkommene Schöpfung – mit Menschen und menschenleer: die vier Reihen der Kolonnaden, weit ausladenden Armen vergleichbar, die aufnehmen, umspannen und sich wieder öffnen, in deren durch die Säulen gebildeten Nischen man sich jedoch zugleich verbergen und bergen kann, die Prozession der Heiligen darüber, Zeichen der triumphierenden Kirche, das Oval des ersten Platzes mit dem Obelisken in der Mitte und den beiden Brunnen (von Bernini geplant, von anderen geschaffen) in der Nähe der Brennpunkte der Ellipse – so daß man von zwei im Pflaster eingelassenen Scheiben die vier Säulenreihen wie eine sieht –, das zur Kirche sich öffnende Trapez des zweiten Platzes mit den beiden Apostelfiguren des Petrus und des Paulus, über den man auf weiten Stufen langsam zur Basilika hinaufsteigt und auf dem an Festtagen der Papstaltar steht. Eine geniale architektonische Leistung ist in diesem Platz konzentriert. Man sieht ihm erst, wenn man es weiß, an, daß der ovalförmige Platz in den Ausmaßen von 196 × 142 Metern in sich einen Höhenunterschied von 2,46 Metern aufweist, daß er von der Nullmarke des linken Brennpunkts zu den linken Kolonnaden auf 2,20 Meter ansteigt, nach rechts hingegen zunächst auf minus 0,26 Meter abfällt und dann ganz langsam bis zu den rechten Kolonnaden eine Höhe von 1,57 Metern erreicht. Bernini schuf den Platz nicht »im Nichts«. Der Weg zur Kirche und der Blick von weither auf Fassade und Kuppel mußten gewährleistet werden. Der Zugang zum Vatikanischen Palast durch das Bronzetor rechts sollte bestehen bleiben, sogar mit einem überdachten Gang für wichtige Besucher bei Regen – im Mittelgang unter den Kolonnaden sieht man auf dem Boden noch die Basaltsteine zum Schutz der Säulenbasen gegen die Karossen der Gäste. Der Anstieg zur Kirche, die Sicht für eine große Menschenmenge auf die Benediktionsloggia über dem Mittelportal, der Standort des Obelisken wollten berücksichtigt und gesichert sein. Ein Ort heiliger Feiern sollte geschaffen werden, wo die göttliche Botschaft Christi durch

Der Petersplatz. Stich von G. B. Piranesi

seinen Stellvertreter dem Menschen und der Menschheit verkündet, der einzelne zum Gött-lichen erhoben werden konnte. Papst Alexander VII. und dem Künstler Bernini gelang hier die architektonische Krönung eines universalen Anspruchs: Theoretisch kann der Papst die katho-lische Kirche auch von New York, Lagos oder Tokio leiten, aber sein eigentlicher Platz ist der von Sankt Peter in Rom.

Der Volksplatz der Römer ist nicht, wie der Name nahelegt, die Piazza del Popolo – diese ist kunstvoll konstruierter Schluß der Innenstadt im Norden –, sondern die *Piazza Navona.* Das merkt man an Sommerabenden, wenn Feuerschlucker ihr Geschick, Tiere ihre Kunststücke, Maler ihre Bilder zeigen, ebenso wie im Winter, wenn auf dem Weihnachtsmarkt Kinder um Naschwerk betteln und der Duft der gerösteten Kastanien alles erfüllt. Dann nehmen die Römer gern in Kauf, daß sie ihre Autos nicht auf dem Platz abstellen dürfen – wie auf der Piazza del Popolo –, sondern irgendwo in den Straßen und Gassen daneben lassen müssen. An der Piazza Navona erscheint alles so einfach. Ihre Form ist die eines Stadions (Farbt. 6), jenes des Kaisers Domitian aus dem 1. Jahrhundert, statt der Zuschauerränge finden wir Kirchen und Wohn-häuser, und Schluß. Aber da fing Papst Innozenz X. (1644–1655) erst an, ließ den Palast seiner Familie Pamphilj an der Piazza umbauen und daneben von Borromini neu die Kirche Sant' Agnese errichten (Farbt. 5). Zuvor schon war Bernini am *Vier-Ströme-Brunnen* in der Mitte am Werk, zwei weitere Fontane in den Kurven kamen hinzu. Daß man im Barock den Platz unter Wasser setzte – wahrscheinlich nutzte man zumeist die »natürlichen« Überschwemmungen des

Piazza Navona. Stich von G. B. Piranesi

Tibers – und dann zum Vergnügen des Volkes Wagenrennen abhielt, ist nur der tollste Ausdruck des lustigen Treibens hier. Auf dieser Bühne – leicht zu erreichen und zu verlassen durch sechs Straßen, zugleich von geschlossener Intimität durch die festen Fronten der Häuser – fühlt sich das römische Volk wohl – die Fremden auch.

Rom stellt den Bewohnern und Besuchern noch andere Bühnen bereit, etwa den *Vorplatz der Kirche von Santa Maria della Pace* in seinem heiteren Spiel von konkaven und konvexen Formen; er sollte den Deutschen besonders vertraut sein, weil dort auch der Eingang zum deutschen Priesterkolleg Santa Maria dell' Anima liegt. – Oder die *Piazza von Sant' Ignazio* mit den virtuos gesetzten Kulissen der Häuser und Zugänge auf engstem Raum, ein- und ausschwingenden Fassaden des Spätbarock, fast des Rokoko (Abb. 28). – Oder der Spanische Platz, die *Piazza di Spagna,* die man nicht ohne die grandiose Treppe erwähnen kann. Beide erscheinen wie eine Doppelbühne: Die auf der Treppe beobachten die Menschen auf dem Platz und in der abgehenden Via Condotti; wer auf dem Platz, etwa am Brunnen, sitzt, sieht das lebhafte Treiben auf den Stufen bis hinauf zum Obelisken vor der Kirche Trinità dei Monti (Farbt. 3). – Eine ähnliche Wechselbeziehung ergibt sich zwischen der *Piazza del Popolo,* dem weiten Oval mit dem Obelisken in der Mitte, den drei Marienkirchen, zweien am Ausgang des Corso, der dritten wichtigeren neben der Porta Flaminia, und den Terrassen des Pincio hoch darüber.

Man sollte es sich auch nicht nehmen lassen, mit der Kraft der Phantasie die ehemalige Schönheit mancher Plätze wiederherzustellen, die heute durch Autos oder architektonische Zusätze verdorben sind. So die der *Piazza Venezia;* der schroffe Akzent, den das Nationaldenkmal setzt, wird am besten aufgehoben, wenn man es besteigt und dann das Herumgelegene zu seinen Füßen hat, da kann dieses »Monumento« nicht mehr stören (Abb. 14). – Die *Piazza Farnese* lebt ganz von der Fassade des gleichnamigen Palastes, der *Campo de' Fiori* von den leuchtenden Farben der angebotenen Blumen, auf der *Piazza del Quirinale* und der von *San Giovanni in Laterano* sind es die Obelisken, auf der *Piazza Colonna* hingegen die Triumphsäule des Mark Aurel, die den Platz prägen, auf der *Piazza della Bocca della Verità* die ihn eher zufällig umgebenden Werke der Baukunst: Tempel, Kirchen, Brunnen und Bögen (vgl. Abb. 53, 54, 66, 82, 92).

Straßen

Ein starker politischer Wille und eine umsichtige architektonische Gestaltungskraft sind Anfang und Ende des geplanten Städtebaus, der überlegten Urbanistik. Rom hingegen ist nach seiner Gründung jahrhundertelang wild gewachsen, je nach den Bedürfnissen seiner Bewohner, nach den Ansprüchen der Mächtigen und Reichen, nach den wenig koordinierten Ambitionen der alten Republik. Dann griffen die Herrscher ein: Caesar, die Kaiser Augustus und Nero etwa. Wir finden deutliche Spuren von ihnen, doch ein deutliches Konzept, dessen Grundrisse und Bauwerke sich im gesamten Stadtbild noch heute ablesen lassen, sehen wir nicht. Erst die Renaissance schafft nach den Wirren der Völkerwanderung, nach den Dunkelheiten des Mittelalters distinkte Begriffe und klare Verhältnisse, zwingt der verwachsenen, verwinkelten Wirklichkeit von engen Gassen eine geradlinige Ordnung auf. Die Bauherren und Architekten des Barock und einer ganz anderen Zeit, der des Faschismus, gehen mit dem Lineal über die Stadt. Was sie neu schaffen, findet nicht immer Beifall, doch erleichtert es das Leben der Römer.

Nehmen wir nur ein paar Straßen als Beispiele: Via del Corso, di Ripetta und del Babuino, Condotti, Sistina und Giulia, die Via dei Fori Imperiali und die Via della Conciliazione.

So sinnvoll erscheint die *Via del Corso* als Nord-Süd-Achse der Innenstadt, daß man annehmen könnte, es habe sie schon immer in Rom gegeben. Zwar verlief hier schon in der Antike das Stadtstück der Via Flaminia, im Mittelalter die Via Lata – »breite Straße«, was auf urbanistische Hervorhebung schließen läßt –, doch erst Papst Paul II. (1464–1471) besorgte die geradlinige Ausrichtung der 1500 Meter langen Straße zwischen der Piazza del Popolo und der Piazza Venezia – unter anderem, um Pferderennen (Corse dei cavalli, daher der Name Corso) dort abzuhalten. Die Palazzi links und rechts in verschiedenen Stilrichtungen von der späten Renaissance bis zum Rokoko bezeugen, daß es am Corso erst nach dem 15. Jahrhundert lebendig wurde – und besonders während des römischen Karnevals, wovon Goethe eine höchst anschauliche Schilderung gibt (vgl. Seite 59 f.).

Anfang des 16. Jahrhunderts bildete die *Via Giulia* eine Zeitlang die Hauptstraße der Stadt. Papst Julius II. (1503–1513) hatte sie als erste geradlinige Straße Roms von der Kirche San Giovanni dei Fiorentini am linken Tiberufer gegenüber von Sankt Peter – damals ein wichtiger, stark frequentierter Treffpunkt der Florentiner, darunter Michelangelo – 1000 Meter lang bis

Via del Corso mit Palazzo dell'Accademia. Stich von G. B. Piranesi

zum Ponte Sisto anlegen lassen. Die adligen Familien schmückten in den folgenden kunstreichen Jahrzehnten die Via Giulia mit stattlichen Palästen und schmucken Kirchen links und rechts, die noch heute diese Straße zu einer der vornehmsten Roms machen (Farbt. 28).

Vom Obelisken der *Piazza del Popolo* blickt man nicht nur in die Via del Corso, sondern nach rechts auch in die *Via di Ripetta* und die anschließende *Via della Scrofa,* die 1518 von Papst Leo X. (als Via Leonina) eröffnet wurde, um den Hauptzugang zur Stadt, die Porta Flaminia, und das neu aufstrebende Viertel, das heute das Zentrum Roms ist, mit dem Hafen der Ripetta und dem Vatikan zu verbinden. Diese Entwicklung war vorbereitet durch die Entscheidung Papst Nikolaus V. (1447–1455), die Papstresidenz vom Lateran endgültig nach Sankt Peter im Vatikan zu verlegen und damit aus der Stadt auszuziehen, womit er sich zugleich in den Schutz der einzigen intakten Festung Roms, der Engelsburg, begab. Dieser urbanistische Prozeß wurde bekräftigt durch den Beschluß Gregors XIII., einen zweiten Papstpalast auf dem Quirinal zu bauen. Zwischen Vatikan und Quirinal, zwischen Tiber und Pincio entstand das neue Rom, nördlich des antiken. So gewinnt Sinn, daß Klemens VII. (1523–1534) die *Via del Babuino* (als Via Clemenzia) zog, Paul III. (1534–1549) die *Via della Trinità* (heute Via Condotti – weil Gregor XIII. eine neue Wasserleitung, Condotte d'Acqua, legte), *Via Fontanella Borghese, Clementino* und *Monte Brianzo.*

Sixtus V. (1585–1590) legte dann endgültig den Plan des »Centro storico«, des historischen Zentrums, fest, das – wie wir wissen – nicht der älteste Teil, nicht das antike Rom ist. Er hatte bis zum Bau der Eisenbahn in der Stadt (1856, also noch unter päpstlicher Herrschaft) Gültigkeit. So trägt die *Via Sistina* zu Recht den Namen des fünften Sixtus (die Cappella Sistina im Vatikan den des vierten). Sie verläuft 1500 Meter lang vom Obelisken der Spanischen Treppe über den Hügel des Quirinal bis zur Apsis von Santa Maria Maggiore, wegen der parallel, wenn auch in wechselnden Höhen gezogenen Wasserleitung der Acqua Felice schnurgerade, allerdings unterwegs ihren Namen ändernd – *Via delle Quattro Fontane* und *Via Depretis.*

Es bedurfte wohl des rücksichtslosen Willens eines Diktators, um in den *Borgo,* das Viertel vor Sankt Peter, eine riesige Schneise zu schlagen. Geplant war dies seit der Mitte des 15. Jahrhunderts schon von Papst Nikolaus V., nicht nur um den freien Blick auf die größte Kirche der Christenheit zu gewinnen, sondern auch, damit sich die Gläubigen – und ebenso die Skeptiker – in feierlichem Gehen, die Basilika vor Augen, auf das Machtzentrum des Papstes einstimmen konnten. So begann man im Jahr 1936 die alten Häuser des päpstlichen Viertels niederzureißen und Fassaden von Kirchen und Palästen zu verschieben; 1950, zum Heiligen Jahr, waren die Arbeiten beendet, nicht jedoch die Diskussionen um das Projekt und die Ästhetik der *Via della Conciliazione.*

Im Gerede ist und wird für lange Zeit wohl bleiben die *Via dei Fori Imperiali,* die breite, 850 Meter lange Allee zwischen der Piazza Venezia und dem Kolosseum, die in faschistischer Zeit (1932) als Parade-, Triumph- und »Reichs«-Straße des neuen »Impero« über die Foren gelegt wurde – über, nicht nur zwischen Forum Romanum und Kaiserforen. War es ein Akt barbarischer Denkmalsschändung? Oder eine Entscheidung weit vorausschauender Planung, die den Bedürfnissen des modernen Verkehrs zur richtigen Zeit gerecht zu werden suchte? Kann man die Asphaltierung des antiken Ruinengeländes wieder rückgängig machen und das gesamte Areal der Foren zu einem archäologischen Park umgestalten? Kaum jemand würde etwas dagegen haben, die Via dei Fori Imperiali und die weiteren modernen Bebauungen zu opfern, um das darunter liegende Erbe der Antike freizulegen, wenn zugleich das Verkehrsproblem gelöst würde. Wo sollen die Autos fahren und bleiben, die jetzt diese Ader benutzen? Doch tröstlich ist, daß man – ganz nach römischer Art – die Lösung des großen Problems aufgeschoben und in der Zwischenzeit zu graben begonnen hat.

Unten und oben – Die Treppen

Bedürfen die Treppen Roms einer eigenen Erwähnung und Hervorhebung? Treppen scheinen doch zu nichts anderem gut, als Höhenunterschiede zu überwinden, unten und oben miteinander zu verbinden. Doch von unten nach oben, von oben nach unten zu bringen, das ist ein besonders kunstvolles »Leit«-Motiv der Architektur in Rom. Es geschieht oft so selbstverständlich, daß man die Kunst und die raffinierte Technik dabei kaum merkt. Aber gerade dann stellt sich ein besonderes Gefühl ein, ein spezifisch römisches »Treppengefühl«, ohne daß man sich dessen so recht bewußt wird. Nur von diesem Empfinden ist hier die Rede. Denn von Kunst und Technik, der Spanischen Treppe etwa und aller anderen römischen Scale und Scalinate, wird im Zusammenhang mit dem durch sie erschlossenen Bauwerk gesprochen.

Aufgang zum Kapitol und S. Maria in Aracoeli. Stich von G. B. Piranesi

Wie ist das »Treppengefühl« der Antike? Wir müssen uns mühen, die Stufen zu erklimmen, sei es im Kolosseum, einem öffentlichen Gebäude, sei es in den Privathäusern von Ostia Antica. Es sind mehr Stufen als Treppen, nur dazu bestimmt, ohne viel Aufwand praktischen Zwecken zu dienen, von einem Stockwerk ins andere zu gelangen, ohne Raum zu verschwenden, von einem Zuschauerrang in den nächsten zu kommen, ohne durch breite Treppenhäuser wertvollen Platz zu schmälern. Wenn es feierlich zugehen soll, benutzt man Rampen zum Anstieg auf einen Hügel, wie den Palatin oder das Kapitol, in moderner Zeit den Pincio oder Gianicolo. Da können auch festliche Prozessionen in getragenem Schritt einher- und aufwärtsziehen, wie beim Triumph der siegreichen Feldherrn auf der Via Sacra vom Forum hinauf zum Kapitolinischen Hügel.

Eine andere Funktion haben in der Antike die Freitreppen, an deren Ende ein Tempel steht, wie etwa der *Tempel der Fortuna Virilis* in Rom am Tiber oder jener der Roma und des Augustus in Ostia. Da steigt man in eine andere Welt hinauf, in einen heiligen Bezirk, der über den Bereich des Profanen erhoben ist und erhaben wirkt, was etwa die Kirche *San Gregorio Magno* gegenüber dem Palatin nachvollzieht (Abb. 88), ebenso wie viele andere Kirchen, die nur mit zwei oder drei Stufen leicht erhöht sind. Daß man heute zu einigen Kirchen in Rom hinuntergeht, zum *Pantheon* etwa oder zu *Santa Pudenziana,* hat einen praktischen Grund: Das umliegende Bodenniveau ist durch Schutt und Schlamm gestiegen, während die »kostbareren« Bauwerke bewahrt blieben.

Enge Stufenstiegen gilt es in den Katakomben zu bewältigen. Die Mühe, die mit dem Treppensteigen verbunden ist, wird einem auch bewußt, wenn man sich auf Knien die Stufen der *Scala Santa* in der Kirche der heiligen Stiege, gegenüber der Lateransbasilika, hinaufbegibt. Es seien die Stufen des Gerichtsgebäudes zu Jerusalem gewesen, welche die Kaiserin Helena Anfang des 4. Jahrhunderts nach Rom gebracht habe, berichten fromme Pilgerbücher des Mittelalters, auf denen Jesus Christus dem Leiden entgegenging, und sie so demütig nachzusteigen bringe ewigen Gewinn und reichen Ablaß. Ganz anders hingegen die Treppen in unzähligen römischen Palazzi, die einem das Aufwärts- und Abwärtssteigen so angenehm wie möglich zu gestalten suchen, indem sie das Verhältnis der Schrittlänge auf ebenem Boden zur Höhe großzügig auslegen. Das erfordert Platz, doch es gewährt dem Menschen bei anstrengender Bewegung mehr Würde.

Bequem hin, bequem her. Bei *Santa Maria in Aracoeli* galt es, sich Vorgegebenem anzupassen und der hoch auf dem Kapitolinischen Hügel gelegenen Kirche einen Eingang zur Stadt auf dem Marsfeld, zu der dem Forum abgewandten Seite zu schaffen. Da dies zur Zeit des Exils der Päpste in Avignon geschah (1348), erklärte man die steilen 122 Marmorstufen flugs zur Himmelsleiter – in den Himmel hinauf geht es ja auch schwer –, sah in ihr die Hoffnung auf eine bessere

Piazza di Spagna mit Spanischer Treppe. Stich von G. B. Piranesi

S. Maria Maggiore, Apsisansicht mit Freitreppe. Stich von G. B. Piranesi

Zeit ausgedrückt und war mit diesem einzigen Bauwerk in jenen für die Römer schwierigen Jahrzehnten höchst zufrieden. In Rom empfiehlt man diese Treppe verliebten Paaren; wenn sie die Anstrengung beim Aufstieg nicht merkten, stehe es gut mit ihnen. Im übrigen wird man für die Mühe des Aufstiegs vor Santa Maria in Aracoeli durch ein schönes Panorama über die Stadt entschädigt. – Zu einer gänzlich anderen Lösung kam Michelangelo, vom selben Ausgangspunkt, der Piazza d'Aracoeli, direkt daneben. Gemäß seinem Entwurf wird der Besucher zuerst auf einer breiten *Rampentreppe auf die Piazza del Campidoglio* geleitet, von dort auf einer doppelten Freitreppe hinauf zum Senatorenpalast. Feierlicher kann man kaum emporschreiten.

Oder doch. Ein ähnliches Gefühl beherrscht den Besucher, der vom Petersplatz hinauf zur Basilika oder in den Vatikanischen Palästen hinter dem Bronzetor die *Scala Regia des Bernini* ebenfalls emporschreitet – man kann gar nicht anders, die Treppen zwingen einen zu gemessenem, feierlichem Gang, bereiten auf große Begegnungen vor (Abb. Seite 44). – Zu den römischen Treppen-Erlebnissen gehört auch die *Stiege im Innern der Peterskuppel* zwischen den beiden Schalen, in der man sich langsam der Wölbung der Kuppel anpassen muß. – Wer zu Kapitol und Vatikan – in den Museen dort hat man für die vielen Besucher als kuriose Treppe zwei Rampen wie Spindeln in sich gedreht – einen Gegensatz erdenken will, der käme der *Spanischen Treppe* wohl sehr nahe. Ihre Schwünge haben etwas Tänzelndes. Feierlichen Ernst kann man da abstreifen. Oder, wie der Kunsthistoriker Wolfgang Lotz schreibt: »Jeder Absatz führt zu neuen, einige zu überraschenden Bildern. Die Form der Stufen ändert sich; ihre Mitte ist bald konvex, bald konkav, bald gerade; die Läufe trennen und vereinigen sich; ging man zunächst auf die Kirche zu, so hat man sich im obersten Lauf scheinbar von ihr zu entfernen. Es ist wohl mehr der kontinuierliche Wechsel von Formen und Aussichten als die bequeme Form der Stufen, der den Anstieg so mühelos macht. Die Aufmerksamkeit wird so sehr von dem, was das Auge erlebt, in Anspruch genommen, daß die physische Anstrengung kaum empfunden wird ... Aber auch das Ausweiten und die Verengung der seitlichen Grenzen, der verschiedenen Absätze und selbst der einzelnen Treppenläufe hält das Auge ununterbrochen wach; die Füße finden gleichsam keine Zeit, sich zu beklagen.«

Gegenüber diesem Höhepunkt der Treppenarchitektur, nicht in Rom, sondern der ganzen Welt, der im Frühling noch akzentuiert wird durch Azaleensträucher über dem gesamten Aufgang (Farbt. 3), fällt anderes ab. Deshalb nur zwei Eindrücke noch: Die gewaltige Freitreppe, welche die Apsis von *Santa Maria Maggiore* umschließt, dient dem ungehinderten Zugang zur Kirche auch von dieser Seite und erscheint zugleich als grandiose Hügelverkleidung des Esquilin (Abb.79). Hier ist die Versuchung besonders groß, sich auf die Stufen zu setzen und den Verkehr der Menschen und Autos zu beobachten. – Und die gewaltigste Treppe Roms? Ohne am italienischen Patriotismus freveln zu wollen, scheint mir das Denkmal für Viktor Emanuel an der Piazza Venezia eigentlich nur aus Treppen zu bestehen, es lehnt sich ja auch an einen Hügel, den des Kapitols, und man macht – wie schon empfohlen – nicht den schlechtesten Gebrauch davon, wenn man hinaufsteigt und aus der Mitte Roms die Stadt betrachtet.

Römische Brunnen

Ein Brunnen ist Lebensgefühl und Weltanschauung zugleich. Wasser – Stein – und der Mensch davor, das ist uralte, heilig-mythische Verbindung. Das Wasser, für die Antike eines der vier Elemente der Welt, ist dem Menschen unentbehrlich, ohne Wasser kann er nicht leben. Solche Existenzgrundlage drückte sich darin aus, daß Wasser für göttlich gehalten wurde, daß die Menschen das Meer und die Seen, Flüsse und Bäche, Quellen und Brunnen mit unzähligen Gottheiten bevölkerten, oder auch darin, daß man dem Fließen und Strömen, Rauschen und Plätschern des Wassers – ähnlich den Flammen des Feuers – lange zuschauen und zuhören kann. Aber im Brunnen ist aus der Not des Menschen eine Kunst geworden. Die Erde, die in ihren Quellen Leben hergibt, wird wiederholt. So hat die Natur selbst die Brunnen erfunden, und der Künstler tut nichts anderes, als diesen schöpferischen Vorgang zu wiederholen, und der Betrachter eines Brunnens nichts anderes, als diesem Grundvollzug menschlichen Daseins beizuwohnen. Deshalb hat das geruhsame Verweilen vor einer römischen Fontana, das Beobachten des Wassers über kunstvollen Formen, das in unsere Seele eingeht, nichts mit dem Dolcefarniente, dem süßen Nichtstun gemein. Oder doch, mit der Muße des Menschen, die ihn von jedem »Muß« befreit?

Brunnen scheinen Luxus. Aber vielleicht verdanken sie ihre Entstehung dem Ungeschick des Menschen, dem Unvermögen – das erst später die Entwicklung der Technik aufheben sollte –, Wasser dauerhaft zu speichern, es unter Druck auf Vorrat zu halten. So mußte das gewonnene,

Fontana dell'Acqua Paola auf dem Gianicolo. Stich von G. B. Piranesi

gesammelte, über weite Strecken beförderte Wasser fließen, fließen, fließen. Wollten die Alten – die des Mittelmeerraums, wo Wasser kostbar war und ist, nicht wie im Norden in lästigem Übermaß vorhanden – das Wasser vor Augen haben und leiteten es deshalb in Strahlen und Schalen? Wie auch immer. Das Wasser als notwendige Basis des Lebens wurde transformiert zu Freude, Vergnügen, Genuß. Den Meisterwerken der römischen Baukunst, den Aquädukten, entsprechen am Ende oft Kunstwerke, die das Wasser vor dem Gebrauch und Verbrauch ein letztes Mal heiligten und feierten, bis es wieder dem ewigen Kreislauf des Lebens anvertraut wurde. Die großen Traditionen der Antike nahmen die Päpste im 16. Jahrhundert wieder auf, als es den Römern gelang, mit dem Wohlstand wieder an alte Zeiten des Imperium Romanum anzuknüpfen und Gelder für Wasserleitungen »flüssigzumachen«. Jedes Jahrhundert leistete dann seinen Beitrag, die göttliche Verbindung von Wasser und Stein menschlich zu variieren, das 17., das »goldene Jahrhundert« des Barock ebenso wie das 18., 19. und 20. Besonders erfindungsreich war man in Rom dann darin, Kunstelemente der Antike, einen Marmorkopf, eine Travertindekoration, sinnvoll zu verwenden.

Römischen Brunnen zu huldigen heißt deshalb, sich einer Kunstwelt hingeben, die, auf dem Grund des Daseins aufgebaut, den Menschen froh und heiter stimmen soll, munter und vergnügt, ausgelassen und lustig, selten nur besinnlich und ernst, die Abwechslung und Erholung, Entspannung und Zerstreuung, Spaß und Genuß, Behagen und Ergötzen bereitet. Niemand hat bisher alle Brunnen in Rom und Latium gezählt. Berechnungen über die Brunnen in der Hauptstadt des Römischen Reiches zur Kaiserzeit schwanken, kommen manchmal auf 212, manchmal auf mehr als 300, die von elf Aquädukten gespeist wurden, welche in 247 Wasserreservoiren etwa eine Milliarde Liter pro Tag vornehmlich für den öffentlichen Gebrauch bereitstellten. Der Verbrauch in der Antike lag um das Drei- bis Vierfache höher als heute, weil Wasser eben »ewig« floß.

Den römischen Brunnen als Lebensgleichnis haben zwei deutsche Dichter beschrieben:

DER RÖMISCHE BRUNNEN

Aufsteigt der Strahl und fallend gießt
er voll der Marmorschale Rund,
die, sich verschleiernd, überfließt
in einer zweiten Schale Grund;
die zweite gibt, sie wird zu reich,
der dritten wallend ihre Flut,
und jede nimmt und gibt zugleich
und strömt und ruht.

Conrad Ferdinand Meyer

RÖMISCHE FONTÄNE – BORGHESE

Zwei Becken, eins das andre übersteigend
aus einem alten runden Marmorrand,
und aus dem oberen Wasser leis sich neigend
zum Wasser, welches unten wartend stand,

dem leise redenden entgegenschweigend
und heimlich, gleichsam in der hohlen Hand,
ihm Himmel hinter Grün und Dunkel zeigend
wie einen unbekannten Gegenstand;

sich selber ruhig in der schönen Schale
verbreitend ohne Heimweh, Kreis aus Kreis,
nur manchmal träumerisch und tropfenweis

sich niederlassend an den Moosbehängen
zum letzten Spiegel, der sein Becken leis
von unten lächeln macht mit Übergängen.

Rainer Maria Rilke

Fontana di Trevi. Stich von G. B. Piranesi

Ist damit den römischen Brunnen zuviel Schwere gegeben? Also stürzen wir uns voll leichten Übermuts in die Fluten der heutigen rund 120 Brunnen und Fontänen, die wegen ihrer künstlerischen Gestaltung der Aufmerksamkeit wert sind. Aus der Antike sind uns Nymphäen erhalten, wie jenes im Palast der Flavier auf dem Palatin, klassisch-streng in der Architektur, oder Brunnen wie jene in den Vatikanischen Museen, »der Silenen« mit Wasserschläuchen und »der Wasserpferdchen« mit gedrehten Schweifen in verspielten Formen.

War es nur ein launiger Einfall Papst Leos X., im Jahr 1515 ein kleines Schiffchen auf einen Brunnen vor der Kirche Santa Maria in Domnica auf dem Caelius zu setzen, oder verpflichtete dazu ein Gelübde aus Anlaß einer schwierigen Seefahrt? Andere Päpste begnügten sich mit Marmorwannen aus dem Altertum, ließen, wie Julius III. (1550–1555) in der Via Flaminia, kuriose Formen – Delphine waren sehr beliebt – dazu meißeln und vor allem ihr Wappen. Oder sie spielten gekonnt, wie der berühmte Brunnenarchitekt Giacomo della Porta (1540–1602), mit Becken und Schalen: so auf der Piazza Nicosia, der Piazza Colonna, Piazza Rotonda vor dem Pantheon (Farbt. 16), so bei der entzückenden *Fontana delle Tartarughe,* dem Schildkrötenbrunnen, auf der Piazza Mattei (Abb. 58) mit Muscheln, Epheben und den Schildkröten (des Bernini), auf der Piazza d'Aracoeli, der Piazza della Madonna dei Monti, Piazza Campitelli mit merkwürdigen, eselsohrigen Masken, der Piazza della Chiesa Nuova in der Form einer vornehmen Suppenterrine – beim Brunnen auf dem Campo de' Fiori vom Anfang dieses Jahrhunderts hat man der Terrine den Deckel abgenommen –, so bei den Fontanelle am Aufgang zum

Kapitol mit den beiden ägyptischen Löwen oder in der Via del Progresso. Die Brunnenszene belebt sich Ende des 16. Jahrhunderts mit gewaltigen Figuren, so dem Meeresgott im Hof des Kapitolinischen Museums oder der gigantischen, ungeschlachten Gestalt des Moses und der grimmigen Löwen bei der Acqua Felice an der Piazza San Bernardo (Abb. 73) oder dem »Babuino« (Tölpel) in der gleichnamigen Straße. Der Architekt Domenico Fontana (1543–1607) macht nun seinem Namen (»Brunnen«) alle Ehre, so im Hof des Palazzo Colonna.

Im »goldenen« 17. Jahrhundert lassen die Päpste die Brunnen mit besonderer Liebe vor allem mit ihren Wappentieren schmücken. Der Borghese Paul V. mit Adler und Drachen, der Barberini Urban VIII. mit Bienen. Die großen Plätze, wie der von San Pietro, die Piazza Farnese oder der Belvedere-Hof des Vatikans, waren den Bauherren und Architekten gerade recht, um großartigen und feierlichen Wasserspielen zu frönen. Gianlorenzo Bernini (1598–1680) zeigte, wie man dem alten Thema von Stein und Wasser neue künstlerische Formen abgewinnen könnte am linken *Brunnen des Petersplatzes*, der *»Barcaccia«* vor der Spanischen Treppe, dem kunstvollen *»Tritonen« auf der Piazza Barberini* (Farbt. 29), den *»Bienen«* am Beginn der Via Veneto (Ecke Piazza Barberini) und vor allem im *Vier-Ströme-Brunnen* auf der *Piazza Navona* (Farbt. 5, Abb. 34), wie auch in dem des *»Moro«*, ebenfalls auf der Piazza Navona. Die Lebensfreude des Barock will sich eben auch in den Brunnen ausdrücken, auf der *Piazza Santa Maria in Trastevere* (Farbt. 27), im *Nymphäum des Palazzo Borghese* (Farbt. 14) oder im *Hof des Palazzo Colonna*. – Der Barockbaumeister Francesco Borromini (1599–1667) fügt seiner Kirche San Carlo an der Straßenkreuzung Via Pia (heute Via XX Settembre) und Via Felice (Via delle Quattro Fontane) vier Brunnen an, mit – jetzt stark gedunkelten – Figuren der Flußgötter Tiber und Nil, des »Glaubens« und der »Festigkeit«. Die Flußgötter Nil und Tiber brauchte man auch für die *Brunnenanlage der »Roma«* vor dem Senatorenpalast auf dem Kapitol.

Dann werden »archäologische« Brunnen »modern«; die Verwendung antiker Steinteile und Formen, Masken, Wannen, Sarkophage, Säulen oder Architrave gefällt. Aber das ist nur ein Zwischenspiel. Die Kräfte sammeln sich neu, um nach der *Fontana dei Tritoni* an der Piazza della Bocca della Verità die großartigste, prachtvollste und figurenreichste Anlage der römischen Brunnenarchitektur hervorzubringen: die *Fontana di Trevi*. Sie ist viel zu berühmt, als daß man sie lang beschreiben müßte. Wer davor steht, kann nicht leugnen, daß sich da ein Stück römischen Lebensgefühls vermittelt (vgl. Farbt. 4).

Was danach kommt, ist nicht geringzuschätzen, bleibt jedoch im Vergleich zu dem Bisherigen zurück. Manchmal ist es nur artistische Spielerei wie die vom Wasser getriebene Uhr in den Gärten des Pincio oder die in der Via del Gesù, oder es sind nur bemühte Konstruktionen, denen man das Fehlen eines genialen Einfalls zu sehr anmerkt. Zuweilen beschränkt man sich auf einfache Formen, wie in einigen Brunnen der Villa Borghese, auf der Piazza del Quirinale oder im Hof des Palazzo Barberini, oder wagt sich doch an große Anlagen wie beim Neptunsbrunnen auf der Piazza Navona oder dem der Najaden auf der Piazza della Repubblica. – In wenigen Worten faßt die Inschrift eines Brunnens in der Villa Borghese das Leitmotiv aller römischen Brunnen zusammen: *Murmure suo fons canit vitae laudem.* Mit dem Strömen und Rauschen, dem Fließen und Plätschern, dem Murmeln und Glucksen singt der Quell das Lob des Lebens. Wer möchte vor den römischen Brunnen da nicht mit einstimmen!

Mosaiken

Es ist nicht einfach, sich den römischen Mosaiken zu nähern. Die farbenreichen Steinchen-Bilder in den Apsiden oder an den Triumphbögen der Kirchen scheinen einer anderen, fremden Welt über uns anzugehören. Vorn und hoch oben sind sie in den Gotteshäusern angebracht, das schafft Distanz, fordert Respekt und Ehrfurcht. Sie nehmen den Ehrenplatz in den Basiliken ein, eine räumliche Steigerung ist nicht möglich. Der Betrachter bleibt immer fern, es sei denn, er überbrückt mit einem profanen Hilfsmittel wie dem Fernglas die Unerreichbarkeit. Nur in kleinen intimen Kapellen ist ihm vergönnt, näher zu rücken, und er fühlt sich sofort wie in einem »Paradiesgärtlein«, wie etwa mittelalterliche Pilgerbücher sagen.

Gerade weil es schwierig ist, in Rom die Mosaiken zu »be-greifen«, weil man ihnen oft unter all dem Bestaunenswerten in einer Kirche nicht die ihnen gemäße Beachtung schenkt, sei hier daran erinnert, daß die römischen Mosaiken ein eigenes, selbständiges Thema sind. Man kann leicht einige Tage, der begeisterte Liebhaber wohl auch mehr damit füllen, diesen Kirchenbildern nach ihrer Entstehungszeit in den einzelnen Jahrhunderten, nach ihren Darstellungen der Heiligen und der frommen Symbole nachzugehen, selbst wenn man dazu kreuz und quer durch Rom und den römischen Verkehr fahren muß. Sinn, Aufgabe und Bedeutung der Mosaiken zu erforschen und sie als ein symphonisches Meisterwerk der römischen Kunst in vielen Tönen und Akkorden aufzunehmen ist lohnenswert.

Bei der Beschreibung der einzelnen Kirchen finden wir detaillierte Hinweise auf ihre Mosaiken, hier geht es um Zusammenschau. Dabei müssen die kunstgeschichtlich höchst interessanten Fragen nach der Originalität und Echtheit sowie nach den verschiedenen Einflüssen der Mosaikkunst und der Mosaizisten von Ravenna oder Byzanz außer Betracht bleiben. Auch bei den Mosaiken geht die punktuelle Kunstbetrachtung in die Irre, die einer Zeit, einem Künstler, einem Auftraggeber das Werk zuschreibt. Wie bei allem in Rom, so haben auch hier fast immer mehrere Jahrhunderte ihren Beitrag geleistet. In ein und derselben Kirche sind Mosaiken zu verschiedenen Zeiten entstanden, wurden an schon bestehenden Veränderungen vorgenommen, griff man bei Restaurierungen mehr oder weniger kräftig in die Substanz ein. Uns soll und kann nur das »Überwiegende« einer Epoche, eines Kunstherren, eines Mosaizisten beschäftigen.

Können wir uns aber in einen mittelalterlichen Menschen, einen Römer des ausgehenden Imperium Romanum zurückversetzen und uns von der modernen Übersättigung mit Bildern »gesund hungern«, um jenen Moment in seiner Ursprünglichkeit zu erleben, wenn in einer dunklen Kirche auf dem Gold- oder Blaugrund der Apsis die Heiligen und die Symbole von Erlösung und ewigem Leben oft in unzureichender Beleuchtung auftauchen? Die innere Wölbung der Halbrundschale, die Mauern des Triumphbogens, also das Ende des basilikalen Gotteshauses, sollten ausgeschmückt werden, das war die materiale Aufgabe. Dem Gläubigen sollte die himmlische Welt als Ziel und Vollendung vorgestellt werden, das war die religiöse Pädagogik. Da der Christ früher des Lesens gewöhnlich unkundig war, wurde ihm der überirdische Kosmos in Bildern gezeigt, in dem angebeteten Allherrscher Christus, dem Erlöser durch Kreuz und Auferstehung, in den Heiligen mit Maria, den Aposteln und den in Rom bekannten Märtyrern,

Apsismosaik von S. Paolo fuori le Mura

in reichen Symbolen, einer ausführlichen Zahlenmystik und vielsagenden Ornamenten. Dar-über konnten die Priester der Kirchen leicht und lang predigen, die Blicke ihrer Gemeinde »nach droben« lenkend.

Die Mosaiken selbst sollten ebenso der Vergänglichkeit standhalten, wie es die Bestimmung des Dargestellten war. Auf das Gemäuer der Apsiswölbung trug man meist zuerst groben Mörtel auf, auf diesen Belag kamen von Tag zu Tag, je nach dem Fortschreiten der Arbeit, ein oder zwei weitere feine Mörtelschichten, auf die man leicht Skizzen als Vorzeichnung auftragen konnte und in die dann die »Tesserae« eingesetzt wurden: würfelähnliche grob geschnittene Quaderchen, die kleinsten etwa drei Millimeter im Durchmesser, weder alle gleich groß noch gleich geformt, aus Naturstein, farbigem Marmor oder undurchsichtigem Glas. Die Rundung des Mauerwerks zwang zu kleinem Werkstoff, große Platten zur Verkleidung hätte man nicht anbringen können. Zu den Farben der Darstellung – weiß, schwarz, grün, gelb, blau, rot und purpur – und denen des Hintergrundes – weiß, braungelb, grau und schwarzbraun – kam als dominierendes Element das Gold, Zeichen einer anderen, über dem irdischen Dasein sich erhe-benden Welt. Daß sich in der Apsiswölbung handwerkliche Kunst und künstlerische Intuition verbinden mußten, versteht sich von selbst. Die Rundung stellte vor erhebliche perspektivische Probleme, damit sich das Heilige dem schauenden Gläubigen nicht verzerrt darbot.

Nichts bei einem Mosaik ist zufällig, nichts entspringt der Laune eines Augenblicks. Alles ist durch eine jahrhundertelang bewährte und geheiligte Ordnung festgelegt; alles, das Einzelne und das Ganze, hat seinen festen Platz nicht nach menschlichem Belieben, sondern nach dem ewigen Plan Gottes. Das Zentrum ist dem zentralen Geheimnis reserviert, Jesus Christus mit dem Kreuz im Heiligenschein, dem Allherrscher (Pantokrator), dem Erlöser, dem Offenbarer, dem Sohn Gottes in der Einheit der Dreifaltigkeit (mit der Hand Gottvaters und der Taube des Heiligen Geistes), oder den Symbolen, die ihn vergegenwärtigen, wie Kreuz oder Lamm. Die Mitte überragt an Größe alle anderen Heiligen, die wiederum in hieratischer, heilig-feierlicher Strenge entsprechend ihrer Würde unterschiedliche Maße haben und in ihrem Abstand zur Mitte und ihrer Beziehung untereinander eine geheiligte Rangordnung, eine ewige Hierarchie ausdrücken. Die Gewänder, mit denen die Heiligen bekleidet sind, Schriftrollen, Bücher, Kirchenmodelle, Heiligenscheine, die sie tragen – ein eckiger Nimbus für den lebenden Stifter des Mosaiks –, der Untergrund, auf dem sie stehen, der Thron, auf dem Christus und Maria sitzen – all das wird nicht nur kunstvoll und prächtig dargestellt, sondern deutet in seiner Symbolik auf geheimnisvolle Zusammenhänge und heilsgeschichtliche Verbindungen.

Der Reichtum der Ornamente und Dekorationen in der Antike, wie wir sie etwa noch in *Santa Costanza* finden, wird im Mittelalter durch eine Symbolik und Zahlenmystik ergänzt, die auf den ersten Blick nur schmückende und füllende Funktionen zu haben scheint, doch nach dem Sinnreichtum der himmlischen Wirklichkeit mit ihren allegorischen Bedeutungen die Gegenwart Gottes und das göttliche Wirken auf Erden heraushebt.

Ein Lamm ist dann nicht nur ein Lamm, sondern Sinnbild Jesu Christi und seines Opfertodes. Die Zwölferzahl ist das Symbol der zwölf Stämme Israels, der Apostelschar, des Volkes Gottes, das seinem Hirten nachfolgt, die heilige Zahl der für alle Ewigkeit Erretteten, wie die Zahl »12« in der Bibel des Alten und Neuen Testaments immer wieder erscheint. Ein Baum besagt die Fülle des Lebens, mehr noch die des übernatürlichen, das aus dem Kreuzesholz entsprießt. Wolken sind nicht Wetterboten, sondern Verhüllung und Veranschaulichung der Macht und Herrlichkeit Gottes, der Kraft des Überirdischen. Eine Fingerstellung wird zum Symbol der Dreifaltigkeit, eine Taube zum Zeichen des Heiligen Geistes, auch des Friedens. Weinreben und Früchte, Zweige und Blätter, Blumen und Gräser, Vögel, Federvieh und Kriechtiere bilden nun Flora und Fauna des Paradieses. Das Wasser der Flüsse wird zum Quell des ewigen Lebens, nach dem die Seele des Menschen wie der dürstende Hirsch verlangt – auch ihn finden wir. Eine Stadt mit Mauern, Burgen, Kirchen und Häusern wird zum himmlischen Jerusalem der Seligkeit, in der die Bürger des Himmels nie endende Freuden genießen werden. Krüge und Füllhörner, Kronen und kleine Kästchen bergen nicht Reichtümer, die Rost und Motten zerstören, die irdische Vergänglichkeit und menschliche Vergeblichkeit zunichte machen können, sondern Schätze, die nicht von dieser Welt sind. In den fast unendlich sich drehenden Blättervoluten des Akanthusgewächses schlagen Pfauen symbolträchtig (Schönheit und Vollkommenheit) ihr Rad, Pelikane (mittelalterliches Symbol für Christus) breiten ihre Flügel aus, Engel schweben hinauf und hernieder. Die Blicke der Heiligen übermitteln eine Botschaft, die jeder, der sich in sie versenkt, vielfältig deuten kann.

Nur bei wenigen römischen Mosaiken kennen wir den Namen des Künstlers. Stellvertretend für die vielen mag daher jener der *Kosmaten* stehen. Er bezeichnet eine Gruppe von geschickten Marmordekorateuren, die zwischen dem 12. und 14. Jahrhundert vor allem in Rom in der

Apsismosaik von S. Maria Maggiore

Kirchenarchitektur arbeitete und an der Ausschmückung des Kircheninneren mit Kanzeln, Chorschranken, Bischofsstühlen, Altären und Altaraufbauten, Fußböden und Wandpartien ihre hohe handwerkliche Kunst entfaltete. Ihre Mosaikornamente aus Steinen oder Glasfluß sind von der Antike angeregt und von den arabischen Ziermustern jener Zeit in Süditalien bestimmt. Da das Gewerbe häufig vom Vater auf den Sohn überging und auffällig oft der Name Kosmas (nach dem frühchristlichen Märtyrer) vorkam, gilt »Kosmaten« fast als Familienname und »Kosmaten-Arbeit« als Gütesiegel der Marmordekoration.

Eine Rangordnung oder Präzedenzliste unter den römischen Mosaiken aufzustellen erscheint bei der Vielfalt unmöglich und angesichts der Schönheit eines jeden einzelnen ungerecht. Halten wir uns zuerst an die chronologische Folge, dabei den Forschungsergebnissen des Engländers Walter Oakeshott folgend. Oakeshott unterscheidet sechs Mosaiken-Epochen in Rom vom 4. bis zum 14. Jahrhundert.

Die Antike oder klassische Periode (4. bis 6. Jahrhundert)
Alt-Sankt Peter: Das Grabmosaik im Friedhof unter der Basilika; Santa Costanza; Santa Pudenziana; Alt-Sankt Peter: die konstantinischen Fragmente in der Basilika; San Giovanni in Laterano: der Christuskopf im Apsismosaik; San Paolo fuori le Mura: der Christuskopf im

167

Mosaik des Triumphbogens; Santa Maria Maggiore: die Mosaiken des 5. Jahrhunderts (oben im Hauptschiff); Santa Sabina: das Mosaik des Hauptschiffes; Santi Cosma e Damiano.

Arbeiten des 6., 7. und 8. Jahrhunderts im byzantinischen Stil

San Lorenzo fuori le Mura; San Teodoro; Sant' Agnese fuori le Mura; die Kapelle des heiligen Venantius im Baptisterium von San Giovanni in Laterano; Santo Stefano Rotondo; San Pietro in Vincoli; Vatikanische Grotten: Mosaikenfragmente aus der Privatkapelle Papst Johannes VII.; Confessio zu Sankt Peter: der Christuskopf.

Spätes 8. und frühes 9. Jahrhundert –
Das sogenannte Paschalische Zeitalter (Papst Paschalis I., 817–824)

Santi Nereo ed Achilleo; die Tribuna Benedikts XIV. in ihrer ursprünglichen Form; Santa Maria in Domnica; Santa Prassede; Santa Cecilia in Trastevere; San Marco.

Romanische Kunst in den römischen Mosaiken

Santa Maria in Trastevere: das Fassadenmosaik; San Clemente: das Apsismosaik (Abb. 84); Santa Francesca Romana und Santa Maria in Trastevere: die Mosaiken in den Apsiden (Abb. 98); San Clemente und Santa Maria in Trastevere: die Triumphbogenmosaiken.

Mosaiken im byzantinischen Stil in Rom in der ersten Hälfte des 13. Jahrhunderts

San Paolo fuori le Mura; Capella Sancta Sanctorum im Lateran; San Tommaso in Formis; Santa Maria in Aracoeli: das Capoceische Mosaik.

Die römische »Renaissance« und ihre Mosaiken

San Giovanni in Laterano und Santa Maria Maggiore: die Hauptmosaiken der Apsiden; Santa Maria Maggiore und Santa Maria in Trastevere: die Szenen aus dem Marienleben; Santa Maria Maggiore: das Fassadenmosaik; Sankt Peter: Giottos *Navicella*.

Wenn ich selbst eine Auswahl wagen müßte, würde ich mich für folgende Kirchen entscheiden: *Santa Maria Maggiore* wird mit den frühen (5. Jahrhundert) Mosaiken des Langhauses, denen des Triumphbogens, der Apsishalbkuppel und der Apsisrundung (Ende des 13. Jahrhunderts) stets Ausgangs- und Endpunkt sein. Weitere Stationen: *Santa Prassede* und *Santa Pudenziana,* weil sie zeitlich ziemlich am Anfang stehen und ganz in der Nähe liegen. – *Santa Costanza,* als Beispiel des Übergangs von der Antike zum Christentum. – *Sant' Agnese* (neben Santa Costanza). – *Santi Cosma e Damiano* (am Forum Romanum). – *San Marco* (neben der Piazza Venezia). – *San Clemente* (in der Nähe des Kolosseums). – *Santa Maria in Trastevere* – und schließlich wieder *Santa Maria Maggiore.*

2   Blick vom Pincio auf die Peterskuppel

3   Spanische Treppe und Kirche Trinità dei Monti ▷

4   Fontana di Trevi

5   Vier-Ströme-Brunnen und Kirche S. Agnese an der Piazza Navona

6 Piazza Navona, ehem. Stadion des Domitian

7 Panorama mit Lateran, Kolosseum, Kapitol und Peterskuppel

SIXTVS V PONI MAX
OBELISCVM HVNC
SPECIE EXIMIA
TEMPORVM CALAMITATE
FRACTVM CIRCI MAX
RVINIS HVMO LIMOQ
ALTE DEMERSVM MVLTA
IMPENSA EXTRAXIT
HVNC IN LOCVM MAGNO
LABORE TRANSTVLIT
FORMAEQ PRISTINAE
ACCVPATE RESTITVTVM
CRVCI INVICTISSIMAE
A ... IIII

9 Obelisk und Kirche an der Piazza S. Giovanni in Laterano
◁ 8 Piazza del Popolo und Pincio-Terrassen

10　S. Maria Maggiore

12　S. Giovanni in Laterano ▷

11　Kreuzgang von S. Paolo fuori le Mura

14   Garten des Palazzo Borghese

◁ 13   S. Cecilia in Trastevere

15   Der kleine Elefant von Bernini vor S. Maria sopra Minerva ▷

16   Pantheon ▷▷

18   Petersplatz und -kirche

◁ 17   Panorama von der Peterskuppel

19   Grabmal Alexanders VII. Chigi von Bernini in der Peterskirche

20   Blick in die Kuppel von St. Peter ▷

TEMPLA DOMVM EXPOSITIS VICOS FORA MOENIA PONTES
VIRGINEAM TRIVII QVOD REPARARIS AQVAM
PRISCA LICET NAVTIS STATVAS DARE COMMODA PORTVS
ET VATICANVM CINGERE SIXTE IVGVM
PLVS TAMEN VRBS DEBET NAM QVAE SQVALORE LATEBAT
CERNITVR IN CELEBRI BIBLIOTHECA LOCO

22 Sixtus IV. begründet die Vatikanische Bibliothek. Fresko von Melozzo da Forlì in der Vatikanischen Pinakothek.
(Vor dem Papst stehend sein Neffe, der spätere Papst Julius II.; kniend der humanistische Gelehrte Platina)

◁ 21 Vatikanische Bibliothek

23 Forum Romanum mit Blick zum Kolosseum ▷
24 Bogen des Janus Quadrifons und Kirche S. Giorgio in Velabro ▷▷

26 S. Sabina auf dem Aventin mit frühchristlicher Holztür

◁ 25 Haus der Kreszentier, Tempel der Fortuna Virilis und Campanile von S. Maria in Cosmedin

27 Brunnen auf der Piazza S. Maria in Trastevere ▷

28 Via Giulia

29 Tritonen-Brunnen auf der Piazza Barberini ▷

30 Villa Adriana bei Tivoli: Teatro Massimo

31 Ostia Antica: Das Kapitol

32 Via Appia Antica ▷

33   Brunnen bei S. Sabina auf dem Aventin

VISITA DI ROMA –
BESICHTIGUNGSRUNDGÄNGE

I Kapitol und Piazza Venezia

Das Kapitol

Viele Besucher Roms beginnen ihren Rundgang durch die Stadt mit dem Kapitol, dem »erhabensten«, wenn auch kleinsten der sieben klassischen Hügel. Sie tun recht daran. Denn das Kapitol, il Campidoglio, ist die Mitte der Stadt. Schon im Altertum war der Mons Capitolinus das religiös-politische Zentrum Roms. Auf seinen beiden Hügelkuppen standen die beiden wichtigsten Tempel, der des Jupiter Optimus Maximus Capitolinus und der Juno Moneta, dort wo sich heute der Konservatorenpalast (an der Stelle des Jupiter-Tempels) und die Kirche Santa Maria in Aracoeli (Juno-Tempel) erheben. In der zwischen ihnen liegenden Senke befindet sich jetzt der Kapitolsplatz. Noch heute vermittelt die Gesamtanlage von Platz und Palästen mit dem feierlichen Aufgang der Rampentreppe den Eindruck von Größe und Würde, die stets die Stadt Rom hier bewahrt hat. Daß die siegreichen Feldherren im römischen Reich ihren Triumphzug über die Via Sacra, den heiligen Weg, hinauf aufs Kapitol nehmen durften, daß im Mittelalter hier Dichter gekrönt und Volkstribunen bejubelt wurden, daß man 1955 die »Römischen Verträge« zur Gründung der Europäischen Wirtschaftsgemeinschaft hier unterzeichnete, der römische Bürgermeister seinen Amtssitz im Senatorenpalast hat und auf dem Kapitol berühmte Gäste aus aller Welt empfängt, stellt die Bedeutung des Kapitols in allen Jahrhunderten unter Beweis. Seit jeher ist »das Kapitol« die politische Mitte der Stadt, »diesseits des Tibers«, gegenüber dem geistlich-religiösen Zentrum im Vatikan, »jenseits« des Flusses.

Kapitolsplatz – Piazza del Campidoglio
(Abb. 1–3; Farbt. 1)

Von der Via del Teatro di Marcello führt eine von Michelangelo entworfene, feierliche Rampentreppe auf den Kapitolsplatz. Man spürt das »Erhebende« im Rhythmus des Aufwärtsgehens; ganz anders hingegen die viel steilere Treppe links davon hinauf zur Kirche Santa Maria in Aracoeli. Zwei ägyptische Löwen aus Basalt unten, ein Denkmal (links auf halber Höhe) für den Volkstribun Cola di Rienzi (1354 ermordet), oben Statuen der Dioskuren Kastor und Pollux, Standbilder des Kaisers Konstantin und seines Sohnes Konstantin II. und zwei Meilensteine der Via Appia setzen wichtige Akzente. Man nähert sich Bedeutendem. Der Platz, ebenfalls von Michelangelo geplant, wird von drei Fassaden beherrscht: der des Senatorenpalastes an der Stirnseite, des Konservatorenpalastes (rechts) und des »Neuen Palastes des Kapitolinischen Museums« (links). Diese Paläste begrenzen den Platz, doch ohne ihn einzuengen, da die Gebäude Zugänge – vom und zum Forum Romanum – offen lassen. Die Paläste stehen nicht rechtwinklig zueinander, sondern leicht verschoben, so daß ein Trapez entsteht. In diese unregelmäßige geometrische Form legte Michelangelo ein Oval durch Stufen und zeichnete einen kreisenden Stern durch helle

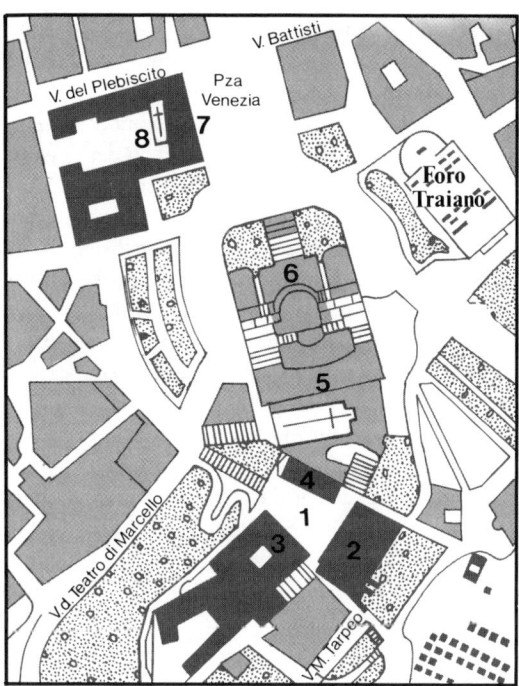

1 Kapitolsplatz – 2 Senatorenpalast – 3 Konservatorenpalast – 4 Palazzo Nuovo (Kapitolinisches Museum) – 5 S. Maria in Aracoeli – 6 Nationaldenkmal für Vittorio Emanuele II – 7 Palazzo Venezia – 8 S. Marco

Bahnen im Pflaster ein. Dadurch wird die Mitte des Platzes betont, die zudem durch Aufschüttung leicht erhöht ist.

In diesem Zentrum ist oder besser war das REITERSTANDBILD DES KAISERS MARK AUREL aufgestellt, bevor die Statue vor einigen Jahren wegen starker Gefährdung durch Luftverschmutzung von ihrem Platz genommen und Restauratoren anvertraut wurde; über ihre Wiederaufstellung oder Ersatz durch eine Kopie wurde lange diskutiert. Das einst vergoldete Bronzedenkmal stand früher vor der Kirche San Giovanni am Lateran. Da es irrtümlich für die Statue des Kaisers Konstantin gehalten wurde, des den Christen freundlich gesinnten Imperators, blieb es trotz seiner heidnischen Herkunft vor Einschmelzung bewahrt. Erst 1538 ordnete Papst Paul III. die Aufstellung auf dem Kapitolsplatz an. Die Ruhe des Kaisers, des stoischen Philosophen auf dem Thron des Imperium Romanum, die Friedensgeste dessen, der lange Zeit seines Lebens Kriege führte, und die drängende Kraft des schweren Pferdes sind in dieser Statue ausgedrückt. Das erhebt das Standbild zu einem der größten Werke der antiken Bildhauerkunst. Eine Legende mit zwei Versionen heftet sich an die ehemals intakte Vergoldung der Reiterstatue: Die eine besagt, wenn alles Gold von der Bronze verschwunden sein werde, stehe das Ende der Welt bevor; die andere meint, wenn Pferd und Reiter wieder ganz vergoldet seien, komme das Jüngste Gericht. Warten wir ab.

Senatorenpalast
(Abb. 3, 5)

Der Senatorenpalast an der Stirnseite des Kapitolsplatzes wurde im 16. Jahrhundert über dem antiken *Tabularium*, dem Staatsarchiv des Imperium Romanum, anstelle eines mittelalterlichen Vorgängerbaus errichtet; seine Rückfront zeigt hinunter zum Forum Romanum. Michelangelo entwarf die Doppelfreitreppe, die er mit alten Statuen der Flußgötter Nil und Tiber schmückte. Die Mitte unter den beiden Freitreppen nimmt ein Brunnen mit einer antiken Statue der »Sitzenden Minerva« ein, die als Standbild der Roma verehrt wurde. Den prächtigen Glokkenturm, nach dem Vorbild eines mittelalterlichen Campanile, setzte Martino Longhi der Ältere darauf (1582).

Konservatorenpalast

Der Konservatorenpalast an der rechten Seite des Platzes, noch vor dem Senatorenpalast 1563 von Giacomo della Porta nach Entwürfen des damals schon 88jährigen Michelangelo begonnen (ein Jahr vor seinem Tod) und 1575 fertiggestellt, bietet der Stadt repräsentative Räume (besonders den Saal der Horatier und Kuratier).

Kapitolinisches Museum – Musei Capitolini
(Abb. 4, 6–10)

Der Palazzo dei Conservatori beherbergt einen Teil der Sammlung des Kapitolinischen Museums, das – 1471 von Papst Sixtus IV. gegründet und von späteren Päpsten immer wieder bereichert – die älteste öffentliche Kunstsammlung Europas ist, reich an klassischen Skulpturen. Unter anderem finden wir Bruchstücke einer Kolossalstatue des Kaisers Konstantin (im Hof); die *»Kapitolinische Wölfin«*, das Wahrzeichen Roms, eine etruskische Bronzeplastik aus dem 6. Jahrhundert v. Chr. (im Jahr 65 v. Chr. wurde die Wölfin an den Hinterläufen vom Blitz getroffen; die Zwillingsfiguren kamen in der Renaissance hinzu); Teile der *Fasti consulares et triumphales,* eines Verzeichnisses der Konsuln und ihrer Siege; den *»Dornauszieher«,* eine Bronzekopie aus hellenistischer Zeit nach dem Original des 5. Jahrhunderts v. Chr. Ein Saal des Palastes ist den Gänsen gewidmet (Sala delle Oche), die nach der Sage mit ihrem Geschnatter die Römer weckten und Rom vor der Eroberung durch die Gallier (um 390 v. Chr.) retteten. Die *Kapitolinische Pinakothek* im Konservatorenpalast besitzt unter anderem

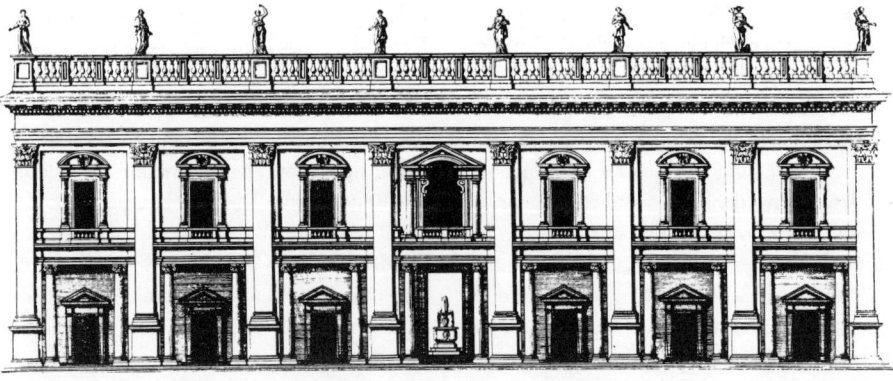

Bilder von Tizian, Tintoretto, Rubens, van Dyck und Velàzquez.

Der PALAZZO NUOVO des Kapitolinischen Museums wurde um 1650 von G. Rainaldi nach dem Vorbild des gegenüberliegenden Konservatorenpalastes errichtet. Von den vielen Skulpturen sind vor allem beachtenswert: der »Sterbende Gallier«, die römische Kopie eines sterbenden Kriegers oder Gladiators vom Siegesdenkmal, das König Attalos I. von Pergamon im 3. Jahrhundert v. Chr. nach dem Sieg über die Galater (mißverständliche Interpretation) anlegen ließ; die »Verwundete Amazone«, Kopie eines Werkes des Kresilas aus dem 5. vorchristlichen Jahrhundert; die »Kapitolinische Venus«, römische Kopie der Aphrodite von Knidos des Praxiteles; »Amor und Psyche«; die »Betrunkene Alte« aus hellenistischer Zeit und die Sammlungen von 64 Portraitköpfen römischer Kaiser und ihrer Verwandten sowie von 79 Büsten griechischer und römischer Gelehrter.

Santa Maria in Aracoeli
(Abb. 11, 12)

Die Kirche Santa Maria in Aracoeli (»Zum Himmelsaltar«) ist an ehrwürdiger heiliger Stelle erbaut, auf den Fundamenten des Tempels der altrömischen Göttin Juno Moneta. So erhält auch die Kirche etwas von der »Weihe« der Kapitolinischen Stätte. Der erste Bau wurde offenbar schon im 6. Jahrhundert v. Chr., der heutige im 13. Jahrhundert n. Chr. durch den Franziskanerorden errichtet. 1348 kam die steile, 124 Stufen zählende Treppe hinzu, als einziges größeres Bauwerk der Stadt in der Zeit des Exils der Päpste in Avignon (1309–1377), »Himmelsleiter« genannt. Im Mittelalter war die Kirche der Mittelpunkt des politischen Lebens in Rom. Hier tagte das Stadtparlament. Nach dem Sieg der abendländischen Seestreitkräfte über die Türken bei Lepanto im Jahr 1571 erhielt die Kirche eine neue Innenausstattung.

Die majestätische Treppe führt von der Via del Teatro di Marcello auf eine kahle Backsteinfassade zu. Um so prunkvoller wirkt dann das Innere der Kirche, trotz des einfachen Grundrisses einer Basilika; die Seitenkapellen wurden erst später angebaut. Beachtenswert sind die Holzdecke aus dem 16. Jahrhundert, die Cappella Bufalini (neben dem Eingang die erste Seitenkapelle rechts) mit Fresken von Pinturicchio (1485), die dem heiligen Bernardino gewidmet sind, sowie die zahlreichen Grabmäler im Boden und an den Wänden der Basilika.

Eine Ädikula (Tempelchen) in der Mitte des linken Querhausarmes (links vorne) gibt den Ort einer sibyllinischen Verheißung an: Dem Kaiser Augustus sei prophezeit worden, eine Jungfrau werde ein göttliches Kind gebären, das die Altäre der Götter stürzen werde; daraufhin habe der Kaiser an dieser Stelle einen Altar errichtet mit der Inschrift »Ecce Ara Primogeniti Dei« – Hier steht der Altar des Erstgeborenen Gottes (Inschrift jetzt oben am Triumphbogen). Unter dem Aufbau ruhen die Gebeine der heiligen Helena, der Mutter des Konstantin, jener Frau, die im Heiligen Land nach den Spuren Jesu Christi forschen und die Reliquien seiner Passion nach Rom bringen ließ.

In der Sakristei ist der Santo Bambino ausgestellt, eine, wie der Volksglauben bekräftigt, wundertätige Statue des Jesuskindes; sie sei nach der Legende aus dem Holz eines Ölbaumes vom Garten Gethsemane bei Jerusalem geschnitzt worden. Zur Weihnachtszeit kommt der Bambino nach hinten ins Kirchenschiff, und römische Kinder halten vor ihm Predigten, die zugleich erbaulich und vergnüglich wirken.

Nationaldenkmal für Viktor Emanuel II.

(Abb. 14)

An der Piazza Venezia, dem verkehrsreichsten Platz der Stadt, erhebt sich das *Monumento Nazionale per Vittorio Emanuele II*. Über seine Schönheit gehen die Meinungen unter Römern und Besuchern weit auseinander. Der kalte weiße Stein, der »Zuckerbäckerstil«, die Monumentalität der Maße passen schlecht in das Stadtbild. Der Bau wurde von 1885 bis 1911 errichtet, um die 1870 gewonnene Einheit Italiens zu feiern und das Andenken des ersten italienischen Königs zu ehren: Viktor Emanuel (gestorben 1878), der sich aus Achtung für seinen Vater »der Zweite« nannte. Das Denkmal ist 70 Meter hoch, 135 Meter breit und 130 Meter tief. Viele Archäologen sind unglücklich darüber, was diese gewaltige Steinmasse an Kostbarkeiten verbirgt oder verdeckt. Auf halber Höhe des Monumento befinden sich der »*Altar des Vaterlandes*« und das »*Grabmal des Unbekannten Soldaten*«, zu dem regelmäßig die Staatsbesucher geführt werden. Wer etwas höher hinaufsteigt, genießt einen großartigen Rundblick über die nahe gelegenen Kaiserforen, das Forum Romanum mit dem Kolosseum und die ganze Stadt. Im Innern des Denkmals befindet sich das *Museo Centrale del Risorgimento*, der italienischen Einigungsbewegung im 19. Jahrhundert.

Palazzo Venezia

(Abb. 13)

Der Palazzo Venezia ist der erste große nichtsakrale Renaissancebau Roms. In ihm verbindet sich das Trutzhafte eines mittelalterlichen Kastells mit eleganten Formen der frühen Renaissance. Der Bau wurde in seiner heutigen Gestalt im Auftrag des Kardinals Pietro Barbo, des späteren Papstes Paul II., im Jahr 1451 begonnen, von verschiedenen Architekten ausgeführt und 1491 beendet. Der harmonisch proportionierte Stadtpalast gehörte von 1594 bis 1797 der Republik Venedig, daher der Name, kam dann an Österreich als Sitz der Gesandtschaft des Habsburgerreiches beim Papst und war in der faschistischen Zeit Regierungssitz Mussolinis. Vom mittleren Balkon der Hauptfassade zur Piazza Venezia hielt der faschistische Diktator an Zehntausende von begeisterten Römern flammende Reden. Heute beherbergt der Palast ein Museum, *Museo di Palazzo Venezia*, und das *Staatliche Institut für Archäologie und Kunstgeschichte;* außerdem finden hier häufig Kunstausstellungen statt. Die wehrhafte Front mit dem mächtigen Eckturm geht nach Westen über in die Kirche San Marco und in den *Palazzetto Venezia*, den »kleinen Venedig-Palast«, der beim Bau des gegenüberliegenden Nationaldenkmals für Viktor Emanuel II. an diese Stelle versetzt worden war.

San Marco

Die kleine Kirche San Marco, eingegliedert in den Komplex des Palazzo Venezia, hat eine lange Geschichte. Nach der Überlieferung bereits im Jahr 336 von Papst Markus als Titelkirche zu Ehren des Evangelisten Markus (mit dem Symbol des Löwen) gegründet, 792 von Papst Hadrian I. erneuert, wurde sie von Papst Gregor IV. 833 fast vollständig neu erbaut. Dieser Papst ließ Apsis und Triumphbogen mit beachtenswerten *Mosaiken* schmücken. Das Mosaik in der Apsishalbkuppel – eines der bedeutenden Werke der karolingischen

Kunst in Rom – zeigt Themen, die auch von anderen Darstellungen her vertraut sind: Christus mit Heiligen und dem Stifter Gregor (erkennbar an dem quadratischen Nimbus um den Kopf), der ein Modell der Kirche in der Hand trägt, dazu Symbole und Allegorien aus dem Neuen Testament. – Kardinal Pietro Barbo, der spätere Papst Paul II., der auch Bau-

herr des Palazzo Venezia war, ließ die Kirche in ihrer heutigen Gestalt von 1455 bis 1471 erbauen und in seinen Palast einbeziehen. Die Fassade mit einem dreibogigen Portikus gilt als eine der elegantesten Schöpfungen der Frührenaissance in Rom. Die Baumeister waren Giuliano da Maiano und Leon Battista Alberti.

II   Forum Romanum und Palatin

Forum Romanum
(Abb. 16–21; Farbt. 23)

Den besten Überblick über das Forum Romanum gewinnt man von der Rückseite des Senatorenpalastes auf dem Kapitolinischen Hügel. Zwei Wege führen vom Kapitolsplatz hinunter zum Forum; der eine davon, rechts, ist die *Via Sacra*, die Heilige Straße des alten Rom für Prozessionen und Triumphzüge. Auf halber Höhe bietet sich Gelegenheit, die Ruinen des wichtigsten Platzes der Antike, von den drei Tempeln, der Dei Consentes, des Vespasian und der Concordia, bis zum Titus-Bogen und Kolosseum auf sich wirken zu lassen. Keine andere Stätte in Europa besitzt die Geschichtsmacht des Forum Romanum. Wenn auch die heutigen Bauwerke – unterschiedlich erhalten, zuweilen leicht, manchmal höchst schwierig zu rekonstruieren – nur noch ungenügend den Glanz der Antike zurückrufen können, so übt die Senke am Fuß der Hügel des Kapitols und des Palatin mit den aufragenden und umgestürzten Säulen, den Triumphbögen und Mauerresten, den Fundamenten und Straßen allein deshalb Faszination aus, weil hier für Jahrhunderte das Geschick Europas entschieden wurde. Die wachsende Macht des Imperium Romanum und die Funktion der Kunst, der römische Staat und der religiöse Kult, die Rechte und Pflichten der Bürger, ihre politischen und wirtschaftlichen Interessen, Ordnungen, Gesetze und Sitten des alten Rom kamen hier ein Jahrtausend lang zu überwältigender Darstellung. Die Geschichte des Forum Romanum ist für lange Zeit die Geschichte der Stadt Rom, des Imperiums und des Abendlands überhaupt.

Zunächst ist der Platz nur ein Sumpfgelände zwischen Hügeln, also außerhalb (foris) der Siedlungen. Dann wurde die Senke trockengelegt, und das Forum nahm zuerst Tempelbauten für den religiösen Kult auf. Bald kamen andere öffentliche Bauten hinzu. Es entstand ein politisches Zentrum, das Platz bot für Versammlungen, Hallen zur Rechtsprechung und zu Volksentscheiden über das Schicksal der Republik im Innern und nach außen. Es entsprach den Bedürf-

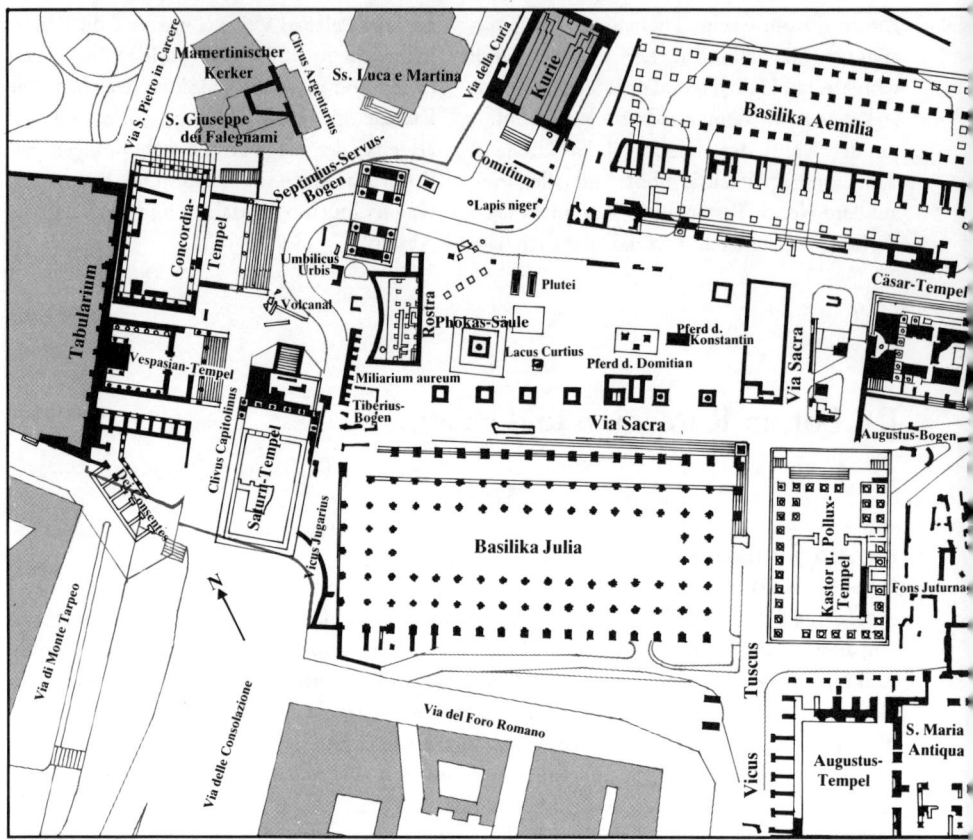

Forum Romanum

nissen einer Stadtbevölkerung, daß sich auch Markthallen anschlossen, wo die Bürger ihren Ge-
schäften nachgehen konnten. Politik, Wirtschaft und Religion gingen eine Verbindung ein, die
sich architektonisch und künstlerisch um so prächtiger und eindrucksvoller entwickelte, je
mehr Rom an Macht gewann, je größer das Imperium wurde. Konsuln und Senatoren, Caesar
und später die Kaiser wetteiferten darin, die Entscheidungsmitte des Reiches, den Kreuzungspunkt der Völker mit Statuen zu schmücken und mit neuen Bauwerken zu verschönern. In der
Kaiserzeit, im 1., 2. und 3. nachchristlichen Jahrhundert, war das Forum Romanum ein dichtest
bebauter Komplex, in dem sich »moderne« Bauten mit alten mischten, Geordnetes und zufällig
Entstandenes nebeneinander behaupteten. Das erschwert uns heute die unterscheidende Identi-
fizierung der Einzelheiten. Das letzte antike Bauwerk war eine schmucklose Ehrensäule, die
608 n. Chr. für den byzantinischen Kaiser Phokas errichtet wurde. Danach verfielen die Bauwerke langsam. Das Forum wurde zu anderen Zwecken benutzt. Man zwängte Kirchen und

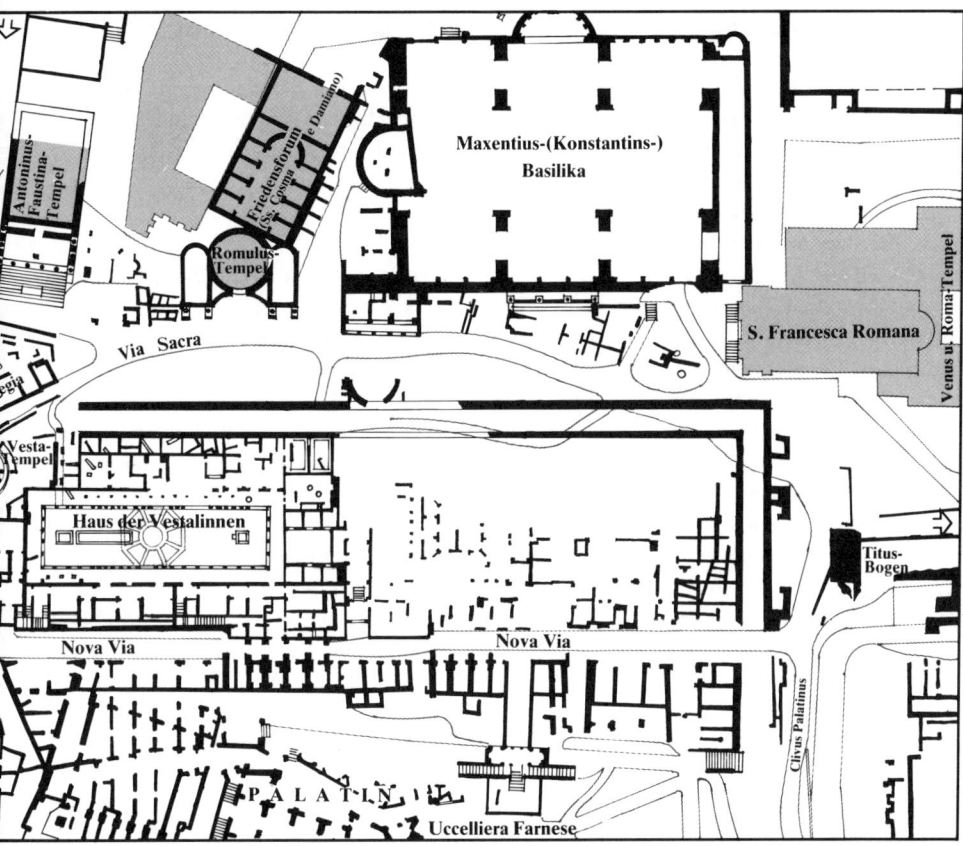

Festungen hinein. Es diente als Steinbruch und als Kuhweide (Campo Vaccino). Erst im 18. und 19. Jahrhundert förderten systematische Ausgrabungen unter einer 10–15 Meter hohen Schuttschicht, die Jahrhunderte hindurch auch als Schutz gedient hatte, die antiken Ruinen zutage. Es bedarf der Phantasie (und Rekonstruktionsmodelle oder anschaulicher Fotografien), um das Forum Romanum der Kaiserzeit wiederentstehen zu lassen (Abb. 23); das mindert keineswegs die suggestive Anziehungskraft des Platzes. (Die hier vorgegebene Reihenfolge kann zugleich als Vorschlag für einen Rundgang dienen.)

Nimmt man den Treppenweg, der zur Linken des Senatorenpalastes vom Kapitolshügel zum Forum Romanum hinunterführt, so kommt man an zwei unmittelbar an den Forumsbezirk angrenzenden Kirchen vorbei: *San Giuseppe dei Falegnami* mit dem *Mamertinischen Kerker* und *Santi Luca e Martina*. Den Eingang zum Forum erreicht man anschließend über die Via dei Fori Imperiali.

Mamertinischer Kerker

Seit dem 4. Jahrhundert v. Chr. war am Fuß des Kapitolinischen Hügels zum Forum hin ein Staatsgefängnis eingerichtet: zwei übereinanderliegende Gewölbekomplexe, der untere auch *Tullianum* genannt (nach einem Wasserbehälter). Hier waren, wie die Historiker belegen, der numidische König Jugurtha (104 v. Chr.), die Mitverschwörer des Catilina und der Anführer der Gallier gegen Caesar, Vercingetorix (52–46 v. Chr.), in Haft. Nach der christlichen Legende wurden hier auch die beiden Apostel Petrus und Paulus gefangen gehalten; Petrus habe die anderen Gefangenen mit dem Wasser der Quelle aus dem Tullianum getauft. Danach erhielt die später darin erbaute Kapelle den Namen *San Pietro in Carcere,* Sankt Peter im Kerker. Die darüber liegende Kirche ist Sankt Joseph dem Tischler geweiht, *San Giuseppe dei Falegnami.*

Santi Luca e Martina

Die Kirche der Heiligen Lukas und Martina wurde zunächst im 8. Jahrhundert als Unter- und Oberbau neben dem Forum Romanum der römischen Märtyrerin Martina geweiht. Im 17. Jahrhundert errichtete man eine neue Oberkirche und sprach die Kirche auch dem heiligen Lukas zu, der nach der Legende ein tüchtiger Kunstmaler war. Der architektonisch bedeutsame, im Ganzen und in den Details brillant konzipierte Bau des 17. Jahrhunderts ist ein Werk des Pietro da Cortona im Auftrag des Kardinals Francesco Barberini für die Künstlerakademie des heiligen Lukas.

Basilica Aemilia

Rechts vom Eingang in das Forum Romanum an der Via dei Fori Imperiali befinden sich die Überreste der Basilica Aemilia, eines 100 Meter langen dreischiffigen Baues mit einer allein 70 Meter langen Aula, der 179 v. Chr. von dem Censor Marcus Aemilius (von der Familie Aemilia der Name) Lepidus begründet, von dem Konsul Marcus Aemilius Paullus 78 v. Chr. erweitert und unter Augustus sowie im 3. Jahrhundert n. Chr. restauriert wurde.

Kurie

Der einfache, hoch aufragende Ziegelbau der Curia, des Versammlungsorts des römischen Senats, gehört zu den besterhaltenen Gebäuden des antiken Forum Romanum. Schon in der römischen Königszeit wurde hier ein erster Bau errichtet. Durch Brände und Verwüstungen waren immer wieder Neubauten notwendig, so unter Sulla und Caesar sowie den Kaisern Diokletian und Julian Apostata. Im 7. Jahrhundert schließlich wurde die Kurie in eine Kirche umgewandelt und blieb deshalb erhalten. Borromini verwendete ihre bis dahin unangetasteten Bronzetore für das Hauptportal der Lateransbasilika. Das Innere der Halle (27 Meter lang und 18 Meter breit), die etwa 300 Senatoren Platz bot, bewahrt noch Fragmente eines farbigen Marmorfußbodens. Außerdem sind die sogenannten *Anaglypha des Trajan* zu sehen: Schranken aus Travertin, die den Kaiser mit dem Volk zeigen. Der auch im Altertum innen und außen schlichte Bau gab für einige Jahrhunderte den Rahmen ab, in dem über das Schicksal der damals bekannten Welt entschieden wurde. Von 1931 bis 1937 hat man den alten Senatsbau von späteren Zutaten befreit. Zuweilen finden in der Kurie Ausstellungen statt.

Lapis Niger

Zwischen der Kurie und dem Septimius-Severus-Bogen liegt, durch ein niedriges Dach geschützt, ein Fußbodenquadrat aus schwarzem Marmor, der Lapis Niger (Schwarzer

Stein). Darunter sei, so sagt die Legende, das Grab des Romulus (Tomba di Romolo), des Gründers von Rom. Daneben steht ein 1899 bei Ausgrabungen entdeckter Tuffsteinpfeiler mit der ältesten bekannten lateinischen Inschrift, die von links nach rechts und in der nächsten Zeile von rechts nach links verläuft. Sie verkündet wahrscheinlich ein heiliges Gesetz (Lex sacra), das vor der entweihenden Profanisierung dieses Gedenkortes warnt (vermutlich aus dem 6. Jahrhundert v. Chr.), der also schon in ältester Zeit geheiligt war.

Rostra

Neben dem Triumphbogen des Septimius Severus (südlich) und gegenüber der Kurie befindet sich die Rednertribüne, Rostra genannt nach den hier angebrachten Schiffsschnäbeln (rostra) der in der Seeschlacht von Anzio 338 v. Chr. eroberten feindlichen Schiffe: eine Plattform von 3 Meter Höhe, 24 Meter Länge und 12 Meter Tiefe. Sie wurde von dem Comitium vor der Curia im Jahr 44 v. Chr. an diese Stelle verlegt, als Caesar das Forum umgestaltete. Hinter den Rostra (im Westen) gibt eine Rundbasis den »Umbilicus Urbis« an, den Nabel der Stadt, das symbolische Zentrum Roms. Vor den Rostra (nach Osten) erstreckt sich der 120 Meter lange und 50 Meter breite Forumsplatz aus der Zeit des Augustus. Auf ihm erhoben sich Statuen und Denkmäler, wie etwa die Anaglypha oder Plutei Traiani, Marmorschranken zu Ehren des Kaisers Trajan mit Reliefs an den Innenseiten, die jetzt in der Kurie ausgestellt sind. Die noch an ihrem Platz stehende *Phokas-Säule* ist eine 13,80 Meter hohe korinthische Säule aus dem 2. nachchristlichen Jahrhundert, die 608 n. Chr. zu Ehren des byzantinischen Kaisers Phokas aufgestellt wurde, zum Dank dafür, daß der Kaiser dem Papst Bonifatius IV.

das Pantheon zur Umwandlung in eine Kirche überlassen hatte.

Goldener Meilenstein

Neben der Rednerbühne (im Süden) stand einst der Goldene Meilenstein (Miliarium Aureum), den Kaiser Augustus im Jahr 20 v. Chr. aufstellen ließ und an dem die Via Sacra und alle römischen Konsularstraßen begannen und endeten. Auf ihm waren in goldenen Ziffern die Entfernungen von Rom zu den verschiedenen Provinzstädten des Römischen Reiches angegeben.

Septimius-Severus-Bogen
(Abb. 17)

Senatus populusque Romanus (S.P.Q.R.) – Senat und Volk von Rom – hatten das Recht, siegreichen Kaisern und Feldherren einen Triumphbogen zu stiften oder ihn diesen trotz der Siege zu verweigern. Dem Kaiser Septimius Severus und seinen beiden Söhne Caracalla und Geta wurde 203 n. Chr. nach ihren Siegen über die Parther, Araber und Stämme im ehemaligen Assyrien ein solcher Siegesbogen errichtet, heute gegenüber der Kirche Santi Luca e Martina. Auf dem 23 Meter hohen und

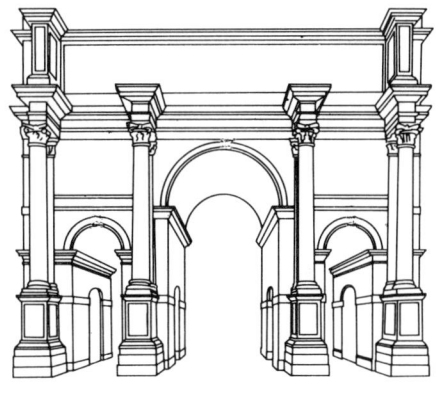

25 Meter breiten Bogen – also fast quadratisch – stellen vier Marmorreliefs in bewegter Form mit weit hervortretenden Figuren Episoden aus diesen Kriegen dar. Siegesgöttinnen mit Trophäen und eine große Inschrift verkünden den Ruhm des Kaisers und seiner Söhne. Der Name des Geta wurde später getilgt.

Neben dem Septimius-Severus-Bogen ist die *Decennalien-Basis* (Zehnjahres-Basis) des Kaisers Diokletian zu sehen, die anläßlich seines zwanzigjährigen Regierungsjubiläums (303 n. Chr.) errichtet wurde. Es sind nur Fragmente des Podests erhalten. Das Denkmal war auch dem zehnjährigen Regierungsjubiläum der Mitkaiser Constantius Chlorus und Galerius gewidmet.

Saturn-Tempel
In der Westecke des Forums, neben dem Miliarium Aureum, erheben sich acht hohe Säulen mit jonischem Kapitell. Sie sind Teil des alten Tempels für den Gott Saturn. Dieser Gott entstammte wahrscheinlich dem etruskischen »Olymp«, doch verehrten ihn auch

die Römer lange Zeit als oberste Gottheit. Ihm wurde der erste Tempel auf dem Forum Romanum geweiht. Der bereits um 497 v. Chr., wenige Jahre nach der Vertreibung der Tarquinier, der etruskischen Könige, errichtete Bau, war in Republikanischer Zeit eines der am meisten verehrten Heiligtümer. Von dem mehrfach durch Feuer zerstörten, das letzte Mal im 4. Jahrhundert n. Chr. wieder aufgebauten Tempel blieben jedoch nur die Säulen erhalten. In der Republikanischene Zeit war hier der Staatsschatz aufbewahrt. Das berühmte Fest der Saturnalien, im alten Rom jedes Jahr am 17. Dezember gefeiert, nahm von diesem Tempel seinen Ausgang.

Tempel der Dei Consentes, des Vespasian und der Concordia
Es bedarf einiger Phantasie, hinter dem Saturn-Tempel und dem Septimius-Severus-Bogen hinauf zum Kapitolinischen Hügel sich die drei Tempel der Dei Consentes, des Vespasian und der Concordia vorzustellen. Der so ge-

Rekonstruktion des Forum Romanum: links Basilica Julia, Saturn-Tempel; rechts Tabularium, Concordia-Tempel, davor die Rostra

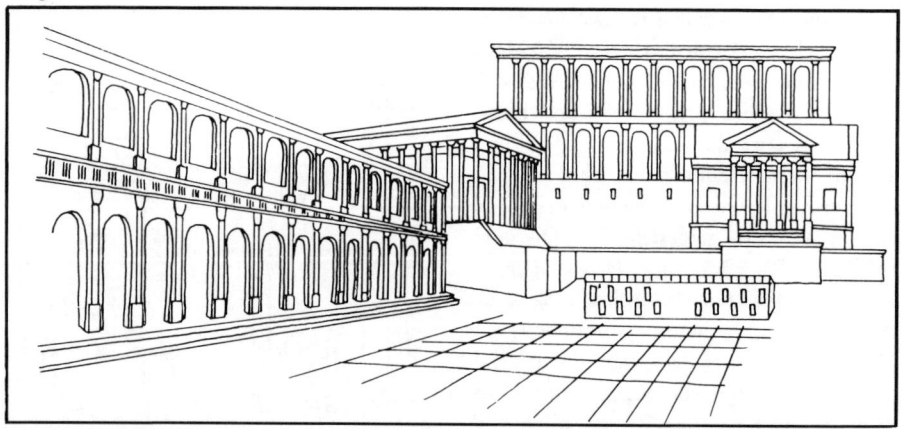

Basilica Julia, rekon-
struierte Innenansicht

staltete Abhang des Kapitolinischen Hügels muß eindrucksvoll gewesen sein. Von dem noch im Jahr 367 n. Chr. wiedererrichteten »Tempel (oder Portikus) des Rats der 12 obersten Götter« (Dei Consenti), dem letzten heidnischen Tempel Roms, stehen nur noch zwei Flügel (im stumpfen Winkel), vom Tempel des Vespasian drei Säulen und von dem der Concordia allein Grundmauern.

Basilica Julia

Südöstlich des Saturn-Tempels zeigen Fundamente und Säulenstümpfe an, daß sich hier eine große Basilika ausdehnte: die 101 Meter lange und 49 Meter breite Gerichtshalle, die Gaius Julius Caesar von 54 bis 44 v.Chr. an der Stelle der Basilica Sempronia errichten ließ.

Tempel der Dioskuren Kastor und Pollux

Östlich der Basilica Julia erheben sich drei 12 Meter hohe, fein kannelierte Säulen mit korinthischem Kapitell: die sichtbarsten Überreste des rechteckigen Kastor-und-Pollux-Tempels. Viele Mythen ranken sich um die

beiden Dioskuren Kastor und Pollux, Halbgötter teils griechischen, teils etruskischen Ursprungs. Heilungen (zusammen mit dem Gott Äskulap), schöne Frauen (die griechische Helena) und Reiter mit schnellen Pferden kommen darin vor. Der Sohn des Diktators Aulus Postumius stiftete den ersten Bau des Tempels für Kastor und Pollux im Jahr 484 v.Chr. als Dank für den Sieg über die Tarquinier, den man der Hilfe der Dioskuren zuschrieb; nach dem Sieg seien Kastor und Pollux nach Rom geritten und hätten ihre Pferde an einer Quelle auf dem Forum, dem *Lacus Juturnae* (von der Forschung wurde die Existenz eines Sees bestätigt), getränkt. Die drei Säulen stammen von dem im 1. nachchristlichen Jahrhundert unter Kaiser Tiberius erneuerten Heiligtum; das Volk nennt sie »die drei Schwestern« – zweifellos eindrucksvolle Schönheiten.

Santa Maria Antiqua
(Abb. 20)

In dem ehemaligen »Tempel des Augustus« liegt versteckt die Kirche Santa Maria Antiqua.

Das heute nur selten zugängliche und stark beschädigte Gotteshaus ist das älteste (daher der Name »Antiqua«) und wichtigste christliche Gebäude direkt auf dem Forum Romanum. Im 6. Jahrhundert durch Umwandlung der kaiserlichen Gebäude errichtet, im 8. von verschiedenen Päpsten (Johannes VII., Zacharias und Paul I.) reich ausgestattet, dann verfallen, wurde die Kirche im 13. Jahrhundert wiederhergestellt. Sie verdient wegen ihrer ausgedehnten architektonischen Anlage am Fuß des Palatinischen Hügels Interesse. Darüber hinaus beanspruchen die Wandmalereien, die in verschiedenen Jahrzehnten vom 6. bis zum 8. Jahrhundert entstanden, besondere Aufmerksamkeit. Nicht zuletzt findet der praktische Sinn der Römer Anerkennung, die höchst geschickt ein heidnisches Bauwerk neuen, hier christlich-religiösen Zwecken nutzbar machten.

Tempel der Vesta und Haus der Vestalinnen

(Abb. 21)

Unverkennbar ist in der Mitte des Forum Romanum der Vesta-Tempel, wenn auch von ihm nur ein einziges deutlich sichtbares Rudiment erhalten ist: Säulen mit der Mauer der Cella dahinter. Dieser Tempel der Vesta (ein anderer sog. Vesta-Tempel steht auf dem Forum Boarium an der heutigen Piazza della Bocca della Verità) bewahrte in altrömischer Zeit das »Heilige Feuer« unter der Obhut der Vestalinnen, Jungfrauen, die aus den vornehmsten Familien der Stadt erwählt wurden. Nach der Vorschrift versahen sechs Priesterinnen den Dienst, meist vom zehnten bis zum vierzigsten Lebensjahr. Dieses »ewige Feuer« war den Römern wichtig; sie löschten am Neujahrstag, dem 1. März, in ihren Wohnungen jedes Feuer und holten sich ein neues

an der Flamme des Vesta-Tempels. Die uns erhaltenen Fragmente stammen aus der Zeit des Kaisers Septimius Severus (193–211 n. Chr.) und zeigen noch gut, daß es sich um einen Rundtempel mit schlanken, insgesamt 20 Säulen handelt. Die Archäologen rekonstruierten, daß sich in der Mitte des Dachs eine Öffnung als Abzug für den Rauch des heiligen Feuers befand.

An den Tempel der Vesta schloß sich das Haus der Vestalinnen an, dessen Reste ebenfalls aus der Zeit des Septimius Severus stammen. Es bestand aus einem großen Atrium, den Wohnungen der Priesterinnen und Wirtschaftsräumen. Noch heute sind die Umrisse gut zu erkennen, mit dem Unterbau und zahlreichen Sockeln für Statuen. Lateinische Schriftsteller berichten, in dem Haus der Vestalinnen sei das *Palladium*, ein Bild der Pallas Athene, aufbewahrt worden, das Äneas der Sage nach von Troja nach Latium mitgebracht habe.

Tempel des Antoninus und der Faustina

Nordöstlich des Vesta-Tempels und gegenüber den Ruinen des ehemaligen Caesar-Tempels – von Octavianus Augustus im Jahr 29 v. Chr. an der Stelle errichtet, an der im März 44 Caesars Leichnam verbrannt worden war –, neben dem Haupteingang zum Forum, führt unübersehbar von der Via Sacra eine breite Treppe hinauf zum Tempel des Kaisers Antoninus Pius und seiner Frau Faustina. Der Senat ließ den Tempel 141 n. Chr. zu Ehren der vergöttlichten Kaiserin errichten; nach dem Tode des Antoninus Pius wurde er auch dem Kaiser geweiht. Daher die Inschrift: *Divo Antonino et Divae Faustinae ex S(enatus) C(consulto)*, auf Beschluß des Senats. Von dem Heiligtum sind die sechs Säulen der Front mit korinthischen Kapitellen und mehrere Säulen der Längsseite gut erhalten. Im 12. Jahrhundert wandelte man den gesamten Tempel in die Kirche »San Lorenzo in Miranda« um. Anläßlich des Besuchs von Kaiser Karl V. in Rom im Jahr 1536 wurden die Säulen wieder von den sie umgebenden Mauern befreit.

Tempel des Romulus

Wenige Schritte vom Tempio di Antonino e Faustina auf der Via Sacra (nach Osten) erhebt sich ein runder Backsteinbau: der Tempel des Romulus. Kaiser Maxentius ließ ihn 309 n. Chr. für seinen im Knabenalter gestorbenen Sohn Romulus errichten, sein Gegenspieler Konstantin fertigstellen, mit der – von einigen vermuteten – Widmung an die »Sacra Urbs Roma«, die Heilige Stadt Rom. Das wohlproportionierte Bauwerk weist noch das originale Bronzetor jener Zeit in einem säulenumrahmten Portal auf; selbst das Schloß funktioniert noch. Neben dem Rundbau finden sich die Reste zweier apsidialer Säle.

Titus-Bogen

(Abb. 18, 19)

Ganz im Osten des Forums steht der Siegesbogen des Kaisers Titus, der älteste der römischen Triumphbögen, nach dem Tod des Kaisers von seinem Nachfolger Domitian errichtet (nach dem Jahr 81 n. Chr.). Der Feldherr Titus, Sohn des Kaisers Vespasian,

eroberte im Jahr 70 Jerusalem und besiegelte damit die Niederlage des jüdischen Volkes. Die Vertreibung der Juden aus Palästina war damit beschlossen. So ist dieser Triumphbogen des Titus für Juden ein trauriges Mahnmal; sie vermeiden es, durch den Torbogen hindurchzugehen.

Die Darstellungen auf dem einbogigen Denkmal, das für ähnliche Bauten im Abendland Vorbild wurde, nehmen dieses Ereignis auf und stellen den Triumphzug des Titus auf das Kapitol dar: den Feldherrn Titus, der im Jahr 79 Kaiser wurde, doch nur zwei Jahre regierte, im Kampfwagen, begleitet von der Siegesgöttin mit dem Lorbeerkranz, dazu die Beute aus dem Judäischen Krieg: der siebenarmige Leuchter, der Tisch der Schaubrote und Trompeten aus dem Tempelschatz zu Jerusalem. Über die kunstgeschichtliche Bedeutung des Titus-Bogens schreibt A. Henze: »Der Fries, aus dem einzelne Gestalten fast vollplastisch hervortreten, ist von Dynamik erfüllt, Licht und Schatten wechseln, die Darstellung von Menschen und Pferd spiegelt etwas von der Hoheit griechischer Plastik wider. In ihrer künstlerischen Vollendung wurden die Reliefs ebenso vorbildlich wie in Details. So hat etwa der siebenarmige Leuchter in der romanischen Kunst eine ganze Reihe von Bronzeleuchtern desselben Typs angeregt.«

Der Palatin

(Abb. 24)

Auf vier Wegen kann man auf den Palatin gelangen, den vornehmsten unter den sieben klassischen Hügeln Roms. Der erste führt von der Via San Gregorio Magno durch das von Vignola als Eingang für die Farnesischen Gärten geschaffene Portal; die drei anderen beginnen auf dem Forum Romanum: der *Clivus Palatinus* beim Titus-Bogen, der zweite als Treppe im Atrium des Hauses der Vestalinnen und der dritte – weithin unbekannt und schwer zu finden, oft auch geschlossen – bei Santa Maria Antiqua als mächtiger Gewölbegang.

An den Palatinischen Hügel knüpft die Sage die Gründung Roms durch Romulus. Die Historiker weisen hier die älteste Siedlung nach: 50 Meter hoch über dem Tiber nahe der Flußinsel, der Isola Tiberina, was wirtschaftlich und strategisch von großer Bedeutung war. Die römischen Patrizier und Kaiser bauten sich hier ihre »Paläste« – das Wort »Palast« kommt von Palatin. Wenn auch heute die Überreste dieser Bauten nur einen undeutlichen Eindruck von der einstigen Pracht vermitteln, so geleitet doch ein Gang über den Palatin in die Mitte der römischen Geschichte. Denn jahrhundertelang residierten auf dem Palatin die Herren Roms. Politiker, reiche Leute, und Schriftsteller, wie Cicero, wohnten hier. Kaiser Augustus, der auf diesem Hügel geboren wurde, vergrößerte das Haus seines Vaters. Unter ihm und seinen Nachfolgern entstanden Gebäude, denen besonders Kaiser Domitian die heute noch sichtbare und selbst in Details rekonstruierbare Gestalt gab: Wohnpaläste, Tempel und Bauten des Staates für öffentliche Zwecke. Da jede Generation etwas veränderte, sind freilich die einzelnen Bauschichten nur schwer zu unterscheiden.

Im Mittelalter verblaßte die Pracht des Palatin. Über den heidnischen Konstruktionen wurden Klöster und Kirchen errichtet: das Oratorium (Gebetskapelle) des heiligen Caesarius, Santa Anastasia, Santa Lucia, Santa Maria in Pallara, San Teodoro, San Bonaventura und San Sebastiano; das Adelsgeschlecht der Frangipani bezog die Mauern in seine Festung mit ein. Im 16. Jahrhundert legten reiche Familien – die Ronconi, Mattei, Spada, Magnani und Barberini – hier Weinberge und Gärten an. Kardinal Alessandro Farnese beauftragte berühmte Architekten mit der endgültigen Gestaltung des Palatin-Hügels als Park. Seit dem 18. Jahrhundert wandte sich schließlich das archäologische Interesse auch dem Palatin zu. Von vielen Bauten wußte man aus den Mitteilungen der lateinischen Schriftsteller. Doch bedeutende Denkmäler blieben bis heute unauffindbar. Brände hatten zu allen Zeiten auf dem Palatin gewütet, manches war abgerissen, durch Neues ersetzt worden. Übrig blieb, ähnlich wie auf dem Forum Romanum, ein Ruinengelände, in seinem geschichtlichen Wert und seiner monumentalen Größe höchst eindrucksvoll. (Die Reihenfolge der Beschreibung, die nur die wichtigsten Monumente berücksichtigt, kann als Vorschlag für einen Rundgang über den Palatin dienen.)

Farnesische Gärten

Als Ausgangs- und Endpunkt einer Besichtigung des Palatinischen Hügels empfiehlt sich das *Casino Farnese* (Uccelliera Farnese), an der Nordostecke der Orti Farnesiani. Diese Farnesischen Gärten wurden im 16. Jahrhundert im Auftrag des Kardinals Alessandro Farnese von dem Architekten Vignola angelegt; Rainaldi vollendete das Werk. Terrassen und kleine Bauten, Grasflächen und Blumenbeete, Baumgruppen und Springbrunnen sollten ähnlich wie in der Villa d'Este zu Tivoli den bühnenartigen Rahmen für die Zusammenkünfte Gleichgesinnter abgeben. Die literarische Akademie Arkadia tagte hier im 17. Jahrhundert, woran ein kleines Nymphäum erinnert. Neben den Fontänen verdienen die Stuckdekorationen Beachtung. Unter den Gärten befand sich einst der Palast des Kaisers Tiberius; Ausgrabungen, die noch längst nicht abgeschlossen sind, haben Reste eines Atriums freigelegt.

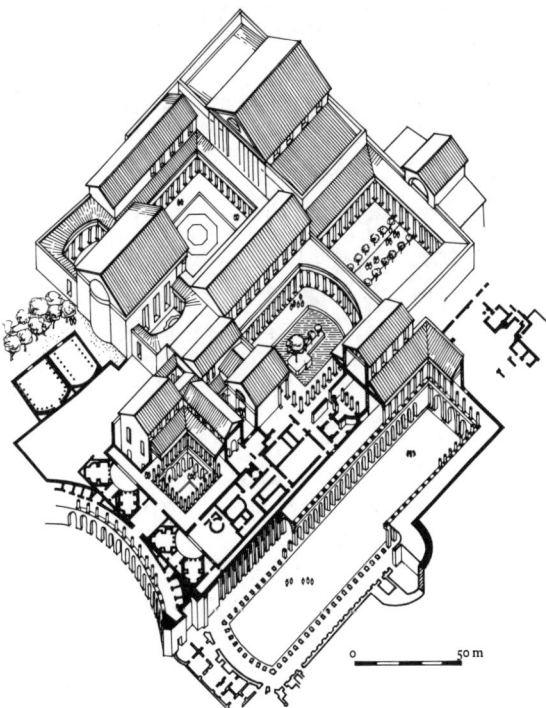

Palast der Flavier – Domus Augustana,
Rekonstruktion

Palast der Flavier

Der Palast der Flavier liegt in der Mitte des Palatinischen Hügels. Diese *Domus Flavia,* im Auftrag des Kaisers Domitian aus dem Geschlecht der Flavier von dem Architekten Rabirius Ende des 1. nachchristlichen Jahrhunderts errichtet, trug den gewachsenen Repräsentationsbedürfnissen des römischen Kaisers Rechnung. An den Überresten läßt sich noch heute die großzügige Aufteilung des Palastes erkennen: Ein großer Säulenhof *(Peristyl),* im Innern nach Süden zu ein geräumiger Speisesaal *(Triclinium),* nach Norden die Thronhalle *(Aula Regia,* ein Rechteck von 30,5 mal 38,7 Metern mit einer Apsis), daneben die Kapelle der Hausgötter *(Lararium)* im Osten und eine *Basilika* (im Westen), wahrscheinlich für Gerichtsverhandlungen bestimmt – all das zeigt die ins Bedeutende und Große gewachsenen Verhältnisse des kaiserlichen Hofes. Hier lag das persönliche Machtzentrum der Kaiser im Römischen Reich.

Domus Augustana – »Kaiser-Palast«

Die Domus Augustana im Osten des Palastes der Flavier ist nicht das »Haus des Augustus«, wie der Name vielleicht nahelegt, sondern der kaiserliche (»Augustana«, »augusta«) Palast. Ebenso wie der Palast der Flavier in der Zeit des Domitian erbaut, diente die Domus Augustana zuerst den Kaisern als Wohnpalast, später bis in die byzantinische Zeit hinein auch den höchsten Beamten als Wohn- und

217

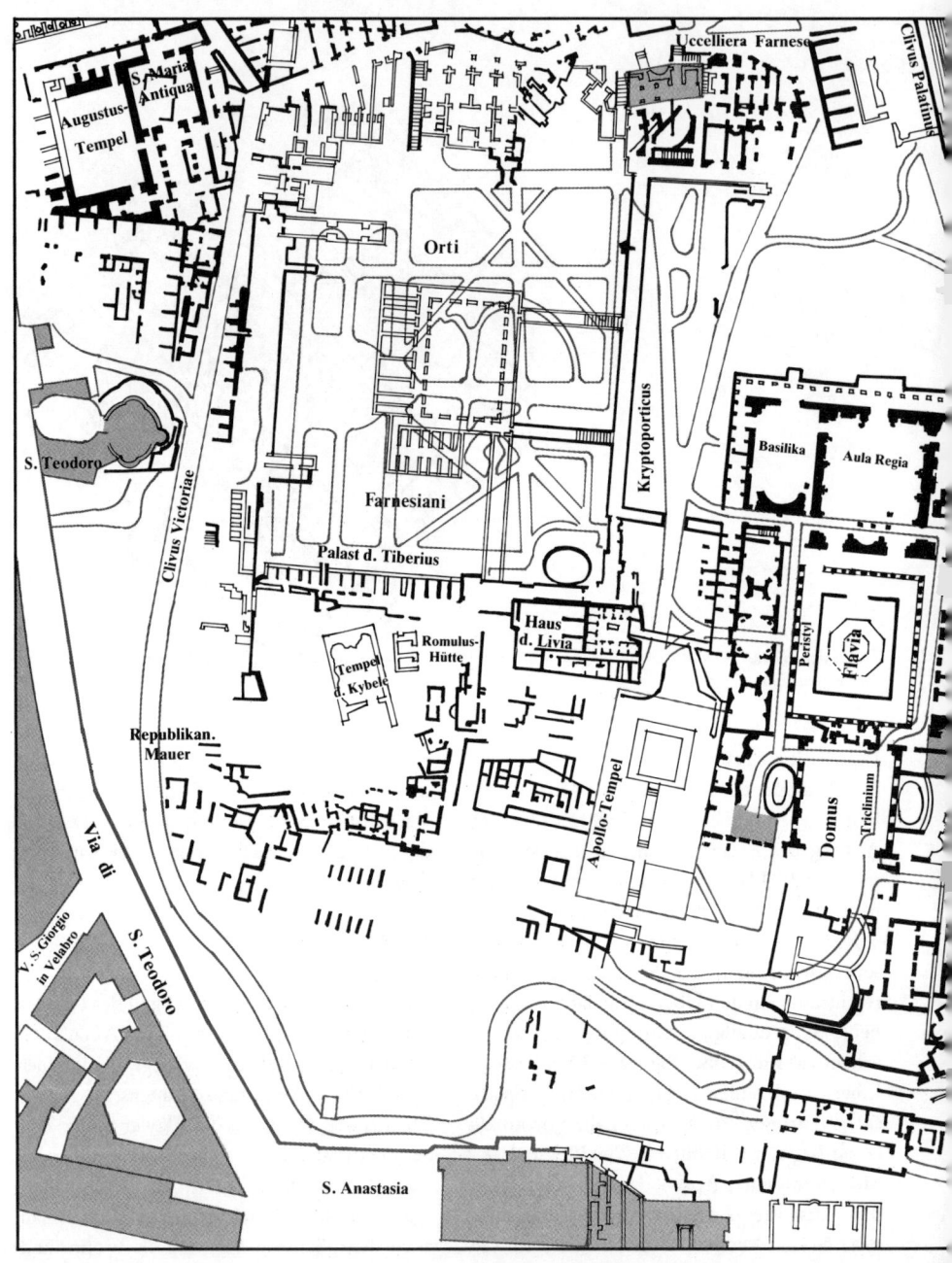

Der Palatin

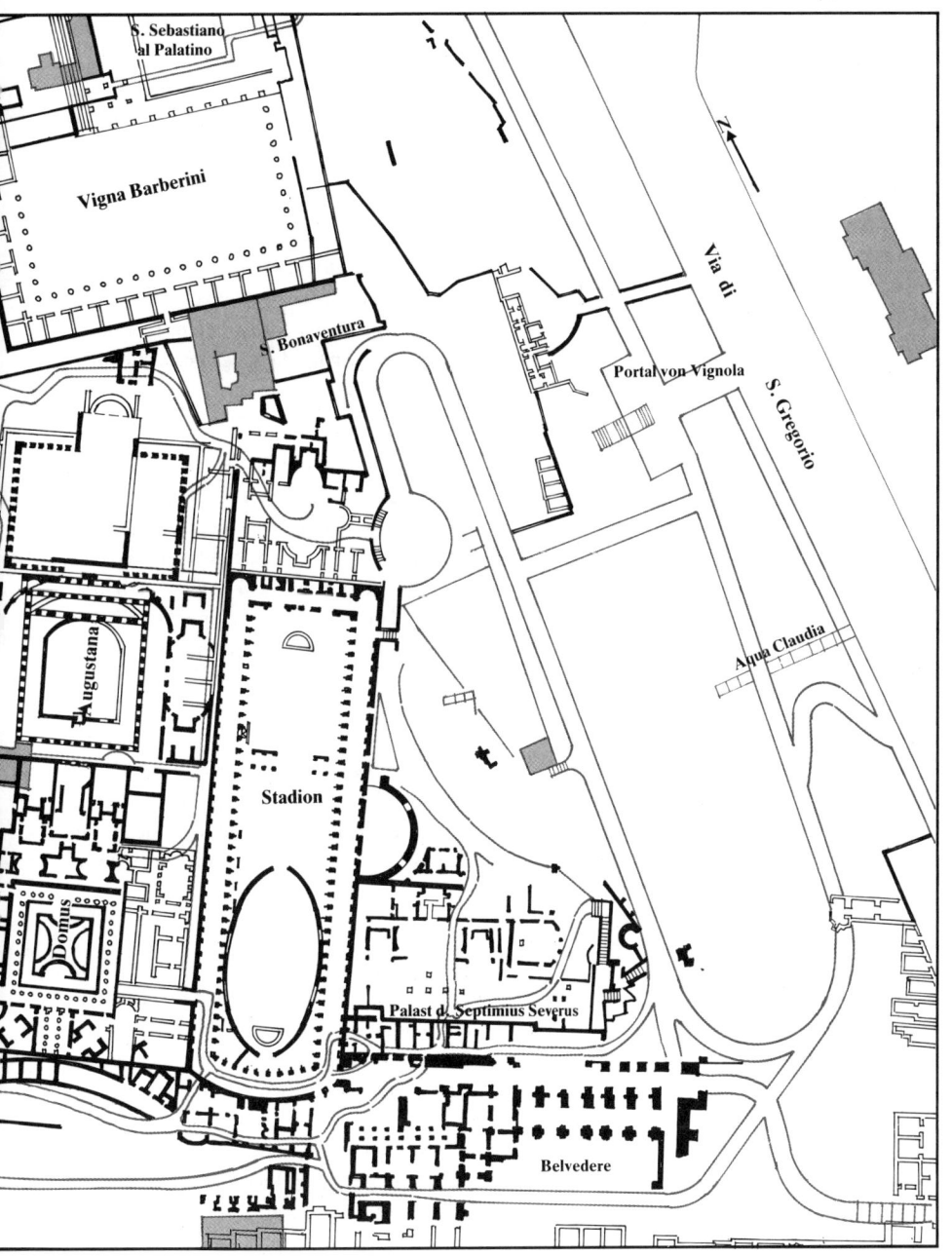

S. Sebastiano
al Palatino

Vigna Barberini

S. Bonaventura

Via di

S. Gregorio

Portal von Vignola

Augustana

Aqua Claudia

Stadion

Domus

Palast d. Septimius Severus

Belvedere

Arbeitsstätte. Der zwei- und dreigeschossige Bau beeindruckt noch heute mit seinen keineswegs vollständig ausgegrabenen Ruinen durch die Großartigkeit der monumentalen und zugleich harmonischen Anlage.

Stadion des Domitian

Kaiser Domitian (81–98 n. Chr.), der eifrigste Bauherr auf dem Palatin, ließ auch eine 160 Meter lange und 47 Meter breite Rennbahn anlegen: das Stadion des Domitian. Unsicher ist, ob zu den Wettkämpfen und Festen auch das Publikum zugelassen war oder ob das Stadion nur der Unterhaltung des Kaisers und seiner privaten Gäste diente, ja eigentlich ist nicht einmal gewiß, ob die Anlage überhaupt sportlichen Wettkämpfen Raum bot oder die Architekten nur einen Garten in der Form eines Stadions schufen. Die Tradition der Kirche läßt im Stadion des Domitian den heiligen Sebastian den Märtyrertod erleiden.

Thermen des Septimius Severus

Die eindrucksvollen Ruinen des Palatin sind z. T. Reste der Thermen des Kaisers Septimius Severus. Gewaltige Substruktionen, die wegen ihres Umfanges bis heute überdauert haben und vom Circus Maximus gut zu sehen sind, stützen die Pfeiler und Bögen des Bauwerks. In einigen Korridoren und Baderäumen findet man noch Reste der Heizungsanlage. Von einer rechteckigen Terrasse aus bietet sich über den Thermen ein schönes Panorama, besonders bei Sonnenuntergang: Es zeigen sich Kolosseum, Caracalla-Thermen, Caelius, Aventin, Gianicolo und die Bodensenke des Circus Maximus dicht davor, der 185 000 Zuschauer fassen konnte.

»Haus der Livia«

Das »Haus der Livia«, der Gattin des Augustus, war Teil des Augustus-Hauses, an dessen westlicher Seite es liegt. In einem Raum fand man auf einer Bleiröhre die Inschrift »Livia Augusta«. Das gab dem Haus den Namen; vielleicht hat auch Augustus darin gelebt. Ein Atrium und vier Zimmer vermitteln einen Eindruck vom Komfort und Geschmack der herrschenden Römer zur Zeit Christi: Tonröhren für Zentralheizung, die durch die Wände liefen, elegante Malereien im (Zweiten) Pompejanischen Stil. Nach außen entwickelten die Bauten freilich keine besondere Pracht – Zeichen für die kluge Bescheidenheit des ersten römischen Kaisers?

Tempel der Kybele

Hinter den Farnesischen Gärten (im Südwesten) liegt der Tempel der Kybele oder der Magna Mater, der »Großen Mutter«. Er wurde bereits im Jahr 204 v. Chr. errichtet, um gemäß dem Rat der Sibyllinischen Bücher den »Schwarzen Stein« der Göttin aufzunehmen. Funde vor dem Tempel, die aus dem 9. und 8. Jahrhundert v. Chr. stammen, führten zu dem Schluß, hier ein »Haus des Romulus« anzunehmen. Diese in die Felsen gekratzten Löcher und Linien, die aus Behausungen der frühen Eisenzeit stammen, sind die ältesten Zeugnisse menschlicher Siedlung auf dem Palatin-Hügel.

Kryptoportikus

Parallel zur Längsseite der Farnesischen Gärten und nördlich des Livia-Hauses verläuft der Kryptoportikus: ein 130 Meter langer, halb unterirdisch führender Korridor mit Tonnengewölben. Er verband die Räume der verschiedenen Kaiserpaläste miteinander. Die Überlieferung will wissen, daß in diesem Gang im Jahre 41 n. Chr. Kaiser Caligula von Verschwörern ermordet wurde.

III Kolosseum und Kaiserforen

Kolosseum

(Abb. 22)

Das Amphitheater der Flavier wird seit dem Mittelalter »Colosseo«, Kolosseum, genannt, sei es wegen seiner gewaltigen Ausmaße, sei es, weil es an der Stelle erbaut wurde, an der im Bezirk der Domus Aurea des Nero die Kolossalstatue dieses Kaisers stand. Es ist das gewaltigste geschlossene Bauwerk der römischen Antike und deshalb eines der »Wahrzeichen« Roms, charakteristisch für das Alter und die Geschichte der Stadt. Die Form des Kolosseums als Arena für Sport und Spiel ist bis in die heutige Zeit maßgeblich; wir wohnen Wettkämpfen nicht anders bei, als es die Architekten der flavischen Kaiser Vespasian und Titus für Gladiatorenspiele geplant haben.

Der Baukörper des Kolosseums ist so gut erhalten, daß man sich leicht die gesamte ursprüngliche Form vergegenwärtigen kann, doch zugleich so beschädigt, daß er auch die Leiden seiner Geschichte zeigt: Brände, Erdbeben, Vernachlässigung des Riesenbaus durch die Christen aus religiösen Gründen, Umbau in eine Festung (der Frangipani), Verwendung seiner Schmuck-, Marmor-, Travertin- und Ziegelsteine für römische Paläste (unter anderem Palazzo Venezia und Cancelleria) und schließlich in der modernen Zeit Gefährdung durch den Verkehr.

Im Jahr 72 n. Chr. ließ Kaiser Vespasian das Amphitheater im Gebiet der Domus Aurea des Nero beginnen. Sein Sohn Titus erhöhte die Ränge der Arena um das vierte Geschoß und feierte die Eröffnung im Jahr 80 mit hunderttägigen Festspielen. Der Bau, in dessen

78 Meter langer und 46 Meter breiter Arena Gladiatoren kämpften, Festspiele, Zirkusdarbietungen und sportliche Veranstaltungen stattfinden konnten, war 186 Meter lang, 156 Meter breit – also ein Oval und nicht ein Rund, wie der Augenschein nahelegen will – und 57 Meter hoch. Das Amphitheater bot 50 000 Menschen Platz: im ersten Stock dem kaiserlichen Hof und den Staatsbeamten, Priestern und Priesterinnen, im zweiten den vornehmen Familien, im dritten und vierten dem gemeinen Volk. Außen treten aus den Ziegel- und Travertinmauern Halbsäulen hervor, die im ersten Geschoß der dorischen, im zweiten der jonischen und im dritten der korinthischen Form nachgebildet sind. Der technische Aufwand für die Vorführungen war erheblich. Die Zuschauerränge wurden so klug angelegt, daß 50 000 Menschen in wenigen Minuten zu ihren Plätzen gelangen oder das Theater verlassen konnten. Von der Mauer des obersten Stockwerks konnte von

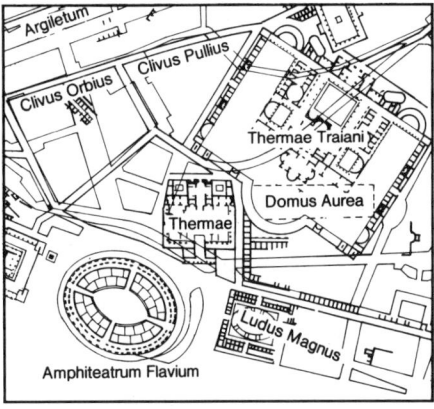

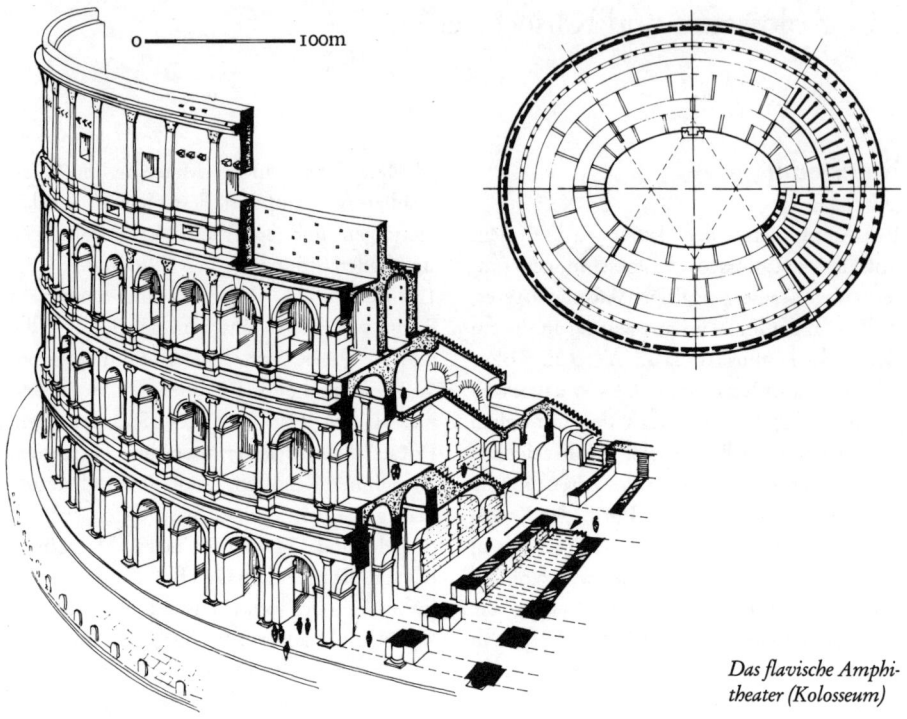

0 ▬▬▬▬ 100m

*Das flavische Amphi-
theater (Kolosseum)*

240 Masten aus ein Zelt gespannt werden. Unter der Arena lagen die Ankleidekabinen und Trainingsräume für die Gladiatoren, Käfige für die wilden Tiere und Magazinsäle; diese Mauern sind gut sichtbar, weil der Fußboden der Arena eingestürzt ist. Leider wurden die prachtvolle Ausschmückung und die Einrichtung des Innern im Lauf der Jahrhunderte aus dem Kolosseum entfernt.

Mit dem Kolosseum wollten die Kaiser den Wunsch der Römer nach *circenses,* nach Unterhaltung und Vergnügen durch Zirkusspiele, erfüllen; für dieses Ziel scheuten sie keinen Aufwand. Ein Bronzekreuz in der Arena soll daran erinnern, daß im Kolosseum in der Kaiserzeit christliches Märtyrerblut vergossen wurde. Historiker meinen jedoch, daß nicht sehr viele Christen während der Verfolgungen an diesem Ort sterben mußten.

Domus Aurea

In der Renaissancezeit begannen Künstler in dem Gebiet nördlich des Kolosseums, auf dem *Colle Oppio* des Esquilin-Hügels, mit Ausgrabungen und förderten eine Fülle von antiken Kunstwerken, Fresken und Marmorstandbildern zu Tage, darunter die heute im Vatikanischen Museum ausgestellte *Laokoon-Gruppe.* Sie waren in der berühmten Domus Aurea, dem Goldenen Palast des Kaisers Nero, fündig geworden. Denn Nero hatte sich nicht mehr mit der Residenz seiner Vorgänger auf dem Palatin begnügt. Er wollte Größeres und Schöneres schaffen. Deshalb kam ihm der

Brand in Rom im Jahr 64 n. Chr. gelegen; gleich, ob er ihn selbst angestiftet hat oder ihn nur seinen Zwecken nutzbar machte. In dem frei gewordenen ausgedehnten Bezirk sollte nach dem Wunsch des Kaisers eine riesige und zugleich prachtvoll ausgestattete Residenz entstehen. In dem unvollendeten Komplex, der eine größere Grundfläche als der heutige Vatikan-Staat einnahm, setzten Neros Nachfolger andere Bauten, etwa an die Stelle des künstlichen Sees das Kolosseum, später die Thermen des Trajan.

Triumphbogen des Konstantin
(Abb. 22)

Den Triumphbogen für Kaiser Konstantin ließ der Senat nach dessen Sieg über seinen Rivalen Maxentius an der Milvischen Brücke (312 n. Chr.) zu Ehren des »Befreiers der Stadt und des Friedensbringers« errichten. Er ist der größte (Höhe 21 Meter, Breite 25,70 Meter, Tiefe 7,40 Meter) und am besten erhaltene der römischen Siegesmale, obwohl auch er wie das nahe Kolosseum in den Palast und die Festung der Frangipani einbezogen war und erst im 16. Jahrhundert (1536 für den Besuch Kaiser Karls V. in Rom) und endgültig im 19. Jahrhundert freigelegt wurde.

Zur Ausschmückung des dreiteiligen Bogens wurden Reliefs älterer Denkmäler benutzt. Die römischen Bildhauer waren Anfang des 4. Jahrhunderts einer so großen Aufgabe nicht mehr gewachsen und längst nicht mehr auf der Höhe der antiken Bildhauerkunst. Deshalb zeigen die Darstellungen auch Motive, die mit Konstantin und seinen kriegerischen Leistungen wenig zu tun haben. So finden wir eine Eberjagd und eine Opferfeier für den Gott Apoll von einem Jagdmonument Hadrians, Szenen aus der Herrschaftszeit des Kaisers Trajan und jener des Kaisers Mark Aurel.

Santa Francesca Romana
(Abb. 18)

Nachdem die Kirche Santa Maria Antiqua im Forum Romanum geschlossen worden war, baute man in der zweiten Hälfte des 10. Jahrhunderts auf der anderen Seite des Forum Romanum, an der jetzigen Via dei Fori Imperiali, eine neue Marienkirche: *Santa Maria Nova*, zum Teil über dem alten *Tempel der Venus und der Roma* (Tempio di Venere e di Roma). Den Glockenturm, ein Musterbeispiel für römische Campanili des Mittelalters, setzte das 13. Jahrhundert hinzu. Den heutigen Namen erhielt die Kirche durch die spätere Weihe an die römische Heilige Francesca, die 1421 die Kongregation der Oblaten-Schwestern gründete, 1608 heiliggesprochen wurde und hier begraben liegt. Sie wird als Patronin der Autofahrer verehrt. An ihrem Fest, dem 9. März, kamen früher viele zur Autoweihe vor die Kirche. Im Innern der mit Marmor, Stuck und Bildern reich geschmückten Basilika sind die *Confessio*, das *Apsismosaik* und das Madonnenbild im Hochaltar, die *Tavola di Santa Maria Nova*, auch Madonna del Conforto (Madonna der Hilfe) genannt, aus dem 6. Jahrhundert – die Legende schreibt das Bild dem heiligen Lukas zu – beachtenswert.

Basilika des Maxentius

Sowohl von der Via dei Fori Imperiali als auch vom Forum Romanum her bilden die Ruinen der Maxentius- oder Konstantinsbasilika, 306 von Kaiser Maxentius begonnen und bis 312 weitergeführt, 330 von Konstantin vollendet und eingeweiht, einen machtvollen Komplex. Sie vermitteln einen adäquaten Eindruck von dem – auch kunstgeschichtlich – bedeutenden Bau, der wie alle römischen Basiliken für Rechtsprechung und Geschäfte bestimmt war. Das Mittelschiff wölbte sich über

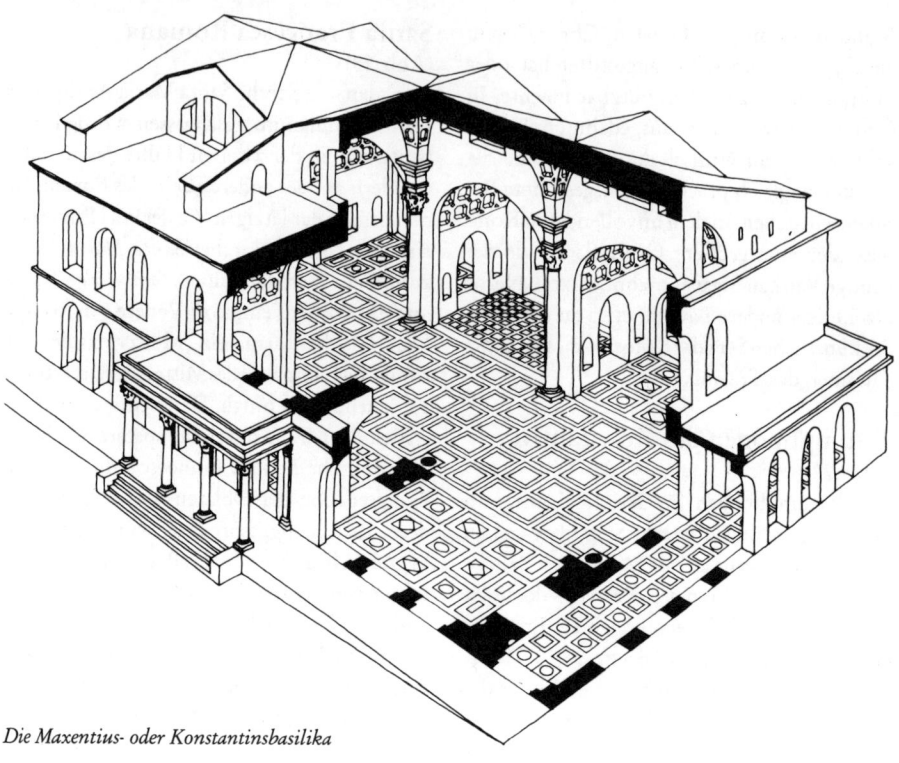

Die Maxentius- oder Konstantinsbasilika

einer Fläche von 60 mal 25 Metern bis zu einer Höhe von 35 Metern. Die Seitenschiffe steigen noch heute bis auf 24,50 Meter empor. Dem Bau dienten die riesigen Thermenanlagen der Kaiser Caracalla und Diokletian als Vorbild. Mächtige korinthische Säulen standen vor den Pfeilern, deren eine heute vor dem Haupteingang der Kirche Santa Maria Maggiore mit einer Marienstatue auf der Spitze steht. Dieser letzte Großbau der römischen Kaiser – im Jahr der Einweihung verlegte Konstantin die Residenz nach Konstantinopel – wirkte richtungweisend in der europäischen Architektur, etwa für den Neubau der Peterskirche. Der Verfall der Maxentius-Basilika wurde beschleunigt, als

Papst Honorius I. (625–638) die Bronzeziegel abnehmen und damit die alte Peterskirche decken ließ. Erdbeben und Brände trugen auch hier zum Niedergang des Bauwerks bei, so daß nur noch der Kern des nördlichen Seitenschiffs erhalten geblieben ist.

Santi Cosma e Damiano

Kaiser Vespasian ließ neben dem Forum Romanum (im Norden) das *Foro della Pace* (Friedensforum) anlegen. Über diesem Komplex entstand im 6. Jahrhundert die Kirche der orientalischen Märtyrer-Ärzte Kosmas und Damian durch Umwandlung eines Gebäudes; daher der heutige Grundriß in Form eines einschiffigen Raumes. Im 17. Jahrhundert wurde das Innere ausgestaltet. Bemerkenswert sind die *Holzdecke* von 1632, ein mittelalterlicher *Osterleuchter in Kosmatenarbeit* und vor allem die *Mosaiken am Triumphbogen und in der Apsis*, unter Papst Felix IV. von 526 bis 530 entstanden. Am Triumphbogen finden sich Darstellungen aus dem biblischen Buch der Offenbarung. In der Apsis die »Übergabe des göttlichen Gesetzes«: Christus in der Mitte reicht die Schriftrolle den Aposteln Petrus und Paulus; zu ihren Seiten die Kirchenpatrone Kosmas und Damian, der heilige Theodor und der Stifter Papst Felix. Die *Weihnachtskrippe* in einem anliegenden Raum ist eine der größten Roms, wegen der sorgfältig gearbeiteten Figuren und der liebevollen Ausstattung durchaus beachtenswert.

Kaiserforen

Forum des Vespasian

Die Kirche Santi Cosma e Damiano nimmt nur einen sehr kleinen Teil (die Südecke) des Friedensforums ein. Der Komplex liegt neben dem Nerva-Forum, dort, wo heute die Via Cavour auf die Via dei Fori Imperiali stößt. So ist dieses Forum fast vollständig von Straßenzügen und Grünanlagen bedeckt. Das läßt viele den Wunsch hegen, man möge die unter Mussolini über die Kaiserforen gelegte Via dei Fori Imperiali wieder beseitigen, damit Forum Romanum und Kaiserforen zusammen in einem großen archäologischen Park ganz zur Geltung kämen. Den Bau des Friedensforums mit dem *Tempio della Pace,* dem Tempel des Friedens, ordnete Kaiser Vespasian an; deshalb auch sein zweiter Name »Foro di Vespasiano«. Die Arbeiten wurden von 71 bis 75 n. Chr. ausgeführt und mit der Beute aus dem Judäischen Krieg, den sein Sohn Titus siegreich beendete, bezahlt. Der Friede in Judäa war dem Kaiser Vespasian ein Forum wert, freilich auch sein eigener Ruhm.

Forum des Nerva

Zwei hohe korinthische Säulen, von den Römern »Colonnacce« (Riesensäulen) genannt, begrenzen das Nerva-Forum nach Osten zum Foro della Pace hin. Weiter sind von der rechten Säulenhalle Stücke eines Gebälkfrieses und Fragmente eines Bildreliefs erhalten. Kaiser Nerva (96–98 n. Chr.) weihte sein Forum, das sich östlich an das Augustus-Forum anschließt, im Jahr 97 n. Chr. ein. Im Zentrum des Forums stand ein Tempel der Minerva, nicht nur zur Kaiserzeit, sondern bis ins 17. Jahrhundert, bevor ihn Papst Paul V. abreißen ließ, um die Steine für den Brunnenbau der Acqua Paola auf dem Gianicolo-Hügel zu verwenden. Eine Bronzestatue des Nerva (Kopie) erinnert an den Kaiser.

Forum des Augustus

Vom Forum des Augustus – unmittelbar neben dem Nerva-Forum –, über das ebenfalls breit die Via dei Fori Imperiali führt, ist wenig mehr erhalten geblieben als eine Treppe und Säulen. Die Säulen gehörten zum *Tempel des Mars Ultor* (Tempio di Marte Ultore). Augu-

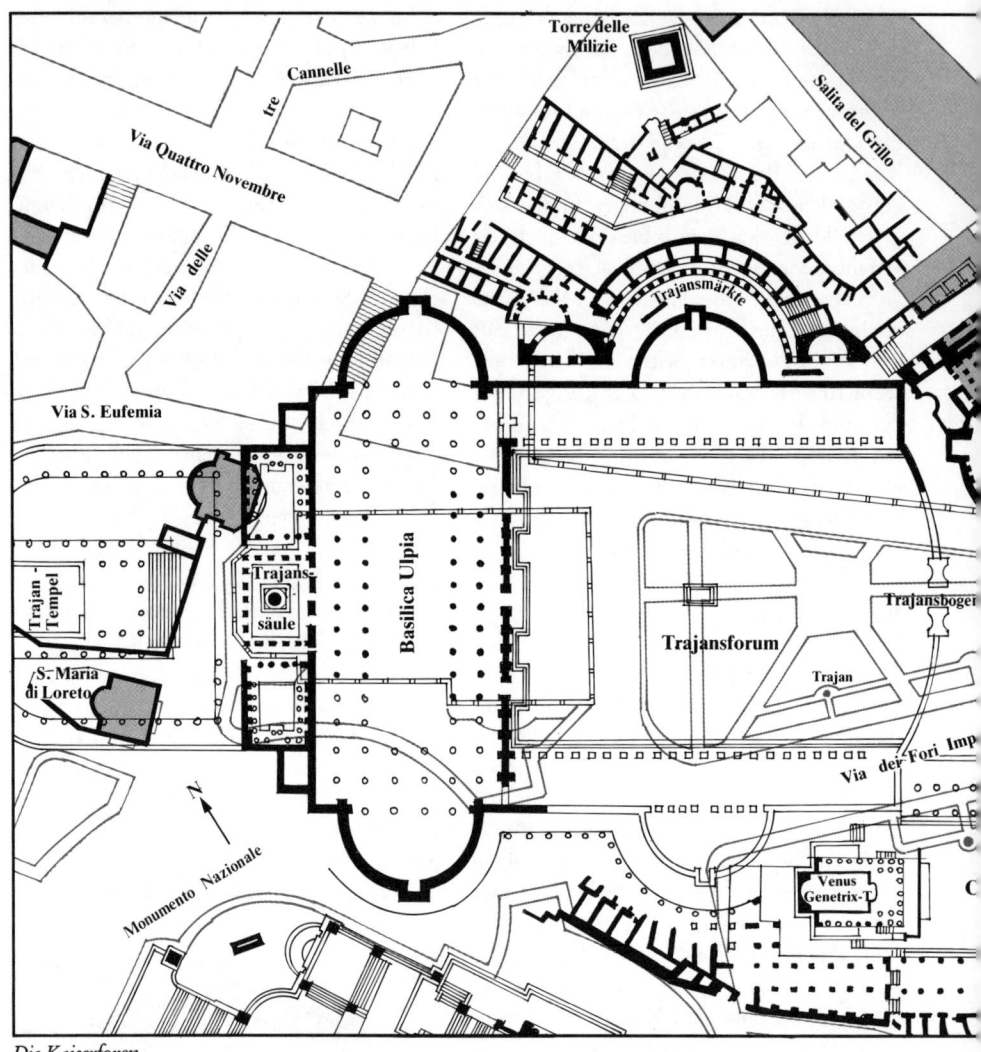

Die Kaiserforen

stus weihte ihn im Jahr 2 v. Chr. »dem rächenden Kriegsgott Mars« zum Andenken an die Schlacht von Philippi (42 v. Chr.), in der Caesars Mörder, Brutus und Cassius, besiegt worden und umgekommen waren. Um 1200 nutzten die Johanniterritter, später Rhodos- und Malteserritter die Ruinen für ihre Paläste. In einer ehemaligen Exedra und dem Antiquarium befindet sich heute das Priorat der Malteserritter, die »Casa dei Cavalieri di Rodi« (Haus der Rhodos-Ritter), an der Piazza del Grillo, oberhalb der Foren. Auch in diesem

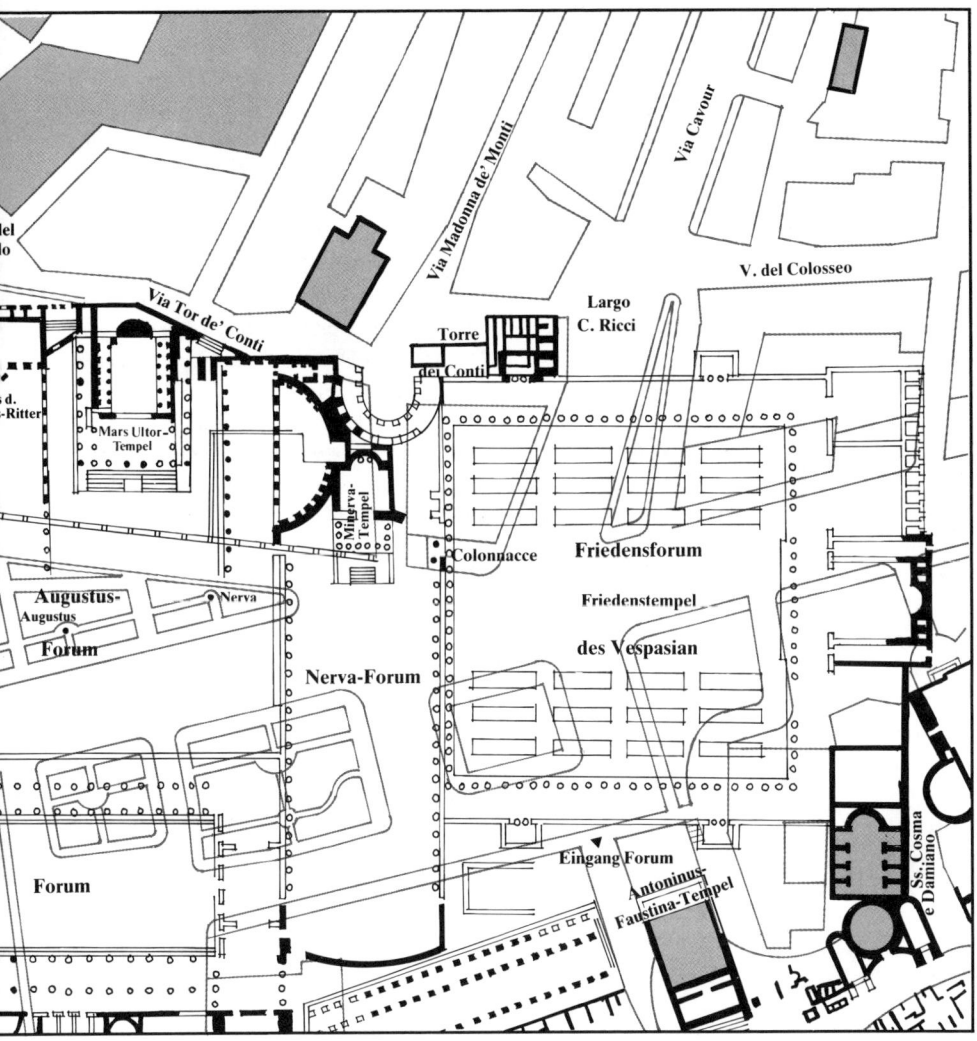

Forum erinnert die Statue des Augustus an den kaiserlichen Bauherrn.

Forum des Caesar

Das Forum Caesars, auch *Forum Julium* genannt, zu Füßen des Kapitolinischen Hügels und zum Teil von den Grünanlagen und Parkplätzen der Via dei Fori Imperiali bedeckt, erstreckt sich wie das Trajansforum von Ost nach West, während die Foren des Augustus, des Nerva und des Vespasian (annähernd) in Nord-Süd-Richtung liegen. Gaius Julius Cae-

227

sar gab den Auftrag und sein Geld dafür, so daß zwischen 54 und 46 v. Chr. der Komplex angelegt werden konnte. Caesar wollte seinen Ruhm mehren und zugleich Bedürfnisse der römischen Bürger erfüllen, denen das alte Forum Romanum nicht mehr genügte, vielleicht nicht mehr »modern genug« war. Von dem 170 mal 75 Meter großen Areal geben die Überreste nur ein unzureichendes Bild. Die *Basilica Argentaria,* in der sich Wechselstuben und die Börse befanden, und der *Tempel der Venus Genetrix* (der Gebärerin Venus) erhoben sich am Rande des Forum Iulium. Vom Neubau des Venus-Tempels stehen noch drei korinthische Säulen mit Gebälk. Auch Kaufläden waren vorhanden und sind in ihrem zweigeschossigen Aufbau noch zu erkennen. Von der Ausstattung, etwa dem Reiterstandbild Caesars, über das antike Schriftsteller ausführlich berichten, oder einer goldenen Statue der Kleopatra, ist nichts übriggeblieben. An den erhaltenen Fragmenten der Bauplastik jedoch ist zu ersehen, wie genau und sorgfältig die römischen Steinmetzen den Marmor bearbeiteten.

Forum des Trajan

(Abb. 15)

Das der Entstehungszeit nach letzte, größte und am besten erhaltene der Kaiserforen ist das Forum des Kaisers Trajan (98–117 n. Chr.). Es bildete einen Komplex aus Tempel, Basilika und den persönlichen Ehrenzeichen des Kaisers, Triumphbogen, Reiterstandbild und Siegessäule; daran schlossen sich die »Märkte des Trajan« im Nordosten hinauf zum Quirinal-Hügel an. In die von dem Architekten Apollodoros aus Damaskus errichtete Anlage (107 n. Chr. begonnen, 143, 30 Jahre nach dem Tod Trajans, eingeweiht) schoben sich bereits im Mittelalter andere Bauten hinein. Manches wurde

auch einfach darübergebaut, so etwa die Festungsanlagen der Familien Colonna und Caetani (davon ist die *Torre delle Milizie* an der Via Quattro Novembre erhalten), später die Zwillingskirchen *Santa Maria Loreto* und *Santissimo Nome di Maria;* in diesem Jahrhundert wurden die Via dei Fori Imperiali als breite Autostraße und schmalere Straßen darübergelegt.

Durch die seit 1928 ausgeführten Ausgrabungen tritt die Vierergliederung dieses Forums deutlich hervor: Durch einen im Jahr 116 n. Chr. errichteten Triumphbogen betrat man den freien Platz, in dessen Mitte sich dominierend das Reiterstandbild des Kaisers erhob. Quer vor der Stirnwand dieses Platzes lag die *Basilica Ulpia,* eine Halle von 130 Meter Länge und 125 Meter Breite. Diese Maße sind bei der heutigen Bebauung nur schwer vorzustellen, waren auch damals im Zentrum Roms nur mit Mühe an diesem zentralen Platz zu gewinnen. An die Basilika schlossen sich zwei Bibliotheken an, eine für die lateinische, die andere für die griechische Literatur; dazwischen ragte die Siegessäule für Trajan empor. Begrenzt wurde das Forum von einem Tempel für den vergöttlichten Trajan (zwischen den heutigen Marienkirchen). Die im Altertum vielbewunderte Anlage, von der heute nur noch die Triumphsäule erhalten ist, ehrte den Kaiser, unter dessen Herrschaft das römische Reich seine größte Ausdehnung erreichte.

Die 38 Meter hohe SIEGESSÄULE DES KAISERS TRAJAN auf dem nach ihm benannten Forum ist ein großartiges uns – wenn auch mit zunehmenden Beschädigungen und nur dank

vieler Restaurierungen – erhaltenes Zeugnis kaiserlicher Macht und römischer Bildhauerkunst. Sie ist zusammengesetzt aus Marmortrommeln von der griechischen Insel Paros und zeigt auf einem 200 Meter langen spiralförmig ansteigenden Reliefband Szenen aus den von Trajan gegen die Daker in den Jahren 101/102 und 105/106 geführten Kriegen. Mehr als 2500 Figuren sind aus dem Marmor gemeißelt. Man sollte sich der Mühe unterziehen, das Marmorrelief mit seinen lebendigen Darstellungen der kämpfenden Soldaten, der schnaubenden Rosse, des ganzen martialischen Aufwands zu betrachten, so wie es die alten Römer taten. Diese hatten es allerdings etwas bequemer, von den Fenstern der beiden Bibliotheken aus; dafür stehen uns Ferngläser und Teleobjektive zur Verfügung. Im Innern führt eine Wendeltreppe 185 Stufen hinauf, die Licht von 43 kleinen, in den Mantel der Säule eingehauenen Schlitzen erhält. Goethe stieg diese Treppe hinauf, wie wir aus seiner »Italienischen Reise« wissen. Der Sockel der Säule schloß eine goldene Urne mit der Asche des Kaisers ein. Auf der Spitze der Säule erhob sich sein goldenes Standbild, das im Mittelalter verlorenging und von Papst Sixtus V. 1588 durch eine Statue des Apostels Petrus (mit dem Schlüssel) ersetzt wurde.

Märkte des Trajan

Den Anstieg zum Quirinal-Hügel nutzend, schließen sich an das Trajanische Kaiserforum mehrgeschossige Markthallen an, deren Ruinen aus roten Ziegelsteinen mit hohen Gewölben heute eindrucksvoll den Bezirk der Kaiserforen gegen den höher gelegenen Bezirk der Via Quattro Novembre begrenzen. Der Höhenunterschied wurde bei dem Bau durch den Architekten Apollodoros von Damaskus (Anfang des 2. Jahrhunderts) ge-

Trajansmärkte, Rekonstruktion

schickt ausgenützt. Mit diesen Märkten wollte Trajan durch preiswerte Angebote der in Naturalien entrichteten Steuerabgaben und durch Verteilung kaiserlicher Stiftungen soziale Spannungen in der Stadt Rom mindern.

Santa Maria di Loreto
Santissimo Nome di Maria
(Abb. 15)

Die Kirche Santa Maria di Loreto (Sankt Marien in Erinnerung an den italienischen Wallfahrtsort Loreto in den Marken) wurde von Antonio da Sangallo dem Älteren 1507 begonnen und von Jacopo del Duca 1582 vollendet. Zusammen mit der danebenstehenden zwillingsähnlichen »Kirche des Heiligsten Namens Maria«, erbaut nach dem Sieg des Polen-Königs Johann Sobieski über die Tür-

229

ken bei Wien, bildet sie einen eindrucksvollen Abschluß des Trajansforums.

Torre delle Milizie

Weithin sichtbar ragt in der Nähe des Forum Romanum, zwischen dem Kapitolinischen Hügel und dem Quirinal, ein schiefer, massiver, festungsartiger Turm auf. Diese »Torre delle Milizie« ist einer der ältesten und mächtigsten Geschlechtertürme Italiens, der größte Roms. Als Wehrturm von Papst Gregor IX. im 13. Jahrhundert errichtet, benannt vermutlich nach einer in der Nähe liegenden Kaserne byzantinischer Milizen, gehörte er nacheinander verschiedenen Adelsfamilien, die

ihn als Angriffsbasis und Verteidigungsbollwerk bei ihren endlosen Fehden benutzten. Der deutsche König Heinrich VII. erkämpfte sich 1312 seine Kaiserkrönung gegen die guelfische Partei von hier aus. Der Volksmund setzt den Bau früher an und meint, Kaiser Augustus sei unter der Torre delle Milizie begraben und Nero habe von seiner Spitze aus den Brand Roms besungen. Deshalb heißt er auch bei den Römern »Torre di Nerone«, Nero-Turm. Schon früh neigte er sich, so daß auch Rom einen »schiefen Turm« hat. Eine herrliche Aussicht bietet sich von oben über die Innenstadt mit dem antiken Rom.

IV   Von der Piazza Venezia zur Piazza di Spagna

Palazzo Bonaparte

Der schmale Palast an der Piazza Venezia links am Anfang der Via del Corso trägt den Namen Bonaparte – er ist noch an dem Gebäude oben zu lesen. In dem Stadtpalast des 17. Jahrhunderts wohnte die Mutter Napoleons, Letizia Ramorino, bis zu ihrem Tode im Jahr 1836.

Palazzo Doria(-Pamphilj)

Der Palazzo Doria ist einer der größten römischen Stadtpaläste. Er wird unregelmäßig von der Via del Corso, Via del Plebiscito, Via della Gatta und der Piazza del Collegio Romano mit der Via Lata umgeben, spart jedoch heute – merkwürdig genug – an der Piazza Venezia den Raum für den viel kleineren Palazzo Bonaparte aus. In drei Jahrhunderten haben mehrere Architekten und Bauherren den Palast mit seinen verschiedenen Fassaden

und Innenhöfen gestaltet, mehrere Familien ihn besessen, zuerst die della Rovere, dann die Aldobrandini, schließlich die Pamphilj, die in der Familie der Doria aufgingen und dann sich meist mit einem »i« am Ende, Pamphili, schrieben.

Galleria Doria Pamphilj

Die Gemäldesammlung, die im wesentlichen auf den Familienbesitz der Pamphilj und Doria zurückgeht, ist im Palazzo Doria Pamphilj beheimatet (Eingang Piazza del Collegio Romano, Nr. 1a). Sie enthält Bilder von Tizian, Tintoretto, Correggio, Raffael (unsicher), Lippi, Lotto, Bordone, *Caravaggio* (meisterhaft die *»Ruhe auf der Flucht nach Ägypten«*), *Velàzquez* (*Bildnis Innozenz' X.*, eines Papstes aus der Familie der Pamphilj), Lorrain, Breughel, Ribera, Domenichino und Solimena. Weiter sind einige wertvolle Mar-

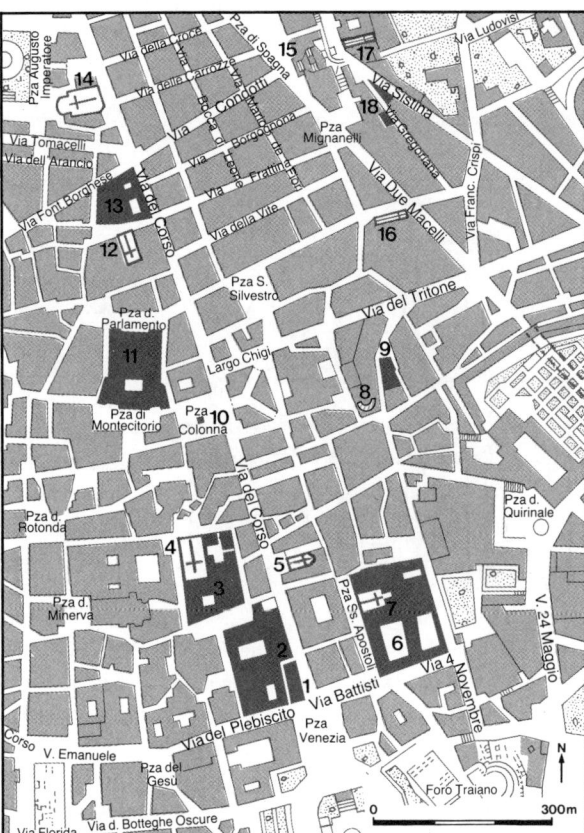

1 Palazzo Bonaparte – 2 Palazzo Doria-Pamphilj – 3 Collegio Romano – 4 S. Ignazio – 5 S. Marcello – 6 Palazzo Colonna – 7 Ss. Apostoli – 8 Fontana di Trevi – 9 Galleria dell'Accademia di S. Luca – 10 Mark-Aurel-Säule – 11 Palazzo Montecitorio – 12 S. Lorenzo in Lucina – 13 Palazzo Ruspoli – 14 S. Carlo al Corso – 15 Spanische Treppe – 16 S. Andrea delle Fratte – 17 SS. Trinità dei Monti – 18 Palazzo Zuccari (Biblioteca Hertziana)

morskulpturen beachtenswert, unter anderem eine *Büste Innozenz X. von Bernini.* Außerdem sind Privatgemächer und Repräsentationsräume mit Bildern und Skulpturen in dem Palast zu besichtigen.

Collegio Romano

Der riesige Palast des Collegio Romano an der gleichnamigen Piazza, einst das Kolleg des Jesuitenordens in Rom, wurde zwischen 1583 und 1585, in sehr kurzer Zeit also, von den Architekten Bartolomeo Ammanati und Giuseppe Valeriani, einem Mitglied des Jesuitenordens, als neue römische Universität der »Gesellschaft Jesu« für die studierende Jugend erbaut. Der Gönner des Ordens, Papst Gregor XIII., hatte die notwendigen Mittel dafür zur Verfügung gestellt. Im Collegio Romano befinden sich heute ein Gymnasium (»E. Quirino«), und die Zentrale Nationalbibliothek (»Biblioteca Nazionale Centrale Vittorio Emanuele«). Das *Prähistorische und Ethnographische Museum* (Museo Preistorico ed Etnografico L. Pigorini) ist jetzt im Museum in der Viale Lincoln Nr. 1 im E.U.R.-Viertel untergebracht.

231

Sant' Ignazio

(Abb. 28)

1540 gründete Ignatius von Loyola in Rom den Jesuitenorden. Die »Societas Jesu«, die

Gesellschaft Jesu, nahm bald in Italien und in ganz Europa einen raschen Aufschwung und gewann immer mehr Mitglieder. Um das Andenken des 1556 gestorbenen und 1622 heiliggesprochenen Ignatius zu ehren, erbaute der Orden von 1626 bis 1650 mit der finanziellen Hilfe des Kardinals Ludovico Ludovisi, des Neffen Papst Gregors XV., nach der Kirche Il Gesù als zweites Jesuiten-Gotteshaus in Rom Sant' Ignazio. Dabei traten die Jesuiten zugleich als Baumeister (Orazio Grassi) und Maler (Andrea Pozzo) hervor.

Schon die intime *Piazza Sant' Ignazio* mit den kulissenartig ineinandergeschobenen Häusern gegenüber der imposanten Kirchenfassade führt den Besucher in das barocke Lebensgefühl ein, das in der Kirche noch erhöht wird. Ein großer, weitgespannter Raum, für Predigt und Gottesdienst in gleichem Maß geeignet, Seitenkapellen, die miteinander verbunden sind, eine prächtige Ausstattung mit

kostbaren Materialien und phantasievollen Dekorationsmustern – das waren in der Zeit der Gegenreformation die architektonischen Mittel, um die Christen in die Kirche zurückzuholen. Die Harmonie des Raumes wird auch dadurch nicht gestört, daß die Kuppel über den Vierungspfeilern nicht ausgeführt wurde; statt dessen malte Andrea Pozzo an die Decke, an Stelle der Kuppel, eine *illusionistische Architektur*. Sie bildet den Rahmen für den Triumph des heiligen Ignatius, seinen »Eingang ins Paradies« und »die vier missionierten Weltteile«; der gemalte Himmel scheint die gewölbte Architektur der Decke aufzubrechen. Eine Marmorscheibe im Fußboden gibt die Stelle an, von der aus die perspektivische Wirkung der Gemälde am besten aufzunehmen ist.

Architektur, Malerei und Plastik gehen in Sant' Ignazio ineinander über; das Auge des Gläubigen soll, von der Kunst bestochen, sich gen Himmel richten, sein Herz der Lehre der Kirche geöffnet werden. Im rechten Querhaus liegt der heilige Aloisius (Luigi Gonzaga, 1568–1591) begraben, im linken der heilige Johannes Berchmans, beide Mitglieder des Jesuitenordens.

Die römische WERTPAPIERBÖRSE ist in eine ausgedehnte antike Tempelanlage hineingebaut, von der noch elf korinthische Säulen an der Längsseite des Gebäudes erhalten sind. An dieser Stelle erhob sich im Altertum der Tempel des Kaisers Hadrian (Hadraneum), der lange Zeit für den des Gottes Neptun gehalten wurde. Der Boden des Tempels liegt heute deutlich unter dem Straßenniveau, wie beim Pantheon.

San Marcello

Die Kirche des heiligen Marcellus, die an einem von der Via del Corso zurücktretenden Platz steht, ist dem heiligen Papst Marcellus I. (308–309) geweiht. Dieser römische Bischof wurde nach der Überlieferung wegen seiner festen Glaubenshaltung von Kaiser Maxentius verbannt. Die von Carlo Fontana (1682/83) geschaffene konkave Barockfassade der Kirche ist ein besonders gelungenes Beispiel ihrer Art.

Palazzo Colonna

Der riesige Palastkomplex der Colonna, einer bedeutenden römischen Adelsfamilie, aus der Papst Martin V. (1417–1431) und andere berühmte Persönlichkeiten hervorgingen, wurde im 15. Jahrhundert begonnen und nach vielen Erweiterungen im Jahr 1730 fertiggestellt. Er erstreckt sich zwischen der Piazza Apostoli und der Via della Pilotta, zwischen der Via Quattro Novembre und der Via del Vaccaro mit der Piazza Pilotta und bietet neben anderem der Kirche Santi Apostoli und der Galleria Colonna Raum.

Santi Apostoli

Die Zwölf-Apostel-Kirche ist in den Palazzo Colonna eingefügt. Lange Zeit diente sie diesem römischen Geschlecht als Familienkirche. Ursprünglich war sie den Heiligen Philippus und Jakobus geweiht und ist vermutlich von Papst Pelagius I. (556–561) nach der Vertreibung der Goten aus Rom gestiftet worden. Von späteren Päpsten wurde sie restauriert und nach 1702 vollständig neu als letzte römische Hallenbasilika von Francesco und Carlo Fontana geschaffen. In der Vorhalle, die etwas schräg zur Kirche verläuft, rechts das Relief eines römischen Reichsadlers, links die klassizistische Stele für den Kupferstecher Giovanni Volpato von Canova. Im Innenraum, der 63 Meter lang ist, sind beachtenswert: die *Deckenfresken*

(»Triumph des Franziskanerordens«); das *Grabmal für Papst Klemens XIV.* (an der Stirnwand des linken Seitenschiffes), ein Meisterwerk des Frühklassizismus von Antonio Canova (1787); das *Grabmal des Kardinals Pietro Riario,* des Nepoten Papst Sixtus' IV. (gestorben 1474), gemeinsames Werk der Bildhauer Bregno, Dalmata und Mino da Fiesole; in der Apsis »*Martyrium der Heiligen Philippus und Jakobus*« von Domenico Muratori, das größte Altargemälde Roms; ferner (hinter der Sakristei) das *Grab des Kardinals Johannes Bessarion* (gestorben 1472), des großen Humanisten und Kirchenfürsten der Renaissance. (Fragmente des Apsisfreskos von Melozzo da Forlì, musizierende Engel, sind in der Vatikanischen Pinakothek zu sehen.)

Galleria Colonna

Die Galleria im Palazzo Colonna enthält eine berühmte Gemäldesammlung, die von Kardinal Girolamo I. Colonna im 17. Jahrhundert gegründet wurde. Sie umfaßt vor allem Werke von Meistern des 17. und 18. Jahrhunderts, darunter Bilder von Veronese, Tintoretto, Poussin, Landschaften und Portraits, dazu Gemälde, die an Leistungen oder große Ereignisse in der Familiengeschichte der Colonna erinnern, so etwa an den wichtigen Sieg, den Marcantonio Colonna als Kommandant der abendländischen Seestreitkräfte in der Schlacht bei Lepanto (1571) gegen die Türken erfochten hat.

Fontana di Trevi
(Farbt. 4)

Auf einem von Häusern begrenzten Platz, in den fünf Straßen münden, erhebt sich Roms größter Brunnen, die Fontana di Trevi. Bereits Agrippa, der erste Erbauer des Pantheons, ließ hier im ersten vorchristlichen Jahrhundert eine Wasserleitung für seine Thermen anlegen, die später auf Anordnung der Päpste wiederhergestellt wurde. Klemens XII., ein Papst aus der Florentiner Familie der Corsini (1730–1740), gab den Auftrag für einen großen Brunnen an Niccolò Salvi, der von 1732 bis 1751 in dieser Fontana sein Meisterwerk schuf. Der Brunnenprospekt, 20 Meter breit und 26 Meter hoch, an die Rückseite des Palastes der Herzöge von Poli gebaut, zeigt das »Königreich des Ozeans«, den Meeresgott Neptun (Oceanus) mit Rossen, das eine wild, das andere friedlich, Tritonen und Muscheln. Das Wasser umtost die Figuren und künstlichen Felsen und sammelt sich in einem riesigen Becken. Dort finden sich immer Münzen, die nach alter Sitte die Besucher Roms in den Brunnen werfen – manche meinen, es müsse rückwärts über die linke Schulter geschehen –, damit man wiederkehre. Die Münzen gehören der Gemeinde Rom, aber junge Römer finden immer wieder eine Gelegenheit, sie vor der Stadtreinigung herauszufischen.

Galleria dell'Accademia di San Luca

»Die Akademie des heiligen Lukas«, im 14. Jahrhundert die »Universität der Maler«, weil die christliche Überlieferung, besonders in Rom, diesem Evangelisten auch künstlerische Fähigkeiten zuschrieb, hat ihren Sitz in der Nähe der Fontana di Trevi. Im 3. Stock des Palastes an der Piazza dell'Accademia di San Luca findet man in den Sälen unter anderem Werke von Tizian, Lavinia Fontana, Barocci, Pellegrini, Angelika Kauffmann, van Dyck, Ribera und Thorwaldsen.

Mark-Aurel-Säule

Die Ehrensäule des Kaisers Mark Aurel (161–180) erhebt sich beherrschend auf der *Piazza Colonna* mit dem *Palazzo Chigi*, dem Sitz des italienischen Ministerpräsidenten. In der Mitte zwischen den Tempeln für die Kaiser Hadrian und Mark Aurel und anderen öffentlichen Gebäuden ließ der römische Senat nach dem Sieg Mark Aurels über die Markomannen, Quaden und Sarmaten dieses Siegeszeichen errichten, ähnlich wie zwei Generationen zuvor die Ehrensäule für den Kaiser Trajan auf dem Trajansforum. Man begann im Jahr 176 n. Chr. mit dem Werk und beendete es lange nach dem Tod des Kaisers im Jahr 193 n. Chr. 29,6 Meter hoch (mit der Basis und dem Kapitell sogar 42 Meter), mit einem Durchmesser von 3,7 Metern, wird die Säule von 28 Marmorblöcken (aus Carrara, dem damaligen Luni) gebildet, die auf einem spiralförmig ansteigenden Relief Szenen aus den Kriegen gegen die Germanen (171–173) und die Sarmaten (174–175) darstellen. Die Figuren der Soldaten und Pferde treten stärker aus dem Marmorgrund hervor als auf der Trajanssäule; sie geben Aufschluß über Waffen und Uniformen, die Sitten und die Technik der damaligen Zeit. Im Innern der Säule führt eine Treppe mit 190 Stufen zur Spitze, auf der früher ein Denkmal des Kaisers stand. Seit 1589 wacht jedoch die Bronzestatue des Apostels Paulus mit dem Schwert (von Domenico Fontana) dort oben über die Stadt und die italienische Regierung im gegenüberliegenden Palazzo Chigi. Aufgrund der späteren Inschrift am Fuß der Säule wird diese als »Colonna Antonina« auch irrtümlich dem Kaiser Antoninus Pius zugeschrieben.

Palazzo Montecitorio

Dieser Palast wurde im Jahr 1650 von Bernini im Auftrag Papst Innozenz' X., eines Pamphilj, begonnen und 1694 von Carlo Fontana fertiggestellt. Die Abgeordnetenkammer

(Camera dei Deputati), das zweite Haus des italienischen Parlaments, hat seit 1871 im Palazzo Montecitorio seinen Sitz. Anfang dieses Jahrhunderts wurde der Bau erweitert, um den Bedürfnissen eines modernen Parlaments Rechnung zu tragen. Auf dem Platz vor dem Palast steht der Obelisk des ägyptischen Pharao Psammetikh II. (594–589 v. Chr.). Der Obelisk wurde unter Augustus von Heliopolis nach Rom gebracht und im Marsfeld als – selbst nach modernsten Berechnungen, wie die Ausgrabungen deutscher Archäologen ergeben haben – genaue Meridian-Markierung und Sonnenuhr aufgestellt.

San Lorenzo in Lucina

Die Kirche San Lorenzo in Lucina, zum Gedächtnis an den in Rom hoch verehrten Märtyrer Laurentius, hat eine bewegte Geschichte. Sie wurde im 4. und 5. Jahrhundert über dem Haus einer Römerin namens Lucina errichtet und im 12. Jahrhundert erneuert; ihre heutige Gestalt erhielt sie 1650. Auf dem Hochaltar sehen wir die *»Kreuzigung« von Guido Reni,* eines seiner bedeutendsten Gemälde. Die vierte Kapelle im rechten Seitenschiff (der Familie Fonseca) ist ein Werk Berninis (Büste des Gabriel Fonseca, 1668).

Palazzo Ruspoli

Der Palazzo Ruspoli, für die Familie Rucellai 1556 erbaut, dann im Besitz der Caetani und erst 1776 in den Besitz der Ruspoli übergegangen, stößt mit einer Spitze auf den Largo Goldoni am Schnittpunkt der Via Condotti und der Via del Corso – von dort aus Blick zur Spanischen Treppe mit der Kirche Trinità dei Monti. Er nimmt ein großes, unregelmäßiges Geviert zwischen dem Corso, der Piazza San Lorenzo, der Via del Leoncino und der Via della Fontanella Borghese ein.

San Carlo al Corso

(Abb. 25)

Die den zwei heiligen Bischöfen von Mailand, Ambrosius und Karl Borromäus, geweihte Kirche an der Via del Corso gegenüber dem Mausoleo di Augusto Imperatore ist nur als San Carlo al Corso bekannt. Die »National«-Kirche der Lombarden wurde im 17. Jahrhundert von den Architekten Onorio und Martino Longhi sowie Pietro da Cortona und Carlo Fontana in ihrer heutigen Gestalt erbaut. Sie beeindruckt vor allem durch ihre

Kuppel, sei es von dem 72 Meter langen Innenraum aus, sei es bei einem Blick von oben über die Innenstadt, aus der sich die Kuppel von San Carlo machtvoll heraushebt.

Piazza di Spagna und Spanische Treppe

(Farbt. 3)

Die Piazza di Spagna ist eine große, unregelmäßige, nicht als Ganzes konzipierte Platzanlage, bei der seit dem 17. Jahrhundert hier bestehenden Spanischen Gesandtschaft beim Heiligen Stuhl (daher der Name). Sie gehört jedoch wegen der berühmten Spanischen Treppe zu den charakteristischsten Plätzen in Rom und nimmt einen festen Platz im Programm eines römischen Besuches ein. Die elegante »Spanische Treppe« ist ein Werk des Architekten Francesco de Sanctis (1723–1725). Da sie aber mit dem Geld des französischen Botschafters Gueffier finanziert wurde, findet man hier die Lilien aus dem Wappen der französischen Bourbonen-Könige. Der Architekt konnte sich in dem Spiel von Stufen und Absätzen, nach innen und nach außen schwingenden Aufgängen, von gehemmten und dann wieder beschleunigten Schwüngen, von auf halber Höhe zum Verweilen einladenden Terrassen und wieder in die Höhe führenden Treppen nicht genugtun. Verständlich, daß hier ein Kommen und Gehen herrscht, gemütliches Sitzen und angeregtes Gespräch zu finden sind. Junge Leute bieten handwerkliche Kunst oder eigene Bilder an, fast spielerisch wird gehandelt, verkauft oder auch nicht gekauft. Vielleicht wird nirgendwo in der Welt ein Höhenunterschied (hinauf zur Kirche Santissima Trinità dei Monti und zum Pincio) so mühe- und schwerelos überwunden wie hier.

Der Brunnen auf dem Platz vor der Spanischen Treppe hat den Namen *(Fontana della Barcaccia)* und die Form eines Schiffes. Die Römer sagen, Pietro Bernini, der Vater Gianlorenzos, sei auf die Idee gekommen, einen steinernen Nachen zu schaffen (1627–1629), als bei einer Tiberüberschwemmung eine hierher getragene Barke auf dem Platz zurückgeblieben war.

Schräg gegenüber dem *Palazzo di Spagna,* dem Sitz der Spanischen Gesandtschaft beim Heiligen Stuhl, erhebt sich der *Palazzo di Propaganda Fide.* Der Palast, dessen Bau Papst Gregor XV. (1621–1623) anregte und den

Palazzo di Propaganda Fide

Urban VIII. (1623–1644), der Barberini-Papst, durch die Baumeister Bernini und Borromini ausführen ließ, ist der Sitz der vatikanischen »Kongregation für die Verbreitung des Glaubens«, des päpstlichen, Ende des 16. Jahrhunderts gegründeten »Ministeriums« für die Missionsgebiete der katholischen Kirche. Vor den beiden Palästen steht eine antike Säule mit einer Marienstatue, an deren Basis sich die Propheten Isaias und Ezechiel, ferner Moses und David befinden; jedes Jahr am 8. Dezember besucht der Papst diese Säule zu Ehren der Jungfrau und zum Andenken an das 1854 verkündete Dogma von der »Unbefleckten Empfängnis Mariens«.

Die VIA CONDOTTI verbindet die Piazza di Spagna mit der Via del Corso; sie ist Roms eleganteste Geschäftsstraße, in der auch das »*Caffè Greco*« liegt, seit jeher Treffpunkt von Künstlern aus aller Welt. Goethe, Gogol, Schopenhauer, Mendelssohn, Berlioz, Wagner, Liszt haben hier ihren Kaffee getrunken. (Siehe auch Seite 57.)

Von der Piazza di Spagna führt zur Piazza del Popolo die VIA DEL BABUINO, eine belebte Straße mit Kunstgalerien und Antiquitätengeschäften; parallel zum Pincio-Hügel verläuft die bei Künstlern und Intellektuellen beliebte VIA MARGUTTA.

Sant' Andrea delle Fratte

(Abb. 26)

Die Kirche Sant' Andrea delle Fratte bestand schon im 12. Jahrhundert; sie wurde im 15. Jahrhundert Nationalkirche der Schotten und im 17. Jahrhundert gründlich umgebaut. Dabei erhielt sie unter Borromini die Apsis, die einzigartige Kuppel und den bizarren, eleganten *Glockenturm* (1655). Im Innern bedeutende Denkmäler (Grabmäler des deutschen Bildhauers Rudolf Schadow und der Malerin Angelika Kauffmann, gestorben 1807), Fresken und Gemälde.

Santissima Trinità dei Monti

(Farbt. 3)

Am Ende der Spanischen Treppe erhebt sich hinter dem ägyptischen Obelisken aus den Gärten des Sallust, der im Jahr 1789 unter Pius VI. aufgestellt wurde, die Kirche Santissima Trinità dei Monti, die Dreifaltigkeits-

kirche. Man erbaute sie von 1502 bis 1585 auf Kosten der französischen Krone. Mit ihrer Freitreppe und den beiden Türmen schließt der Bau eindrucksvoll – und in aller Welt bekannt – das Bild der aufsteigenden Spanischen Treppe ab. Neben der Kirche ein Konvent der Sacré-Coeur-Damen.

Palazzo (Casa) Zuccari

An der Piazza Trinità dei Monti liegt dort, wo die Via Sistina und die Via Gregoriana abgehen, der Palazzo (oder die Casa) Zuccari. Von dem Maler Zuccari als Wohnhaus und Atelier um 1600 eingerichtet, auch von der polnischen Königin-Witwe Maria Kasimira bewohnt, ist der Palazzo heute Sitz der *»Biblioteca Hertziana«*, des Instituts für kunstgeschichtliche Forschung der deutschen Max-Planck-Gesellschaft.

Portal und Fenster des Palastes in der *Via Gregoriana Nr. 30* bilden das Maul eines Ungeheuers (Abb. 27), vor das unartige römische Kinder zur Besserung geführt werden, meist ohne nachhaltige Wirkung.

V Die Altstadt zwischen Via del Corso, Corso Vittorio Emanuele und Tiber

Pantheon

(Abb. 29; Farbt. 16)

Läßt sich ein einfacherer Bau denken als das Pantheon? Ein Zylinder mit einer Halbkugel darauf, das ist alles. So genial – und uralt in der Baugeschichte der Menschheit – war die architektonische Idee des Pantheons, daß der Bau alle bewegten Zeiten Roms überdauerte und das bedeutendste und besterhaltene, kaum

veränderte Bauwerk der römischen Antike wurde.

Wer es erbauen ließ, steht über dem Eingang: *Marcus Agrippa,* Schwiegersohn des Kaisers Augustus. Er wollte im Jahr 27 v. Chr. den Tempel wohl den allerheiligsten Planetengöttern, »Pantheon, dem Allgöttlichen«, weihen. Darauf deuten das Firmament der Kuppel mit der Öffnung für die Sonne. Die

237

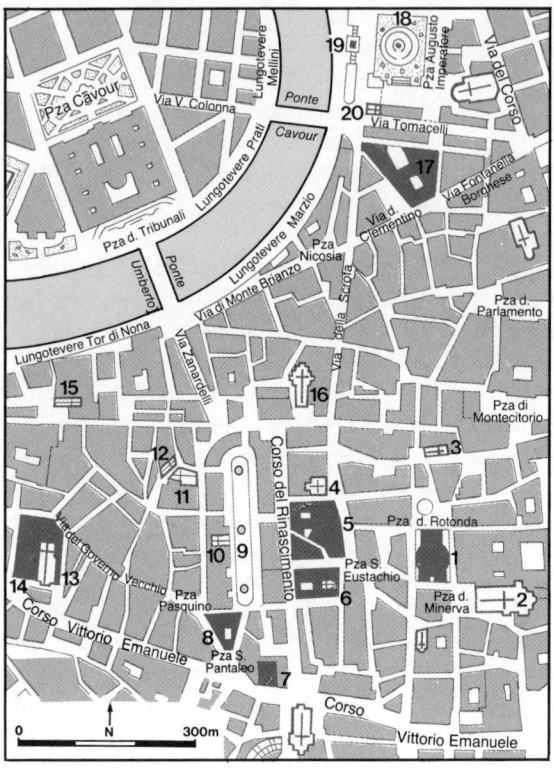

1 Pantheon – 2 S. Maria sopra Minerva – 3 S. Maddalena – 4 S. Luigi dei Francesi – 5 Palazzo Madama – 6 Palazzo della Sapienza und Kapelle S. Ivo – 7 Palazzo Massimo – 8 Palazzo Braschi – 9 Piazza Navona und Vier-Ströme-Brunnen – 10 S. Agnese – 11 S. Maria dell'Anima – 12 S. Maria della Pace – 13 S. Maria in Vallicella (Chiesa Nuova) – 14 Oratorio dei Filippini – 15 S. Salvatore in Lauro – 16 S. Agostino – 17 Palazzo Borghese – 18 Mausoleum des Augustus – 19 Ara Pacis – 20 S. Giorlamo degli Illirici (o degli Schiavoni)

Widmung galt also wohl nicht allen Göttern, wie eine andere Namensdeutung nahelegen will. Das erste Pantheon wurde schon im Jahre 80 n. Chr. durch einen Brand beschädigt, so daß ein Neubau notwendig wurde, unter Kaiser Hadrian von 120 bis 125. Dieser Bau steht vor uns. Das Ziegelmauerwerk der damaligen Zeit weist auf die großen technischen Fähigkeiten der Römer hin. Im Lauf der Jahrhunderte erlitt das Pantheon weitere Schäden, durch Plünderungen, Erdbeben und Überschwemmungen. Teile des Bau- und Dekorationsmaterials wurden anderweitig verwendet. So ließ Papst Gregor III. 735 die vergoldeten Bronzeziegel der Kuppel abnehmen,

Urban VIII. im 17. Jahrhundert den 25 Tonnen schweren Bronzebeschlag der Vorhallendecke für die Confessio des Bernini in der Peterskirche einschmelzen. Das Pantheon wurde jedoch immer wieder restauriert; zum Teil erhielt es bauliche Zusätze, die später wieder verschwanden. Der Kuppelbau des Pantheons hat als architektonisches Vorbild vor allem die Künstler der Renaissance beeinflußt, so Bramante und Michelangelo für den Neubau von St. Peter.

Die ersten christlichen Kaiser verboten den Kult in dem heidnischen Tempel. Geöffnet wurde das Pantheon wieder, als Papst Bonifaz IV. es am 1. November des Jahres 609 –

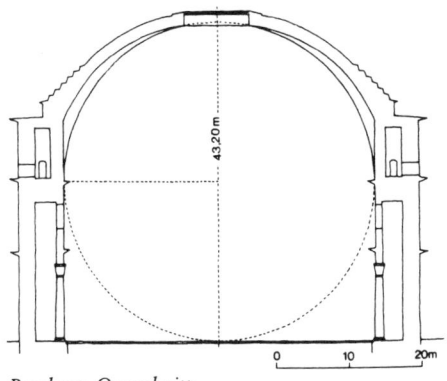

Pantheon, Querschnitt

Höhe weist dasselbe Maß von 43,2 Metern auf. Ebenso sind der Radius der Kuppel und der des Zylinders identisch: die Hälfte des Durchmessers, 21,6 Meter. In die 6,2 Meter starken Mauern des Zylinders sind abwechselnd halbrunde und eckige Nischen eingebaut, so daß eine harmonische Gliederung entsteht. Auch die Kuppel wird im Innern durch Kassetten gegliedert. Sein Licht erhält der Raum allein durch eine neun Meter breite runde Öffnung in der Mitte der Kuppel. Die unauffällige Ausstattung hebt die Wirkung der Architektur hervor. Der Raum mit seinen vollendeten Proportionen ist in seiner Harmonie zugleich Abbild der Erde und des gewölbten Firmaments mit den Sternenbahnen; er hat zu allen Jahrhunderten Künstler und Besucher beeindruckt. Der imposanteste Rundbau der Weltarchitektur ist von zeitloser Vollkommenheit. (Die vortreffliche Akustik bringt ein Organist gegen ein Trinkgeld zu Gehör.)

daher das kirchliche Fest Allerheiligen – der Madonna und allen Märtyrern weihte. So erhielt es den Namen *Sancta Maria ad Martyres,* Sankt Marien zu den Märtyrern. Ende des letzten Jahrhunderts wurde das Pantheon die Grabeskirche der italienischen Könige, so Viktor Emanuels II. (in der zweiten Nische rechts) und Umberto I. (in der zweiten Nische links). Auch der große Renaissance-Künstler *Raffael* hat hier sein Grab (zwischen der zweiten und dritten Nische links), der bedeutende Kardinalstaatssekretär Papst Pius' VII., Consalvi (1757–1824), ein Denkmal (von Thorwaldsen, 1824; in der dritten Nische links).

Von der *Piazza della Rotonda,* von der aus das Pantheon durch die umliegenden Häuser eingeengt und die halbkreisförmige Kuppel nur flach gewölbt erscheint, steigt man zur Säulenvorhalle hinunter. Früher ging man hinauf, doch ist – wie man sieht – das Straßenniveau höher geworden. In der 33 Meter breiten und 13,5 Meter hohen Vorhalle stehen 16 korinthische Granitsäulen, 12,5 Meter hoch, mit einem Zwischenraum von 4,5 Metern. An mächtigen Bronzetüren vorbei gelangt man in den kreisrunden Raum. Er hat einen Durchmesser von 43,2 Metern; die

Santa Maria sopra Minerva
(Abb. 31, 32; Farbt. 15)

Hinter dem Pantheon (südöstlich) erhob sich in alter Zeit auf dem Marsfeld ein Tempel der Minerva. Deshalb trägt die Marienkirche, die um 1280 über den Ruinen dieses Tempels errichtet wurde, den Beinamen »sopra Minerva« (über dem Minerva-Tempel). Der Platz vor Santa Maria sopra Minerva wird freundlich von einem *Marmor-Elefanten* bestimmt, den Bernini entwarf und den Ercole Ferrata 1667 als Basis für einen kleinen ägyptischen Obelisken aus dem 6. Jahrhundert v. Chr. verwendete. Die Inschrift am Sockel des Elefanten besagt, daß es einer robusten Kraft bedürfe, um die Weisheit zu tragen.

Ende des 13. Jahrhunderts wurde die Kirche als gotischer Bau begonnen, doch erst 1453 in wesentlichen Teilen des abschließenden Ge-

239

wölbes fertiggestellt. Santa Maria sopra Minerva bildet damit den einzigen größeren gotischen Komplex in Rom. Die Kirche ist seit eh und je dem Dominikanerorden anvertraut. Links neben Santa Maria sopra Minerva befand sich das Generalat, die römische Zentralverwaltung des Ordens, zur Zeit des Galileo Galilei Anfang des 17. Jahrhunderts auch der Sitz der Inquisitionsbehörde. Mitten in der Stadt gelegen, in der Obhut des Predigerordens des Dominikus, zog die Kirche immer das römische Volk an. Die große Zahl der Grabmäler in der dreischiffigen Pfeilerbasilika und den mit Gemälden geschmückten Seitenkapellen, im Fußboden und an den Wänden, bezeugt die Bedeutung dieser Kirche im religiösen Leben der Stadt.

Die bekannteste *Grabkapelle* ist die *der Carafa* im Querhaus rechts, auch »Kapelle der Verkündigung des hl. Thomas« genannt, gestiftet von Kardinal Oliviero Carafa. Sie ist berühmt wegen der *Fresken des Filippino Lippi* (1498), der hier zugleich den Ruhm der Gottesmutter und den des hl. Thomas von Aquin, des berühmten mittelalterlichen Kirchenlehrers und Dominikaners, dargestellt hat; auf dem Altarbild empfiehlt der hl. Thomas den Kardinal Carafa der Madonna. An der linken Kapellenwand das Grabmal des Carafa-Papstes *Paul IV.* (1555–1559), dessen Name mit Gegenreformation und Inquisition verbunden ist.

Im Hochaltar ruhen die Gebeine der heiligen *Katharina von Siena* (1347–1380). Sie hatte mit einer Vielzahl von Briefen die im französischen Exil in Avignon weilenden Päpste beschworen, wieder nach Rom zurückzukehren.

Links vor dem Hochaltar die *Statue des »Auferstandenen Christus«* mit dem Kreuz, ein Werk des *Michelangelo*. Meist wird dieses Standbild nicht so sehr gerühmt wie andere Werke des großen Künstlers. Schon zu Lebzeiten Michelangelos bemängelte man, der Christus sehe mehr einem jugendlichen Gott der heidnischen Antike ähnlich als dem auferstandenen Gottessohn des Christentums – weshalb man später ein Lendentuch hinzufügte. Es bedarf der Ruhe, den Ausdruck der Statue zu würdigen; ins Auge springt sogleich die virtuose Formung des Marmors. So genial erschien darin Michelangelo anderen Künstlern, daß der Maler Sebastiano del Piombo begeistert meinte, die Knie des Christus seien mehr wert als alle Bauwerke Roms. – Hinter dem Hochaltar die Grabmäler der beiden Medici-Päpste: Leo X. (1513–1521) und Klemens VII. (1523–1534). Im linken Nebenchor das *Grabmal des Malers Fra Angelico* aus dem Dominikanerorden, der uns in Rom in der Kapelle Nikolaus' V. im Vatikanischen Palast ein Meisterwerk hinterlassen hat.

Santa Maddalena

Die Kirche der heiligen Magdalena, mitten im Getriebe der Innenstadt, beeindruckt außen durch ihre hübsche zweigeschossige, lebhaft in konkaven Schwüngen und Nischen gegliederte Fassade, ein Werk des Architekten Giuseppe Sardi (1735). Das Rokokohafte der Fassade wiederholt sich im Innern. Beachtenswert die Holzorgel, die Stuckornamente und -figuren sowie die Gemälde der Seitenkapellen.

Östlich der Kirche die PIAZZA CAPRANICA mit dem gleichnamigen Palazzo, einem der wenigen römischen Bauten der Frührenaissance (1457).

San Luigi dei Francesi
(Abb. 43)

Die Nationalkirche der Franzosen an der Piazza di San Luigi dei Francesi ist Ludwig dem Heiligen, König von Frankreich, geweiht, der als Ludwig IX. von 1226 bis 1270 regierte. Ihr Bau wurde von Kardinal Giulio de' Medici, dem späteren Papst Klemens VII., 1518 angeregt, dann unterbrochen, 1580 wiederaufgenommen (von Domenico Fontana) und 1589 eingeweiht. Im Innern der dreischiffigen Pfeilerbasilika sind die *Bilder des Caravaggio in der Cappella Contarelli,* des Kardinals Mathieu (Matthäus) Cointrel, beachtenswert: »Matthäus und der Engel« (Kopie,

Original in Berlin), die »Berufung des Apostels« und das »Martyrium des heiligen Matthäus«. Die drei Gemälde sind Meisterwerke des Caravaggio (um 1597), die mit ihrer realistischen Gestaltung, der neuartigen Komposition von Licht und Schatten, Hell und Dunkel in der damaligen Zeit Bewunderung, aber auch Widerspruch fanden.

Palazzo Madama

Im Palazzo Madama am Corso del Rinascimento befindet sich der Sitz des italienischen Senats, der ersten Kammer des Parlaments.

Der Palast wurde im 16. Jahrhundert für die Florentiner Familie Medici errichtet, die in jener Zeit der katholischen Kirche schon zwei Päpste beschert hatte: den kunstsinnigen Leo X. und den politisch ehrgeizigen Klemens VII. Seinen Namen erhielt er von Margarethe von Österreich, der natürlichen Tochter Kaiser Karls V., die einige Zeit hier wohnte. Sie war Gemahlin des Alessandro de' Medici und nach dessen Tod die des Ottavio Farnese, ging jedoch in die Geschichte ein als die von ihrem Stiefbruder, dem spanischen König Philipp II., in die Niederlande geschickte Statthalterin. (Siehe auch Seite 28.) Die geschichtliche und politische Bedeutung des Palazzo Madama überragt wohl die künstlerisch-architektonische.

Palazzo della Sapienza – Cappella di Sant' Ivo
(Abb. 30)

Aus der Silhouette der Stadt Rom reckt sich unverkennbar Sant' Ivo, die Kuppel mit der luftigen Laterne und dem schneckenartig hochgedrehten Türmchen der Kirche im Palazzo della Sapienza. Die »Sapienza« war seit ihrer Gründung 1303 durch Bonifaz VIII. die römische Universität, bis im Jahr 1935 die neue staatliche »Universitätsstadt« zum größten Teil diese Funktion übernahm. Der dreistöckige, umfangreiche Palast der Sapienza,

241

heute als Staatsarchiv genutzt, ist das Werk von Giacomo della Porta im Auftrag Sixtus' V. (1587). Über den Innenhof zwischen den beiden mächtigen Flügeln des Palastes gelangt man zur Kirche Sankt Ivo, einer Palastkapelle mit beschwingter, in konkaven und konvexen Formen abwechselnder Fassade und einem Innenraum, der sich in Halbkreisen und Trapezen öffnet und dessen Grundriß nach dem Plan des Architekten Borromini einer Biene ähnelt, dem Wappentier des Papstes Urban VIII. aus der Adelsfamilie der Barberini. Borromini, mit Bernini Hausarchitekt der Barberini, hat mit Sant' Ivo ein weiteres meisterhaftes Beispiel seiner Kunst in Rom geliefert.

Palazzo Massimo alle Colonne

Zwischen dem Platz von Sant' Andrea della Valle und der Piazza Pantaleone steht der Palazzo Massimo, den *Baldassare Peruzzi* von 1532 bis 1536 errichtete. Die Häuser der Familie Massimo, die sich zuvor an dieser Stelle befanden, waren 1527 beim Sacco di Roma, der Plünderung Roms durch die Truppen Karls V., zerstört worden. Der Palast gilt als

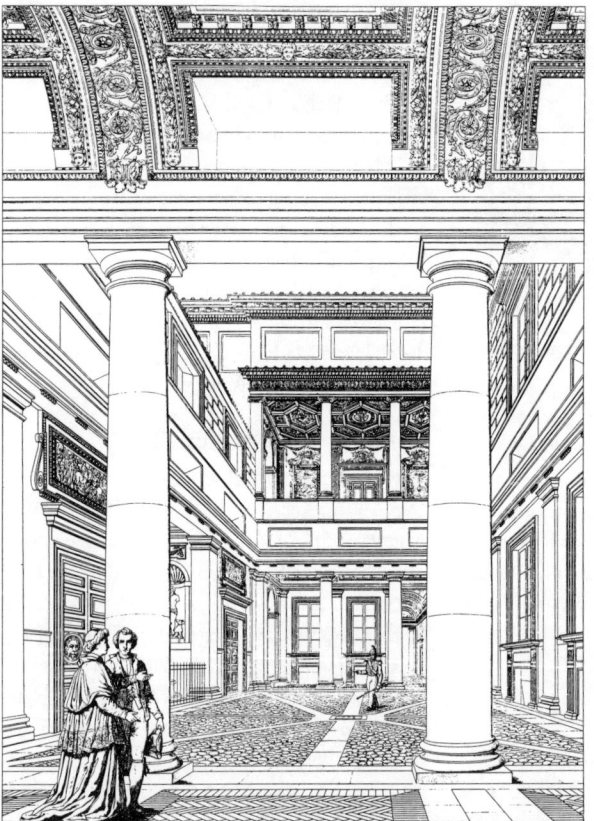

Hof des Palazzo Massimo

Palazzo Pamphilj an der ▷
Piazza Navona

Meisterwerk des Architekten Peruzzi und wird zugleich als Musterbeispiel der Architektur des Manierismus angesehen, der Stilperiode zwischen Renaissance und Barock, die durch Auflockerung und Umformung der geometrischen Grundformen den Mauern die monumentale Schwere nimmt und sie ins Elegante, Spielerische verändert. Durch zwei Innenhöfe gelangt man zum *Palazzetto Massimo,* der bereits 1467 errichtet und dann von Peruzzi umgebaut wurde.

Palazzo Braschi – Museo di Roma

Der Palazzo Braschi wurde nach 1792 für die Verwandten Papst Pius' VI. aus der Familie der Braschi errichtet. Dieser Braschi-Papst regierte von 1775 bis 1799, zur Zeit der Französischen Revolution und des Aufstiegs Napoleons, die Kirche. Der Palazzo beherbergt seit 1952 eine Sammlung von Gemälden, Skulpturen, Teppichen, Terrakottafiguren, Majoliken, Zeichnungen, Aquarellen, Kostümen und Stichen von Rom und andere Objekte, darunter einen Eisenbahnzug für Pius IX. aus dem Jahr 1850. Die Ausstellungsgegenstände in 51 Sälen sollen das mittelalterliche und moderne Leben in Rom, die städtische Entwicklung und Geschichte veranschaulichen.

Piazza Navona und Fontana dei Fiumi (Vier-Ströme-Brunnen)

(Abb. 34, 36; Farbt. 5, 6)

Die Piazza Navona ist einer der lebhaftesten Plätze Roms, beständig vom Treiben der Römer und der Touristen erfüllt, bis spät in die Nacht hinein. Die geschlossene Anlage des Barock ist für den Autoverkehr gesperrt und so ganz dem Flanieren der Fußgänger überlassen. Noch heute folgen Paläste und Kirchen um den Platz herum den Begrenzungen, die Kaiser Domitian (81–96 n. Chr.) in der Antike einem langgestreckten Stadion von 240 mal 65 Metern gab. Zeitweise vergnügte man sich auf diesem Platz mit Wasserspielen und Pferderennen. Im Barock kam die prachtvolle Ausschmückung durch Borromini hinzu: Paläste und Kirchen, die den Platz zu einem der schönsten Roms machen. Links neben der Kirche Sant' Agnese der *Familienpalast der Pamphilj,* heute Sitz der brasilianischen Botschaft. Im Innern Fresken von *Pietro da Cortona* (Abb. 37).

Mit der FONTANA DEI FIUMI, dem Vier-Ströme-Brunnen (1647–1651) in der Mitte des Platzes, eroberte sich Bernini die Gunst Papst Innozenz' X. aus der Familie der Pamphilj. Meisterhaft gestaltete der Künstler eine be-

wegte Wasserlandschaft: Aus einem großen Becken wachsen Felsen mit Tieren und Pflanzen empor, die einen Obelisken tragen. An den vier Ecken sitzen die vier Flußgötter der Ströme Nil, Ganges, Donau und Rio de la Plata, die damals als die größten Stromgebiete der vier bekannten Kontinente angesehen wurden. Sie sind jeweils mit der ihrem Erdteil zugehörigen Flora und Fauna geschmückt, zum Beispiel Löwe, Pferd und Palme. Die Flußfiguren ließ Bernini von anderen Bildhauern schaffen. Der römische Humor heftete sich an diese Statuen und erzählt, der Nil habe sein Haupt verhüllt, weil seine Quellen noch nicht bekannt gewesen seien, oder – in Erinnerung an den heftigen, nicht immer edlen Wettstreit der beiden berühmten Architekten Bernini und Borromini – der Nil müsse seine Augen zudecken vor den Konstruktionsfehlern der Borromini-Kirche Sant' Agnese gegenüber dem Brunnen. Oder: der »Rio de la Plata« hebe seine Hand gegen Borrominis Werk, um den drohenden Sturz der eleganten Kirchenfassade von Sant' Agnese mit den Glockentürmen abzuwehren. Demgegenüber stellte Borromini an den rechten Campanile der Kirche eine Statue der heiligen Agnes, um zu demonstrieren, wie sicher man sich fühlen könne. Von solchen Geschichten sagt das römische Sprichwort: Wenn es nicht wahr ist, so ist es doch gut erfunden.

Neben der Fontana dei Fiumi fallen die *Fontana del Moro* vor dem Palazzo Pamphilj und die *Fontana del Nettuno* ab.

Sant' Agnese

(Abb. 36)

Die der römischen Märtyrerin Agnes geweihte barocke Kirche Sant' Agnese (in Agone) an der Piazza Navona erhebt sich über den Fundamenten eines Teils der (westlichen)

Längsseite des Domitian-Stadions, des alten Kampfplatzes – daher der Beiname »Agone« aus dem Griechischen. Hier sollte, so erzählt es die Legende, das junge Mädchen Agnes nackt der ungläubigen Menge vorgeführt werden; doch sie trat, von ihren plötzlich durch ein Wunder lang gewachsenen Haaren eingehüllt, vor die Gaffer. Dennoch mußte sie das Martyrium erleiden.

Der Bau wurde von Papst Innozenz X. aus der Familie der Pamphilj gestiftet und zuerst 1652 von Girolamo Rainaldi, dann von Borromini (1653–1657) ausgeführt, schließlich von Carlo Rainaldi vollendet (1672). Die Vorderfront der Kirche, Glockenturm und Kuppel mit dem Aufsatz bilden eine bewegte Fassade, in der konvexe und konkave Formen, Wölbungen und Höhlungen, Giebel, Baldachine, Fenster, Säulen und Pfeiler miteinander in rascher Folge abwechseln. Derselbe einheitliche und doch im einzelnen schwingende Raumeindruck herrscht auch im Innern vor. Sant' Agnese diente vielen Architekten des Barock und Rokoko als Vorbild für Kirchenbauten, auch in Deutschland.

Santa Maria dell' Anima

(Abb. 33)

Die in die »Ewige Stadt« des Papstes pilgernden Gläubigen sollten in Rom etwas Heimatliches vorfinden, Pilgerhospiz und Kirche, die ihrer Nation reserviert waren. Deshalb baute man auf Anregung des Johannes Burckhardt aus Straßburg in der Nähe der Piazza Navona Anfang des 16. Jahrhunderts (1501–1514) auch den Deutschen, das heißt allen Pilgern aus dem »Heiligen Römischen Reich Deutscher Nation«, eine Nationalkirche: Santa Maria dell' Anima.

Wenige Jahre später wurde hier *Papst Hadrian VI.* (1522–1523) aus Utrecht begraben, der letzte nichtitalienische Papst vor dem Polen Karol Wojtyla, Johannes Paul II. (seit 1978). Hadrians Grabdenkmal im Chorraum rechts wird von den Allegorien der vier Kardinaltugenden behütet: Klughcit, Gerechtigkeit, Tapferkeit und Mäßigung. Die Erfahrungen dieses leidgeprüften Papstes kurz nach dem Beginn der Reformation sind in einem lateinischen Grabspruch zusammengefaßt, der besagt, wie wichtig es sei, in welche Zeit ein Mensch hineingeboren werde. Das Innere der hohen Hallenkirche ist reich geschmückt. Manche Pilger fanden in Santa Maria dell' Anima auch ihre letzte Ruhestätte, wie man an den Gräbern in der Kirche sieht. Heute ist das Gotteshaus die Gemeindekirche der deutschen Katholiken in Rom.

Santa Maria della Pace

(Abb. 38, 41)

Die im Gassengewirr der Innenstadt hinter der Piazza Navona versteckte Kirche Santa Maria della Pace zählt zu den schönsten kleinen Kirchen Roms. Papst Sixtus IV. (1471–1484) wollte im Jahr 1482 als Dank an die Madonna für den Friedensschluß von Mailand die damals hier bestehende Marienkirche umbauen. Vermutlich ging der erste Auftrag an den Architekten Baccio Pontelli, der einen rechteckigen Raum schuf, dem wohl Bramante einen achteckigen Zentralbau mit Kuppel und Kreuzgang (Oktogon) hinzufügte. 1656 restaurierte Pietro da Cortona die Kirche und schloß sie mit der barocken Fassade und dem halbrunden Vortempel (Pronaos) ab.

◁ *S. Maria dell' Anima*

S. Maria della Pace

Diese lebhafte Schauseite mit ihren vielfältigen Formen ist die würdige Fassung eines architektonischen Kleinods. Der Innenraum ist vor allem wegen der *Fresken des Raffael* berühmt (erste Kapelle rechts). Es sind Darstellungen der Sibyllen, der heidnischen Weissagerinnen, die der Künstler 1514 malte und die später durch Propheten und Heilige von anderen Malern ergänzt wurden. Lohnend ist ein Besuch des *Kreuzganges,* der durch harmonische Proportionen hervorragt. Es ist das erste Werk Bramantes in Rom (1504), im Auftrag des Kardinals Oliviero Caraffa geschaffen.

Santa Maria in Vallicella
(Abb. 39)

»Chiesa Nuova«, Neue Kirche, wird seit dem 16. Jahrhundert vom römischen Volk die Kirche Santa Maria in Vallicella an der Piazza della Chiesa Nuova, am Corso Vittorio Emanuele II, genannt. Der italienische Priester Filippo Neri (1515–1595), ein bei den Römern sehr beliebter Seelsorger, der die Priestergemeinschaft der Oratorianer gründete und 1622 heiliggesprochen wurde, hatte über einer seit dem 12. Jahrhundert hier bestehenden Johannes-Kirche neben dem Oratorium der Pfarrgeistlichen, der Stätte des gemeinsamen Gebets, eine neue Kirche errichtet: Santa Maria in Vallicella. Mehrere Geldgeber und Architekten waren an dem Bau beteiligt. Die Kirche beeindruckt außen durch ihre mächtige Fassade und die Vierungskuppel, die weit aus dem Häusermeer der Innenstadt herausragt. Im Innern der hohen, dreischiffigen und kreuzförmigen Pfeilerbasilika mit prachtvoller Ausstattung sind die *Fresken des Pietro da Cortona* in der Apsis, der Kuppel und den Deckengewölben sehenswert sowie die Gemälde des Hochaltars, Frühwerke von Rubens. Links vorn neben dem Chor die Kapelle des heiligen Philipp Neri mit seinem Grab.

Oratorio dei Filippini
(Abb. 39)

An die Chiesa Nuova schließt sich links das Oratorium, das Wohn- und Gebetshaus für die Gemeinschaft des heiligen Philipp Neri, die Oratorianer, an. Für die bei den Römern beliebten Priester baute Borromini von 1637 bis 1650 ein Haus, das mehreren Geistlichen als gemeinsame Stätte für Gebet und Arbeit dienen konnte. Besonders die Fassade, die sich in Höhe, Form und Farbe von der benachbarten Kirchenfassade abhebt, verdient wegen ihrer kunstvollen Gliederung Beachtung. In der *Sala del Borromini* des Oratoriums, dem alten Gebetsraum, finden heute Konzerte statt. Das Oratorium beherbergt zudem die *Biblioteca Vallicelliana,* die älteste der Öffentlichkeit zugängliche Bibliothek Roms.

San Salvatore in Lauro

Die dem Erlöser geweihte Kirche an der Stelle eines offenbar besonders auffälligen Lorbeerbaums oder eines Lorbeerwäldchens (»Laurus«) geht auf das 12. Jahrhundert zurück. Sie wurde jedoch in den folgenden Jahrhunderten immer wieder aus- und umgebaut. Die Kirche ist besonders beliebt bei den »Piceni«, einer Landsmannschaft aus der Region Marken. Das Innere ist ein bedeutendes Werk des Architekten Mascherino (1602). Bei der Kirche befinden sich ein Kreuzgang aus der Renaissance und das Refektorium (Speisesaal) mit Grabmälern für Papst Eugen IV. – zwischen 1450 und 1455 von Isaias aus Pisa geschaffen und aus der alten Peterskirche hierher überführt – und für Maddalena Orsini.

Sant' Agostino
(Abb. 40)

Sant' Agostino, die Kirche des heiligen Augustin, ist für die gläubigen Römerinnen, und oft auch für die weniger gläubigen, eine wichtige Kirche. Hier beten oft schwangere Frauen vor dem Bild der »*Madonna del Parto*« (Madonna der Geburt) um eine glückliche Geburt oder bisher kinderlose Ehepaare um ein Kind. Über diesen Ort der Volksfrömmigkeit hinaus bietet die Kirche in der Nähe der Piazza Navona, zwischen 1479 und 1483 vermutlich von Giacomo da Pietrasanta erbaut und 1750 erneuert, eine strenge Fassade aus Travertin, eine der ersten Renaissance-Fassaden in Rom. Der Innenraum, dessen hohes Mittelschiff fast so schmal wie die beiden Seitenschiffe ist, hat eine dominierende Vierungskuppel vor den sich öffnenden Chorräumen. Insgesamt zeigt der architektonische Grundriß kompakte Kraft. Im Innern sind neben der »Madonna del Parto« (rechts vom Hauptportal; von Jacopo Sansovino, 1521) vor allem am dritten Pfeiler links der »*Prophet Isaias*« *von Raffael* (1512) und in der ersten Kapelle des linken Seitenschiffes die »*Madonna dei Pellegrini*« *von Caravaggio* (1605) besonders zu beachten.

Palazzo Borghese

(Abb. 42; Farbt. 14)

Einen großen Komplex am Tiber bildet der Palazzo Borghese, vielwinklig umgeben von den Straßen Via Borghese, Via Ripetta, Via dell' Arancio und Via Monte d'Oro und den Plätzen Piazza Fontanella Borghese und Piazza Borghese. Diese unregelmäßige Form trug dem Palazzo beim Volk den Beinamen »Cembalo« ein, mit der »Tastatur« am Tiber.

Um seiner Familie sowohl einen Stadtpalast, den Palazzo, als auch eine Sommerresidenz, die Villa, zu sichern – so gehörte es sich in Rom seit der Antike für ein adliges Geschlecht –, kaufte Kardinal Camillo Borghese einen Palast in der Nähe des Tibers und

schenkte ihn als Papst Paul V. (1605–1621) seinen Brüdern Orazio und Francesco. Dieser Palast war im Auftrag des Kardinals Petrus de Deza von Martino Longhi begonnen worden. Der Architekt Flaminio Ponzio baute ihn für die Borghese aus. Die prachtvolle Ausstattung konnte den neugewachsenen Ansprüchen einer Papstfamilie wahrlich genügen. Die Ruhe im *Palasthof*, die nach dem Getümmel der Straßen so wohltuend wirkt, läßt den Besucher erstaunen; hier wird der Genuß noch durch eine elegante Anlage mit antiken Statuen, Jünglingsfiguren, Girlanden, Putten und Fontänen erhöht.

Mausoleum des Augustus

Die große *Piazza Augusto Imperatore* versteckt fast das Grab des großen Imperators der Zeitenwende. Schon lange vor seinem Tod ließ Kaiser Augustus für sich und seine Familie, die Julier-Claudier, ein Mausoleum errichten, in der Form eines riesigen Erdhügels mit einem Durchmesser von 89 Meter. So waren seit der Vorzeit Könige und Fürsten im Mittelmeerraum bestattet worden. In diesem Hügel laufen konzentrische Gewölbegänge zu den einzelnen Grabkammern. Vor dem Eingang des feierlichen Grabhügels standen zwei ägyptische Obelisken, die heute an der Rückfront von Santa Maria Maggiore und auf dem Quirinalsplatz zu finden sind. Neben dem Eingangstor waren die »Res gestae« angebracht, Bronzetafeln, auf denen Kaiser Augustus Rechenschaft über seine Regierungszeit

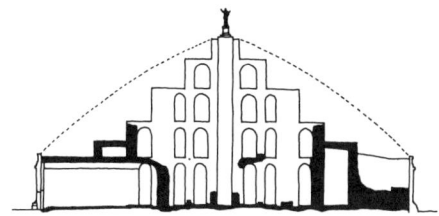

gibt. Die Originaltafeln sind verlorengegangen, ihr Text ist jedoch durch Abschriften in den Provinzen erhalten geblieben. Im Mittelalter wurde das Mausoleum von den Colonna als Festung benutzt. Papst Gregor IX. (1227–1241), Graf Ugolino Segni aus Anagni, ließ das Bollwerk des mißliebigen Adelsgeschlechts der Colonna noch 1241 zerstören. Später hat das Mausoleum als Weinberg, Garten, Amphitheater und sogar als Konzertsaal gedient. 1936 stellte man nach Ausgrabungen den heutigen Zustand her.

Ara Pacis
(Abb. 44)

Die »Ara Pacis Augustae«, der »Altar des Friedens« des Kaisers Augustus, zwischen dem Tiber und dem Mausoleum des Augustus (an der Piazza Augusto Imperatore) wird von einem wenig schönen, modernen Betonbau verborgen, doch zugleich vor Unbilden geschützt. So können wir hier ein vorzüglich erhaltenes Meisterwerk römischer Bildhauerkunst betrachten, das zugleich ein bedeutendes politisches und religiöses Denkmal der Zeitenwende um Christus ist. In der Ara Pacis kommt das Imperium Romanum des neuen kaiserlichen Alleinherrschers, das Weltreich mit seinen religiösen Wurzeln und festlichen Feiern, dem alles beherrschenden Machtanspruch des Augustus, mit dem Kaiserhaus und den staatstragenden Institutionen zu künstlerischem Ausdruck.

Octavianus Augustus brachte nach den Wirren der Bürgerkriege, nachdem er alle seine Gegner in jahrelangen Kämpfen niedergerungen hatte, dem Römischen Reich endlich den ersehnten Frieden. Das Augusteische Zeitalter, gekennzeichnet von Ruhe und Wohlstand, brach an. Deshalb, so heißt es in den *Res gestae*, im Rechenschaftsbericht des Augustus

(am Mausoleum und in einer Kopie am Außenbau der Ara Pacis), »beschloß der Senat als Weihegeschenk den Altar des Augusteischen Friedens auf dem Marsfeld zu errichten«. Der Altar, zwischen 13 und 9 v. Chr. geschaffen, wurde im 16. und ein zweites Mal im 19. Jahrhundert unter dem Erdreich entdeckt und zuerst teilweise, dann ganz freigelegt.

Die äußere Umfassungsmauer des Altars, die aus Carrara-Marmor errichtet wurde, ist unten reich mit Ornamenten versehen: Ranken aus Akanthusblättern, Efeu, Lorbeer und Wein, dazwischen finden sich kriechende und fliegende Tiere. Den oberen Teil nehmen an allen vier Seiten Bilderfriese ein, an den Schmalseiten Reliefs mit Themen aus der Mythologie (Äneas beim Opfer an die Penaten; Tellus, die Mutter Erde, und ihre Kinder); an den Längsseiten die Prozession der kaiserlichen Familie. Auf zehn Stufen steigt man zu dem Sockel (11,62×10,60 Meter) empor, in dessen Mitte der Altar steht. Von den Reliefs am eigentlichen Altar, den Löwensphingen bewacht, sind mehr als zwei Drittel verlorengegangen; diese Reliefs zeigten Opferfeiern. Doch was erhalten ist, erhebt den Altar in den Rang eines großen klassischen Kunstwerks.

San Girolamo
(degli Illirici o degli Schiavoni)

Nach dem Sieg der Türken bei Kossovo im Jahr 1387 kamen Flüchtlinge aus Dalmatien und Albanien auch nach Rom. Nach ihnen erhielt die Kirche, die unter Sixtus IV. und V. (im 15. und 16. Jahrhundert) neben dem damaligen Stadthafen der Ripetta erbaut wurde (1588 beendet), den Beinamen »degli Illirici« oder »degli Schiavoni«. Sie ist heute die kroatische Nationalkirche, an die sich ein Priesterkolleg anschließt.

59 Blick von der Pincio-Terrasse auf die Piazza del Popolo ▷

60 Casino der Villa Borghese (Galleria Borghese)

62 Villa Medici ▷

61 »Fürstin Paolina Borghese als Venus victrix«, von Canova (1805)

66 Piazza del Quirinale ▷

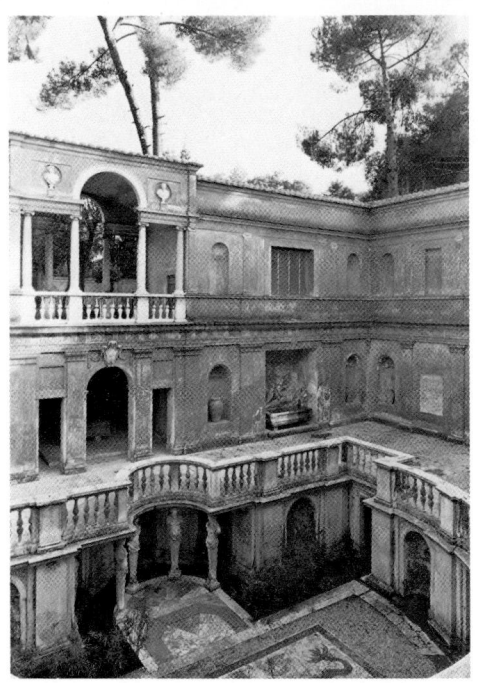

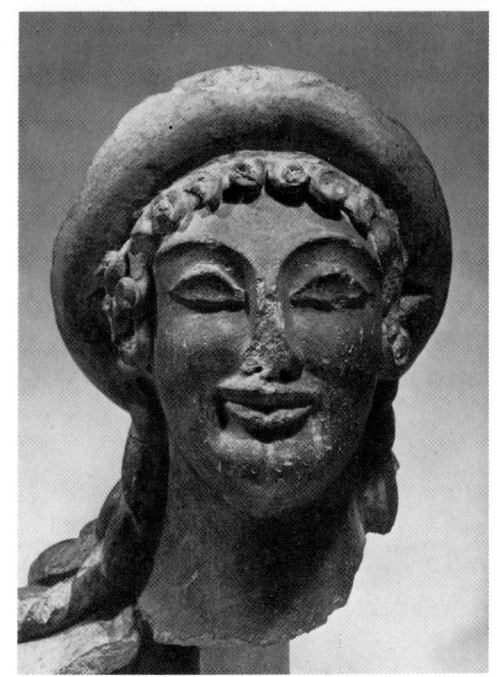

63–65 Villa Giulia: Nymphäum; Kopf des Merkur vom Portonaccio-Tempel in Veji und Aschenurne mit liegendem Ehepaar aus der etruskischen Sammlung

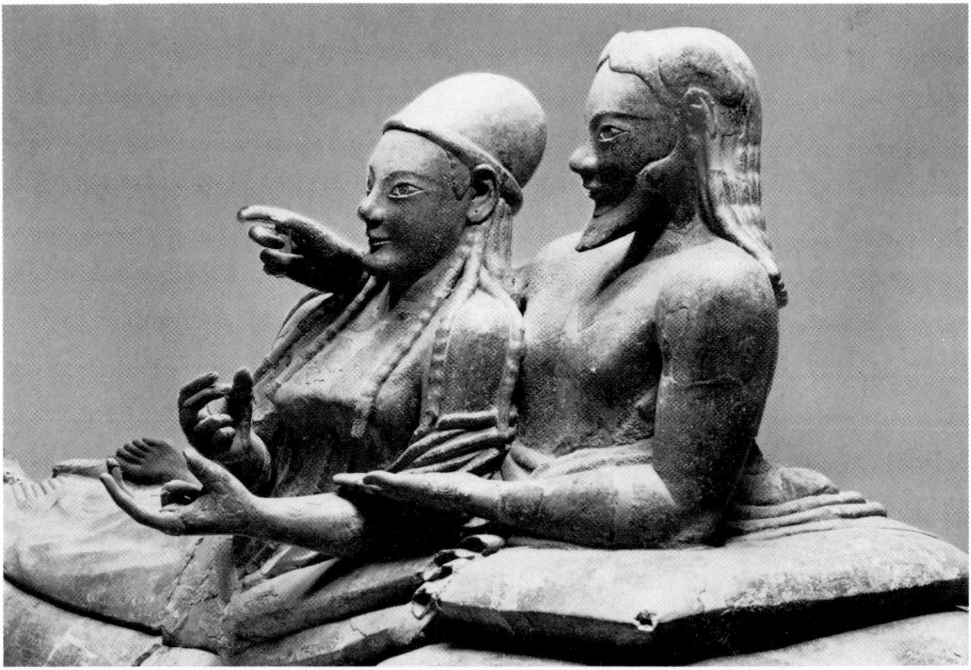

67 Palazzo della Consultà am Quirinal

69 S. Andrea al Quirinale von Bernini

68 Sala Regia im Quirinalspalast

70 S. Carlo alle Quattro Fontane (Kreuzgang) von Borromini

71 Palazzo Barberini

73 Fontana dell' Acqua Felice

72 S. Maria della Vittoria: »Verzückung der hl. Therese«
   von Bernini
74 Porta Pia, von Michelangelo

75 Diokletiansthermen

76 S. Maria degli Angeli in den Diokletiansthermen

78 S. Costanza ▷

77 Sog. »Ludovisischer Thron« im Thermenmuseum

80 S. Croce in Gerusalemme
◁ 79 S. Maria Maggiore, Apsis und Freitreppe
82 Piazza S. Giovanni in Laterano

81 S. Giovanni in Laterano: Kreuzgang mit Kosmatendekor

83, 84   S. Clemente: Hauptschiff mit Schola Cantorum; Apsismosaik

85   S. Clemente: Katharinenkapelle mit Fresken von Masolino (1428)

87   Ss. Giovanni e Paolo

88   S. Gregorio Magno

86   S. Pietro in Vincoli: »Moses« von Michelangelo

90, 91   S. Maria in Cosmedin
◁ 89   S. Giorgio in Velabro   93   Tiberinsel; im Vordergrund Ponte Rotto ▷
92   Bogen des Janus Quadrifons an der Piazza della Bocca della Verità; im Hintergrund der sog. Vesta-Tempel

VI Südlich des Corso Vittorio Emanuele

Il Gesù
(Abb. 45, 46)

Il Gesù, die Hauptkirche des Jesuitenordens, deren Bau 1568 von dem Architekten Vignola begonnen wurde, ist beispielhaft in der Geschichte der abendländischen Baukunst. Die grundlegend neue Idee Vignolas war, auf eine Hallenbasilika, wie sie von altrömisch-frühchristlichen und mittelalterlichen Vorbildern bekannt war, über dem Schnittpunkt von Haupt- und Querschiff eine Kuppel zu setzen. In diesem Grundplan wurde die Kirche im Gesamt und in den Einzelheiten, etwa auch in der Fassade, nachgeahmt.

Ignatius von Loyola, der im Jahr 1540 die Gesellschaft Jesu gründete, einen Priesterorden, der sich rasch in den katholischen Ländern Europas ausbreitete und die Gegenreformation unter den papsttreuen Gläubigen förderte, gab den Anstoß zum Bau dieser Kirche, auf einem Platz neben seiner damaligen Wohnung, heute einem Jesuitenkolleg. Kardinal Alessandro Farnese, dessen Wappenlilien in der Kirche häufig anzutreffen sind, beauftragte den Architekten Vignola mit der Planung und Ausführung, die von Ordensmitgliedern vollendet wurde.

Die Fassade, 1575 abgeschlossen und in der Folgezeit oft kopiert, trägt Elemente sowohl der Renaissance als auch des Barock. Das Innere stellt einen einheitlichen Raum dar, der sich am Anfang in die Seitenkapellen, dann in ein größeres Querhaus und schließlich in den Chorraum mit der Apsis erweitert.

Deshalb war er für die Versammlung der Gläubigen zu Predigt und Gottesdienst besonders gut geeignet. Reicher Schmuck, vielfarbiger Marmor, Skulpturen, Bronzestatuen, Stuckdekorationen, Vergoldungen und Fresken prägen das Innere. Das Fresko im Tonnengewölbe des Mittelschiffs stellt den »Triumph des Namens Jesu« dar, dabei zugleich die bedeutenden Leistungen des Jesuitenordens bei der Missionierung in fernen Weltgegenden herausstellend. Der Gläubige soll durch die Betrachtung des heiligen Geschehens mit der himmlischen Glorie vertraut werden.

Il Gesù, Grundriß und Schnitt

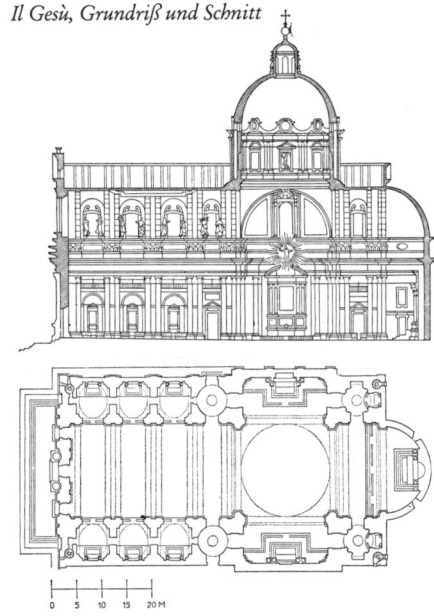

0 5 10 15 20 M

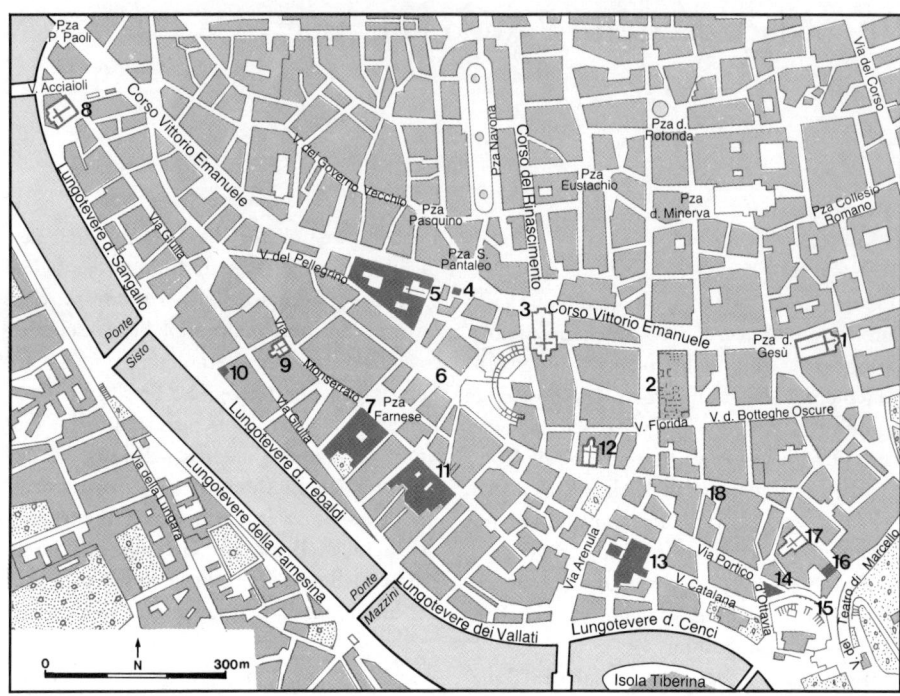

*1 Il Gesù – 2 Republikanisches Forum am Largo Argentina – 3 S. Andrea della Valle – 4 Museo Barracco –
5 Palazzo della Cancelleria und Kirche S. Lorenzo in Damaso – 6 Campo de' Fiori – 7 Palazzo Farnese –
8 S. Giovanni dei Fiorentini – 9 S. Maria di Monserrato – 10 S. Eligio degli Orefici – 11 Palazzo Spada –
12 S. Carlo ai Catinari – 13 Palazzo Cenci – 14 Portikus der Octavia – 15 Marcellus-Theater – 16 Tempel des
Apollo Sosianus – 17 S. Maria in Campitelli – 18 Piazza Mattei mit Fontana delle Tartarughe*

Beachtenswert sind die Altäre und Grabmäler für Heilige aus dem Jesuitenorden: rechts im Querschiff der *Altar des Franz Xaver,* des Missionars, der im 16. Jahrhundert bis nach Japan und vor die Küste Chinas kam, ein Werk von Pietro da Cortona (1674–1678); links neben dem Hochaltar ein *Denkmal für Robert Bellarmin* mit der Büste von Bernini (1622); links im Querschiff *Altar und Grabmal des heiligen Ordensgründers Ignatius von Loyola,* errichtet von Andrea Pozzo (1696–1700); die heutige Statue des Heiligen ist eine Kopie des Silberstandbildes, das Pius VI. nach dem Ver

trag von Tolentino für Reparationszahlungen an Napoleon einschmelzen lassen mußte.

Republikanisches Forum

Im Geviert des verkehrsreichen Platzes, des Largo di Torre Argentina, liegt einige Meter unterhalb des heutigen Straßenniveaus der Tempelbezirk des Republikanischen Forums. Der Name »Torre Argentina« wird abgeleitet von einem Turm beim Haus des Burckhardt von Straßburg (lateinisch: Argentoratum), eines päpstlichen Zeremonienmeisters Anfang des 16. Jahrhunderts; dieser »Straßbur

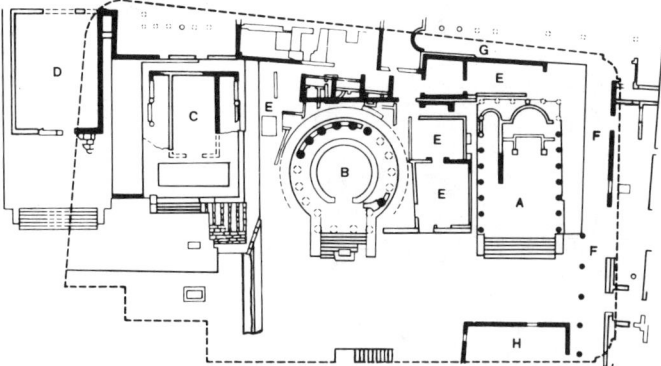

Das Republikanische Forum

ger Turm« liegt heute in der nahen Via del Sudario, Nr. 44. Andere führen den Namen auf die Läden der Silberschmiede (Argentarii) zurück, die sich früher hier befanden. Die vier Tempel, die bei Ausgrabungen von 1926 bis 1930 ans Licht kamen, bilden einen der wenigen Komplexe aus der Republikanischen Zeit des antiken Rom. Man unterscheidet in dem Bezirk den *rechteckigen Tempel A* (bei den Bushaltestellen), von dem noch 15 Säulen zu sehen sind und in den man im Mittelalter die heute zerstörte Kirche San Nicola dei Cesarii hineingebaut hatte; den sich anschließenden *runden Tempel B* mit sechs erhaltenen Säulen, in dem sich einst die Statue der sitzenden Göttin Juno befand; weiter den rechteckigen, kleinsten, zugleich ältesten (4. oder 3. vorchristliches Jahrhundert) und am tiefsten liegenden *Tempel C;* und schließlich den *Tempel D,* über den teilweise eine Straße, die Via Florida, verläuft. Welchen Gottheiten im einzelnen die Tempel geweiht waren, ist nicht mit Sicherheit bekannt. Wegen der zahlreichen Katzen heißt die Stätte im Volksmund auch Katzenforum. Vom Verkehr umbrandet, bilden die Republikanischen Tempel einen eigentümlichen Platz in Rom; Antikes und Modernes leben miteinander.

Sant' Andrea della Valle

(Abb. 47, 48)

Fassade und Kuppel der Kirche Sant' Andrea della Valle zeigen sich eindrucksvoll vom Corso del Rinascimento aus. Von dort fällt dem Betrachter auf der linken Seite der Fassade auch ein Engel mit erhobenen Flügeln auf, der anstelle einer Volute hier eingefügt ist; ähnliches fehlt auf der rechten Seite. Die Baumeister, Francesco Grimaldi, Giacomo della Porta, Carlo Maderna und Carlo Rainaldi, folgten in der Fassade und im Innern im wesentlichen dem Vorbild der nur etwa 500 Meter entfernten Kirche Il Gesù. Die zweigeschossige Travertinfassade mit einer plastischen Gliederung, der weite und hohe, doch geschlossen wirkende Innenraum mit Seitenkapellen, Querschiffen, Chor und Apsis, die mächtige Vierungskuppel, die zweitgrößte in Rom nach der von Sankt Peter, erinnern deutlich an die Hauptkirche des Jesuitenordens. Der Grundriß von Sant' Andrea ist dem von Il Gesù zum Verwechseln ähnlich.

Im Innern sind die Gemälde und Statuen der Seitenkapellen beachtenswert. Vor allem verdienen zwei Monumente vor dem Querschiff Aufmerksamkeit: *Grabmäler für die zwei Päpste aus der Familie der Piccolomini aus*

S. Andrea della Valle

Siena. Die Gemeinschaftswerke von Paolo Taccone und Andrea Bregno wurden 1614 aus der Peterskirche genommen und hierher gebracht. Das linke ist Pius II. geweiht, der als Aeneas Silvius Piccolomimi in der Zeit des Humanismus bekannt war und von 1458 bis 1464 die Kirche regierte; das rechte Pius III., Francesco Todeschini Piccolomini, der am 22. September 1503 als Nachfolger des berühmtberüchtigten Borgia Alexander VI. zum Papst gewählt wurde, am 8. Oktober den Thron Petri bestieg, doch schon zehn Tage später, am 18. Oktober, starb, somit also das kürzeste Pontifikat der Kirchengeschichte führte. Die meisterhaften Fresken in der Kuppel und in der Apsishalbkuppel malte *Domenichino* (1624–1628). Die Kirche Sant' Andrea, dem Predigerorden der Theatiner anvertraut, ist beim Volk beliebt. Dafür spricht auch, daß Puccini den ersten Akt der Oper Tosca in der Cappella Attavanti, der ersten am rechten Seitenschiff, spielen läßt.

Museo Barracco

Der an der Nordseite der verkehrsdurchströmten Piazza San Pantaleone gelegene Palazzo, auch *Piccola Farnesina* genannt, beherbergt das Museo Barracco. Es wurde 1902 von dem Baron Giovanni Barracco der Stadt Rom geschenkt und enthält eine kleine, interessante Sammlung von assyrischen, ägyptischen, babylonischen, griechischen, etruskischen und römischen Skulpturen in Originalen und Kopien, an denen die Entwicklung der antiken Kunst anschaulich werden kann. Hervorzuheben sind Reliefs des 7. vorchristlichen Jahrhunderts aus Assyrien; Sphingen der Königin Hatschepsut (16. Jahrhundert v. Chr.); griechische Statuen der frühen Klassik; etruskische Grabsäulen; der »Hermes« und der »Athlet« (»Doryphoros«) nach dem Diadumenos des Polyklet, Kopf eines Apoll (Phidias), Büste des Epikur, Kopf des Lyzischen Apoll, Votivrelief mit Apoll aus Athen (360 v. Chr.), »Verwundete Hündin« (Lysipp); und Kopf des Alexander-Helios (Ende 4. Jahrhundert).

Palazzo della Cancelleria
(Abb. 49, 50)

Der gewaltige Bau des Palazzo della Cancelleria, der am Corso Vittorio Emanuele einen ganzen Straßenzug ausfüllt und an den anderen Seiten vom Vicolo Savelli, der Via del Pellegrino und der Piazza della Cancelleria begrenzt wird, nimmt in der römischen Architektur einen wichtigen Platz ein und markiert einen Wendepunkt in der Stadtgeschichte. Im 15. Jahrhundert lag die Führung von Kunst und Kultur in Italien zunächst bei Florenz mit dem Herrscherhaus der Medici. Rom war durch die verworrenen Verhältnisse im Papsttum, durch das Exil der Päpste in der französischen Stadt Avignon und das Abendländische Schisma, in dem sich mehrere Kardinäle den

Papstthron streitig machten, in Mitleidenschaft gezogen. Nur langsam konnte Rom von der Mitte des 15. Jahrhunderts an seinen dominierenden Rang als Stadt der Päpste und Zentrum der Christenheit zurückgewinnen, auch wenn nach dem Fall von Konstantinopel die orientalischen Kirchen vom römischen Papst getrennt blieben. Bei der urbanistischen und architektonischen »Emanzipation« Roms spielt der Bau des Palazzo della Cancelleria eine wichtige Rolle. Er war zuerst für Kardinal *Raffaele Riario* geplant, später diente er als Sitz der Päpstlichen Kanzlei und für die Regierung des Kirchenstaates. Die Cancelleria wurde von 1483 bis 1517, zum Teil mit Travertin-Steinen aus dem Kolosseum, errichtet. Die Arbeiten finanzierten die Kardinäle Scarampo Mezzarota und Raffaele Riario, der dafür unter anderem 60 000 Scudi verwandte, die er im Glücksspiel von Franceschetto Cybo, dem Neffen Papst Innozenz' VIII., gewonnen hatte. Das Glück wandte sich jedoch auch gegen den Kardinal Riario; wegen der Teilnahme an einer Verschwörung gegen Papst Leo X. verlor er seine Güter; der Palast wurde konfisziert. Nur die steinernen Rosen – Wappenschmuck der Riario – verwelkten nicht.

Als Architekten werden Andrea Bregno (Montecavallo) und auch Bramante genannt. Die äußeren Fassaden des Palastes gelten als beispielhaft für die Baukunst der Renaissance: klare, geometrische Formen und einheitliche Gliederungen herrschen vor. Das Material ist sorgfältig, ohne überflüssigen Aufwand bearbeitet. Beachtenswert sind im Innern die *Sala dei Cento Giorni* (Saal der hundert Tage), ein großer Raum, den Vasari 1546 im Auftrag des Kardinals Alessandro Farnese mit Gehilfen dank seines routinierten Könnens in nur 100 Tagen ausmalte, was Michelangelo zu dem sarkastischen Ausspruch veranlaßte: »Si vede bene – Man sieht's!« Auch der viereckige Innenhof mit drei Geschossen zeigt einen klaren, übersichtlichen Aufbau. In der Cancelleria befinden sich heute unter anderem die Diensträume der »Sacra Romana Rota«, des Päpstlichen Ehegerichts.

Die Kirche SAN LORENZO IN DAMASO, die Papst Damasus bereits 380 n. Chr. zu Ehren des heiligen Laurentius hatte errichten lassen, wurde in der Renaissance nach gründlichem Umbau, wahrscheinlich von Bramante, in den Palast für Kardinal Riario, die Cancelleria, einbezogen und mit einem Portal in der Fassade versehen. Restaurierungen des 19. Jahrhunderts veränderten das Innere.

Campo de' Fiori
(Abb. 54)

Auch die freundliche Stimmung des Blumenmarktes auf dem Campo de' Fiori, der jeden

Vormittag abgehalten wird, läßt nicht vergessen, daß hier unter der Herrschaft der Päpste Hinrichtungen – wenn auch wenige – stattgefunden haben, so am 7. Februar 1600 die Verbrennung des Philosophen und Theologen *Giordano Bruno*. Dieser italienische Mönch war von der Inquisitionsbehörde der Ketzerei für schuldig befunden worden, widerrief seine Lehre jedoch nicht und wurde deshalb zum Tode verurteilt. Unter der Bronzestatue des Giordano Bruno (zum 300-Jahr-Gedenken 1900 aufgestellt) erinnern Medaillons an die »Häretiker« Erasmus von Rotterdam, Wiclif und Hus.

Palazzo Farnese

(Abb. 52, 53)

Gewöhnlich geht man von der Piazza della Cancelleria mit dem Palast der Päpstlichen Kanzlei über die Piazza Campo de' Fiori mit dem Blumenmarkt und der Statue für Giordano Bruno auf die weite *Piazza Farnese*. Sie gibt den Blick frei auf den Palazzo Farnese, den schönsten der römischen Stadtpaläste des

16. Jahrhunderts. Mit ihm wird die Architektur der Renaissance, die in Rom mit dem Palazzo Venezia anhob, großartig und höchst eindrucksvoll abgeschlossen. Kardinal Alessandro Farnese, der spätere Papst Paul III. (1534–1549), ließ 1514 durch Antonio da Sangallo den Jüngeren den Bau eines städtischen Palazzo für sich und seine Familie beginnen und ihn nach dessen Tod durch Michelangelo (ab 1546) fortführen. Giacomo della Porta beendete die Arbeiten 1580. Der Palazzo kam von den Farnese an die Bourbonen von Neapel und ist heute Sitz der französischen Botschaft. Das Äußere wirkt eindrucksvoll durch den majestätischen, quaderartig massiven Aufbau, in dem eine zurückhaltende, einfache, den geometrischen Formen folgende Gliederung vorherrscht. Die etwa 46 Meter breite Fassade zeigt drei deutlich voneinander abgesetzte Geschosse, die fast ganz von den Fenstern beherrscht werden. Diese Fensterreihen, mit jeweils verschiedener Umrahmung, das Eingangsportal und das Mittelfenster im ersten Geschoß bilden eine solche

Die Galerie im Palazzo Farnese mit den Fresken des Annibale Carracci

Harmonie, daß nichts verändert, hinzugefügt oder weggelassen werden kann, ohne daß die Vollkommenheit des Ganzen Schaden leidet, wie es die architektonische Leitidee jener Zeit forderte. Die Seitenfassaden wiederholen den Aufbau der Hauptfront, doch ist ihre Wirkung durch die Enge der Straßen gemindert. Die Fassade der Rückseite weist zum Tiber und zur VIA GIULIA, die hier von einem Bogen (Arco dei Farnesi) überspannt ist (Farbt. 28). Der *Innenhof* übernimmt eine architektonische Ordnung der Antike: Säulen und Pfeiler zeigen im ersten Stock dorische, im zweiten jonische und im dritten korinthische Form, darin dem Kolosseum gleichend, aus dem man Steine für den Bau des Palazzo herausbrach. Berühmt ist im ersten Stock die 20 Meter lange und 6 Meter breite *Galerie*, deren Fresken (»Triumph der Liebe im Universum«) Annibale Carracci (1597–1604) malte. (Besichtigung heute aus Sicherheitsgründen gewöhnlich nicht mehr möglich.)

San Giovanni dei Fiorentini

Leo X. (1513–1521), ein Papst aus der Florentiner Herrscherfamilie der Medici, wollte seinen »Landsleuten« eine würdige »National«-Kirche als Heimstätte in Rom geben. Deshalb schrieb er einen Wettbewerb aus, an dem sich auch Michelangelo und Raffael beteiligten, doch erhielt der Architekt Jacopo Sansovino den Vorzug. Er blieb jedoch nicht der einzige Baumeister; Antonio da Sangallo d. Ä., Michelangelo als Berater, Giacomo della Porta, Carlo Maderna und Alessandro Galilei (Fassade; 1734) wirkten bei dem Bau mit, der sich am Anfang der VIA GIULIA direkt neben dem Tiber gegenüber Sankt Peter erhebt. Die Kirche der Florentiner in Rom beeindruckt durch ihre Größe und den weiten Innenraum mit der reichen barocken Ausstattung, zu der eine Fülle von beachtenswerten Gemälden gehört. Von außen wirkt sie jedoch karg, wie die Florentiner in ihrem Charakter den Römern immer erscheinen.

Santa Maria di Monserrato

Etwa zur selben Zeit, als für die Deutschen die Nationalkirche Santa Maria dell' Anima errichtet wurde, baute Antonio da Sangallo d. Ä. nach 1495 für die Aragonesen und Katalanen eine Kirche in Rom. Auftraggeber war Papst Alexander VI. aus der spanischen Familie der Borgia (Borja), der hier auch sein Grab gefunden hat. Seitdem nicht mehr San Giacomo degli Spagnoli an der Piazza Navona Nationalkirche der Spanier ist (1875), hat Santa Maria di Monserrato diese Aufgabe übernommen. Beachtenswert sind in den Kapellen die *Grabmäler für die Borgia-Päpste*, Kalixtus III. (1455–1458) und Alexander VI. (1492–1503), und Marmorstatuen, darunter die *Büste für Kardinal Pietro Montoya von Bernini* (1621).

S. Maria di Monserrato

Sant' Eligio degli Orefici

Die kleine Kirche der Gold- und Silberschmiede bei der »Università degli Orefici ed Argentieri«, Sankt Eligius (der Goldschmiede), läßt es entsprechend dem Beruf ihrer Bauherrn an Eleganz (Kuppel mit Laterne) nicht fehlen. Denn Auftraggeber war die Zunft der römischen Schmuckhandwerker. Sie ließ im Jahr 1509 für den heiligen Eligius, der im 7. Jahrhundert Bischof von Tours war, zuvor jedoch Schmied und deshalb Patron der Gold- und Hufschmiede wurde, von Baldassare Peruzzi nach einer Zeichnung Raffaels diesen schmucken Zentralbau mit Grundriß eines griechischen Kreuzes in der Via di Sant' Eligio direkt am Tiber errichten. Die Fassade stammt von der Restaurierung im Jahr 1602.

Palazzo Spada

(Abb. 55)

Die Architektur des Palazzo Spada ist im Gewirr der engen Gassen hinter der Piazza Farnese nur schwer zu würdigen. Der Palast

Palazzo Spada

wurde von 1540 bis 1550 von Giulio Merisi da￢
Caravaggio im Auftrag des Kardinals Girolamo Capo di Ferro errichtet, ging dann in
den Besitz des Kardinals Spada über und
wurde von Borromini restauriert. Er zeigt auf
der viergeschossigen Fassade elegante Stuckdekorationen (Giulio Mazzoni, 1556–1560)
und acht Statuen berühmter Römer (von links:
Trajan, Pompejus, Fabius Maximus, Romulus, Numa, Marcellus, Caesar, Augustus). Beachtenswert sind im Innenhof der architektonisch gelungene Aufbau und die Ausschmük-
kung mit Statuen, Figurenfriesen und Ornamenten. Die Räume sind reich mit Stuckdekorationen verziert; in einem Salon befindet
sich die sogenannte Pompejus-Statue, an der
Caesar ermordet worden sein soll. Borromini
legte um 1635 als Verbindung zweier Höfe
eine *perspektivische Kolonnade* an, zwei Säulenreihen mit kassettiertem Tonnengewölbe,
die durch die Verkleinerung der hinteren
Maße eine nicht vorhandene Länge vortäu-
schen. Im Palazzo Spada hat der »Consiglio di
Stato«, der italienische Staatsrat, seinen Sitz.

Die GALLERIA SPADA im Palazzo Spada,
deren größten Teil die Gemäldesammlung des
Kardinals Bernardino Spada (1594–1661)
bildet, enthält einige beachtenswerte Werke,
darunter Bildnisse des Kardinals Spada von
Guido Reni und von Guercino, »Heimsu-
chung« von Andrea del Sarto, die unvollen-
dete »Musikantin« von Tizian und eine »Landschaft mit Windmühle« von Jan Breughel.
Die Räume sind reich geschmückt.

San Carlo ai Catinari

Dem heiligen Karl Borromäus, der 1538 in
Arona geboren und bereits 1560 mit nur
22 Jahren von seinem Onkel, Papst Pius IV.,
zum Kardinal und Erzbischof von Mailand erhoben wurde, der 1584 starb und schon 1610
heiliggesprochen wurde, ließ der Orden der
Barnabiten kurz nach der Heiligsprechung
von Rosato Rosati eine zweite Kirche in Rom
errichten, außer der Kirche San Carlo al
Corso, der römischen »Pfarr«-Kirche der
Lombarden. San Carlo ai Catinari (genannt
nach den nahe gelegenen Werkstätten der

S. Carlo ai Catinari

Hersteller (catinari) von Waschbecken (catini), zeigt eine grandiose Travertinfassade; auch die Ausstattung im Innern verdient Beachtung.

Palazzo Cenci

Über dem verfallenen Circus Flaminius, der unter dem Censor Gaius Flaminius 221 v. Chr. angelegt worden war, wurde im 16. Jahrhundert der Palast der Cenci erbaut. Er ersetzte die über den Ruinen errichteten Stadthäuser der Familie Crescenzi. Die Volksüberlieferung sagt, daß Francesco Cenci 1575 eine Kapelle als Grabstätte für seine Kinder Giacomo und Beatrice verschönern ließ. Denn er hatte ihren Tod beschlossen. Es waren jedoch die Kinder, die ihren Vater ermordeten und dafür am 11. September 1599 an der Engelsbrücke geköpft wurden; in der Kapelle feiert man noch heute am Jahrestag dieses unglückseligen Geschehens eine Messe.

Portikus der Octavia

Säulen und Reste des Gebälks sind von einer Säulenhalle übriggeblieben, die Quintus Metellus Macedonius im Jahr 149 v. Chr. errichtete, die Kaiser Augustus 27 v. Chr. erneuerte und seiner Schwester Octavia (daher der Name) weihte, die dann die Imperatoren Septimius Severus und Caracalla wieder neu aufbauten. Sie gehören heute zur Vorhalle der Kirche *Sant' Angelo in Pescheria*. Dieser Portikus (neben dem Marcellus-Theater) war 115 Meter breit und 135 Meter lang und enthielt zahlreiche griechische und römische Skulpturen.

Marcellus-Theater
(Abb. 57)

Aus den Mittelmeerländern, vor allem von Griechenland her, kannten die Römer die halbrunden Theater, die in einen Bergabhang hineingebaut waren, bei denen also die Natur aufwendige Stützbauten für die Ränge der Zuschauer überflüssig machte. Solche Theater hätte man auch im alten Rom anlegen können; Hügel gab es genug. Imperiales Machtgefühl, künstlerischer Stolz und technisches Können bewogen jedoch schon Pompejus im Jahr 55 v. Chr. dazu, einen freien, von allen Seiten zugänglichen Theaterbau zu errichten. Augustus tat es ihm mit dem Theater für seinen Neffen und Schwiegersohn Marcellus, den prädestinierten, doch zu früh verstorbenen Nachfolger, gleich. Der Bau wurde nach alten Plänen Caesars im Jahr 13 begonnen und schon zwei Jahre später abgeschlossen. Der Ordnung von Bühne und Zuschauerrängen im Innern entsprachen die Fassaden außen. Sie wirken noch heute eindrucksvoll, obwohl das Theater im Mittelalter den Familien der Fabi, Savelli und Orsini als Festung und Wohnung diente. Im 16. Jahrhundert ließen die Savelli von Baldassare Peruzzi über den Theaterruinen aus der römischen Kaiserzeit einen neuen Palast anlegen. Die Form des Marcellus-Theaters wurde dabei jedoch glücklicherweise bewahrt.

Hinter dem Marcellus-Theater erstreckt sich das GHETTO, in dem die römischen Juden jahrhundertelang eingeschlossen waren und in dem sich noch heute am Tiber die *Synagoge* erhebt.

Tempel des Apollo Sosius
(Abb. 57)

Vor dem Marcellus-Theater, an der Ecke Via di Teatro di Marcello und Piazza Campitelli, stehen auf einem hohen Podest drei Ecksäulen von dem ansonsten zerstörten Tempel des Apollo Sosius, der zuerst 435–433 v. Chr. errichtet, dann 179 v. Chr. restauriert und dem Gott Apollo Medicus (Arzt) geweiht, schließlich 32 v. Chr. von dem Konsul Sosius (daher der Name) gänzlich neu gestaltet wurde.

Santa Maria in Campitelli

Als Rom 1556 von der Pest heimgesucht wurde gelobte das Volk, der »Madonna del Portico« – der Name rührt her vom nahe gelegenen Portico di Ottavia – eine Kirche, wenn die Seuche aufhöre. Papst Alexander VII. erfüllte das Gelübde und ließ von Carlo Rainaldi (1662–1667) die Marienkirche am Campitelli-Platz bauen. Die zweigeschossige Travertinfassade ist kräftig gegliedert. Das Innere erweist sich als ein auf kompliziertem Grundriß errichteter Raum mit Säulen, Wandvorsprüngen und nach außen gestaffelten Kapellen. In der Mitte auf dem Hochaltar wird das nach römischem Volksglauben wundertätige

S. Maria in Campitelli

Gnadenbild der »Madonna del Portico« verehrt.

Fontana delle Tartarughe
(Abb. 58)

Der Florentiner Bildhauer Taddeo Landini schuf von 1581 bis 1584 nach Zeichnungen von Giacomo della Porta den Brunnen an der intimen, offenbar ohne architektonischen Plan gestalteten *Piazza Mattei*, in dessen Becken sich ein mit vier Muschelschalen geschmücktes Fundament erhebt. Vier Epheben, schlanke, verspielt erscheinende Jünglingsgestalten mit emporgestreckten Armen, tragen über ihren Köpfen eine große Schale. Die Schildkröten (tartarughe) und damit seinen heutigen Namen erhielt der Brunnen, der durch die Anmut und die Bewegung der Figuren gleichermaßen entzückt, im 17. Jahrhundert, manche meinen von Bernini.

VII   Zwischen Piazza del Popolo und Villa Borghese

Piazza del Popolo
(Abb. 59)

In den vergangenen Jahrhunderten betraten die Besucher aus dem Norden gewöhnlich an der Porta del Popolo die Stadt Rom. Die zwei alten Konsularstraßen, die *Via Cassia* (durch die Toskana) und die *Via Flaminia* (von der Adria durch Umbrien), hatten sie bis vor dieses Stadttor der Aurelianischen Mauer, die heute hier »Muro Torto« (Torso-Mauer) genannt wird, hergeleitet. (Erst seit der zweiten Hälfte des 19. Jahrhunderts sind die Viertel in der nördlichen Tiberschleife, Flaminio und Parioli, entstanden.) Hinter der *Porta del Popolo* bot sich den Fremden der erste Eindruck von der Stadt. Ende des 16. Jahrhunderts wurde unter Papst Sixtus V. (1585–1590) der Platz erweitert, so daß zusätzlich zur VIA DEL CORSO, die zur Piazza Venezia führt und eine Achse der Stadt bildet, die beiden Straßen VIA DI RIPETTA und VIA DEL BABUINO angelegt und einige Jahrzehnte später die beiden Zwillingskirchen am Eingang des Corso, *Santa Maria dei Miracoli* und *Santa Maria in Monte Santo*, erbaut werden konnten. Hinauf zum Pincio-Hügel nach Osten und nach Westen hinunter zum Tiber ist der Platz von halbkreisförmigen Mauern abgeschlossen, ein Werk des Architekten Valadier (1809–1820). In der Mitte des Platzes ragt seit 1586 der »Obelisco Flaminio« auf, ein 24 Meter hoher ägyptischer Obelisk aus dem Circus Maximus, den Kaiser Augustus nach Rom hatte transportieren lassen. Neben dem Stadttor erhebt sich die Kirche *Santa Maria del Popolo*, eine der ältesten Kirchen und »Volks«-Pfarreien der Stadt.

Santa Maria del Popolo

Die Kirche Santa Maria del Popolo wird in ihrem äußeren Bild von Campanile, Kuppeln und der würdigen Renaissance-Fassade vor den Pinien des Pincio geprägt. Der Volksmund erzählt, hier habe einst eine kleine Kapelle gestanden, die errichtet wurde, um den bösen Geist des Nero zu vertreiben. Daraus wurde von 1472 bis 1477 unter Papst Sixtus IV. (1471–1484) eine Kirche, die Bramante im Jahr 1505 auch für die Bedürfnisse der hier eingezogenen Augustinermönche erweiterte. Bernini wurde später mit Restaurierungen betraut. *Martin Luther,* selbst Augustinermönch, weilte während seines Aufenthaltes in Rom (1510/11) hier bei seinen Ordensfreunden. Der Altar, an dem der Deutsche

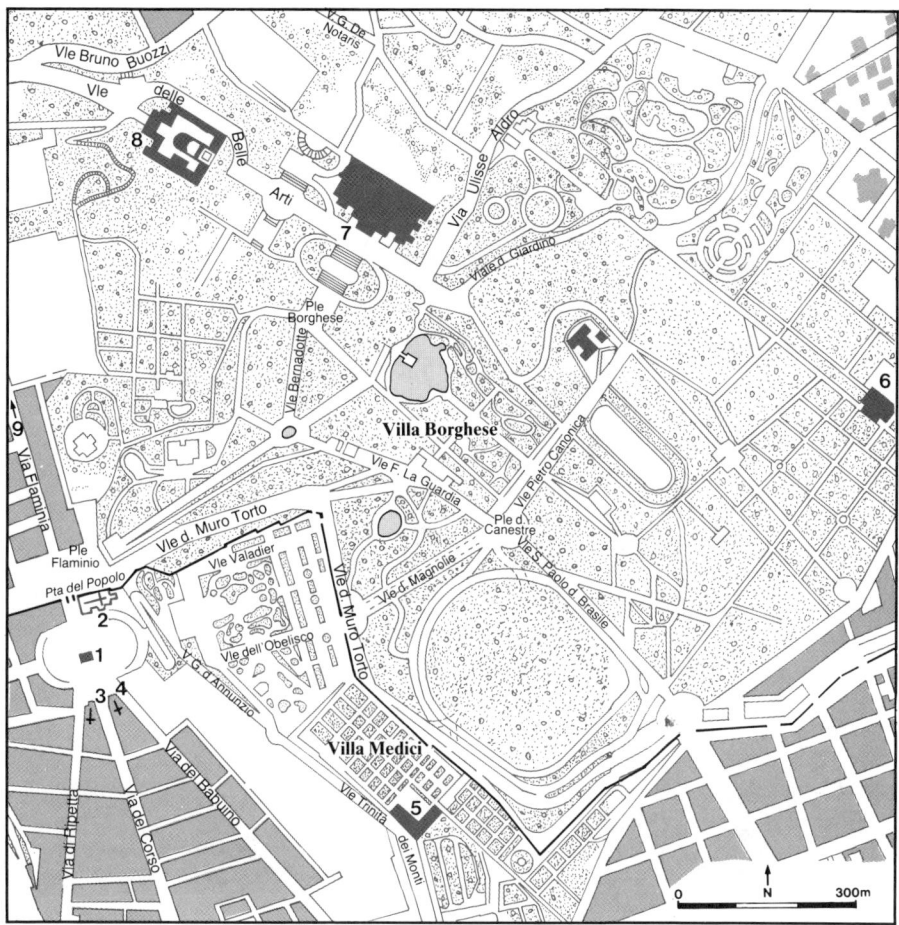

1 Piazza del Popolo – 2 S. Maria del Popolo – 3 S. Maria dei Miracoli – 4 S. Maria in Monte Santo – 5 Villa Medici – 6 Museo e Galleria Borghese – 7 Galleria Nazionale d'Arte Moderna – 8 Villa Giulia (Museo Nazionale Etrusco) – 9 Stadio Flaminio

die Messe zelebrierte, so erzählt man sich in Rom, wurde nach der Reformation gemieden; inzwischen erlauben die durch das Zweite Vatikanische Konzil verbesserten Beziehungen zwischen den christlichen Kirchen wieder seine Benutzung. Als Pfarrkirche hat der dreischiffige Raum mit seinen vielen Seitenkapellen eine *große Zahl von Grabmälern* aufgenommen, darunter zwei künstlerisch bedeutende im Chor von *Andrea Sansovino* für die Kardinäle Ascanio Sforza (gestorben 1505) und Girolamo Basso della Rovere (gestorben 1507). Ebenfalls im Chor, in den Gewölben, finden wir *Fresken von Pinturicchio:* die »Krönung Mariens« mit Evangelisten, Sibyllen und Kirchenvätern. Beachtenswert sind auch die

277

S. Maria del Popolo,
Chigi-Kapelle

Seitenkapellen: die erste rechts für die Papst-familie *della Rovere* mit Fresken von Pinturic-chio, die zweite für *Kardinal Cybo* von Carlo Fontana (1682–1687); links die *Kapelle für die Familie Chigi* nach den Plänen Raffaels (1513–1515); in der Cappella Cesari zwei be-rühmte Tafelbilder von *Caravaggio:* die »Be-kehrung des Paulus« und die »Kreuzigung des Petrus« (1601/02).

Pincio

(Abb. 59; Farbt. 2, 8)

Oberhalb (östlich) der Piazza del Popolo er-streckt sich von Nord nach Süd, bis zur Villa Medici, der Pincio, ein Park, der Anfang des vergangenen Jahrhunderts in den Gärten alter römischer Familien, darunter der Pinci (daher der Name), von dem Architekten Valadier angelegt wurde. Die Wege des Pincio sind von den Büsten italienischer Patrioten gesäumt. *Der Blick von den Terrassen des Pincio* auf die Piazza del Popolo und die gesamte Innenstadt bis hin nach Sankt Peter gehört zu den schönsten in Rom. Die Römer sind davon überzeugt, daß es die aussichtsreichste Terrasse der Welt sei.

Villa Medici

(Abb. 62)

An der Viale Trinità dei Monti, wenige Schritte von der Spanischen Treppe und der Piazza del Popolo entfernt, liegt neben dem Pincio die Villa Medici, ein Bau der späten Renaissance. Hervorzuheben sind die strenge Außenfassade und eine reich gegliederte Gartenrückfront, die der Villa Borghese zugewandt ist. Die Villa Medici wurde 1544 von Annibale Lippi für Kardinal Ricci von Montepulciano ausgeführt; dann ging sie in das Eigentum der Florentiner Medici und der Großherzöge der Toskana über; schließlich richtete Napoleon hier als Stiftung für Künstler aus Frankreich die französische Akademie ein. Von 1630 bis 1633 wohnte Galileo Galilei auf Anordnung des Heiligen Offiziums in der Villa Medici.

Villa Borghese

Die reichen römischen Adelsfamilien besaßen neben ihrem Stadtpalast, dem Palazzo, eine Residenz »im Grünen«, etwas außerhalb der Stadt oder in den Albaner Bergen, die sogenannte Villa, einen bequemen Landsitz mit Gartenanlage. Deshalb finden wir in Rom bei ein und demselben Familiennamen »Palazzo« und »Villa«. Die Familie Borghese, die Papst Paul V. (1605–1621), mehrere Kardinäle und andere bedeutende Persönlichkeiten hervorgebracht hat, ließ in dem Wunsch, Palazzo und Villa in Rom zu besitzen, von 1613 bis

1616 unter Kardinal Scipione Caffarelli Borghese in den Weinbergen bei der Stadt eine Villa mit künstlichen Seen und Gartenhäusern anlegen, die heute, verbunden mit dem Pincio, den schönsten Park von Rom bildet. Fürst Marcantonio Borghese ließ Ende des 18. Jahrhunderts die Anlage verändern, unter anderem durch den deutschen Maler Christoph Unterberger. Beachtenswert in der Gartenlandschaft sind der künstliche See mit hübscher Szenerie, die *Piazza Siena,* auf der Anfang Mai internationale Reiterwettkämpfe stattfinden, und mehrere *Denkmäler,* darunter das für *J. W. von Goethe* an der Viale San Paolo del Brasile von Gustav Eberlein (1902 bis 1904). Das *Casino Borghese* (Abb. 60) war von Giovanni Vasanzio errichtet worden (1613 bis 1615), um die Antikensammlung des Kardinals Scipione Borghese aufzunehmen, später auch die Gemäldesammlung; beides ist heute in dem »Museo e Galleria Borghese« zusammengefaßt.

Museo e Galleria Borghese

(Abb. 60, 61)

Nicht zu Unrecht wurden lange Zeit Museo und Galleria Borghese »die Königin unter den privaten Kunstsammlungen der Welt« genannt. Denn bereits im 17. Jahrhundert erwarb der kunstsinnige *Kardinal Scipione Caffarelli Borghese,* Nepot Papst Pauls V. (1605 bis 1621), systematisch alte Kunstwerke und gab neue bei Künstlern in Auftrag. In das Casino Borghese im Park der Villa wurde seine Antikenkollektion aufgenommen; so bildete sich das Museum. Anfang dieses Jahrhunderts kam die Gemäldesammlung, zumeist aus dem Palazzo Borghese stammend, hierher. Eine beträchtliche Minderung hatte »die Königin« freilich erlitten, als Camillo Borghese, von Napoleon gedrängt, einen Teil der Antiken an den Louvre in Paris verkaufen mußte.

279

Unter den Skulpturen des Museums ragen hervor die *»Fürstin Paolina Borghese«,* die Schwester Napoleons und Gattin des Camillo, in der Stellung einer »ruhenden Venus«, geschaffen 1805 von *Canova,* vor allem jedoch die *Werke von Gianlorenzo Bernini: »David mit der Schleuder«* (1623/24) im Auftrag von Scipione Borghese, *»Apoll und Daphne«,* ein Meisterwerk, das die Metamorphose – ein Hauptthema des lateinischen Dichters Ovid –, die Verwandlung Daphnes in einen Lorbeerbaum bei der Verfolgung durch den Gott Apoll festhält (1622–1625), und der *»Raub der Proserpina durch Pluto«* (1621/22). Weiter der *»Schlafende Hermaphrodit«* (römische Kopie eines griechischen Originals); dann wieder Bernini: *»Äneas mit seinem Vater Anchises«,* von Gianlorenzo und Pietro Bernini – also gleichfalls Sohn und Vater, als Künstler – geschaffen, und ein weiteres Werk Gianlorenzo Berninis, die *»Wahrheit von der Zeit entschleiert«.*

In der Gemäldegalerie sind beachtenswert die *»Grablegung« von Raffael* und andere Bilder desselben Künstlers sowie Gemälde von Botticelli, Pinturicchio, Perugino, Lukas Cranach, Sodoma, Dürer, Lotto, Domenichino (»Jagd der Diana«), Caravaggio (»Madonna dei Palafrenieri«), Rubens, Correggio (»Danae«), Bernini, Bassano, van Dyck, *Tizian (»Heilige und profane Liebe«),* Bellini, Paolo Veronese und Antonello da Messina (Portrait eines Mannes).

Galleria Nazionale d'Arte Moderna

Nördlich des Casino Borghese, nicht weit vom Zoologischen Garten (Giardino Zoologico), der nach dem Vorbild des Tierparks Hagenbeck in Hamburg nach 1911 angelegt und 1935 auf eine Fläche von 12 Hektar erwei-

tert wurde und in dessen Gehegen die Tiere oft etwas eng untergebracht sind, befindet sich die Nationalgalerie der modernen Kunst. Sie enthält seit 1883 die bedeutendste Sammlung italienischer Maler und Bildhauer des 19. und 20. Jahrhunderts. Der mächtige Bau bietet in 35 Sälen einen Überblick über italienische und außeritalienische Malerei und Plastik seit 1800. Allerdings fehlen Werke einiger berühmter Künstler ganz, andere werden nur durch schwächere Werke repräsentiert. Vertreten sind neben den Italienern unter anderen Degas, Cézanne, Moore, Kandinsky und Vernet. Beachtenswert sind die Gemälde der »Macchiaioli«, einer Gruppe von Malern aus der Toskana, den Impressionisten vergleichbar, die Plastiken von Marino Marini, Giacomo Manzù und die Werke des Malers Giorgio De Chirico.

Villa Giulia –
Museo Nazionale Etrusco

(Abb. 63–65)

Die Villa Giulia ist nach *Papst Julius III.* benannt, der sie von dem Architekten Vignola erbauen ließ (1551–1563). Sie beherbergt seit 1889 etruskische Objekte, die man in Latium, Umbrien und der südlichen Toskana fand. Neben den etruskischen Denkmälern und Kunstwerken »vor Ort«, also im Siedlungsgebiet der Etrusker, gewinnt man in diesem Museum den besten und umfassendsten Eindruck von der Kultur dieses geheimnisvollen Volkes, dessen Andenken von den alten Römern verdunkelt wurde.

Beachtenswert sind vor allem die Funde aus den Nekropolen (Urnen und eine rekonstruierte Grabanlage aus Cerveteri), handwerkliche Arbeiten von großem Geschmack, Kleinkunst und alltägliche Gebrauchsgeräte; weiter Statuen, vor allem der *Apoll von Veji,*

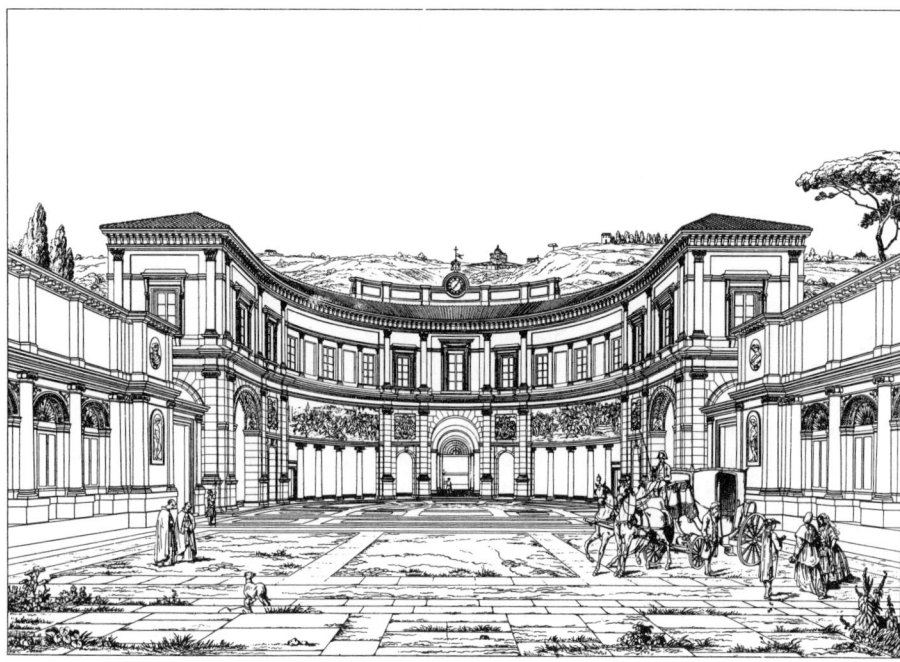

Hofansicht der Villa Giulia

außerdem der berühmte *Sarkophag mit einem liegenden Ehepaar* (in Wirklichkeit eine Aschenurne), kleine und große Figuren, Grabbeigaben und Votivgeschenke, Tongefäße sowie Gläser, Gold- und Silberschmuck. Ein Besuch des Museums der Villa Giulia erscheint besonders empfehlenswert, weil er in eine ganz andere Welt zurückführt: in die vor dem antiken und christlichen Rom.

Stadio Flaminio

Beispiel einer gelungenen modernen Architektur ist das für die Olympischen Spiele in Rom 1960 von dem Architekten Pier Luigi Nervi erbaute Fußballstadion an der Via Flaminia. Es kann 45 000 Zuschauer fassen. Diese Zahl erlaubt den Vergleich mit dem Kolos-

seum, dessen technischer Konstruktion und den architektonischen Ausdrucksmöglichkeiten, da auch das Amphitheater der Flavier etwa die gleiche Zahl von Personen aufnehmen konnte.

Für die Olympischen Spiele 1960 in Rom wurde eine Reihe von Sportanlagen gebaut, darunter von dem Architekten Pier Luigi Nervi der *Palazzetto dello Sport* im Norden der Stadt am Viale Tiziano; im Süden (E.U.R.-Viertel) der *Palazzo dello Sport,* eine 5000 Zuschauer fassende, 58,50 Meter im Durchmesser große Arena für Boxwettkämpfe, Basketball, Volleyball und Handball. Das Äußere wird von einer sphärischen Kuppel bestimmt, die auf 36 frei stehenden Y-förmigen Betonstützen ruht.

VIII Vom Quirinal nach Sant' Agnese und San Lorenzo fuori le Mura

Piazza del Quirinale

(Abb. 66, 67)

Der Platz vor dem Haupteingang des Quirinalspalastes, in dem der italienische Staatspräsident residiert, gehört zu den schönen, eindrucksvollen Plätzen Roms. Von ihm bietet sich ein weites Panorama über die ganze Innenstadt bis hinüber zur Peterskirche. In der Mitte der Piazza erhebt sich der *Dioskurenbrunnen* mit dem 14 Meter hohen Obelisken, der früher den Eingang zum Augustus-Mausoleum markierte und unter Pius VI. (1783–1786) hier aufgestellt wurde, und den 5,60 Meter hohen Figuren der Dioskuren Kastor und Pollux aus den nahen Konstantinsthermen. Gegenüber (südlich) dem »Quirinal« steht der PALAZZO DELLA CONSULTÀ mit einer prachtvollen Fassade, den Papst Klemens XII. im Jahr 1734 durch den Architekten Ferdinando Fuga für das Päpstliche Gericht, Tribunale della Sacra Consultà, errichten ließ. Heute ist die »Consultà« Sitz des obersten italienischen Gerichts, der »Corte Costituzionale«, des Verfassungsgerichts.

Palazzo del Quirinale

(Abb. 68)

Auf dem Quirinalshügel, einem der klassischen Hügel (50 Meter hoch), den die Sage auch mit dem Stadtgründer Romulus verbindet, lag in altrömischer Zeit ein ganzes Stadtviertel mit vornehmen Wohnhäusern. Papst Gregor XIII. wünschte sich hier eine Residenz, bequemer und moderner als die im Vatikan. Sie wurde 1574 begonnen, dann Stück für Stück erweitert, darunter von berühmten Architekten wie Fontana, Maderna und Bernini. Schließlich bildete der Palazzo unter Klemens XII. (1730–1740) einen riesigen Komplex mit Gebäudetrakten und Gärten. Von 1870 bis 1946 war der Quirinal Amtssitz der italienischen Könige, heute

Palazzo della Consultà an der Piazza del Quirinale

ist er der des Staatspräsidenten der Republik Italien.

Palazzo und Galleria Pallavicini-Rospigliosi

An der Via XXIV Maggio, der Auffahrt von der Piazza Venezia zum Quirinalshügel, liegt der Palazzo Pallavicini-Rospigliosi. Er wurde zwischen 1611 und 1616 von den Architekten Vasanzio und Maderna für Kardinal Scipione Borghese erbaut, dann von dem italienisch-französischen Kardinal Mazarin (Mazzarino) vergrößert und ging schließlich in das Eigentum der Familie Pallavicini-Rospigliosi über. Der Palazzo beherbergt die *Galleria Pallavicini,* in der sich unter anderem Jugendwerke von Rubens, »La Derelitta« von Botticelli und »Der Triumph der Keuschheit« von Lorenzo Lotto befinden. In dem kleinen Garten steht das hübsche *Casino Pallavicini;* an die Decke des Salons im Innern hat *Guido Reni* die berühmte »*Aurora*« gemalt (1614).

Sant' Andrea al Quirinale

(Abb. 69)

Sant' Andrea al Quirinale wurde von Bernini zwischen 1658 und 1671 im Auftrag des Kardinals Camillo Pamphilj als Kirche für das Studienhaus des Jesuitenordens errichtet. Zugleich war sie als Kontrapunkt für die nur wenige Meter entfernte Kirche San Carlo alle Quattro Fontane des Konkurrenten Borromini gedacht. Die ob ihrer architektonischen Ideen und prächtigen Ausstattung in gleicher Weise bewunderte Kirche war von 1870 bis 1946 Hofkapelle des italienischen Königshauses.

Bernini zog, barocker Formgestaltung folgend, den Kreis, den die Renaissance so häufig verwendet hatte, in die Länge, und es entstand ein quergestelltes Oval, das noch durch acht

S. Andrea al Quirinale, Grundriß

Seitenkapellen erweitert wurde. Das Gleichmaß eines Kreises gerät dadurch in Bewegung; der Besucher atmet weiter; das Raumgefühl des Barock wird so befriedigt. Der architektonischen Lebendigkeit entspricht die Ausschmückung des Innern mit Pilastern und Friesen, Bögen und Höhlungen, der kassettierten Kuppel, mit Gesimsen und Fenstern, Marmor und Stuck in verschiedenen Farben (feierliches Altrosa, Weiß und Gold). Insgesamt ein vollendetes Schmuckstück des Barock. Als Hochzeitskirche ist Sant' Andrea außerordentlich beliebt; der Besucher profitiert davon, weil bei einer Trauung das Innere überreich mit Blumen geschmückt ist.

San Carlo alle Quattro Fontane

(Abb. 70)

Die von Borromini geschaffene Kirche San Carlo alle Quattro Fontane ist Sant' Andrea al Quirinale, dem Meisterwerk Berninis, ebenbürtig. »San Carlino«, wie die Schöpfung Borrominis auch genannt wird, steht wenige Schritte von der Kirche des konkurrierenden Kollegen entfernt an der Straßenkreuzung,

1 Piazza del Quirinale – 2 Palazzo del Quirinale – 3 Palazzo Pallvicini-Rospigliosi – 4 S. Andrea al Quirinale – 5 S. Carlo alle Quattro Fontane – 6 Palazzo Barberini – 7 Piazza Barberini mit Fontana del Tritone – 8 S. Maria della Concezione – 9 S. Maria della Vittoria – 10 S. Susanna – 11 Fontana dell'Acqua

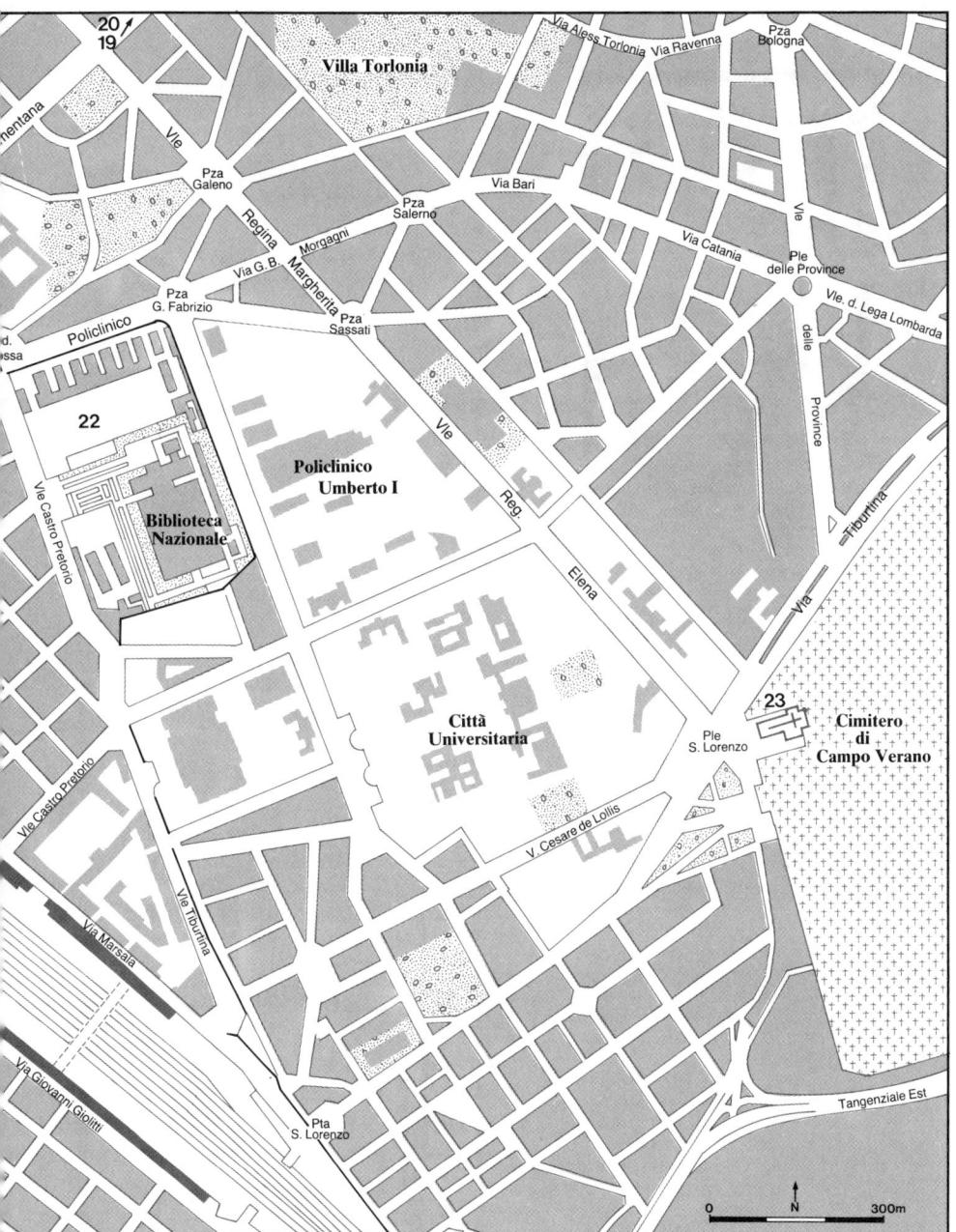

Felice – 12 Diokletiansthermen – 13 Thermenmuseum – 14 S. Maria degli Angeli – 15 S. Bernardo alle Terme – 16 Fontana delle Najadi – 17 Stazione Termini – 18 Porta Pia – 19 S. Agnese fuori le Mura – 20 S. Costanza – 21 Priscilla-Katakombe – 22 Prätorianer-Kaserne – 23 S. Lorenzo fuori le Mura

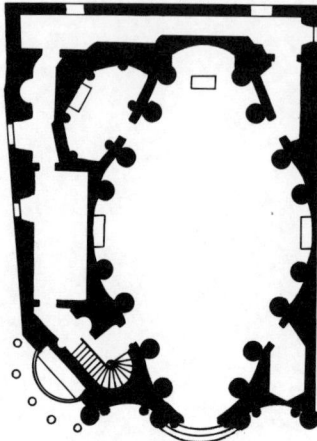

S. Carlo alle Quattro Fontane, Grundriß

die von den vier (»Quattro«) Brunnen mit liegenden Statuen des Tibers und des Arno, der Diana und der Juno – nach anderen des Tibers, des Aniene, der Treue und der Tapferkeit – ihren Namen hat; von hier aus kann man drei Obelisken sehen: den vom Quirinalsplatz, von Santa Maria Maggiore und den der Spanischen Treppe.

Borromini begann seinen ersten Kirchenbau in Rom, dessen Grundfläche nicht größer als die eines Vierungspfeilers von Sankt Peter ist, im Jahr 1638. Er ließ in Stein ein bewegtes Gewirr von konvexen und konkaven Linien entstehen, das sich an keine regelmäßige Form hält. »Harmonie und Divergenz, Symmetrie und Asymmetrie, Leidenschaft und Heiterkeit verbinden sich in diesem Bauwerk zu einem unerschöpflichen Spiel der Formen« (Anton Henze). Die Fassade vor dem langgestreckten, ovalen Raum gliedert sich stark. Im Innern weicht der Augenschein von den Raumstrukturen beständig ab. Sehenswert ist auch der kleine Kreuzgang mit seinen konvex

abgeschrägten Ecken und den zweistöckigen Arkaden. – Borromini starb, kurz bevor der Bau vollendet wurde (1667).

Palazzo Barberini
(Abb. 71)

Dem päpstlichen Bauherrn *Urban VIII.,* einem Florentiner aus der Familie der Barberini, standen während seines Pontifikats von 1623 bis 1644 die zwei bedeutendsten Architekten des Barock zur Verfügung: Borromini und Bernini. Er nutzte dies nach Kräften und über die ihm eigenen finanziellen Mittel aus. Die Bienen aus dem Wappen der Barberini schwärmten daher als Zeichen des Bauherrn über ganz Rom aus, so sehr, daß unter den Römern der Spottvers umging: »*Quod non fecerunt barbari, fecerunt Barberini*« (Was die Barbaren nicht zerstört haben, taten die Barberini) – weil sie Platz für ihre Neubauten brauchten. Der Palastbau, hoch über der Piazza Barberini, mit dem Hauptzugang an der Via delle Quattro Fontane, wurde von Carlo Maderna 1625 unter Mitarbeit von Bor

Grundriß des Palazzo Barberini mit den Räumen der Galleria Nazionale d'Arte Antica

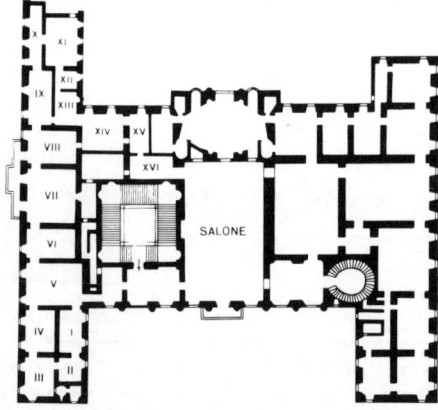

romini begonnen und von Bernini 1633 beendet. Einen Überblick über den Komplex gewinnt man allein durch einen Grundriß, der das Ineinander von rechtwinkligen und ovalen Treppenhäusern, von Zimmerfluchten und repräsentativen Räumen veranschaulicht. Die Mitte des Palastes bildet der zwei Stockwerke hohe »Salone«, an dessen Decke *Pietro da Cortona* von 1632 bis 1639 den »Triumph der göttlichen Vorsehung« malte, ein *Deckengemälde,* das vor allem den Ruhm des Papsttums und der Familie Barberini verkünden sollte. Den Kunsthistorikern ist wichtig, daß mit dem Palazzo Barberini das Beispiel norditalienischer Paläste in Rom übernommen und gesteigert wurde; der römische Hochbarock fand in diesem Palast gültigen Ausdruck.

Galleria Nazionale d'Arte Antica

Das italienische Königreich gewann nach der Einigung Italiens im Jahr 1870 durch die Enteignung des Kirchenstaates unendlich viele berühmte Kunstwerke. Außerdem wurden zahlreiche Privatsammlungen übernommen, Schenkungen akzeptiert und neue Werke erworben. So entstand ein unübersehbarer Kunstschatz, ein Teil des von den Italienern stolz beschworenen »Patrimonio« ihres Landes. Die Nationalgalerie im Palazzo Barberini nahm nach dem Zweiten Weltkrieg vor allem Werke vom 13. bis zum 16. Jahrhundert auf, später auch solche aus der Zeit des Barock. Von den hier vertretenen Malern sind hervorzuheben: Giovanni da Rimini, Simone Martini, Fra Angelico, Filippo Lippi (Madonna mit Kind), Piero della Francesca, Antoniazzo Romano, Pietro Perugino, Sodoma, Andrea del Sarto, Girolamo Sermoneta, Pietro da Cortona, Raffael (»*Fornarina«,* das Bildnis einer jungen Bäckerin aus Trastevere, Herkunft jedoch nicht gesichert); El Greco (»Anbetung der Hirten«, »Taufe Christi«), Jacopo und Domenico Tintoretto, Tizian (»Venus und Adonis«), Hans Holbein (Bildnis Heinrichs VIII., vielleicht Kopie) und Caravaggio (»Narziß«).

Fontana del Tritone
(Farbt. 29)
In der Mitte der PIAZZA BARBERINI – der Verkehr wird durch ein Pflaster-Plateau etwas ferngehalten – erhebt sich der Tritonenbrunnen, ein Werk Berninis (1632–1637) für Papst Urban VIII., Maffeo Barberini. Vier Delphine halten mit ihren Leibern das Wappen der Familie der Barberini mit den drei Bienen. Aus einer großen Muschelschale wächst ein Triton, ein Meeresgott, empor, der aus einer zweiten Schale, von der aus ein Strahl gen Himmel steigt, Wasser schlürft. Gegenüber, am Beginn der VIA VENETO, steht der sogenannte *Bienenbrunnen,* ebenfalls von Bernini (1644) für Urban VIII. errichtet.

Santa Maria della Concezione
Für den Kardinal Antonio Barberini, Bruder des Papstes Urban VIII., baute der Architekt Casoni um das Jahr 1626 die Kirche Santa Maria della Concezione an der Via Vittorio Veneto, in Rom nur als Kapuzinerkirche bekannt. Sie ist vor allem einer vielleicht etwas makaber erscheinenden Kuriosität wegen berühmt: In fünf unterirdischen Kapellen liegen und hängen Skelette, Schädel und Knochen von etwa 4000 ehemaligen Kapuzinermönchen, zum Teil zu Knochenmosaiken, Lampen und Ranken zusammengefügt.

Santa Maria della Vittoria
(Abb. 72)
Im Jahr 1620, während des Dreißigjährigen Krieges, siegte Kaiser Ferdinand II. am Weißen

Berg bei Prag für die katholische Partei. Seinen Sieg schrieb man jedoch nicht ihm allein zu, sondern auch der Hilfe der Gottesmutter Maria. Deshalb erhielt die ursprünglich dem heiligen Paulus geweihte Kirche damals den Namen der »Sieges«-Maria, Madonna della »Vittoria«, und dazu ein in Pilsen gefundenes, für wundertätig gehaltenes Madonnenbild (heute im Hochaltar). Die schmucke Barockkirche des Architekten Carlo Maderna (im Auftrag des Kardinals Scipione Borghese) beeindruckt durch ihre geschmackvolle Ausstattung mit farbigem Marmor, reichen Stuckarbeiten und Gemälden. Vor allem ist jedoch der *Altar der heiligen Theresa von Avila* in der vierten Seitenkapelle links hervorzuheben, den *Bernini* im Jahr 1646 im Auftrag des Kardinals Cornaro schuf. Die heilige Theresa (1515–1582), Neubegründerin des Ordens der Karmeliterinnen, Mystikerin und Schriftstellerin, auch als Kirchenlehrerin verehrt, ist in ekstatischer Verzückung dargestellt. Ihr Körper zeigt eine beinahe überirdische Haltung, die wohl nur die Kunst eines Bernini dem Marmor scheinbar schwerelos hat abgewinnen können. Die göttliche Liebe, symbolisch in dem Pfeil des schwebenden Engels ausgedrückt, durchdringt die Heilige.

Santa Susanna

Die Kirche der heiligen Susanna, gegenüber Santa Maria della Vittoria, ist die Nationalkirche der Katholiken der Vereinigten Staaten. Sie wurde über dem Ort des Martyriums der heiligen Susanna errichtet und ist das Ergebnis verschiedener Bauphasen, deren letzte Carlo Maderna 1603 mit der berühmten, zweigeschossigen Fassade abschloß.

S. Susanna

Fontana dell' Acqua Felice
(Abb. 73)

Sixtus V. gab 1585 den Auftrag für den Brunnen an mehrere Architekten und Künstler: Domenico Fontana, Flaminio Vacca, Giacomo della Porta und Prospero da Brescia. Der Papst, Felice Peretti – daher der Name Acqua Felice –, dem so viele großartige Bauten und urbanistische Projekte zu verdanken sind (s. Frontispiz), bewies bei der Auswahl jedoch keine glückliche Hand. Oder es bewahrheitete sich das Wort »Viele Köche verderben den Brei«? Die Römer erzählen jedenfalls, der Bildhauer des Moses, der Zentralfigur der Brunnenanlage, sei vor Gram gestorben oder habe sogar Selbstmord verübt, als er sein Werk mit dem Moses des Michelangelo in der Kirche San Pietro in Vincoli verglichen habe.

Diokletiansthermen

(Abb. 75, 76)

Kaiser Diokletian (284–305) wünschte für den nördlichen Teil der Hauptstadt Thermen zu errichten, wie es seine Vorgänger Septimius Severus und Caracalla 90 Jahre zuvor für den Süden Roms getan hatten. Solche Thermen dienten verschiedenen Bedürfnissen der Stadtbevölkerung, dem Baden und der Gymnastik, Sport und gesellschaftlichem Leben, Unterhaltung und Bildung, dem Einkaufen und dem Gottesdienst. Mit seinen Maßen von 356 und 316 Meter Seitenlänge übertraf der Komplex des Diokletian, der von 298 bis 305 n.Chr. errichtet wurde, den des Caracalla (206–216). Wie groß die gesamte Anlage ist, sieht man auf einem Stadtplan: von der Piazza dei Cinquecento am Bahnhof Termini zur Via XX Settembre, von der Piazza della Repubblica bis fast zur Via Volturno. Man merkt es selbst, wenn man die heute noch erhaltenen, zum Teil neuen Zwecken zugeführten, weit voneinander entfernt liegenden Bau-

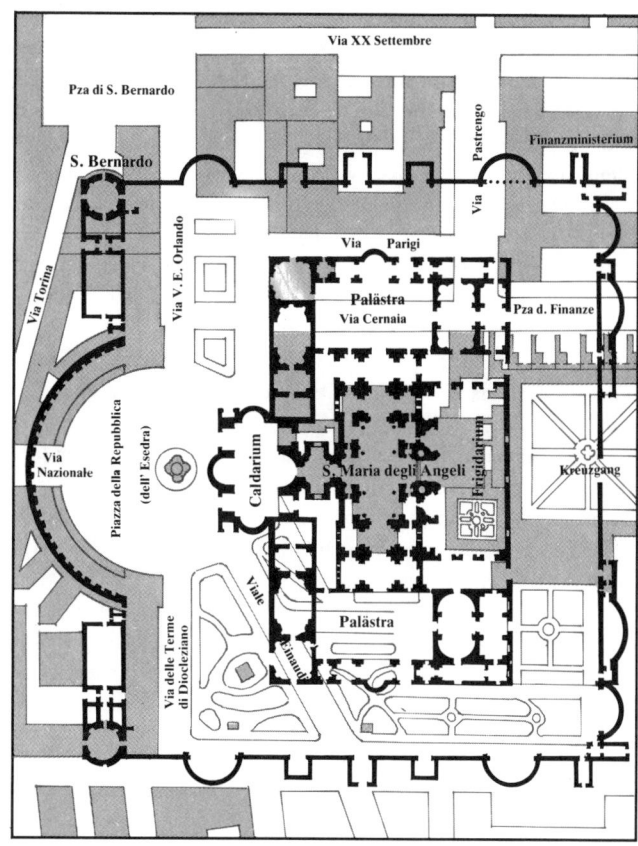

Der Komplex der Diokletiansthermen im Stadtplan

werke aufsucht: das *Museo Nazionale Romano,* einfach »Thermen-Museum« genannt, mit einer umfangreichen Sammlung griechischer und römischer Kunstwerke; die von Michelangelo zur Kirche *Santa Maria degli Angeli* umgebauten Gewölbe; den Rundbau der Kirche *San Bernardo;* das Planetarium; die Piazza della Repubblica (ehemalige Exedra der Thermen); die Kreuzgänge und Klostergänge eines Kartäuserkonvents. Die Thermen konnten nicht mehr benutzt werden, als 536 die Wasserleitung der Aqua Marcia unterbrochen wurde. Die Anlage verfiel, die großen Bauwerke dienten zunächst als Schuppen, Speicher und Reitställe, schließlich als Steinbruch.

Thermen-Museum – Museo Nazionale Romano o delle Terme

(Abb. 77)

Im südlichen Teil der ehemaligen Diokletiansthermen ist die nach den Vatikanischen Museen bedeutendste und größte Sammlung antiker Kunstwerke Roms untergebracht. Von den zahlreichen Werken sind die Sarkophage aus der vor- und nachchristlichen Zeit sowie Statuen aus griechischer, hellenistischer und römischer Epoche hervorzuheben. Vor allem verdienen in den »Sale Nuove« des Museums Beachtung: »Apollo del Tevere«, vielleicht Kopie des Bronze-Apoll des Phidias; »Aura« oder »Nereide«, um 400 v. Chr.; »Giovane danzatrice« (junge Tänzerin), Mitte des 5. Jahrhunderts v. Chr.; »Peplophoros«, um 480 v. Chr.; »Giunone del Palatino« (Juno vom Palatin), nach Phidias; »Discobolo di Castel Porziano« (Diskuswerfer aus Castel Porziano bei Ostia), sehr gute Kopie des Bronzeoriginals des Myron; »Niobide degli Orti Sallustiani« (verwundete Niobide aus den Gärten des Sallust), vom Original des 5. Jahrhunderts v. Chr.; »Venere di Cirene« (Venus von Cyrene), Kopie nach einem Original um die Zeit des Praxiteles; »Efebo di Subiaco« (Ephebe von Subiaco); »Torso Valentini«; »Pugilatore in riposo« (Sitzender Faustkämpfer); »Apollo di Anzio«; »Fanciulla di Anzio« (Mädchen von Anzio), nach Praxiteles und Lysipp; »Discobolo Lancelotti« (Diskuswerfer), eine ausgezeichnete Kopie des Myron-

Werkes. Statue des Augustus; Altar von Ostia, 124 n. Chr.

Aus der ebenfalls im Thermen-Museum aufgestellten SAMMLUNG LUDOVISI sind beachtenswert: Der »Trono Ludovisi«, der sogenannte *Ludovisische Thron,* Original, Mitte des 5. Jahrhunderts v. Chr., aus der Villa Ludovisi in der Nähe der heutigen Via Veneto; Statuen des Hermes; »Ares Ludovisi«; »Galata«, Galater, der sich zusammen mit seiner Frau tötet; Statue der Athena Parthenos (Kopie der Phidias-Statue für den Parthenon); Statue der Juno; Statuen des Orest und der Elektra.

(Wegen Renovierungsarbeiten gibt es häufig Umstellungen, doch sind die einzelnen Gegenstände gut beschrieben.)

Santa Maria degli Angeli

(Abb. 76)

Der mittlere Teil der Diokletiansthermen, die im Lauf der Jahrhunderte immer mehr verfielen, wurde im 16. Jahrhundert dadurch gerettet, daß aus den übriggebliebenen Mauern und Gewölben eine Kirche geschaffen wurde, die man der Gottesmutter Maria und den ihr dienenden Erzengeln weihte: Santa Maria degli Angeli. *Michelangelo* entwarf den Neubau, indem er die Konstruktion der Antike, vor allem die Halle des ehemaligen Tepidariums (90 Meter lang, 27 Meter breit und 30 Meter hoch), aufnahm und mit großem architektonischem Geschick umgestaltete. Das Tepidarium wurde in den Grundriß eines griechischen Kreuzes (Längs- und Querschiff gleich lang) einbezogen, an das sich Kapellen schlossen. Um die Kirche trocken zu halten, mußte der Fußboden um zwei Meter erhöht werden, so daß die Basen der antiken Säulen verdeckt wurden. Nach dem Tod Michelangelos wurde der Bau weitergeführt, mehrfach erneuert und ausgestaltet. In der Kirche liegen viele berühmte Männer Italiens begraben. Für die Republik Italien wird Santa Maria degli Angeli als Stätte für feierliche Staatsgottesdienste benutzt.

San Bernardo alle Terme

In einem Rundbau in einer der vier Ecken der Diokletiansthermen – daran kann man noch heute die Größe dieser Thermenanlage ermessen – wurde Ende des 16. Jahrhunderts die Kirche San Bernardo alle Terme eingerichtet. Die Kuppel des Gebäudes ähnelt der des Pantheons, nur ist sie etwa halb so groß (22 Meter gegenüber 43,20 Meter).

Hauptbahnhof Roma Termini

Der Bau des Hauptbahnhofs, der Stazione Centrale Roma Termini, wurde vor dem Zweiten Weltkrieg begonnen, dann unterbrochen und 1950 fertiggestellt, ist also das Werk mehrerer Architekten. Er erhebt sich neben den Diokletiansthermen (daher der Name) und neben der servianischen, also der älteren Stadtmauer. Die Vorhalle, 128 Meter breit und 32 Meter tief, ist ein eindrucksvolles Beispiel moderner Architektur.

Fontana delle Najadi

Der große Najadenbrunnen auf der Piazza della Repubblica, die nach der an dieser Stelle befindlichen, halbkreisrunden »Exedra« der Diokletiansthermen auch »Piazza Esedra« genannt wird, zeigt vier Gruppen weiblicher

Figuren, die mit Meerestieren spielen, und in der Mitte den »über die widrigen Naturkräfte siegenden Menschen«, wie der künstlerische Plan besagte. Der Brunnen wurde von 1885 bis 1914 errichtet.

Von der Piazza della Repubblica führt die VIA NAZIONALE als belebte und beliebte Einkaufsstraße in die Nähe der Piazza Venezia bei den alten Trajansmärkten, zurück in die Nähe des Quirinalsplatzes, unseres Ausgangspunktes.

Porta Pia – Via Nomentana
(Abb. 74)

Die Porta Pia, ein Spätwerk des Michelangelo (1561–64), steht an der Stelle der alten Porta Nomentana (vgl. Seite 143). Außerhalb der Stadtmauer erinnert das *Museo Storico dei Bersaglieri* an die strategische Bedeutung dieses Stadttores. An der schnurgeraden VIA NOMENTANA zur Rechten der große Komplex der klassizistischen *Villa Torlonia* (Valadier, 1806), die dem Duce Mussolini als Privatdomizil diente. Einige Querstraßen weiter stadtauswärts rechterhand die *Villa Massimo*, Sitz der Deutschen Künstlerakademie.

Sant' Agnese fuori le Mura

Um die heilige Agnes bildeten sich schon im 4. Jahrhundert in Rom und Mailand feste Legenden. Der Tradition entsprechend, errichtete man an der Piazza Navona dieser nach der Überlieferung jungen, schönen und glaubensstarken Römerin zu Ehren eine Kirche; eine zweite, die einer anderen Erzählung huldigt, steht an der Via Nomentana. Hier heißt es, das von seinem christlichen Glauben durchdrungene Mädchen habe sich geweigert, den Sohn des heidnischen Stadtpräfekten zu heiraten und deshalb den Märtyrertod durch die Heiden erleiden müssen. Um das Andenken

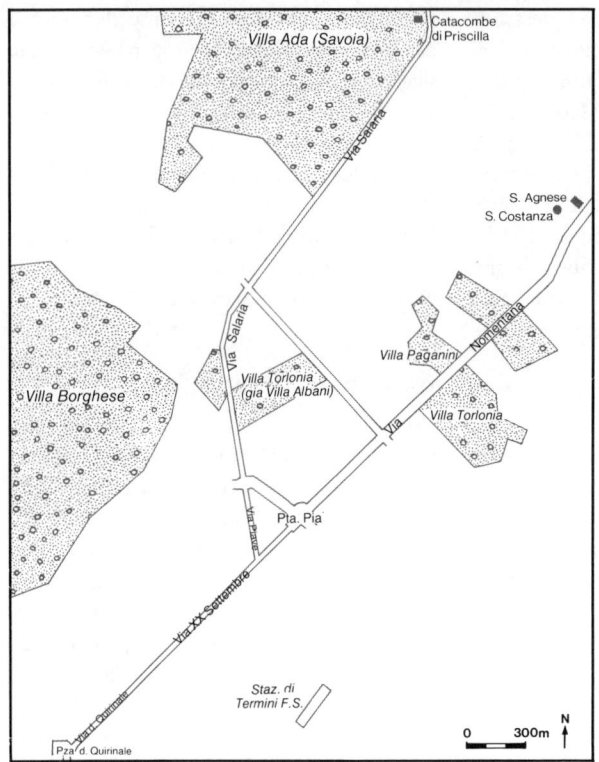

Vgl. Karte Seite 284/85

dieser Agnes zu feiern, wurde schon im 4. Jahrhundert von einer Costanza, Tochter oder Nichte des Kaisers Konstantin, eine Kirche außerhalb der Stadt an der *Via Nomentana* als Grabstätte dieser Märtyrerin gestiftet.

Die heute bestehende Kirche ließ zuerst Papst Honorius I. (625–638) erbauen. Das Gotteshaus erfuhr jedoch im Lauf der Jahrhunderte mehrere Restaurierungen und Veränderungen. Beachtenswert sind in der Hallenbasilika mit einem schmalen, hohen Mittelschiff die 16 antiken Säulen, die reich verzierte Holzdecke des 17. Jahrhunderts, Marmorleuchter und Bischofsstuhl im Altarraum und vor allem das *Apsismosaik,* das die heilige

Agnes mit den Päpsten Honorius und Symmachus zeigt. Unter der Kirche die *Catacombe di Sant' Agnese,* in der zwei Grabgalerien gut erhalten sind.

Santa Costanza
(Abb. 78)

Ein besonders schöner Kirchenraum findet sich in einem stimmungsvollen Areal neben der Kirche Sant' Agnese fuori le Mura an der Via Nomentana: Santa Costanza. Er wird als ein Meilenstein in der Geschichte der abendländischen Baukunst angesehen. Der Rundbau wurde Anfang des 4. Jahrhunderts als Mausoleum für die Töchter des Kaisers

Konstantin, Costanza (eigentlich Costantina; sie hat wahrscheinlich die daneben gelegene Kirche Sant' Agnese gestiftet) und Helena, die Frau des Julian Apostata, errichtet. Das architektonische Meisterwerk, außen einfach in Konzeption und Ausführung (bescheidene Backsteinmauern), im Innern jedoch mit kostbaren Mitteln (darunter 12 Doppelsäulen mit reich verzierten Kapitellen), hat einen Durchmesser von 22,50 Metern. Zwölf Rundbögen auf miteinander verbundenen Doppelsäulen trennen im Innern den Umgang, in dessen Tonnengewölbe Rundbogenfenster einschneiden, von dem hohen, oben durch einen Fensterkranz unterbrochenen, lichtdurchfluteten Mittelraum. Die breite Mauer wird abwechselnd von halbrunden und eckigen Nischen (siehe Pantheon) unterbrochen, die gegenüber dem Eingang und in der Querachse breiter und höher als die übrigen sind. In den *Mosaiken* stehen Heilige neben heidnischen Figuren, spielen Tiere in den üppig wachsenden Weinranken. Römische Architektur, spätantik-heidnische Mosaikkunst und frühchristliche Symbole verbinden sich harmonisch.

Katakomben der Priscilla

Für die Katakomben der Priscilla an der Via Salaria gilt im wesentlichen, was auf Seite 311 über die Domitilla- und Kalixtus-Katakomben gesagt ist. In den Catacombe di Priscilla – der Name Priscilla tritt in Grabinschriften dieser Katakomben häufig auf – befinden sich mehrere Wandmalereien mit Heiligen und frühchristlichen Symbolen.

Kaserne der Prätorianer

Auf einem 460 × 300 Meter großen Grundstück errichtete Seianus, ein Minister des Kaisers Tiberius, im Jahr 23 n. Chr. für die Prätorianer, die persönliche Garde des Kaisers, eine Kaserne. Sie wurde später mit ihren Befestigungen von Kaiser Aurelianus in die von ihm angeordnete Stadtmauer einbezogen. Die Ausdehnung des »Castrum« der Prätorianer ist auch heute noch in dem Viertel östlich der Stazione Termini auszumachen. Auch Überreste der Anlage sind hier und da noch zu erkennen.

Città Universitaria

Die ehemalige päpstliche Universität, die »Sapienza«, war im dritten Viertel des vergangenen Jahrhunderts, als Rom Hauptstadt des geeinigten Königreichs Italien wurde, zu klein für die Zahl der Studenten. Deshalb plante man seit 1870 einen Neubau der Universität. Doch erst Mussolini ließ ihn zusammen mit der nahe gelegenen Universitätsklinik von 1932 bis 1934 als großen Komplex ausführen. Er ist jedoch für die rund 150 000 Studierenden in Rom längst wieder zu klein geworden. In der Universitätsstadt befinden sich mehrere kleine Museen.

San Lorenzo fuori le Mura

Sankt Laurentius vor den Mauern gehört zu den sieben traditionellen Pilgerkirchen

Roms, durch deren Besuch die Gläubigen bei einem Aufenthalt in Rom »Vergebung ihrer Sündenstrafen« gewinnen können, wie die Kirche festgesetzt hat. Die frühchristliche Basilika ist dem Andenken des Märtyrers Laurentius gewidmet, der einer Überlieferung zufolge im Jahr 258 n. Chr. auf einem glühenden Rost gemartert wurde. Die Kirche verdankt ihre Entstehung im Jahr 330 Kaiser Konstantin. Der Umbau unter Papst Pelagius (578–590) wurde verschiedentlich verändert und restauriert, zuletzt nach den Schäden, die der einzige schwere Bombenangriff auf Rom am 19. Juli 1943 im Zweiten Weltkrieg durch die Alliierten angerichtet hat.

San Lorenzo, neben dem größten römischen Friedhof, dem *Campo Verano*, gelegen, zeigt trotz aller Um- und Zubauten vor allem des 13. Jahrhunderts den klaren Aufbau der frühchristlichen Basilika: die Vorhalle mit antiken Sarkophagen; ein breites, hohes Mittelschiff mit schmalen Seitenschiffen, das zum Altarraum hin ansteigt, sorgfältig bearbeitete, schöne antike Säulen mit jonischen Kapitellen; unten, auf dem Niveau der ersten Basilika, die *Grabkapelle für Papst Pius IX.* (1846–1878). Beachtenswert sind im Innern ferner die *Kosmatenarbeiten*, farbige, in Marmor eingelegte Steinwerke; dazu gehören zwei *Marmorkanzeln* für Epistel und Evangelium – die der Epistelseite gilt als die schönste Roms –, *Osterleuchter, Fußböden, Tabernakel,* das eleganteste *Ziborium* der mittelalterlichen Marmorkunst in Rom (mit Datierung von 1148 und Namen der Künstler) und der *Bischofsthron*. Ansehnlich ist auch das *Grab für Kardinal Fieschi* (gestorben 1256), rechts vom Eingang. Die *Mosaiken am Triumphbogen*, wohl aus dem 6. Jahrhundert, zeigen Christus inmitten von Heiligen, links und rechts kunstvolle Darstellungen der heiligen Städte Jerusalem und Bethlehem. Ein schlichter Kreuzgang vom Ende des 12. Jahrhunderts schließt den Komplex ab.

Campo Verano

Der Campo Verano, neben der Kirche San Lorenzo, ist der größte Friedhof der Stadt; er liegt, altrömischer Vorschrift folgend, außerhalb der Stadtmauern an der Via Tiburtina, der Straße nach Tivoli. Die hohen Marmor- und Travertinaufbauten, in welche die Särge hineingeschoben werden, und die Grabhäuser geben ihm sein charakteristisches Aussehen. Besonders besucht ist er am Allerheiligenfest (1. November), wenn die Römer ihre Toten ehren. Dann geht es dort lebhaft zu, und der Volksauflauf auf dem Friedhof zeigt, daß auch das Gedenken an die Toten südlichbewegte Formen annehmen kann. (Siehe auch Seite 23.)

IX Von Santa Maria Maggiore zum Lateran, nach San Clemente und San Pietro in Vincoli

Santa Maria Maggiore
(Abb. 79; Farbt. 10)

Die größte und ehrwürdigste unter den rund 80 Marienkirchen Roms ist Santa Maria Maggiore. Sie gehört zu den vier Patriarchalbasiliken (nach Sankt Johannes im Lateran, Sankt Peter und Sankt Paul) und den sieben Pilgerkirchen (die vier zusammen mit Santa Croce in Gerusalemme, San Lorenzo und San Sebastiano). In Santa Maria Maggiore wurde als einziger römischer Kirche – darauf weisen die Priester dieser Basilika voll Stolz hin – seit dem 5. Jahrhundert ohne Unterbrechung täglich die Messe gefeiert. Über die Gründung der Kirche berichtet die Legende, dem Papst Liberius und dem Patrizier Johannes sei in der Nacht zum 5. August des Jahres 352 die Gottesmutter Maria erschienen und habe ihnen aufgetragen, dort eine Kirche zu bauen, wo am nächsten Morgen (im August!) Schnee fallen werde; es habe tatsächlich geschneit – daraus ist das kirchliche Fest Maria Schnee entstanden –, auf dem Esquilin-Hügel, noch dazu in den Umrissen einer Basilika.

Die Forscher sind jedoch unsicher, ob die Kirche im 4. oder 5. Jahrhundert entstanden ist. Der erste Hallenraum wurde in späteren Jahrhunderten mit Erweiterungen versehen. Eine neue Apsis baute man im 13. Jahrhundert, den *Campanile,* der mit 75 Metern Höhe der höchste der römischen Glockentürme ist, im Jahr 1377, als die Päpste aus dem Exil im französischen Avignon in ihre Stadt zurückkamen. Die *goldene Kassettendecke,* die Papst Alexander VI. der Überlieferung zufolge mit dem ersten Gold aus Amerika stiftete, zog man Ende des 15. Jahrhunderts ein. Die beiden Seitenkapellen, die *Cappella Sistina* und die *Cappella Paolina,* und die Erweiterungen, die heute den ganzen Baukörper der Kirche umgeben (Wohnungen für die Priester), kamen vom 16. bis zum 18. Jahrhundert hinzu. Zur *Hauptfassade,* die 1743 von Fernando Fuga errichtet wurde, geht man zu ebener Erde an der Säule aus der Maxentius-Basilika (14,30 Meter hoch) mit einer Marienstatue auf der Spitze vorbei. Die reichbewegte Fassade mit fünf Geschossen öffnet sich zu einer Loggia, in der bei genauerem Hinsehen Mosaiken zu erkennen sind. In der Vorhalle finden wir – wie auch in den drei anderen Patriarchalbasiliken – die nur im Heiligen Jahr geöffnete, sonst vermauerte Heilige Pforte. Zum Chor (Nordwesten) steigt man von der *Piazza dell' Esquilino,* einem weiten Platz mit dem Obelisken vom Mausoleum des Augustus (14,80 Meter hoch), auf einer die *Chorapsis* ganz umgebenden feierlichen *Freitreppe* empor.

Das Innere bildet vielleicht den schönsten und feierlichsten Kirchenraum in Rom: 86 Meter lang, dreischiffig, mit 36 Marmor- und vier Granitsäulen, mit den *Mosaiken an der Hochwand,* den ältesten Roms aus dem 4. oder 5. Jahrhundert, und den kunstvollen Kassetten an der Decke. Als Querschiff wirken: rechts die *Cappella Sistina,* von Papst Sixtus V. gestiftet und durch Domenico Fontana 1584 bis 1590 ausgeführt, mit den Reliquien der Krippe von Bethlehem, mit einem Sakra-

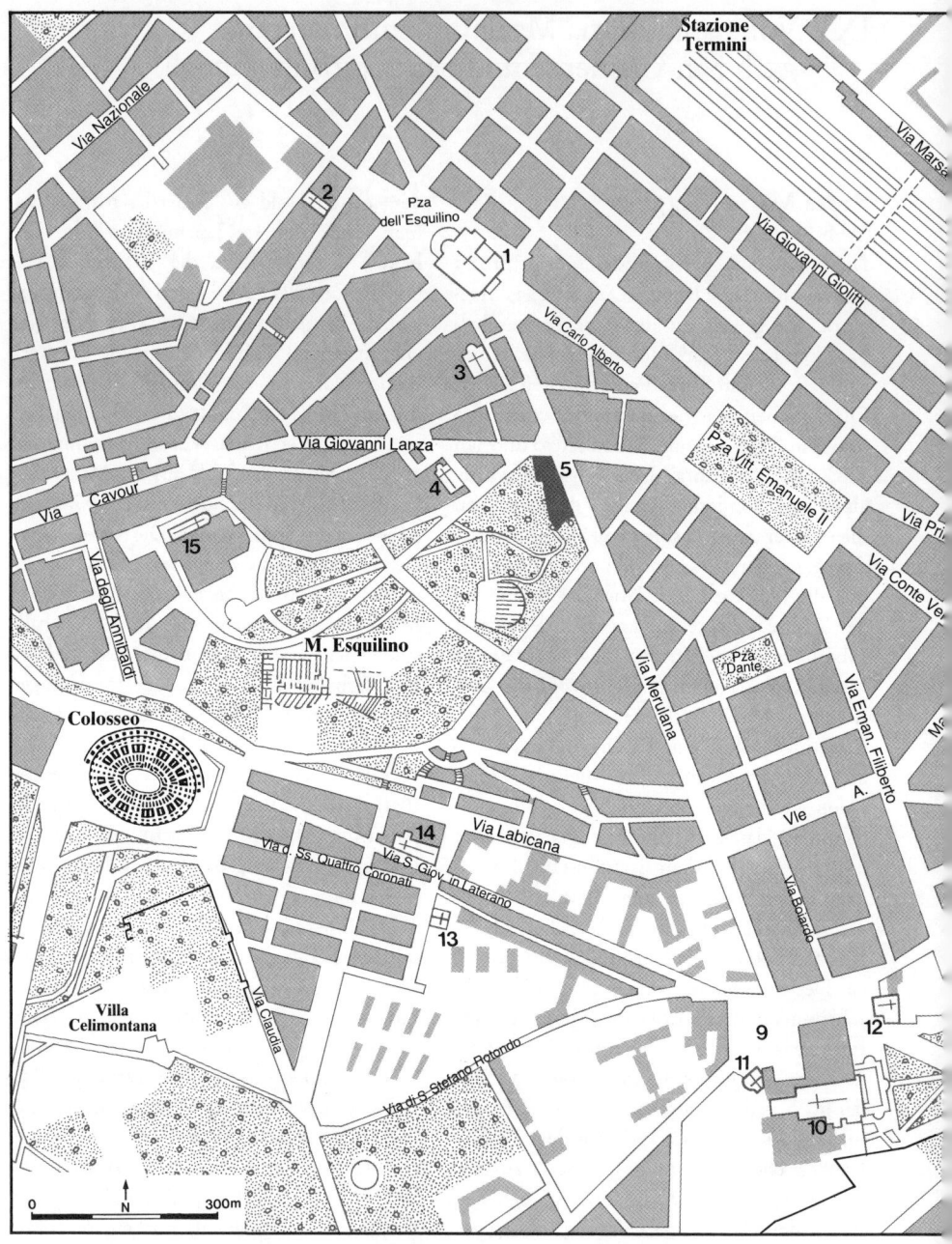

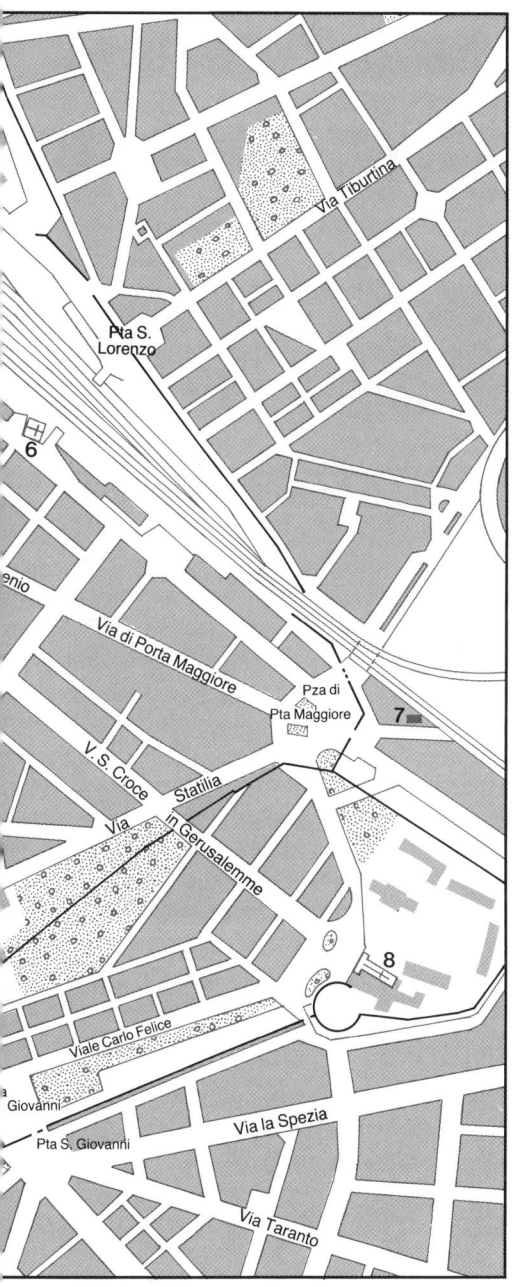

mentsgehäuse aus Bronze und den Grabmälern für den päpstlichen Stifter und seinen
heiligen Vorgänger Pius V., und links die *Cappella Paolina,* die von Papst Paul V. in Auftrag
gegeben und von Flaminio Ponzio erbaut
wurde (am Hauptaltar das vom Volk verehrte
Gnadenbild der Madonna »Salus Populi Romani«, der Legende nach ein Werk des mal-
freudigen Evangelisten Lukas, tatsächlich
jedoch aus dem 13. Jahrhundert).

Eine Steigerung erfährt der Schmuck der
Kirche in den *Mosaiken am Triumphbogen und
in der Apsis:* Darstellungen aus dem Alten und
Neuen Testament und Szenen aus dem Leben
Mariens. Besonders hervorzuheben ist das
große Apsismosaik der *»Krönung Mariens«*
(Abb. Umschlagklappe). In diesem Meisterwerk Jacopo Torritis vom Ende des 13. Jahrhunderts erreicht die Kunst der römischen
Mosaizisten ihren letzten Höhepunkt. Es verdient längere Betrachtung, weil in ihm alle
Formen und Elemente der römischen Mosaikkunst vertreten sind und man hier am besten
und eindrucksvollsten den Reichtum dieser
Kunstform kennenlernen kann: Personen
und Symbole, Tiere und Pflanzen, Stadtviertel und Bauwerke. (Siehe auch Seite 164ff.)

Der Baldachin über dem Papstaltar wird
von vier Porphyrsäulen aus der Villa des Kaisers Hadrian in Tivoli getragen. Santa Maria
Maggiore ist als Gesamtkörper und in den
Einzelheiten ein herausragendes Kunstwerk;
darüber hinaus ist die Kirche beim römischen

*1 S. Maria Maggiore – 2 S. Pudenziana – 3 S. Prassede –
4 S. Martino ai Monti – 5 Museo Nazionale d'Arte
Orientale – 6 S. Bibiana – 7 Basilica di Porta Maggiore – 8 S. Croce in Gerusalemme – 9 Piazza S. Giovanni in Laterano – 10 S. Giovanni in Laterano –
11 Baptisterium von S. Giovanni – 12 Scala Santa –
13 Ss. Quattro Coronati – 14 S. Clemente –
15 S. Pietro in Vincoli*

Volk seit alters sehr beliebt und besucht, nicht zuletzt, weil die Römer beim Gang durch die Kirche den Weg um das Gebäude herum abkürzen können.

Santa Pudenziana

Eine alte Legende erzählt, der heilige Petrus habe in Rom im Haus des Senators Pudens gewohnt und den Hausherrn mit seinen Töchtern Pudentiana und Praxedis zum Christentum bekehrt. Über diesem Haus des Senators wurde unter Papst Siricius (384–399) eine Kirche errichtet, deren Apsis mit dem Mosaik noch erhalten ist. Mehrere Restaurierungen haben den ersten Bau verändert. Beachtenswert sind an der Kirche, zu der man von der Via Urbana hinuntersteigen muß, Bruchstücke eines romanischen Portals und der *Glockenturm*. Im Innern verdient längere Betrachtung das *Apsismosaik* vom Ende des 4. Jahrhunderts, das von der späteren Architektur etwas eingezwängt und verdeckt wird. Es zeigt Christus inmitten einer lebhaften, in der Perspektive nicht ungeschickt gestalteten antiken Szenerie; um ihn herum stehen Apostel und Frauen, darüber sehen wir die Gebäude einer Stadt, ein Kreuz und die vier zum Teil abgeschnittenen Evangelistensymbole: Mensch, Löwe, Stier und Adler.

Santa Prassede

Nicht weit von der – im wahrsten Sinn – Schwesterkirche Santa Pudenziana (an der Via Urbana), nur wenige Schritte von Santa Maria Maggiore entfernt, liegt an der Via di San Martino (Eingang jedoch meist von der engen Via Santa Prassede her) die Kirche Santa Prassede. Die zwei Schwestern Praxedis und Pudentiana, Töchter des altrömischen Senators Pudens im 1. Jahrhundert, wurden der Legende nach von dem Apostel Petrus zum

Christentum bekehrt und getauft. Die dieser Heiligen zu Ehren errichtete Kirche Santa Prassede erlebte im Lauf der Jahrhunderte verschiedene Baustufen. Dennoch ist der Raumcharakter der frühchristlichen Basilika gewahrt: ein hohes, von Säulen und Pfeilern getragenes Hauptschiff mit schmalen Seitenschiffen, das zum Presbyterium ansteigt. Die *Mosaiken am Triumphbogen und in der Apsis* gehören zu den würdigsten Bildkunstwerken Roms. Sie wurden Anfang des 9. Jahrhunderts unter Papst Paschalis (817–824) geschaffen und zeigen Darstellungen des Himmlischen Jerusalem auf dem Triumphbogen und das Thema des apokalyptischen Lammes aus der geheimen Offenbarung des Johannes auf dem Apsisbogen. In der Apsiskuppel finden wir Christus mit Petrus und Paulus, die die beiden heiligen Schwestern Praxedis und Pudentiana führen, daneben stehen der Stifter Paschalis und der heilige Zeno. Unter dieser heiligen Szenerie zieht sich in der Apsiswölbung ein Lämmerfries. Die Mosaiken sind einer eingehenden Betrachtung wert, die an Hand der Bibel die Symbole in ihren vielfältigen Beziehungen deutet. So dienen die Mosaiken immer zwei Zielen: der Verherrlichung der Heiligen und der Unterweisung der Gläubigen in der Glaubenslehre durch die bildliche Darstellung.

Ein Paradiesgärtlein, so die Pilgerbücher des Mittelalters, ist die *Cappella di San Zenone* (Sankt Zeno) am rechten Seitenschiff, von Papst Paschalis als Grabkapelle für seine Mutter Theodora errichtet und ausgeschmückt. Die Mosaiken mit Heiligenbildern und Symbolen der Bibel bedecken alle Teile der Wände und des Gewölbes. Die farbigen kleinen Schmucksteine schaffen, so die Absicht der unbekannten Künstler, einen Abglanz der Ewigkeit, Geborgenheit im Heiligen. In einer

Nische steht ein Säulenfragment: nach der Überlieferung ein Stück jener Säule, an der Jesus Christus bei der Passion gegeißelt worden ist.

San Martino ai Monti

Die Kirche San Martino ai Monti auf dem Colle Oppio, einer kleinen Erhebung des Esquilin-Hügels, wurde im 4. Jahrhundert über einer Hauskapelle des Papstes Sylvester aus dem 4. Jahrhundert errichtet. Den Bau erneuerte man im 6., 9. und 17. Jahrhundert. San Martino ai Monti ist sehenswert wegen der *Krypta*, der *frühchristlichen Hauskapelle* und der *Wandmalereien in den Seitenschiffen*.

Museo Nazionale d' Arte Orientale

Das Nationalmuseum für orientalische Kunst in der Via Merulana enthält in 14 Sälen Kunstgegenstände aus den Regionen Asiens zwischen Persien und Japan. Afghanistan und China, Korea und Indien, Nepal und Tibet sind mit Goldschmuck und Bronzen, Vasen und Kleidern, Skulpturen und Gemälden, Büsten und Kelchen ebenso vertreten wie der Irak und Pakistan. Die Ausstellungsgegenstände decken einen weiten Zeitraum ab, aus der prähistorischen Zeit vom 5. Jahrtausend v. Chr. bis heute.

Santa Bibiana

Die Kirche der heiligen Bibiana an der (südlichen) Seitenfront des Hauptbahnhofes Stazione Termini entstand im 4. oder 5. Jahrhundert. Sie zeigt heute die Gestalt, die ihr *Bernini* im Jahr 1625 bei der gründlichen Restaurierung gegeben hat. Der *Hochaltar* mit den Reliquien der Heiligen, ein frühes Meisterwerk Berninis, ist besonders beachtenswert.

Basilica di Porta Maggiore

Die Basilica di Porta Maggiore, ein unterirdisches Heiligtum in der Nähe der Porta Maggiore, außerhalb der Stadtmauer in der Via Prenestina (Nr. 17), der Straße nach Palestrina, ist wahrscheinlich ein Bau des ersten nachchristlichen Jahrhunderts. Die Basilika gibt, obwohl sie gut erhalten ist, den Archäologen noch immer Rätsel auf. Das 1917 entdeckte Gebäude liegt 13 Meter unter dem Erdboden und hat die Form einer Basilika mit Vorhalle, einem dreischiffigen 12 mal 19 Meter großen Raum und einer halbrunden Apsis. Die Ausstattung im Innern (Mosaikfußboden, Stuckdekorationen an der Decke, Bildzyklen aus der Mythologie) läßt den Schluß zu, daß eine mystische Sekte, vielleicht Neupythagoräer, hier ihre kultischen Rituale feierte. Manche Kunsthistoriker vermuten, daß dieses Gebäude, dessen Typ im Römischen Reich weit verbreitet war, auch auf die Entwicklung der christlichen Basilika einwirkte.

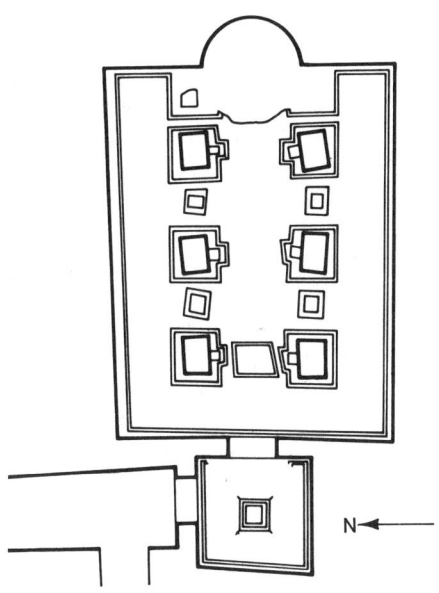

N◀

Santa Croce in Gerusalemme

(Abb. 80)

Santa Croce in Gerusalemme, die Kirche zum Heiligen Kreuz von Jerusalem, gehört zu den traditionellen sieben Pilgerkirchen Roms, die nach alter Pilgersitte an einem Tag mit der Vigil (Vorabend) besucht werden sollten. Santa Croce wurde schon in der Zeit Kaiser Konstantins errichtet, um – wie die Tradition berichtet – die von seiner Mutter, der heiligen Helena, aus dem Heiligen Land nach Rom gebrachten Reliquien der Passion Christi aufzunehmen. Im 18. Jahrhundert erhielt die Kirche durch Domenico Gregorini ihre heutige spätbarocke Gestalt.

Piazza San Giovanni in Laterano

(Abb. 82; Farbt. 9)

Palast, Kirche und Baptisterium von Sankt Johannes im Lateran sind von weiten Plätzen umzogen. Die Piazza San Giovanni in Laterano am Ende der von Santa Maria Maggiore hierher führenden Via Merulana, begrenzt von der Westfront des Lateranspalastes, der nördlichen Seitenfassade der Basilika und dem Baptisterium, wird von einem ägyptischen Obelisken markiert, dem mit 31 Metern höchsten von Rom; mit Basis mißt er sogar 47 Meter. Er ist zudem der älteste der römischen Obelisken; seit dem 15. vorchristlichen Jahrhundert stand er vor dem Ammon-Tempel im ägyptischen Theben. Von dort wurde er 375 n. Chr. von Kaiser Konstans II., dem Sohn Konstantins, auf einem Spezialschiff nach Rom transportiert, zuerst im Circus Maximus und im Jahr 1587, unter Papst Sixtus V., hier aufgestellt. Das an dieser Stelle stehende Reiterstandbild Mark Aurels hatte man im Jahr 1538 auf den Kapitolsplatz versetzt.

Lateranspalast

Der Lateranspalast war Wohn- und Amtssitz der Päpste von der Zeit Konstantins bis 1309, als Klemens V. die Residenz nach Avignon verlegen mußte. Nach dem französischen Exil wurde der Vatikan zum Apostolischen Palast ausgebaut. Die Residenz aus der Zeit Konstantins wurde verschiedentlich zerstört und seit 1586 auf Geheiß Papst Sixtus' V. völlig neu errichtet. Der Palast, der seine Kunstsammlungen an die Museen im Vatikan abgab, ist heute Sitz der römischen Bistumsverwaltung.

Basilika San Giovanni in Laterano

(Abb. 81; Farbt. 7, 12)

San Giovanni in Laterano ist die Bischofskirche des Papstes, also die Kathedrale des Bischofs von Rom, der zugleich Oberhaupt der katholischen Kirche ist. Das macht seit der Gründung der Basilika im 4. Jahrhundert ihren Rang aus. Mit der Inschrift an der Hauptfassade *»Mater et caput omnium ecclesiarum urbis et orbis«* erhebt »San Giovanni« den Anspruch, »Mutter und Haupt aller Kirchen der Stadt und des Erdkreises« zu sein. Schon im Jahr 313, kurz nach dem Sieg Kaiser Konstantins über Maxentius, unter Papst Melchiades, begann man auf dem Grundstück der Laterani (daher der Name) und einer Reiterkaserne mit dem Bau einer großen, dem Erlöser geweihten Kirche. Sie wurde die erste der vier Patriarchalbasiliken vor Sankt Peter, Sankt Paul und Santa Maria Maggiore und ist damit die würdigste der sieben Pilgerkirchen (dazu zählen noch Santa Croce in Gerusalemme, San Sebastiano und San Lorenzo fuori le Mura). Den Rang von San Giovanni bestätigt, daß die katholische Kirche in den Jahren 1123, 1139, 1179, 1215 und 1512 hierher allgemeine Konzilien (1., 2., 3., 4. und 5. Lateran-Konzil) einberief. Reliquien der vornehmsten

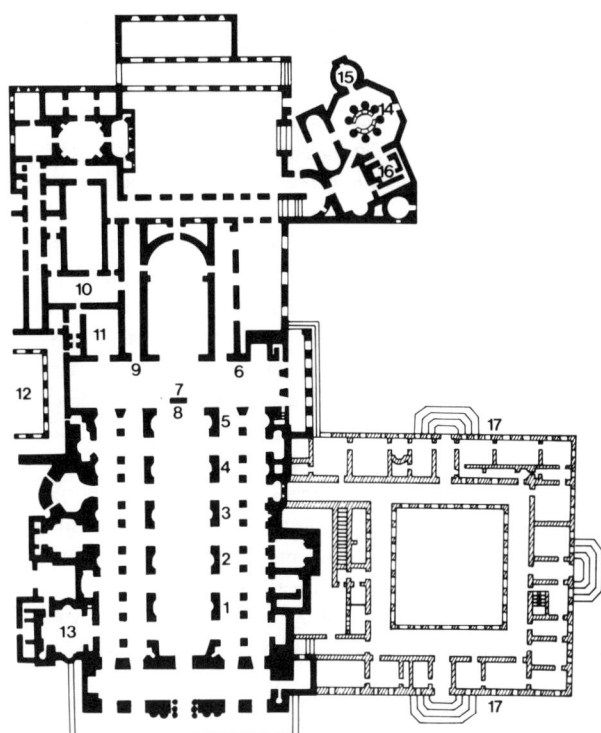

S. Giovanni in Laterano:
1 Bonifaz VIII. proklamiert das Heilige Jahr (Fresko-Fragment, Giotto zugeschrieben) – 2 Grabmal für Sylvester II. – 3 Grabmal für Alexander III. – 4 Grabmal für Sergius IV. – 5 Grabmal für Kardinal Ranuccio Farnese – 6 Grabmal für Innozenz III. – 7 Papstaltar – 8 Confessio mit Grabmal für Martin V. – 9 Grabmal für Leo XIII. – 10 Alte Sakristei – 11 Cappella Colonna – 12 Kreuzgang – 13 Cappella Corsini 14 Baptisterium – 15 Cappella S. Giovanni Battista – 16 Cappella S. Giovanni Evangelista – 17 Lateranspalast

christlichen Heiligen sind im Kirchenschatz. Als Residenz der Päpste war der Lateran jahrhundertelang die »natürliche« Bischofskirche; deshalb wurden immer wieder Anbauten und Ausbesserungen vorgenommen, im 5., 8., 10., 13. und 15. Jahrhundert, bis man im 16. und 17. Jahrhundert an einen Neubau ging. Die Vorhalle des Querhauses, das Innere und die Hauptfassade wurden gänzlich neu gestaltet. Im Mittelalter erhielt die Kirche des Salvators, des Erlösers, Johannes den Täufer und Johannes den Evangelisten als Patrone und damit den neuen Namen »San Giovanni«.

Die Anordnung einer Basilika – Vorplatz, Vorhalle, fünfschiffiges Langhaus, Querschiff mit dem Altar und Apsis – war von der konstantinischen Erlöserkirche vorgegeben und wurde im Barock respektiert. Die weitgespannte Fassade, das spätbarocke Meisterwerk des Alessandro Galilei (um 1735) mit 15 sieben Meter hohen Figuren, und die Vorhalle mit den Bronzetüren der Kurie am Forum Romanum im Hauptportal und der Heiligen Pforte (ganz rechts) sind die ersten Stationen. Dann tritt man in das von Borromini für das Heilige Jahr 1650 gestaltete, 130 Meter lange, fünfschiffige Innere mit den mächtigen Pfeilern des Hauptschiffes, den riesigen, 4,25 Meter hohen Apostelfiguren in den Nischen (verschiedene Bildhauer) und der prächtigen Holzdecke aus dem 16. Jahrhundert.

301

Über dem Papstaltar erhebt sich das *Ziborium*, in dem die Häupter der Apostelfürsten Petrus und Paulus gezeigt werden (von einem Kustoden gegen ein Trinkgeld). An dem Altar selbst sollen der Tradition zufolge die ersten römischen Bischöfe, Nachfolger des Petrus, die Messe gefeiert haben. Vor dem Altar befindet sich unten in der Confessio das *Bronze-Grabmal Papst Martins V.* (1417–1431), eines von vielen Gräbern kirchlicher und weltlicher Persönlichkeiten in der Kirche – die Römer werfen einem Brauch folgend Münzen darauf. Hinter dem Presbyterium glänzen in der Apsis, die Papst Leo XIII. erweitern ließ (1878–1884), feierliche Mosaiken, getreue Kopien frühchristlicher Bilder, die schon im 13. Jahrhundert von Torriti erneuert wurden: Christus inmitten von Engeln, darunter, neben dem Gemmenkreuz, große und kleine Heilige (Franz von Assisi und Antonius von Padua). Beachtenswert außerdem: im linken Seitenschiff, vorn am Eingang, die *Cappella Corsini* von A. Galilei (1734) mit dem Grabmal Klemens' XII.; im rechten Seitenschiff *Cappella Massimo* von G. della Porta (1570); am ersten Pfeiler rechts das Fragment des Freskos »*Bonifaz VIII. verkündet das Heilige Jahr*«, Giotto zugeschrieben (vgl. Abb. S. 49); im Querschiff links das *Grabmal Leos XIII.* und rechts das für Innozenz III., dessen sterbliche Reste von Leo XIII. 1891 aus Perugia hierher überführt wurden. Die kostbare Ausschmückung hat der Basilika nicht den Ruf erspart, ihre Pracht wirke kalt. Der *Kreuzgang* (Eingang im linken äußeren Seitenschiff) ist ein Meisterstück der römischen Kosmatenarbeit, Werk der Künstler (Vater und Sohn) Vassalletto von 1215 bis 1232.

Baptisterium San Giovanni in Fonte

Der Bau des Baptisteriums, der Taufkirche von Sankt Johannes, wurde nach der Überlieferung bereits von Kaiser Konstantin im 4. Jahrhundert angeordnet. Man errichtete das Baptisterium über einem Nymphäum des Palastes der Laterani. Der runde beziehungsweise achteckige Bau ist die älteste Taufkirche der Christenheit und auch in seiner architektonischen Gliederung häufig nachgeahmtes Vorbild für die später entstandenen Baptisterien. Die *Kapelle Johannes des Täufers* (rechts) bewahrt die Bronzetür der spätantiken Ausstattung durch Papst Hilarius (461–468); sie gibt – darauf weisen die Kustoden gern hin – einen melodischen Klang, wenn sie bewegt wird. Interessant der Vergleich mit der mittelalterlichen Bronzetür der gegenüberliegenden *Kapelle Johannes des Evangelisten,* die 1196 in Anlehnung an die spätantike Vorgängerin von Künstlern aus Piacenza geschaffen wurde.

Heilige Treppe – Scala Santa

Gegenüber dem Lateranspalast und der Hauptfassade von San Giovanni in Laterano liegt die Kirche der Scala Santa, die an der Stelle des Speisesaals (Triclinium) des alten Lateranspalastes steht. Sie umschließt die ehemalige päpstliche Privatkapelle des Palastes (Cappella Sancta Sanctorum) und die Heilige Treppe: 28 heute mit Holz verkleidete Marmorstufen, die nach der Überlieferung aus dem Palast des Pilatus zu Jerusalem stammen und von der heiligen Helena im 4. Jahrhundert nach Rom gebracht wurden. Der fromme Brauch will, daß die Gläubigen in Erinnerung an das Leiden Christi für ihr Seelenheil auf Knien diese Treppe erklimmen.

Santi Quattro Coronati

Die Legende erzählt, vier römische Soldaten hätten sich einst geweigert, ein Standbild des heidnischen Gottes Äskulap zu verehren. Eine andere Überlieferung berichtet, es seien vier Bildhauer – deshalb wird die Kirche gern von Steinmetzen besucht – aus Pannonien gewesen, die eine Götterstatue nicht hatten meißeln wollen. Ob Soldaten oder Bildhauer, die Legende sagt, daß den Märtyrern eine spitze Eisenkrone ins Haupt geschlagen wurde; daher der Name »der Vier Gekrönten«. Die Tradition dieser Kirche geht bis ins 4. Jahrhundert zurück. Damals errichtete man zu Ehren der »Vier Gekrönten« am Abhang des Caelius-Hügels eine Gedenkstätte. Der heutige Bau jedoch stammt aus der Zeit Papst Paschalis II., um 1111, nachdem die Kirche des 9. Jahrhunderts von den Normannen im Jahr 1084 zerstört worden war. Besonders beachtenswert sind Langhaus und Apsis der Basilika mit dem hoch aufragenden Campanile und die *Kapelle des heiligen Sylvester* mit Szenen der Konstantinslegende (siehe Abb. Seite 111). Sie nehmen Bezug auf die Auseinandersetzungen zwischen Kaiser und Papst im Mittelalter; entstanden 1246, sind sie ein beredtes Zeugnis kirchlichen Machtanspruchs, den Papst Innozenz IV. gegen den Stauferkaiser Friedrich II. in dessen letzten Lebensjahren mit allen Mitteln propagierte. (Schlüssel durch Klingeln an der Klosterpforte.) Bemerkenswert sind auch die *Krypta* und der *Kreuzgang*.

San Clemente
(Abb. 83–85)

Unter den Kirchen Roms nimmt San Clemente einen besonderen Rang ein. Ihre Würde verdankt sie dem Alter – die Spuren gehen bis in das frühe Christentum zurück –, dem Ineinander von drei architektonisch klar unterscheidbaren Baukörpern – dem Mithras-Heiligtum in einem altrömischen Wohnhaus, der Unterkirche des 4. Jahrhunderts und der Oberkirche des 12. –, vor allem aber der Schönheit der einzelnen Kunstwerke.

In einem Wohnhaus, weit unter dem heutigen Straßenniveau, befand sich in altrömischer Zeit ein Mithras-Heiligtum, über dem vor dem Jahr 385 unter Papst Siricius (384–399) eine dem heiligen Klemens, dem 3. Bischof von Rom nach Petrus, geweihte Kirche errichtet wurde. Nach der Zerstörung durch die Normannen im Jahr 1084 entstand Anfang des 12. Jahrhunderts unter Papst Paschalis II. (1099–1118) über den Ruinen eine neue Basilika.

Bei dieser OBERKIRCHE weist die Folge von Eingangstor, Vorhof mit Brunnen, dem Kirchenraum für das Volk, dem eingegrenzten Platz für die Kleriker (Schola Cantorum) mit Hochaltar und Apsis auf den alten basilikalen Aufbau hin. Die antiken Säulen und die *Intarsienarbeiten der Kosmatenkünstler* im Marmorfußboden, in den Chorschranken, am Osterleuchter, dem Altartabernakel und dem Bischofsstuhl prägen das Innere der Kirche. Triumphbogen und Apsis sind über und über mit *Mosaiken* und farbigen Steinchen besetzt. Mit ihren Darstellungen aus dem Alten und Neuen Testament sind sie die schmuckreich-

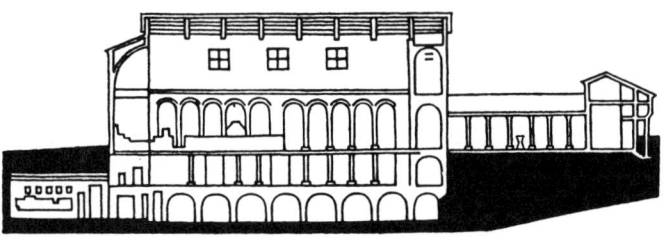

S. Clemente, Schnitt

sten Roms. Lebensbaum und Kreuz, heilige Personen und Symbole, Tiere und Pflanzen durchdringen einander zu einer himmlischen Bilderwelt. Alles weist auf den Triumph des lebenspendenden Kreuzes hin.

In der kleinen *Cappella di Santa Caterina* hinten im linken Seitenschiff zeigen Fresken Szenen aus dem Leben und dem Martyrium der heiligen Katharina von Alexandrien. Es sind Meisterwerke von *Masolino*, vor 1431 am Anfang der Renaissance gemalt, kunsthistorisch bedeutsam, weil sie die erste perspektivische Malerei in Rom bilden.

Die UNTERKIRCHE, eine dreischiffige Säulenbasilika aus dem 4. Jahrhundert, bietet einen Überblick über die *romanische Freskomalerei* aus verschiedenen Jahrhunderten. Besonders hervorzuheben sind eine »Himmelfahrt Christi« im Mittelschiff, auf der Papst Leo IV. (847–855) den quadratischen Nimbus des lebenden Stifters trägt, die Darstellungen der Passion Christi und Szenen aus dem Leben des heiligen Klemens.

Man sollte den Gang hinunter in die unterirdischen Ausgrabungen nicht scheuen, weil er die Anlage eines römischen Wohnhauses vermittelt, mit dem MITHRAS-HEILIGTUM: einem länglichen tonnengewölbten Raum, in dessen Mitte ein Altar steht. Ein Relief darauf zeigt einen Gott, der einen Stier tötet, eine sehr charakteristische Darstellung für diesen orientalischen Kult, der sich im Rom der Kaiserzeit großer Beliebtheit und Verbreitung erfreute.

San Pietro in Vincoli

(Abb. 86)

Zur Kirche San Pietro in Vincoli (Sankt Peter zu den Ketten) am gleichnamigen Platz gelangt man vom Esquilin-Hügel her, vom Komplex der Domus Aurea des Nero, oder von der Via Cavour über eine hohe Treppe.

San Pietro in Vincoli ist eine der ältesten Kirchen Roms. Im Jahr 431 begonnen, war sie zunächst den Heiligen Petrus und Paulus geweiht. Als Papst Leo dem Großen (440–461) als besonders kostbare Reliquien jene Ketten geschenkt wurden, mit denen der Tradition zufolge Petrus im Mamertinischen Kerker gefesselt war und die heute im Hochaltar dieser Kirche zu sehen sind, blieb Petrus alleiniger Kirchenpatron. Anbauten aus verschiedenen Jahrhunderten veränderten die Hallenbasilika. Beachtenswert sind die Säulen mit dorischen Kapitellen im Mittelschiff, im linken Seitenschiff das Grabmal für den deutschen Kardinal Nikolaus aus Kues an der Mosel (gestorben 1465) und vor allem das *Grabmal für Papst Julius II.* rechts vorn.

Dieses Grabmal für den Papst aus der Familie der Rovere, der von 1503 bis 1513 regierte, war ursprünglich von *Michelangelo* weitaus größer für die Peterskirche geplant. Von den dafür vorgesehenen Skulpturen führte Michelangelo jedoch nur drei Figuren aus, die *Statuen der Rahel und der Lea,* der Frauen des biblischen Stammvaters Jakob, Symbole des aktiven und des kontemplativen Lebens. Es sind hervorragende Spätwerke des Künstlers, deren Wert und Schönheit sich freilich erst nach längerem Betrachten erschließt.

Besonders berühmt ist der »Moses«, der als eines der bedeutendsten Werke Michelangelos (von 1513 bis 1516 geschaffen) und der abendländischen Bildhauerkunst angesehen wird. Michelangelo wollte in dem Gottesmann des Alten Testaments zugleich den Papst-Fürsten der Renaissance verherrlichen. Der Künstler hat einen bedeutenden Moment im Leben des Moses dargestellt. Der Führer der Israeliten hat von Gott die Gesetzestafeln mit den Zehn Geboten erhalten (unter dem rechten Arm) und muß, nun vom Berg Sinai herabsteigend, mitansehen, wie das Volk Israel um das Goldene Kalb tanzt. Sein Gesicht ist von göttlicher Erleuchtung und zugleich von Zorn über das untreue Volk erfüllt. Großartige Leidenschaft beseelt den Marmor; kaum hat ein Künstler je mächtigeren Ausdruck dem Stein abgerungen. Die Hörner auf der Stirn des Moses werden als Zeichen der überirdischen Sendung gedeutet, andere sagen, sie beruhten auf einem Übersetzungsfehler des Bibeltextes. Eine kleine Anekdote verdeutlicht, welch hohen Rang Michelangelo selbst diesem Werk beimaß: Nach der Fertigstellung betrachtete der Künstler lange Zeit die Statue und fing an, überzeugt von der Lebendigkeit des Moses, mit ihm zu reden, richtete wieder das Wort an ihn, forderte ihn auf: »Sprich doch!«, und wurde plötzlich, da er keine Antwort erhielt, so zornig, daß er ihm mit dem Meißel auf das Knie schlug – man sieht noch die Einkerbung. Wenn die Geschichte nicht wahr ist, so spricht doch der »Moses« beredt von der Größe des Michelangelo.

X   Vom Celio (Caelius) zur Via Appia

Am Konstantinsbogen neben dem Kolosseum beginnt die VIA SAN GREGORIO, eine breite Allee, entlang den Hügeln des Palatin (im Westen) und des Caelius (im Osten).Es ist die ehemalige *Via triumphalis,* der Triumphweg der siegreichen Feldherrn, die heute als Autostraße wichtige Dienste für den römischen Verkehr leistet. An der Kirche San Gregorio Magno vorbei, zu der eine hohe Freitreppe ansteigt, führt die Via San Gregorio zur PIAZZA DELLA PORTA CAPENA am Südostende des Circus Maximus (zwischen Palatin und Aventin) mit dem *Obelisken von Axum.* Dieser (24 Meter hoch) wurde während des italienischen Eroberungskrieges in Abessinien 1937 aus der heiligen Stadt Äthiopiens, Axum, genommen und nach Rom gebracht.

San Gregorio Magno
(Abb. 88)
Die Kirche des Papstes Gregor des Großen (590–604) an der Via di San Gregorio wurde ursprünglich nicht als Gedenkstätte des Heiligen erbaut. Vielmehr war es Gregor selbst, der, aus einer vornehmen römischen Familie stammend, vor seiner Wahl zum Papst schon im Jahr 575 das hier gelegene väterliche Haus in ein Kloster umwandelte. Der Neubau des Mittelalters wurde im Barock völlig verändert und in der Form der Kirche Sant' Ignazio, freilich wesentlich kleiner, nachgestaltet. Atrium, Basilika und das Oratorium mit drei Kapellen (des heiligen Andreas, der heiligen Silvia und der heiligen Barbara) bilden eine feierliche Einheit.

Santi Giovanni e Paolo
(Abb. 87)
Die Kirche Santi (Ss.) Giovanni e Paolo ist den beiden römischen Märtyrern Johannes und Paulus geweiht, die als kaiserliche Offiziere im Jahr 362 unter Kaiser Julian Apostata wegen ihres Glaubens hingerichtet wurden. Nach christlicher Überlieferung errichteten

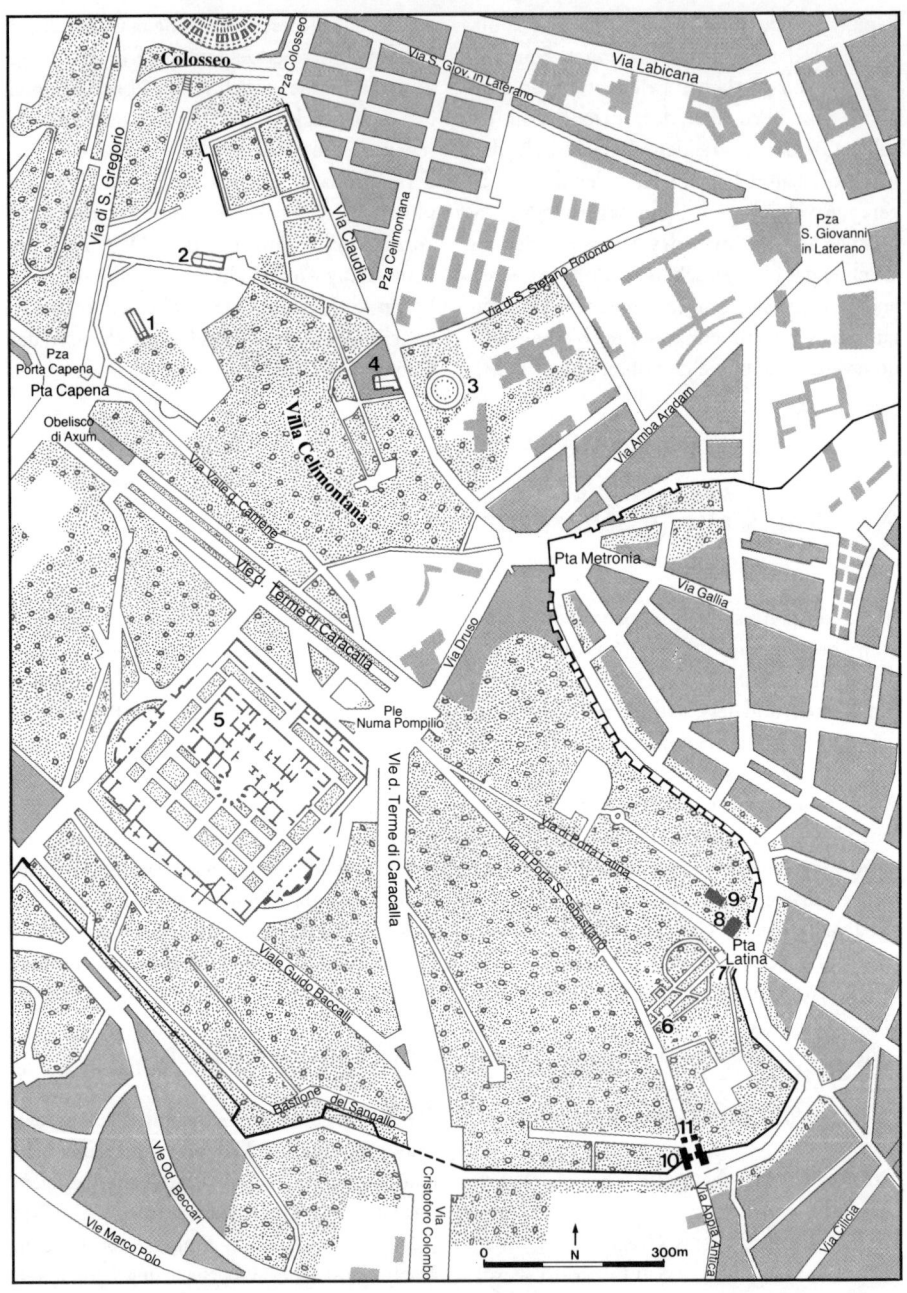

die beiden römischen Senatoren Byzantius und sein Sohn Pammachius 36 Jahre später, im Jahr 398, über dem Wohnhaus und einer bereits bestehenden Gedenkstätte für die beiden Märtyrer auf dem Caelius eine erste Basilika. Um 1150 ließ Kardinal Johannes von Sutri einen Umbau abschließen und ihn um die Vorhalle, den Campanile und die Zwerggalerie der Apsis erweitern. Im Barock kam eine reiche Innenausstattung hinzu. Ausgrabungen in diesem Jahrhundert legten das römische Wohnhaus unter der Kirche frei, so daß heute eine geschichtlich ununterbrochene, eindrucksvolle Linie durch die Jahrhunderte gezogen werden kann: von dem alten römischen Stadthaus mit seinem genauen Ziegelmauerwerk und den lebhaften Fresken, darunter dem *besterhaltenen Wandbild des antiken Rom* (Venus mit einem Gott), den antiken Säulen und den beiden Löwen der Vorhalle, über die Bauten des Mittelalters mit den Marmorsäulen und dem *Campanile,* der über den Mauern des großen CLAUDIUS-TEMPELS auf dem Caelius-Hügel aufragt und als einer der schönsten Glockentürme Roms gilt, bis zur Innenausstattung im Barock.

Santo Stefano Rotondo

Santo Stefano Rotondo auf dem Caelius ist eines der architektonischen Schmuckstücke unter den an Kunst wahrlich reichen Kirchen Roms. Kunsthistoriker halten die Kirche in strengem Ziegelmauerwerk für bedeutend, auch wenn der schlechte Erhaltungszustand nicht zu übersehen ist, und zwar wegen der einzigartigen Konzeption – ein Rundbau, dem ein griechisches Kreuz, mit gleich langem Haupt- und Querschiff, eingefügt ist. So wurden in architektonisch gelungener Weise zwei Grundtypen des Gotteshauses zu einer singulären Synthese verschmolzen. Idee und Bau gehen bis in das 5. Jahrhundert zurück, als Papst Simplicius (468–483) in einer Zeit des Niedergangs in Rom die Kirche zu Ehren des Erzmärtyrers Stephanus über dem Gelände einer Kaserne errichten ließ. Es war wohl kein Zufall, daß die Kirche genau über der Stätte eines Mithras-Kultes entstand und so Heidnisches in Christliches umgewandelt wurde. Auch Papst Hadrian I. (772–795) trug sich in die Baugeschichte ein.

Das Obergeschoß des kreisrunden Mittelbaus, der heute durch ein über Säulenbögen sich spannendes Mauerwerk geteilt und gestützt wird, tragen 22 jonische Säulen auf waagerechten Architraven. Von diesem Mittelbau führen die vier Kreuzesflügel weg, die jedoch ganz in den ersten Umgang integriert sind. Diese Flügel waren früher durch doppelte, in der Höhe abgestufte Umgänge miteinander verbunden. Der Übergang zwischen den Flügeln und den Umgängen wurde durch Pfeilerarkaden hergestellt. Papst Nikolaus V. ließ 1453 die Kirche gründlich restaurieren; dem fiel der äußere Ring zum Opfer, so daß der Durchmesser der Kirche von 65 auf 40 Meter abnahm. Neben dem Erzmärtyrer Stephanus der Apostelgeschichte wird auch der heilige Stephan, König von Ungarn, hier verehrt. »Santo Stefano« ist bei den Römern auch als Kinderschreck bekannt. Am Fest des heiligen Stephanus, am 2. Weihnachtstag, war es Brauch – vor der Schließung der

◁ *1 S. Gregorio Magno – 2 Ss. Giovanni e Paolo – 3 S. Stefano Rotondo – 4 S. Maria in Domnica – 5 Caracalla-Thermen – 6 Gräber der Scipionen – 7 Kolumbarium des Pomponius Hylas – 8 S. Giovanni in Oleo – 9 S. Giovanni a Porta Latina – 10/11 Porta S. Sebastiano und Drusus-Bogen*

Kirche wegen Restaurierungsarbeiten – nach Santo Stefano zu ziehen und dort den Jungen und Mädchen die Fresken des 16. Jahrhunderts zu zeigen. Da fürchteten sich die Kinder, denn die Darstellungen der Martyrien, der Quälereien und Tötungen der Heiligen, Werke des Malers Pomarancio, sind von beispielloser Grausamkeit. Es wäre schön, wenn Santo Stefano – den Deutschen und Ungarn besonders verbunden, weil der Besitzer das Pontificium Collegium Germanicum-Hungaricum, das Kolleg für Theologiestudenten aus Deutschland und den Nachbarländern ist – gründlich restauriert würde.

Santa Maria in Domnica

Santa Maria in Domnica auf dem Caelius-Hügel ist den meisten Römern nur mit dem Beinamen »in Navicella«, Sankt Marien »beim Schiffchen«, bekannt. Denn vor der Kirche erhebt sich die *Fontana della Navicella,* der »Schiffchenbrunnen«. Bei einer gründlichen Restaurierung der Kirche im Jahr 1513 ließ Kardinal Giovanni de' Medici, der noch im selben Jahr Papst Leo X. werden sollte, vor der Kirche Santa Maria diesen Brunnen in Form einer Barke errichten. Die Kirche stand da schon längst, vermutlich seit dem 7. Jahrhundert, doch als große Basilika wohl erst seit

Caracalla-Thermen, Rekonstruktion

dem Pontifikat Papst Paschalis' I. (817–824). Beachtenswert sind die einfache, geschmackvolle Renaissance-Fassade mit einem eleganten fünfbogigen Portikus sowie im dreischiffigen, von 18 grauen Granitsäulen getragenen Innenraum die *Mosaiken aus der Zeit Paschalis' I.* Dargestellt sind Christus zwischen zwei Engeln und Aposteln mit Moses und Elias sowie Maria mit dem Kind zwischen Engeln und dem päpstlichen Stifter (mit dem eckigen Nimbus der Lebenden).

Caracalla-Thermen

Die Via delle Terme di Caracalla zwischen der Porta Capena und dem Piazzale Numa Pompilio folgt dem Verlauf der Via Appia. An ihr liegt der große Komplex der Caracalla-Thermen. Diese Thermen, die im Süden der Stadt unter Kaiser Septimius Severus im Jahr 206 n. Chr. begonnen und von Kaiser Caracalla zehn Jahre später vollendet und eröffnet wurden, dienten nicht allein dem Bad. »Freizeitzentrum« würde man sie heute, etwas verkleinernd, nennen. Denn die Römer konnten hier nicht nur ein heißes oder kaltes Einzelbad nehmen, sich im Schwimmbecken tummeln oder sich einem feuchten oder trockenen Schwitzbad unterziehen. Sie konnten auch Gymnastik und Sport treiben, ebenso in angenehmen Räumen das gesellschaftliche Leben pflegen, in Gärten spazieren, in Konferenzräumen Vorträgen lauschen oder in Bibliotheken ihre Bildung vervollständigen. Wer nachher zum Friseur gehen wollte, fand seine Wünsche ebenso befriedigt wie jener, der noch rasch etwas einzukaufen beabsichtigte. Auch religiöse Kulte konnte man in einem Mithräum ausüben. All diesen Ansprüchen und Bedürfnissen wurde in imposanter Weise auf einer Grundfläche von 330 Metern im Quadrat Rechnung getragen. Riesige Hallen

mit mächtigen Pfeilern und Säulen, Kuppeln und Halbkuppeln, Tonnen- und Kreuzgewölben nahmen etwa 1500 Menschen gleichzeitig zum Baden und Spielen auf. Kostbarer Marmor, phantasievolle Mosaiken und anmutige Fresken schmückten Fußböden und Wände. Nirgendwo sonst als in den römischen Thermen wurden dem luxuriösen Freizeitvergnügen solche Bauten errichtet. Die Ruinen geben noch einen ausgezeichneten Eindruck von der Größe und Pracht dieses Komplexes (zu den technischen Anlagen und anderen Aspekten siehe den Abschnitt zu den Diokletiansthermen, Seite 289 f.). Auch wir können heute noch diese Bauten benutzen. Im Sommer finden in den Caracalla-Thermen grandiose und lebhafte Opern- und Ballettaufführungen statt.

Gräber der Scipionen

Die Grabstätte der berühmten römischen Familie der Scipionen nimmt einen ausgedehnten Bezirk an der Via di Porta San Sebastiano ein, dem Stück der alten Via Appia zwischen Porta Capena und Porta San Sebastiano. Sie befindet sich gemäß der römischen Vorschrift außerhalb der alten Stadtmauer. Die Scipionen, die besonders vom 3. bis zum Ende des 2. Jahrhunderts v. Chr. in der römischen Politik eine führende Rolle spielten, errich-

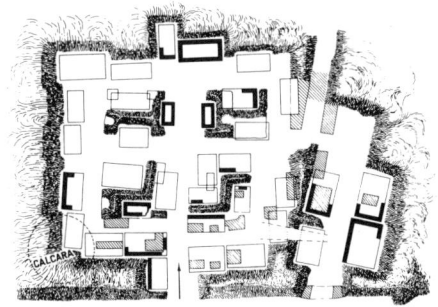

teten in dieser Zeit hier den verstorbenen Mitgliedern ihrer Familie Grabhäuser und Sarkophage. Ein Teil dieser Häuser und Sarkophage ist freigelegt, bei anderen wird die Lage vermutet.

Kolumbarium des Pomponius Hylas

Ein »Kolumbarium« ist eine für ein Gemeinschaftsgrab vorgesehene Grabkammer mit Wandnischen zur Aufnahme der Urnen mit der Asche der Verstorbenen. Ein besonders gut erhaltenes Beispiel ist das neben den Gärten der Scipionen zwischen der Via di Porta San Sebastiano und der Via Latina, also noch innerhalb der Stadtmauern gelegene Kolumbarium des Pomponius Hylas und seiner Frau Vitalinis, eines freigelassenen Sklaven, der es wohl in der Zeit der Kaiser Augustus und Tiberius zu Wohlstand gebracht hatte.

Oratorio di San Giovanni in Oleo

Das Oratorium des heiligen Johannes »im Öl« ist ein kleiner achteckiger Tempel, Anfang des 16. Jahrhunderts über altem Gemäuer von *Bramante* errichtet und von *Borromini* später ausgeschmückt; er erhebt sich über der Stelle, an der nach der Legende der heilige Apostel und Evangelist Johannes unbeschadet siedendem Öl entstiegen ist, bevor er in die Verbannung auf die Insel Patmos geschickt wurde.

San Giovanni a Porta Latina

Die Basilika des heiligen Johannes am »Latinischen Stadttor« an der Via di Porta Latina wurde zuerst im 5. Jahrhundert n. Chr. errichtet, dann um 720 erneuert und von Papst Coelestin III. im Jahr 1191 restauriert. Die Kirche, mit ihrer einfachen, von Säulen getragenen Vorhalle, dem hoch aufragenden, schön geformten Campanile, zeigt das vertraute Bild der römischen Hallenbasilika. Im Innern stellt ein künstlerisch bedeutsamer *Freskenzyklus aus der Stauferzeit* (Anfang des 13. Jahrhunderts) 46 Szenen aus dem Alten und Neuen Testament dar.

Porta San Sebastiano

Als Teil der Aurelianischen Stadtmauer gegen 400 errichtet, bildet das Tor den monumentalen Eingang von der Via Appia. Der Torbogen wird von mächtigen, zinnengekrönten Türmen flankiert; im Innern ist die Geschichte der römischen Stadtmauern dokumentiert. – Vor dem Torbau zur Stadtseite hin der sog. DRUSUS-BOGEN, Teil des Aquaedukts der hier die Via Appia überquerenden *Aqua Marcia,* die auch die Caracalla-Thermen versorgte.

Via Appia Antica

(Farbt. 32)

Die Via Appia begann in altrömischer Zeit wie alle wichtigen Fernstraßen auf dem Forum Romanum. Sie war dadurch noch besonders hervorgehoben, daß sie in einem Teil die *Via triumphalis,* den Weg der siegreichen Feldherrn, abgab. Heute setzt ihr Name Via Appia Antica jedoch erst an der Porta San Sebastiano, auch Porta Appia genannt, ein. Diese Via Appia Antica, eine der ältesten und wichtigsten der römischen Konsularstraßen, wurde von dem Censor Appius Claudius Caecus vor 312 v. Chr. als Verbindung nach Süden bis zur Stadt Capua angelegt und um 190 v. Chr. bis nach Brindisi verlängert. Dort findet man auch den abschließenden Meilenstein. So entstand ein »Schnellweg« in den wirtschaftlich wichtigen Südosten Italiens und vom Hafen Brindisi aus über das Mittelmeer in den östlichen Raum des wachsenden Römischen Reiches. Nahe der Via Appia verliefen vor der Stadt Rom kilometerlang Aquädukte einer Wasserleitung, deren Ruinen noch zu sehen sind. Links und rechts der Via Appia errichteten sich die vornehmen römischen Familien Gräber. Damit befolgten sie das Gesetz, daß die Toten nicht innerhalb der Stadtmauern bestattet werden durften. Die Grabmäler waren, entsprechend dem Ruhm und Reichtum der Familien, prunkvoller oder bescheidener, größer oder kleiner, je nachdem wie man die hinausziehenden oder hereinkommenden Händler und Soldaten, Fremde und Römer beeindrucken wollte. Diese Gräber, Grabhäuser und Gedenksteine charakterisieren heute die Via Appia und geben ihr zusammen mit den Pinien und Zypressen der römischen Campagna und mit den Albaner Bergen im Hintergrund ein unverwechselbares Aussehen, jedoch erst, nachdem man das Stadttor San Sebastiano mit den Aurelianischen Mauern und die kilometerlangen Mauern der Privatgrundstücke hinter sich gelassen hat.

Domine quo vadis

Eine christliche Legende der römischen Gemeinde überlieferte, den Apostelfürsten Petrus habe in Rom die Angst vor dem Martyrium gepackt, und so habe er die Flucht vor dem »Heiden-Babel« ergriffen. Auf der Via Appia sei ihm ein Mann begegnet, den Petrus fragte: »Herr, wohin gehst du«; worauf ihm dieser antwortete: »Ich komme, um mich ein zweites Mal kreuzigen zu lassen.« Da erkannte Petrus, so die Legende, daß Christus mit ihm sprach, und er kehrte um. In Erinnerung an diese Erzählung, die der bekannte, auch verfilmte Roman »Quo vadis« des polnischen Schriftstellers Sienkiewicz aufgenommen hat, wurde im Mittelalter, im 9. Jahrhundert, ein Kirchlein errichtet, »Domine quo vadis«, eigentlich Santa Maria in Palmis. Der Bau wurde im 17. Jahrhundert umgestaltet.

Domitilla-Katakomben

Ein Besuch der Katakomben in Rom ist stets ein eindrucksvolles Erlebnis. Die Catacombe di Domitilla, an der Via Ardeatina/Via delle Sette Chiese, sind wohl die größten unter den unterirdischen Grabanlagen Roms, die in den weichen Tuffstein der Landschaft gegraben wurden. Sie dienten heidnischen wie christlichen Römern als Ort der letzten Ruhestätte, wenn sie es nicht vorzogen, ihres Reichtums oder ihres Ruhmes wegen sich – für alle Welt bemerkbar – an den großen Ausfallstraßen der Stadt bestatten zu lassen. Die Christen hatten den Brauch, sich am Todestag eines bekannten Mitglieds der Gemeinde an dessen Grab zu versammeln. So feierten sie also auch in den Katakomben ihre Gottesdienste. Die Vorstellung, daß die römischen Christen in den ersten Jahrhunderten immer voll Angst in den Katakomben Zuflucht suchten und hier ausharrten, bis die Verfolgung vorüber war, ist eine legendenhafte Verallgemeinerung mit allerdings richtigem historischem Kern. Unten in den Domitilla-Katakomben liegt die *Basilika der heiligen Nereus und Achilleus,* eine unterirdische Kirche, die mit ihren Säulen und Marmorfragmenten höchst eindrucksvoll wirkt. Von der Basilika geht man – unter sachkundiger Führung der Ordensleute, denen diese Katakomben anvertraut sind – in die Gänge mit den Grabkammern und Wandnischen. Man findet dort noch gut erhaltene Malereien mit christlichen Heiligen und Symbolen.

Kalixtus-Katakomben

Die Katakomben des heiligen Kalixtus wurden von Papst Johannes XXIII. (1958–1963) »die erhabensten und berühmtesten Roms« genannt. Ihren Namen erhielten sie von dem römischen Priester Kalixtus, der von Papst Zephyrinus (199–217) zum Verwalter dieser Gräberanlage eingesetzt wurde; später, im Jahr 217, wurde Kalixtus als Nachfolger des Zephyrinus selbst Papst und erweiterte noch die nach ihm benannten Katakomben. Diese unterirdischen Grabanlagen erstrecken sich in vier Geschossen auf einer Fläche von 300 mal 400 Metern und bilden ein verwinkeltes Netzwerk von Grabkammern und Gängen, die in den weichen Tuff des römischen Bodens getrieben wurden. Etwa 20 Kilometer dieser Gänge sind mit den Kammern bisher erforscht. Die Zahl der Gräber wird auf rund 170 000 geschätzt. Unten in den Katakomben sind in sechs Sakramentskapellen, die zwischen 290 und 310 entstanden, *römisch-heidnische und frühchristliche Malereien* zu sehen. In der »Krypta der Päpste«, zu der man auf 35 Stufen hinuntersteigt, sind die meisten Märtyrer-Päpste des 3. Jahrhunderts begraben, was aus den griechischen Inschriften ersichtlich ist. Links neben der Papstkapelle die Kammer der heiligen Cäcilia mit Wandfresken; das Grab der Cäcilia ist heute in der Kirche Santa Cecilia in Trastevere.

San Sebastiano fuori le Mura

Die Kirche des heiligen Sebastian an der Via Appia ist wegen der Würde ihres Patrons und wegen der Bekanntheit seines Martyriums – er wurde von Pfeilen durchbohrt, ein Motiv, das die abendländische Malerei immer wieder aufgenommen hat – eine der sieben Pilgerkirchen Roms, mit Sankt Johannes im Lateran, Sankt Peter, Sankt Paul, Santa Maria Maggiore, Santa Croce und San Lorenzo. Vielleicht gehört sie aber auch dazu, weil sie zuerst als Basilica Apostolorum den Apostelfürsten Petrus und Paulus geweiht war. Die Basilika ist im 3. Jahrhundert über alten Friedhöfen und Katakomben neben Wohnhäusern errichtet worden. Während der Christenverfolgungen unter den Kaisern Decius und Valerian seien hier, berichtet die Überlieferung, die Gebeine der Heiligen Petrus und Paulus aufbewahrt worden; Kaiser Konstantin fühlte sich deshalb zu einem Kirchenbau verpflichtet. An dieser Stelle sei, heißt es weiter, auch der Leichnam des unter Diokletian hingerichteten christlichen Prätorianer-Offiziers Sebastian bestattet worden.

Im 13. und Anfang des 17. Jahrhunderts wurden unter der Basilika drei römische Grabhäuser und christliche Katakomben freigelegt; man entdeckte weiter die Fundamente der Konstantinischen Basilika und der römischen Wohnhäuser. Ein Besuch der gesamten unterirdischen Anlage ist empfehlenswert. Der Genius des Urchristentums und der alten römischen Gemeinde noch in der Zeit der Verborgenheit ist hier zu spüren. Man kann auch einen guten Einblick in die Symbolsprache des frühen Christentums gewinnen. Man findet den Fisch, dessen griechische Bezeichnung »I-ch-th-y-s« die Anfangsbuchstaben für die griechischen Worte von »J-esus Ch-ristus Gottes (Th-eou) Sohn (Y-ios) Erlöser (S-oter)« sind; oder das Lamm, das den Opfertod Jesu Christi bedeutet; den Anker als Zeichen der Zuversicht oder die Taube als Symbol des Friedens.

Grabmal der Cäcilia Metella

Der weithin sichtbare Rundbau der Tomba di Cecilia Metella, am Kilometer drei der Via Appia, ist eines der berühmtesten Denkmäler

95–97 S. Paolo fuori le Mura: Atrium und Westfassade; Ziborium; Osterleuchter

◁ 94 S. Sabina auf dem Aventin

98 S. Maria in Trastevere: Apsismosaik

99 S. Cecilia: Grabplastik der hl. Cäcilie, von Maderna

100 Blick vom Gianicolo über die Stadt ▷

101, 102   Villa Farnesina: »Hochzeit Alexanders mit Roxane«, Fresko von Sodoma. Unten: »Saal der Perspektiven«
von Peruzzi

103 Kreuzgang von S. Onofrio

104 Ponte und Castel S. Angelo (Engelsburg)

105 Blick von der Peterskuppel Richtung Monte Mario

106 Blick von den Vatikanischen Gärten auf die Peterskirche ▷

107 Blick von der Peterskuppel auf den Apostolischen Palast mit der Sixtinischen Kapelle

108 Damasus-Hof im Vatikan

109–112 Antike Skulpturen in den Musei Vaticani: »Apoll vom Belvedere«; »Laokoon-Gruppe«; »Torso vom Belvedere«; »Augustus von Prima Porta«

114 S. Pietro: Linkes Seitenschiff mit Grabmal Innozenz VIII. von Pollaiuolo

◁ 113 S. Pietro: Die »Pietà« des Michelangelo

115, 116 Sixtinische Kapelle: Detail der Deckenfresken des Michelangelo, vor und nach der Reinigung

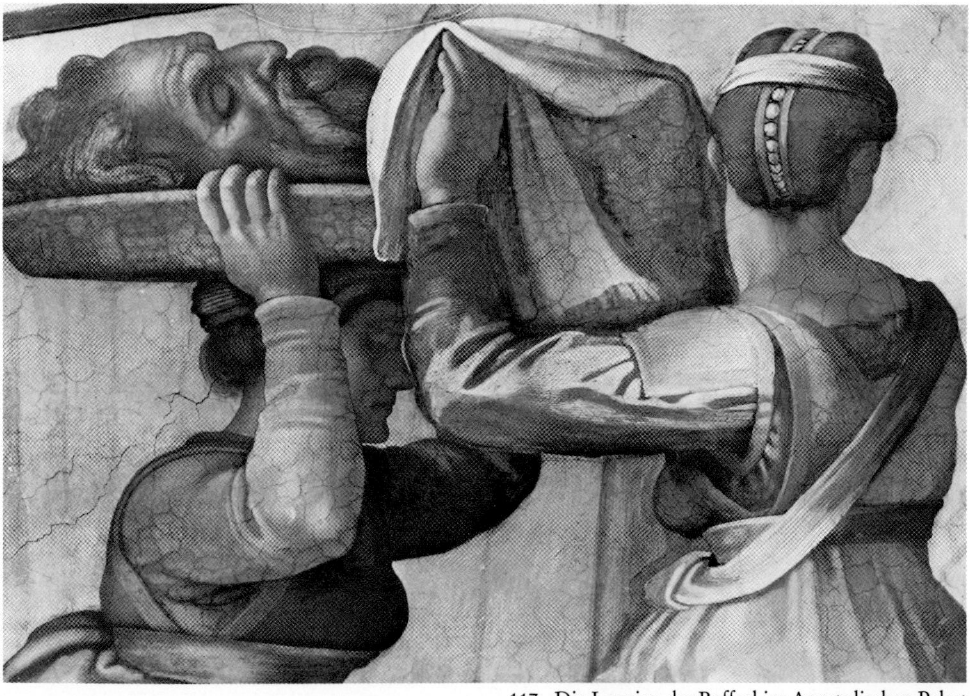

117 Die Loggien des Raffael im Apostolischen Palast ▷

des antiken Rom inmitten des malerischen Rahmens der Via Appia Antica. Den hohen zylindrischen Bau von 20 Meter Durchmesser ließ die berühmte Familie der Metelli im ersten vorchristlichen Jahrhundert als Grabmal für Cäcilia und ihren Mann Crassus errichten. Cäcilia war die Tochter des Magistrats Quintus Metellus Creticus, des römischen Eroberers von Kreta, ihr Mann der Sohn des Crassus, der mit Caesar und Pompejus den Triumvirat bildete. 1302 bezogen die Caetani den Grabbau in ihre Festung mit ein und setzten den Zinnenkranz darauf.

Villa der Quintilier

Die Villa der Quintilier ist ein ausgedehnter Komplex, der heute bei Kilometer 6,5 der Via Appia Antica von dieser Straße etwa vier Kilometer weiter nach Osten bis zur Via Appia Nuova reicht. Die Römer nennen sie »Roma Vecchia«, Alt Rom, weil die Überreste das Aussehen einer alten Stadt vermitteln. Ein pyramidenähnlicher Grabkern markiert an der Via Appia den Eingang zur Villa. Die ursprünglichen Eigentümer, die reichen und gebildeten Brüder Maximus und Condinus Quintilius, die Schriften über die Landwirtschaft verfaßten, wurden von Kaiser Commodus (180–192 n. Chr.) umgebracht, ihr Gut beschlagnahmt. In kaiserlichem Besitz wurde die Villa mehrfach vergrößert. In der Nähe sind die eindrucksvollen Bogenkonstruktionen eines *Aquädukts* zu sehen.

Casale Rotondo

Bei Kilometer 7,9 der Via Appia steht das größte Denkmal der alten Straße, der sogenannte Casale Rotondo, dessen Kern wie beim Mausoleum des Augustus und des Hadrian (Engelsburg) zylindrisch ist. Das Grab stammt aus Republikanischer Zeit und wurde in der Kaiserzeit restauriert; eine Inschrift weist auf die Zeit des Augustus. Später richtete sich auf der Plattform von 35,72 Meter Länge ein Bauer mit Haus und Garten ein.

XI   Von der Tiberinsel (Isola Tiberina) zum Aventin, nach San Paolo fuori le Mura und zum E.U.R.-Viertel

Tiberinsel

(Abb. 93)

Wie ein riesiges Schiff liegt die Isola Tiberina, die Tiberinsel, zwischen dem Kapitolshügel und dem Stadtteil Trastevere im Fluß. Der Vergleich kommt nicht von ungefähr. Eine alte Erzählung besagt, an der Stelle der heutigen Tiberinsel sei einst ein schwerbeladenes Schiff untergegangen. Diese Tradition förderte, daß früher in der Mitte der Insel ein Obelisk wie ein Mast aufragte. Eine andere Deutung schreibt die Entstehung der Insel der Schlammbildung durch Korn von den Feldern der tarquinischen Könige Ende des 6. vorchristlichen Jahrhunderts zu. Um 239 v. Chr. wurde hier der Kult des Heilgottes Äskulap und seiner Schlangen gepflegt, der auf einem Boot nach einer dritten Überlie-

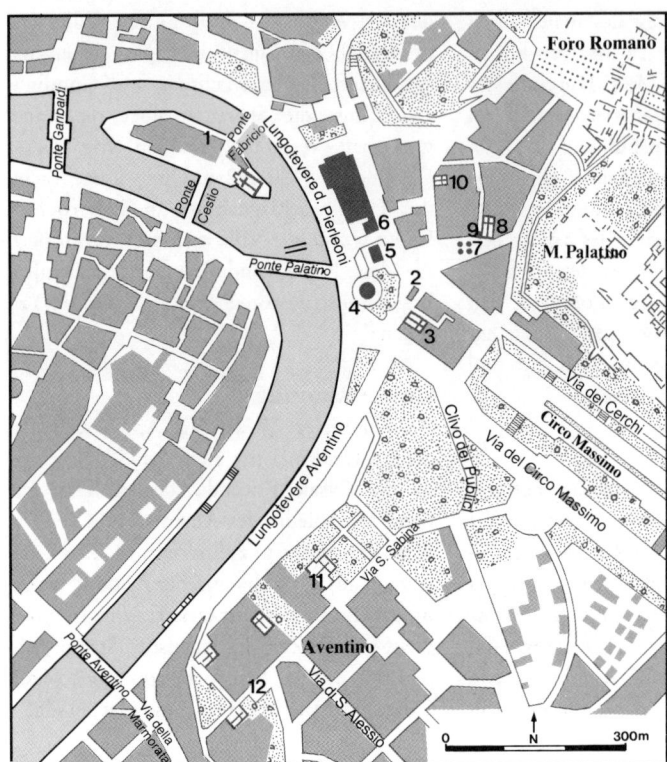

1 Tiberinsel – 2 Piazza della Bocca della Verità – 3 S. Maria in Cosmedin – 4 Sog. Vesta-Tempel – 5 Tempel der Fortuna Virilis – 6 Haus der Kreszentier – 7 Janus-Bogen – 8 S. Giorgio in Velabro – 9 Geldwechsler-Bogen – 10 S. Giovanni Decollato – 11 S. Sabina – 12 Piazza dei Cavalieri di Malta. (Siehe auch Skizze Seite 333)

ferung hier einst haltgemacht habe; dabei sei eine seiner Schlangen entschlüpft und habe unmißverständlich kundgetan, daß hier ein Heiligtum zu Ehren des Äskulap zu errichten sei. Wie auch immer. Durch die Insel bot sich an dieser Stelle die bequemste Möglichkeit, Brücken über den Fluß zu schlagen. 62 v. Chr. ließ der Konsul Fabricius die Verbindung vom linken Ufer (Kapitol) herstellen, den nach ihm benannten PONTE FABRICIO, die älteste erhaltene Brücke Roms; im Volksmund heißt sie »dei Quattro Capi«, zu den vier Köpfen, nach zwei vierseitigen Hermes-Köpfen, die auf der Brücke an der linken Seite angebracht sind. Auf der Insel, die noch heute die Tradition

des Heilgottes Äskulap mit dem Krankenhaus »Fatebenefratelli« weiterführt, steht die *Kirche des heiligen Bartholomäus;* Ende des 10. Jahrhunderts unter Kaiser Otto III. auf den Ruinen des Äskulap-Tempels errichtet und im Barock restauriert. Beachtenswert sind der schöne *romanische Campanile* und ein *Marmorbrunnen* vor der Apsis im Innern (wahrscheinlich über der Quelle des heidnischen Heiligtums), der vier Figuren zeigt: den Erlöser, den heiligen Adalbert von Prag (Freund Otto III.), einen Apostel (wohl St. Bartholomäus) und Otto III.

Zum rechten Tiberufer (Trastevere) führt der PONTE CESTIO, im Jahre 46 v. Chr. von

Lucius Cestius errichtet und verschiedentlich erneuert.

PONTE ROTTO (kaputte Brücke) nennen die Römer die Überreste einer Tiberbrücke im Fluß südlich der Isola Tiberina, die 179 v.Chr. die Censoren Aemilius Lepidus (daher der alte Name Pons Aemilius) und Fulvius Nobilior in Holz begannen, 142 wurden Steinbögen, die ersten in Rom, auf die Pfeiler gesetzt.

Piazza della Bocca della Verità
(Farbt. 25)

Das alte *Forum Boarium*, der Rindermarkt, lag neben dem Tiber, dort, wo die Cloaca Maxima, der zentrale Ausfluß des altrömischen Kanalisationssystems, in den Fluß mündete. So konnte der Tiber den Unrat und die Abfälle des Viehhandels gleich aufnehmen. Den Platz des Forum Boarium nimmt heute die Piazza della Bocca della Verità ein. Von hier aus bietet sich ein Rundblick, der wie kaum ein anderer in Rom Bauwerke des antiken und christlichen Rom umfaßt: die *Kirche Santa Maria in Cosmedin,* einen romanischen Bau mit einfach gegliederter Vorhalle und zierlichem Campanile; den sogenannten *Janus-Bogen,* Kreuzungspunkt lebhafter Geschäftsstraßen im alten Rom; dahinter die würdige *Kirche San Giorgio in Velabro* mit dem *Arco degli Argentari,* dem Bogen der Händler und Bankbesitzer; die dahinter liegende Kirche *San Giovanni Decollato;* die *Casa dei Crescenzi,* das Haus der mächtigsten Familie Roms im frühen Mittelalter; und dazu die beiden Tempel: den *Tempio della Fortuna Virile* und den *Tempio di Vesta* mit dem Barockbrunnen der zwei Tritonen.

Santa Maria in Cosmedin
(Abb. 90; Farbt. 25)

Die Kirche Santa Maria in Cosmedin im Süden der Piazza della Bocca della Verità erhielt ihren Namen wahrscheinlich von Byzantinern nach einem Platz in Konstantinopel. Sie zeigt die Schönheit der mittelalterlichen Architektur, die hier von 772 (Baubeginn unter Papst Hadrian I. gleich nach seinem Amtsantritt) bis etwa 1124 (unter Papst Kalixtus II.) ein kunstvolles Kleinod schuf. Daher wird der Beiname »Cosmedin« auch auf das griechische Wort »Kosmos«, Schmuck, zurückgeführt. Die Harmonie der Proportionen beginnt bei dem siebengeschossigen *Campanile,* setzt sich fort in der breiten zweistöckigen Vorhalle mit einem vortretenden Baldachin, wird gesteigert im Innern durch das hohe feierliche Mittelschiff mit den vom kirchlichen Gottesdienst bestimmten Gliederungen und unendlich in den Ornamenten der Marmorintarsienarbeiten (der Kosmaten) wiederholt. Der Wechsel der Säulen und Pfeiler, die unregelmäßigen Maße, die Apsiden vor dem Haupt- und den Seitenschiffen mit berühmten Fresken, die *Kosmatenarbeiten* im Fußboden und in den Marmorschranken der Schola Cantorum (des für die Kleriker abgegrenzten Bezirks), die Marmorkanzeln, der Presbyterthron mit den zwei Löwenköpfen und der Schmuckscheibe dahinter, der gedrehte Osterleuchter, das Ziborium (Aufbau) über dem Altar – all das läßt verstehen, warum Santa Maria in Cosmedin zu den schönsten unter den kleineren Kirchen Roms gerechnet wird. Ein Gang in die *Krypta* führt zu Gräbern von Christen und zu den Fundamenten eines heidnischen Tempels.

In der Vorhalle links an der Wand die große *Steinmaske der Bocca della Verità,* des »Mundes der Wahrheit«, von daher hat der ganze Platz seinen Namen. Das römische Volk erzählt, man habe früher jene die rechte Hand in den Mund der Masken-Scheibe hineinlegen lassen, die einen Eid ablegen mußten; man glaubte, ein Meineidiger würde sofort von überirdischen Kräften festgehalten und seine Hand verlieren. Ähnliche Gefahren würden auch Ehebrechern drohen, hieß es. Heute jedoch, sagen die Römer, sei es ganz ungefährlich, auch für die mit den dicksten Lügen; so beeindruckt die in Rom sprichwörtliche Drohung mit dem »Mund der Wahrheit« nur noch kleinere, trotzige Kinder.

Vesta-Tempel
(Abb. 92)

Ob der sogenannte Vesta-Tempel tatsächlich der heidnischen Göttin Vesta geweiht war oder dem Hafengott Portunus oder dem Sonnengott Sol, ist unbestimmt. Seinen Namen erhielt der Rundtempel mit 20 Säulen, weil er in seiner Form dem Vesta-Tempel auf dem Forum Romanum ähnelt. Der Bau stammt vermutlich aus Augusteischer, vielleicht sogar aus Republikanischer Zeit. Daß er im Mittelalter zur Kirche geweiht wurde (»Santo Stefano alle Carozze«, später »Santa Maria del Sole«), bewahrte ihn vor Abbruch und Verfall.

Tempel der Fortuna Virilis
(Farbt. 25)

Bei dem Tempel der Fortuna Virilis – dem Tempel des »männlichen Glücks«, wie die wörtliche Übersetzung besagt –, dem einzigen fast vollständig erhaltenen Tempel aus vorkaiserlicher Zeit (um 100 v. Chr.), muß man zuerst hinuntersteigen – so viel tiefer war das antike Straßenniveau – und dann zum Tempel wieder hinaufschreiten. Harmonische Proportionen zeichnen den Tempel (wohl des Hafengottes Portunus) aus. Im Innern sind Wandmalereien aus karolingischer Zeit (unter Papst Johannes VIII., 872–882) erhalten, weil damals aus dem heidnischen Tempel die Kirche »Santa Maria Egiziaca« geworden war.

Haus der Kreszentier
(Abb. 56)

Die Casa dei Crescenzi in der Via del Teatro di Marcello besteht aus Resten eines Wehrturmes der Crescenzi, der um die erste Jahrtausendwende mächtigsten Familie in Rom. Dieser Turm sollte offenbar den nahen Übergang über den Tiber bei der Tiberinsel beherrschen. Wie so viele mittelalterliche Bauten wurde auch er mit Steinen aus antiken Bauwerken ausgeführt.

Janus-Bogen
(Abb. 92; Farbt. 24)

Der viertorige, graue Marmorbau in der Via del Velabro vor der Kirche San Giorgio in Velabro wurde lange Zeit irrtümlich für den Teil eines Tempels des Gottes Janus gehalten. In Wirklichkeit diente der Arco di Giano (Janus-Bogen, Janus Quadrifons) jedoch als überdachte Straßenkreuzung (Janus), nach vier Seiten (Quadrifons) an einer belebten Stelle des altrömischen Geschäftsviertels am Forum Boarium, nicht weit vom Tiber. Der sogenannte Janus-Bogen wurde in Konstantinischer Zeit mit Steinen aus anderen Bauwerken errichtet; im Mittelalter hatte die Familie der Frangipani hier einen Stützpunkt.

San Giorgio in Velabro
(Abb. 89; Farbt. 24)

Der Name »Velabro« bezeichnete das sumpfige Gelände am Tiber, wo nach der römischen Gründungssage Faustulus die Zwillinge Romulus und Remus gefunden haben soll (siehe Seite 83). Der erste Bau der Kirche des heiligen Georg geht auf das 7. Jahrhundert (Leo II., 682/683) zurück, der zweite auf Papst Gregor IV. (827–844); der Campanile und die Vorhalle kamen im 12. Jahrhundert dazu, so daß sich heute neben dem Janus-Bogen ein würdiges romanisches Bauwerk mit beachtenswerten antiken Elementen (Säulen mit Kapitellen) erhebt. San Giorgio in Velabro ist bei den römischen Brautpaaren als Hochzeitskirche sehr beliebt.

Bogen der Geldwechsler

Zum Teil von der Vorhalle der Kirche überbaut, doch gut erkennbar, ragt der Arcus Argentariorum, der Bogen der Silberhändler, empor. Er wurde im Jahr 204 n.Chr. zu Ehren des Kaisers Septimius Severus und seiner Frau Julia Domna sowie deren Söhne Caracalla und Geta errichtet. Kaufleute, Bankiers und Geldwechsler des Forum Boarium wollten so der kaiserlichen Familie Achtung erweisen und einen Tribut zollen. Der Bogen wurde später in die Kirche San Giorgio miteinbezogen. Die teilweise gut erhaltenen Reliefs zeigen die kaiserliche Familie bei Opferfeiern und gefangene Barbaren. Namen aus der ursprünglichen Widmung löschte man später aus.

San Giovanni Decollato

Im päpstlichen Rom bestand seit 1488 eine »Confraternità della Misericordia«, eine »Bruderschaft der Barmherzigkeit«, die es sich zur Aufgabe gestellt hatte, die zum Tode Verurteilten zur Hinrichtung zu begleiten (auch Michelangelo gehörte ihr an). Einmal im Jahr durfte sie sich einen Verurteilten freibitten. Zur Erinnerung an die Enthauptung Johannes' des Täufers ließ diese Confraternità 1535 eine Kirche erbauen, San Giovanni Decollato, die 1555 vollendet wurde. Die Gemälde im Innern der Kirche und im Oratorium neben dem Kreuzgang stellen Szenen aus dem Leben des Heiligen dar, wie es in der Bibel beschrieben wird, vor allem wiederholen sie das Thema der »Enthauptung des Johannes« unter König Herodes. Johannes der Täufer war nach dem Bericht der Bibel (Matthäus 14, 1–12) enthauptet worden, da die Tochter des Herodes, Salome, auf Anstiften ihrer Mutter Herodias darum gebeten hatte. Herodias trachtete Johannes nach dem Leben, weil dieser Prophet zur Zeit Christi dem Herodes öffentlich vorgeworfen hatte, er habe Herodias zur Frau genommen, obwohl sie die Gattin seines Bruders Philippus war.

Santa Sabina
(Abb. 94; Farbt. 26)

Von den Kirchen des Aventin-Hügels – Santa Sabina, Sant' Alessio, Santa Maria del Priorato, Sant' Anselmo mit der Benediktinerabtei, Santa Prisca, San Saba und Santa Balbina – ist Santa Sabina die älteste. Die Kirche bewahrt innen wie außen die Würde einer alten frühchristlichen Basilika. Über einem Haus der römischen Christin Sabina errichtete Petrus von Illyrien (425–432) den heutigen Bau, den Papst Eugen II. im Jahr 824 mit einer reichen Marmorausstattung versehen ließ. 1222 schenkte Papst Honorius III. die Kirche dem Dominikanerorden.

In der Vorhalle ist im Mittelportal die *älteste holzgeschnitzte Tür der christlichen Kunst* eingesetzt. Die Holzreliefs, im Jahr 342 entstanden, von den unbekannten Künstlern mit Feingefühl und zugleich ausdrucksstarker Kraft gestaltet, zeigen Szenen aus dem Alten und Neuen Testament. Von ehemals 28 Tafeln sind noch 18 erhalten, wenn auch die heutige Folge nicht der ursprünglichen Anordnung und der Ereignisabfolge in der Bibel entspricht. Leicht zu erkennen sind (von oben nach unten und von links nach rechts): 1. Reihe: Kreuzigung, Heilung des Blinden, Brotvermehrung, Hochzeit zu Kana, der ungläubige Thomas, Berufung des Moses im Dornbusch, Jesus vor Pilatus; 2. Reihe: Auferstehung, einige Wunder des Moses, Erscheinung Christi vor den Frauen; 3. Reihe: die Heiligen Drei Könige, Himmelfahrt, Verleugnung des Petrus und der Hahn, Durchgang durch das Rote Meer, Schlangenwunder; 4. Reihe: Christus zwischen Petrus und Paulus, Triumph Christi, Entrückung des Elias, Moses vor dem Pharao.

Im Innern wird das 20 Meter hohe Mittelschiff von 20 korinthischen Säulen aus parischem Marmor bestimmt. Über der Eingangswand befindet sich eines der ältesten Mosaiken Roms. Neben zwei Frauengestalten, welche aus der Zeit des Christentums der ersten Jahrhundert die »Kirche aus den Heiden« (Ecclesia ex gentibus) und die »Kirche aus den Juden« (Ecclesia ex circumcisione, aus der Beschneidung) symbolisieren, erinnert eine Inschrift an die Errichtung der Kirche. Beachtenswert sind weiter vorn am Chor die *Marmorschranken* mit Intarsienarbeiten. Neben der Kirche liegt ein Konvent der Dominikaner, in dem der heilige Thomas von Aquin weilte; sein *romanischer Kreuzgang* ist besonders harmonisch.

Piazza dei Cavalieri di Malta
Santa Maria del Priorato

Kirche und Platz des Priorats der Malteserritter wurden 1765 von *Giovanni Battista Piranesi* gestaltet. Der vor allem durch seine »Vedute di Roma« berühmt gewordene Künstler erweist sich auch in diesem einzigen architektonischen Werk als Verfechter der römischen Antike, die seit Winckelmann zugunsten des Griechischen an Wertschätzung eingebüßt hatte. Mit klassizistischen Formen spielend, schafft er ein nobles, zugleich strenges und heiteres Ensemble, dessen Hauptakzent die dekorative Eingangswand des Konvents bildet. (Durch das Schlüsselloch des Tores öffnet

sich ein Postkarten-Blick auf die Peterskuppel.) Die dekorativen Reliefs auf den Stelen der Platzeinfriedung nehmen Bezug auf den Malteserorden, ebenso wie die Symbole im Giebelfeld der tempelartigen Kirchenfassade.

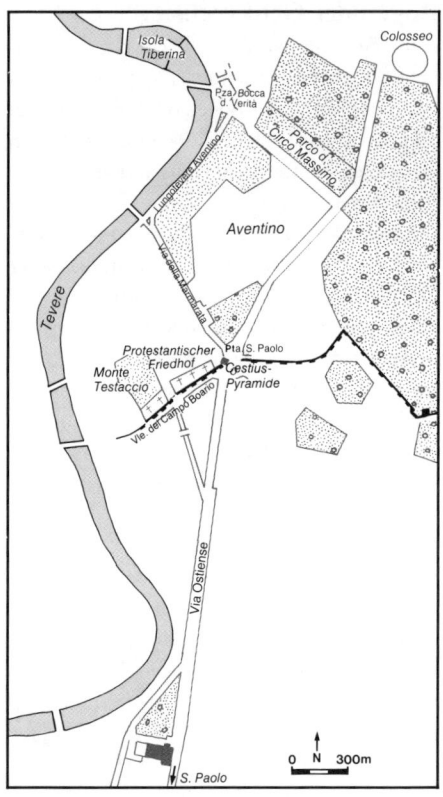

Cestius-Pyramide

Die Cestius-Pyramide wurde in den Verteidigungsgürtel der Aurelianischen Stadtmauer mit der Porta San Paolo als Bollwerk aufgenommen. Gaius Cestius, Prätor, Volkstribun und Mitglied der Septemviri, des für die religiösen Festbankette verantwortlichen Siebenerrates, fand nach seinem Tod im Jahr

12 v. Chr. in diesem ägyptischen Vorbildern folgenden Denkmal sein Grab. Es mißt 22 Meter an den Längsseiten und 27 Meter in der Höhe, ist mit Marmor aus Carrara, dem damaligen Luni, verkleidet und wurde in 330 Tagen, wie die Inschrift besagt, errichtet; früher sei die Spitze sogar vergoldet gewesen, heißt es.

Protestantischer Friedhof

Neben der Cestius-Pyramide, noch im Innern der Stadtmauer, liegt der »nichtkatholische Friedhof der Fremden«. Er birgt Gräber berühmter Ausländer, so von *August Goethe,* dessen Grabinschrift nur den »Sohn Goethes« gelten läßt, von *Shelley,* dem englischen Dichter, der 1822 im Golf von La Spezia ertrank, und einem anderen englischen Poeten der Romantik, *Keats,* der am 24. Februar 1821 starb. (Siehe auch Seite 24.)

Monte Testaccio

Zwischen dem Tiber und der Porta San Paolo, nicht weit vom »Protestantischen Friedhof«, erhebt sich ein kleiner Hügel, 35 Meter hoch mit etwa 850 Meter Umfang. Er entstand »künstlich« schon in der Republikanischen Zeit dadurch, daß man hier Abfälle, vor allem Tonscherben aus den nahe gelegenen Lagerhäusern des Flußhafens, ablud. In der Antike befanden sich hier große Kaufhäuser mit der Porticus Aemilia, einer 487 Meter langen Ladenstraße aus dem 2. Jahrhundert v. Chr.

San Paolo fuori le Mura

(Abb. 95–97; Farbt. 11)

Unter der Kirche Sankt Paul vor den Mauern hat man bisher kaum Ausgrabungen vorgenommen. Deshalb wissen wir von der altchristlichen Kapelle des Kaisers Konstantin, die über dem Grab des heiligen Paulus im 4. Jahrhundert errichtet worden sein soll, weit

vor den Mauern der Stadt an der Straße nach Ostia, vor allem durch Überlieferungen; wenig kennen wir von ihren Mauern. Doch es ist sicher, daß man an dem Platz, an dem auch die heutige große Kirche steht, den Völkerapostel Paulus verehrt hat. Paulus war nach der Tradition im Jahr 67 enthauptet und an der Via Ostiensis beigesetzt worden. Diese Tradition nimmt der Ort »Tre Fontane« (drei Quellen) vor den Toren Roms mit der Legende auf, daß dort das Haupt des Paulus nach dem Schwertstreich dreimal auf den Boden gesprungen sei und dadurch drei Quellen gebildet habe.

Um das Andenken des Apostels Paulus, der allen Christen und christlichen Kirchen teuer ist, zu ehren, ließen römische Kaiser des 4. und 5. Jahrhunderts einen Basilika-Komplex anlegen, der bis zum Neubau von Sankt Peter im 16. Jahrhundert die größte Kirche der Christenheit war. Schon der alte Bau wurde mehrfach durch Erdbeben und Brände beschädigt. Er brannte am 15. Juli 1823 jedoch gänzlich ab, offenbar durch die Fahrlässigkeit eines Klempners verschuldet, so daß ein vollständiger Wiederaufbau notwendig war. Dieser wurde dank der Hilfe vieler christlicher Nationen schon im Jahr 1854 abgeschlossen. Das Aussehen der alten Paulus-Kirche war durch Bilder und Schriften bekannt. Sankt Paul ist eine der vier Patriarchalbasiliken und eine der sieben Pilgerkirchen.

Wegen der Neugestaltung im 19. Jahrhundert scheinen heute vor allem nur noch der Aufbau der Basilika, der das altchristliche Vorbild bewahrt, und einzelne, allerdings bedeutende Kunstwerke beachtenswert: Man tritt in den von Säulenhallen umschlossenen Vorhof (Mosaiken des 19. Jahrhunderts oben an der Fassade), geht durch die Vorhalle, findet rechts die Heilige Pforte, an deren

Innenseite sich das ehemalige in Konstantinopel im 11. Jahrhundert gegossene *Bronzeportal* befindet, und kommt in das zunächst sehr dunkle Innere der Kirche. Die Alabasterfenster geben nur wenig Licht. Man schreitet vorbei an den Reihen der 80 Säulen, die wie ein Wald in dem fünfschiffigen Raum (120 Meter lang, 60 Meter breit, 23 Meter hoch) stehen, und nähert sich dem *Triumphbogen mit einem Mosaik aus dem 5. Jahrhundert,* dem Altarziborium und dem Apsismosaik. Oben an den Wänden befinden sich die Portraitmedaillons aller Päpste von Petrus bis heute (rechts im Seitenschiff endend). Das zerstörte Mosaik der Apsis aus dem 13. Jahrhundert ist im 19. Jahrhundert durch eine Kopie ersetzt worden, die dem Original nahezukommen

sucht. Von der Ausstattung sind hervorzuheben: das *Ziborium über dem Papstaltar,* der wiederum über dem Apostelgrab stehen dürfte, ein Werk des *Arnolfo di Cambio* (1285), und rechts davon, einige Meter entfernt, ein fünf Meter hoher *Osterleuchter,* ein einzigartiges Werk der mittelalterlichen Bildhauerkunst, sowie die Kreuzkapelle und die Taufkapelle.

Durch die Sakristei geht man in den *Kreuzgang* des Benediktinerklosters, der zwischen 1205 und 1241 von Mosaikkünstlern der Familie Vassalletti geschaffen wurde. Der Wechsel der Säulenformen und der bunten Steinmuster, kunstvoll in den Marmor eingelassen, macht ihn zu einem der schönsten der abendländischen Baukunst.

E.U.R. Esposizione Universale di Roma (Weltausstellungsgelände)

Für das Jahr 1942 war in Rom eine Weltausstellung geplant. Die Arbeiten begannen 1938; sie mußten jedoch unterbrochen werden, als der Zweite Weltkrieg ausbrach. Mussolinis Plan war, zwischen dem alten Rom und dem Meer eine Satellitenstadt zu schaffen, die dank ihrer modernen Anlagen die alte Stadt des Papstes mit ihren »antiquierten« Palästen in den Hintergrund drängen könnte. Im monumentalen Stil der faschistischen Epoche wurden Straßen angelegt und ausgedehnte Gebäude (Kongreßpalast, Palast der Arbeit, Museen) errichtet. Nach dem Krieg kamen weitere, zum Teil architektonisch vorbildliche Bauwerke hinzu (vor allem der beherrschende »Palazzo dello Sport« des Architekten Pier Luigi Nervi). In den letzten Jahren wurden auch die Viertel links und rechts der Via Cristoforo Colombo gebaut, der Verbindungsstraße zwischen Rom und dem E.U.R.-Viertel.

Museo della Civiltà Romana

Das Museum der römischen Kultur, dessen Gebäude der Stadt Rom von den Fiat-Werken geschenkt wurde, will mit Hilfe von Modellen und Rekonstruktionen die Geschichte Roms und die baulichen Veränderungen im republikanischen und kaiserlichen Rom veranschaulichen. Nach einem Besuch dieses Museums gelingt es leichter, sich in den Ruinen Roms die antiken Straßen und Bauwerke vorzustellen.

Museo Nazionale delle Arti e Tradizioni Popolari

Das Nationalmuseum für Volkskunst und Volkstraditionen zeigt in zehn Sektionen – eine Erweiterung ist geplant – italienische Volkskunst und veranschaulicht an Hand verschiedener Gegenstände – Fahnen, Kostüme, Musikinstrumente und anderes – die Bräuche in den einzelnen Regionen Italiens.

XII   Trastevere – Jenseits des Tibers

Mit »Trastevere« – »Jenseits des Tibers« – sind hier jene Kirchen und Paläste gemeint, die auf der rechten Seite des von Norden nach Süden fließenden Tibers liegen, jenseits des historischen Zentrums, der klassischen Sieben-Hügel-Stadt. »Jenseits des Tibers« bedeutet im Sprachgebrauch des politischen Rom aber auch den »Vatikan«, das Zentrum der katholischen Kirche, den Staat der Vatikanstadt (dem sind eigene Kapitel gewidmet). Schließlich benennt »Trastevere« jenes römische Stadtviertel jenseits (trans) des Tibers (Tiberim, Tevere), dessen Bewohner sich rühmen, ihr Bezirk sei älter als Rom. Sicher ist er anders, hat seit Jahrhunderten eine eigene Charakteristik mit schmalen Gassen, winkligen Straßenzügen, kleinen Plätzen und ehrwürdigen Kirchen bewahrt. Besonders am Abend entfaltet sich ein lebhaftes Treiben entlang der Viale Trastevere bis hinein in die Gassen und Plätze. Ein Besuch in einer der vielen Trattorien oder Pizzerien am Abend ist besonders stimmungsvoll. (Vorsicht vor Dieben ist angebracht.)

San Crisogono

Vom Tiber, vom Ponte Garibaldi in die Viale Trastevere gehend, sehen wir auf der linken Seite die alten *Torre e Palazzetto Anguillara,* Turm und Stadthaus der Anguillara aus dem 13. Jahrhundert (verschiedentlich restauriert), auf der rechten Seite, etwas zurückgesetzt, die *Kirche Sant' Agatà* und die große Kirche San Crisogono. Die Basilika wurde zu Ehren des unter Kaiser Diokletian enthaupteten römischen Märtyrers Chrysogonus vor dem Jahr 499 zuerst errichtet und im Jahr 1129 erneuert. Sie wird von den Römern viel besucht, da sie an einem verkehrsreichen Platz liegt, der Piazza Sonnino. Die beiden Porphyrsäulen am Triumphbogen im Innern der Kirche sind die größten Roms.

Santa Cecilia

(Abb. 99; Farbt. 13)

Cäcilia, »Coeli Lilia«, Himmelslilie, so beschreiben die Heiligenbücher des Mittelalters jene frühchristliche Märtyrerin, die in Rom stets hoch verehrt wurde und um deren Leben und Tod sich schon frühzeitig viele Legenden rankten. Auf dem Platz der Kirche stand nach der Überlieferung das Haus ihres Mannes Valerianus. Darüber wurde im 5. Jahrhundert eine Kirche errichtet, die später aus- und umgebaut wurde. Sie zeigt einen basilikalen Aufbau: Vorhof, Vorhalle (die Fassade ist ein Werk von Ferdinando Fuga, 1725) mit romanischem Glockenturm, eine niedrige, breite Halle mit Säulenreihen, der Chorraum mit dem marmornen *Ziborium* (Altaraufbau) *des Arnolfo di Cambio* (1283) und der *Statue der heiligen Cäcilia von Stefano Maderna* (im Jahr 1600 geschaffen, ein Jahr, nachdem man in Rom den Leichnam eines jungen Mädchens in dieser dargestellten Lage in einem Grab entdeckt hatte) und die *Apsis mit dem Mosaik aus dem 9. Jahrhundert* (unter Papst Paschalis ausgeführt). Von der Krypta aus können die bei Ausgrabungen freigelegten Fundamente eines alten römischen Wohnhauses besichtigt werden. Nur mit besonderer Erlaubnis ist der

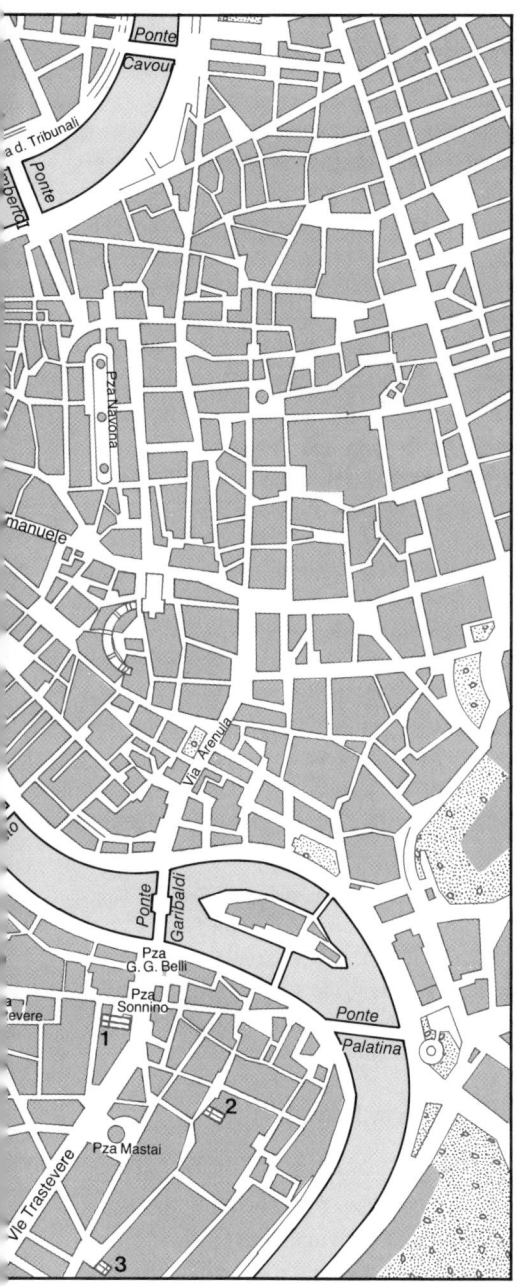

Konvent der Ordensfrauen zugänglich, in dem *Pietro Cavallini* 1293 das *»Jüngste Gericht«* schuf, eine großartige Darstellung des Welten-Endes am Ausgang des Mittelalters.

San Francesco a Ripa

Die heutige Kirche San Francesco a Ripa ersetzte im Jahr 1231 eine Kapelle des alten Pilgerhospizes von San Biagio, in dem der heilige Franz von Assisi bei seinem Aufenthalt in Rom gewohnt hatte. Sie wurde von 1682 bis 1689 von Mattia de Rossi gänzlich erneuert. In der vierten Kapelle des linken Seitenschiffes befindet sich die berühmte *Statue der seligen Ludovica Albertoni,* ein künstlerisch bedeutendes Spätwerk Berninis (1674).

Santa Maria in Trastevere
(Abb. 98; Farbt. 27)

Santa Maria in Trastevere ist die älteste Marienkirche Roms. Eine Legende überliefert, sie sei an dem Platz einer Ölquelle errichtet worden, die schon 38 Jahre vor der Geburt Christi auf die Ankunft des Erlösers hinwies. Das Gotteshaus hier ist vielleicht sogar der erste Ort, an dem die Christen in Rom öffentlich ihren Gottesdienst feierten. Santa Maria in Trastevere, zwischen 221 und 227 unter Papst Kalixtus begonnen, unter Papst Julius I. (340) beendet, unter Innozenz II. (1130–1143) erneuert, im Barock zusätzlich ausgeschmückt, ist ein schönes und würdiges Gotteshaus. Der Glockenturm, die Fassade mit dem Mosaik (Maria zwischen zehn weiblichen Heiligen) und der Portikus (Säulenvorhalle mit früh-

1 S. Crisogono – 2 S. Cecilia – 3 S. Francesco a Ripa – 4 S. Maria in Trastevere – 5 Villa Farnesina – 6 Palazzo Corsini – 7/8 S. Pietro in Montorio und Tempietto des Bramante – 9 Fontana Paola – 10 Piazza Garibaldi – 11 S. Onofrio – 12 Palazzo Torlonia – 13 Castel S. Angelo

S. Maria in Trastevere

christlichen Sarkophagen und mittelalterlicher Kunst) bestimmen das Äußere der Kirche. Im Innern verdienen die *Kosmatenarbeiten des Fußbodens* (Intarsien in Marmor) und die *Holzdecke des Domenichino* (1617) neben den mächtigen 22 jonischen Säulen des großen saalartigen Hauptschiffes Beachtung. Ein Meisterwerk der mittelalterlichen Kunst sind die *Mosaiken in der Halbkuppel der Apsis* (um 1140): Christus, Maria und Heilige über einem Lämmerfries. Darunter sehen wir ausdrucksvolle Szenen aus dem Leben Mariens, Geburt, Verkündigung, Geburt Jesu, die Heiligen Drei Könige, Darbringung Jesu im Tempel, Tod Mariens (um 1291 von *Pietro Cavallini* ausgeführt). Die Mosaiken am Ende der weiten Kirchenhalle sollten den Gläubigen zur himmlischen Herrlichkeit locken, zum Heiligen auf »überirdischem« Goldgrund.

Villa Doria Pamphilj

Südwestlich des Gianicolo-Hügels erstreckt sich das weite Gelände der Villa Doria Pamphilj, des größten Parks in Rom, der heute von der für die Olympischen Spiele von 1960 gebauten Via Olimpica – Verbindung zwi-

Villa Farnesina,
Gartenloggia

schen den Sportstätten im Norden und im Süden – durchschnitten wird. Die Villa wurde um 1650 von Alessandro Algardi für den Fürsten Camillo Pamphilj, den Neffen des Papstes Innozenz X., angelegt. Nicht weit von der Via Aurelia Antica steht auf einer Terrasse das *Casino dei Quattro Venti,* das mit Standbildern und Reliefs reich geschmückt ist.

Villa Farnesina
(Abb. 101, 102)

Der ganze Luxus des 16. Jahrhunderts entfaltet sich in der Villa Farnesina, einem Palast zwischen der Via della Lungara und dem Lungotevere della Farnesina, gegenüber dem Palazzo Farnese auf der anderen Seite des Flusses. Erbaut wurde er von Baldassare Peruzzi von 1508 bis 1511 für den Bankier Agostino Chigi, ausgeschmückt von berühmten Künstlern wie *Raffael, Giulio Romano, Sebastiano del Piombo, Peruzzi* selbst und *Sodoma.* Päpste, Kardinäle, Fürsten, Diplomaten, Künstler und Literaten wurden hier aufs fürstlichste bewirtet. Illustre Gäste speisten auf einem mit ihrem Wappen versehenen eigenen Silbergeschirr, das sie nach dem Bankett in

341

den nahe vorbeifließenden Fluß warfen; aller dings war ein Netz aufgespannt, in dem die Silbergeräte sorgfältig wieder gesammelt wurden. 1580 kauften die Farnese den Gartenpalast und gaben ihm den bleibenden Namen; von den Farnese kam er zu den Bourbonen von Neapel. In der *Gartenloggia* der Villa ist an den Wänden und der Decke die mythische Fabel von Amor und Psyche (nach dem lateinischen Dichter Apuleius) dargestellt, ein Werk Raffaels (1511; mit Gehilfen). Jugendliche Gottheiten der heidnischen Antike durchschweben nun in der Renaissance das Rom der Päpste; griechisch-römische Ideale und Themen verbinden sich mit christlichen. Im SAAL DER GALATEA ragt unter den Fresken Raffaels *»Triumph der Nymphe Galatea«* hervor (1511); Lieblichkeit und Sinnenfreude, selbstbewußter Triumph und stürmische Bewegung sind von dem Künstler meisterhaft erfaßt. Beachtenswert sind weiter das Hauptwerk Sodomas (1511/12; im Schlafzimmer des Agostino Chigi): *»Hochzeit Alexanders des Großen mit Roxane«*, der Tochter des persischen Königs Oxyates, und der *Saal der Perspektiven* wegen seiner illusionistischen Wandmalereien.

Palazzo Corsini

Der Palazzo Corsini an der Via della Lungara, gegenüber der Villa Farnesina, wurde für Kardinal Domenico Riario, Neffe von Papst Sixtus IV., im 15. Jahrhundert errichtet. Im 17. Jahrhundert wohnte hier Königin Christine von Schweden nach ihrer Konversion zum katholischen Glauben und ihrem Verzicht auf den schwedischen Thron. Sie führte Wissenschaftler und Künstler in einer Akademie, der späteren »Arkadia«, zusammen. Als die Corsini den Palast erwarben, wurde er von Ferdinando Fuga gründlich erneuert (1732–1736). Er beherbergt heute *Teile der Galleria Nazionale d' Arte Antica,* der ehemaligen Corsini-Galerie, und Werke der europäischen Malerei des 17. und 18. Jahrhunderts. (Ein großer Teil der Corsini-Galerie befindet sich jedoch im Palazzo Barberini, in der dortigen Galleria Nazionale d'Arte Antica.)

Gianicolo

Der Gianicolo, der Hügel des Gottes Janus (Jani Collis), der nicht zu den klassischen sieben Hügeln Roms gehört, da er außerhalb der alten Stadt liegt, bietet nicht nur die vielleicht schönsten Aussichtspunkte über die gesamte römische Innenstadt und die Außenbezirke bis zu den umliegenden Bergen, sondern auch einige Kunstmonumente von Rang.

San Pietro in Montorio

Die Reihe der Kunstwerke des Gianicolo beginnt – von Trastevere kommend – bei San Pietro in Montorio, der Kirche des heiligen Petrus »auf dem Goldberg«. »Montorio«, gleich »Monte d' Oro«, gleich »Mons Aureus«, war schon in alter Zeit der Beiname des Gianicolo. Die Kirche San Pietro verdankt ihre Entstehung einer Legende. Diese besagt, der Apostel Petrus sei an dieser Stelle auf dem Gianicolo gekreuzigt worden, was anderen Befunden nicht entspricht. Im Auftrag des spanischen Königs Ferdinand IV. erbaute Baccio Pontelli (nach 1481) die hallenartige Kirche. Die Kapellen der linken Seite sind mit beachtenswerten Gemälden (Geißelung Christi von Sebastiano del Piombo, 1519–1525) und Grabmälern ausgestattet. An der rechten Seite der

Hauptfassade geht es zum Hof mit dem berühmten »Tempietto di Bramante«, dem Kleinen Tempel des Bramante.

Tempietto di Bramante

In dem kleinen Innenhof des Franziskanerklosters neben San Pietro in Montorio erhebt sich der »Tempietto di Bramante«. Diesen »Kleinen Tempel« erbaute der große Archi-

tekt der Renaissance, Bramante, zur Erinnerung an die Kreuzigung des Apostels Petrus, die von der Legende hierher verlegt wurde. Der Tempietto steht etwas beengt von den Gebäuden in dem räumlich begrenzten Hof. Das nimmt diesem *Musterbeispiel der Hochrenaissance-Architektur schlechthin*, wie es voll Bewunderung in der Kunstgeschichte heißt, viel von seiner Wirkung, die – wie bei

Tempietto des Bramante

griechischen Tempeln selbstverständlich – ganz auf das Äußere ausgerichtet ist.

Drei konzentrische Stufen umgeben ringsum das kreisrunde Tempelpodest, auf dem 16 Säulen mit dorischen Kapitellen die Cella, den Tempelraum, umgeben. Ein Gebälk von Metopen trägt die geometrisch gegliederte Balustrade, hinter der das leicht zurückgesetzte Obergeschoß die Architektur des unteren Geschosses aufnimmt. Es wechselt jeweils eine rechteckige Nische mit einer runden. Gesims und Kuppel krönen den Bau, der auch nach unten fortgeführt ist. Dadurch sei der theologische Gedanke ausgedrückt, sagt man, daß der Apostel Petrus mit seinem Martyrium (nach unten gekreuzigt – Unterkirche) den Tod seines Meisters Jesus Christus (aufrecht gekreuzigt – Oberkirche) demütig wiederholt. Der Rückgriff auf die Antike, die Wiedergeburt (»Rinascimento«) der griechischen Architektur wird an diesem »christlichen« Bauwerk deutlich. Die ausgewogene Symmetrie der Formen und die Harmonie des gesamten Baukörpers erheben den Kleinen Tempel zu höchstem Rang.

Fontana Paola

Der große Brunnenprospekt der Fontana Paola an der Via Garibaldi bildet das Ende einer Wasserleitung, die Papst Paul V. 1612 durch Giovanni Fontana anlegen ließ. Die Rückwand des mächtigen Brunnens schuf Carlo Maderna; sie ist mit dem Wappen (Adler und Drachen) des Borghese-Papstes geschmückt.

Passeggiata del Gianicolo – Piazza Garibaldi

(Abb. 100)

Hinter der Fontana Paola beginnt die Passeggiata del Gianicolo, eine Straße, die über den Gianicolo-Hügel führt und bei der Piazza della Rovere am Tiber beim Vatikan endet. Dieser Weg wird ebenso wie die bei der Porta San Pancrazio ansteigende Passeggiata von den Büsten italienischer Patrioten gesäumt. Beide Straßen geleiten zur *Piazza Garibaldi.* Dort erhebt sich das monumentale *Reiterstandbild des Giuseppe Garibaldi* (1807–1882), der mit anderen verdienstvollen Männern zusammen die Einigung Italiens (1870) erkämpft hat. Von hier aus gibt eine österreichische Kanone um Punkt 12 Uhr mit einem kräftigen Schuß, der weit über die Stadt hallt, die Mittagszeit an. Von den Terrassen dieses Platzes bietet sich ein sehr schönes *Panorama über Rom,* von der Nordwestecke sogar ein Blick auf die Kuppel von Sankt Peter. Wenige Schritte weiter nach Norden findet man ein *Denkmal für Anita Garibaldi,* die Frau des Freiheitshelden, mit wild fliegenden Haaren; weiter einen Leuchtturm, den »Faro«, der in der Dunkelheit mit seinen Scheinwerfern die italienischen Nationalfarben – Grün, Weiß, Rot – über Rom schickt.

Sant' Onofrio

(Abb. 103)

Hinter einem unauffälligen Äußeren verbirgt sich das beachtenswerte Innere von Sant' Onofrio, der Kirche des heiligen Onuphrius, mit schönen Fresken und würdigen Grabmälern (unter anderem für den Dichter *Torquato Tasso,* 1544–1595, der im Kloster von Sant' Onofrio starb). Onuphrius war ein Einsiedler des 4. Jahrhunderts, dem zu Ehren die »Eremiten des heiligen Hieronymus« 1419 diese Kirche bauen ließen. Vom Vorplatz der Kirche hat man einen schönen Blick über Rom, von der Engelsburg bis zum Palazzo Farnese und weiter in die Ferne.

Via della Conciliazione

Die »Straße der Versöhnung«, deren Name an die Lateranverträge von 1929 erinnert, wurde im darauffolgenden Jahrzehnt von Mussolini als perspektivische Zufahrtsstraße zu St. Peter und dem Vatikan angelegt, mitten durch das alte Borgo-Viertel. Neben den modernen Bauten sind vereinzelt historische Bauwerke stehengeblieben: rechts die Kirche *S. Maria in Traspontina* (1566–1637); der schöne *Palazzo Torlonia* von Andrea del Bregno (1496–1504) mit seiner an die Cancelleria erinnernden Travertinfassade; schräg gegenüber der *Palazzo Penitenzieri* (Hotel Columbus) von 1481, der Gemeinsamkeiten mit dem Palazzo Venezia aufweist.

Engelsburg – Castel Sant' Angelo
(Abb. 104)

Die Engelsburg, Castel Sant' Angelo, ist aus Rom nicht wegzudenken, ebensowenig wie Kolosseum und Pantheon. Die drei gehören zu den eindrucksvollsten Bauwerken der Antike, nicht nur in Rom, sondern am ganzen Mittelmeer. Die »Engelsburg« ist ursprünglich ein Grabbau, den Kaiser Hadrian (117–138

n. Chr.) in den letzten Jahren seiner Regierungszeit als Mausoleum für sich und seine Nachfolger beginnen und den Kaiser Antoninus Pius (139 n. Chr.) vollenden ließ. Als Rom durch die Einfälle der Germanen von Norden her gefährdet wurde und im 3. Jahrhundert unter Kaiser Aurelian eine neue Stadtmauer erhielt, wurde das Mausoleum des Hadrian in die Befestigungsanlagen einbezogen und dank seiner strategisch günstigen Lage am Tiber zur bewährtesten Festung Roms ausgebaut. Seinen Namen wechselte das »Hadrianeum«, als im Jahr 590 Papst Gregor dem Großen in einer Vision ein Engel über dem Mausoleum des Hadrian das Ende der damals wütenden Pest ankündigte, indem er sein Schwert wieder in die Scheide steckte. Die Bronzestatue eines Engels (von 1753) auf der Spitze erinnert daran (Abb. Buchrückseite). 1277 verband Papst Nikolaus III. die Burg mit dem Vatikanischen Palast durch eine »Passetto« genannte Mauer, in der ein teils geschlossener, teils bedeckter Gang verläuft. Alexander VI. (1492–1503), der Borgia-Papst, sicherte – wegen seiner riskanten Eroberungspolitik und der Feindschaften seines Sohnes

Castel Sant' Angelo,
Querschnitt

345

Cesare nicht ohne Grund – diesen Gang und befestigte das Kastell weiter mit vier Eckbastionen. In drohenden Situationen suchten die Päpste Zuflucht in der Engelsburg, so Papst Gregor VII. (1084) vor Heinrich IV., Papst Klemens VII. vor den Landsknechten Kaiser Karls V. 1527 beim Sacco di Roma, Papst Pius VII. vor den Truppen Napoleons. Berühmte Gefangene, berüchtigte Hinrichtungen haben die Mauern der Engelsburg gesehen; in der Oper »Tosca« dienen sie als Kulisse des dritten Aktes. Zeitweilig nahmen sie die Päpstliche Schatzkammer und das Geheimarchiv auf.

Das Mausoleum des Hadrian erhob sich als Rundkörper mit einem Durchmesser von 64 Metern und einer Höhe von 20 Metern über einem quadratischen Unterbau von 83 Meter Seitenlänge und 15 Meter Höhe. Auf dem Gesims der aus Travertin- und Tuffquadern gefügten Mauer standen Statuen, auf dem höchsten Punkt eine Quadriga aus Bronze. Der Zylinder mit seinen einfachen geometrischen Formen und massiven Mauern, in dessen Innerem sich die Grabkammern der kaiserlichen Familie befanden, bildete auch den Kern der päpstlichen Festung. Die Päpste wandelten innerhalb von 1500 Jahren den Bau im Innern wesentlich um, ein jeder nach seinen Bedürfnissen. Dies bedeutete kriegerische Schutzwehr ebenso wie aufwendige Ausschmückung für repräsentative Gemächer. Der Aufbau, dessen Geschosse durch eine Spiralrampe verbunden sind, über die auch die heutigen Besucher auf die Aussichtsplattform gelangen, ist durch die zahlreichen An- und Umbauten mit Sälen, Höfen, Kammern, Magazinen, Nischen, Treppen, Auf-, Ab- und Quergängen nur noch mit Mühe zu überschauen. Von der oberen Plattform (unter dem Engel) bietet sich ein schönes Panorama über Rom.

Villa Madama

Auf halber Höhe des Monte Mario im Nordwesten Roms liegt zur Stadt hin die Villa Madama, heute Repräsentationsgebäude der italienischen Regierung für Empfänge und Konferenzen. Sie spielt als Gartenvilla eine wichtige Rolle in der abendländischen Architektur, da es hier glückte, Ideen der antiken Baukunst mit Vorstellungen der Renaissance, architektonische Formen und malerische Elemente, Architektur und Natur miteinander zu verbinden. Nach einem *Entwurf Raffaels* wurde der Bau zuerst für Kardinal Giulio aus der Florentiner Familie der Medici, den späteren Papst Klemens VII., ausgeführt, dann von Antonio da Sangallo dem Jüngeren verändert. Die Villa kam in den Besitz der Madama Margarete von Parma – und dadurch zu ihrem Namen –, später an die Bourbonen von Neapel (1735). Die elegant ausgestattete und mit reichen Stuckdekorationen geschmückte Villa verbindet sich harmonisch mit der umgebenden Natur.

Foro Italico

Der Eingang zum Foro Italico, der für die faschistische Akademie der Farnesina von 1938 bis 1939 errichteten Sportanlage, wird von einem 17,1 Meter hohen Obelisken markiert. In diesem Marmorstein aus Carrara ließ der Diktator Mussolini die Worte »Dux Mussolini« einmeißeln; der italienische Staat ließ nach dem Zusammenbruch des Faschismus diese Inschrift großzügig stehen. Welche Andenken hätte man in Rom noch tilgen müssen! Das Marmorstadion, Stadio dei Marmi, bietet 20 000 Zuschauern Platz, das Stadio Olimpico, dahinter in den Abhang des Monte Mario hineingebaut, nimmt 75 000 auf. Hier fanden 1960 die Leichtathletikkämpfe der 17. Olympischen Spiele statt.

XIII   Sankt Peter und der Vatikan

»Sankt Peter« und der »Vatikan« – das ist eine einzigartige Stätte auf der Welt: Die größte und prächtigste Kirche der Christenheit, Zentrum der katholischen Kirche und Residenz ihres Oberhauptes, des Papstes, die gewaltigste sichtbare Kristallisation des Christentums, schließlich souveräner Staat inmitten der italienischen Hauptstadt, der »Stato della Città del Vaticano«, der »Staat der Vatikanstadt«, und der Welt größte Herberge von Kunstschätzen, die »Vatikanischen Museen«.

Um sich darin besser zurechtzufinden, erscheint eine Vorbereitung als Hinführung oder auch eine Nach-Betrachtung nicht überflüssig. Dazu eignet sich das Kapitel »Vor den Mauern des Vatikans« (Seite 31 ff.). Dazu sind auch hilfreich die »Geschichten« des christlichen Rom, des Papsttums und der Päpste (Seite 110 ff.). Denn im folgenden müssen und wollen wir uns so kurz wie möglich halten, damit Ihre Augen nicht von den Zeilen ermüdet werden – allenfalls vom Schauen.

Petersplatz – Piazza San Pietro
(Farbt. 17, 18)

Der Petersplatz, auf den wir über die Via della Conciliazione von der Engelsburg und die Piazza Pio XII an ihrem Ausgang gelangen, besteht aus zwei Plätzen: einer bis 340 Meter langen und bis 240 Meter breiten Ellipse und einem trapezförmigen Platz, der *Piazza Retta,* die zur Kirche hin auf feierlichen Stufen zwischen den Statuen der Apostelfürsten Petrus und Paulus ansteigt und sich zugleich verbreitert. Beide Plätze legte Bernini von 1656 bis 1667 im Auftrag Papst Alexanders VII. vor der bereits fertiggestellten Petersbasilika an und schuf damit für die Zusammenkunft der Gläubigen aus aller Welt eine Kulisse, die bis in die heutige Zeit ihre Faszination bewahrt hat. Das Oval umgab Bernini mit vier Reihen von insgesamt 284 Säulen und 88 Pfeilern aus Travertin, den berühmten 17 Meter breiten Kolonnaden, auf denen 140 Heiligenfigu-

ren thronen, von mehreren Künstlern unter Alexander VII. (1665–1667) und Klemens IX. (1667–1669) geschaffen. Links und rechts rauschen die Wasserfontänen zweier 8 Meter hoher Brunnen mit riesigen Granitschalen; der rechte wurde 1613 von Maderna, der linke 1675 wohl von Bernini errichtet. Im Pflaster geben zwei Scheiben rechts und links die Brennpunkte der Ellipse an, von der aus die vier Säulenreihen hintereinander als eine einzige erscheinen.

Die Piazza, in deren Pflaster weiße, auf das Zentrum zuführende Streifen eingelassen sind, fällt zur Mitte leicht ab. Dort ragt der 25,50 Meter hohe *ägyptische Obelisk* auf, den Kaiser Caligula im Jahr 39 aus Heliopolis nach Rom transportieren und in seinem (später nach Nero benannten) Circus aufstellen ließ. Er blieb als einziger Obelisk das ganze Mittelalter hindurch an seiner Stelle, bis Sixtus V. 1586 – also vor der Anlage des Platzes – befahl,

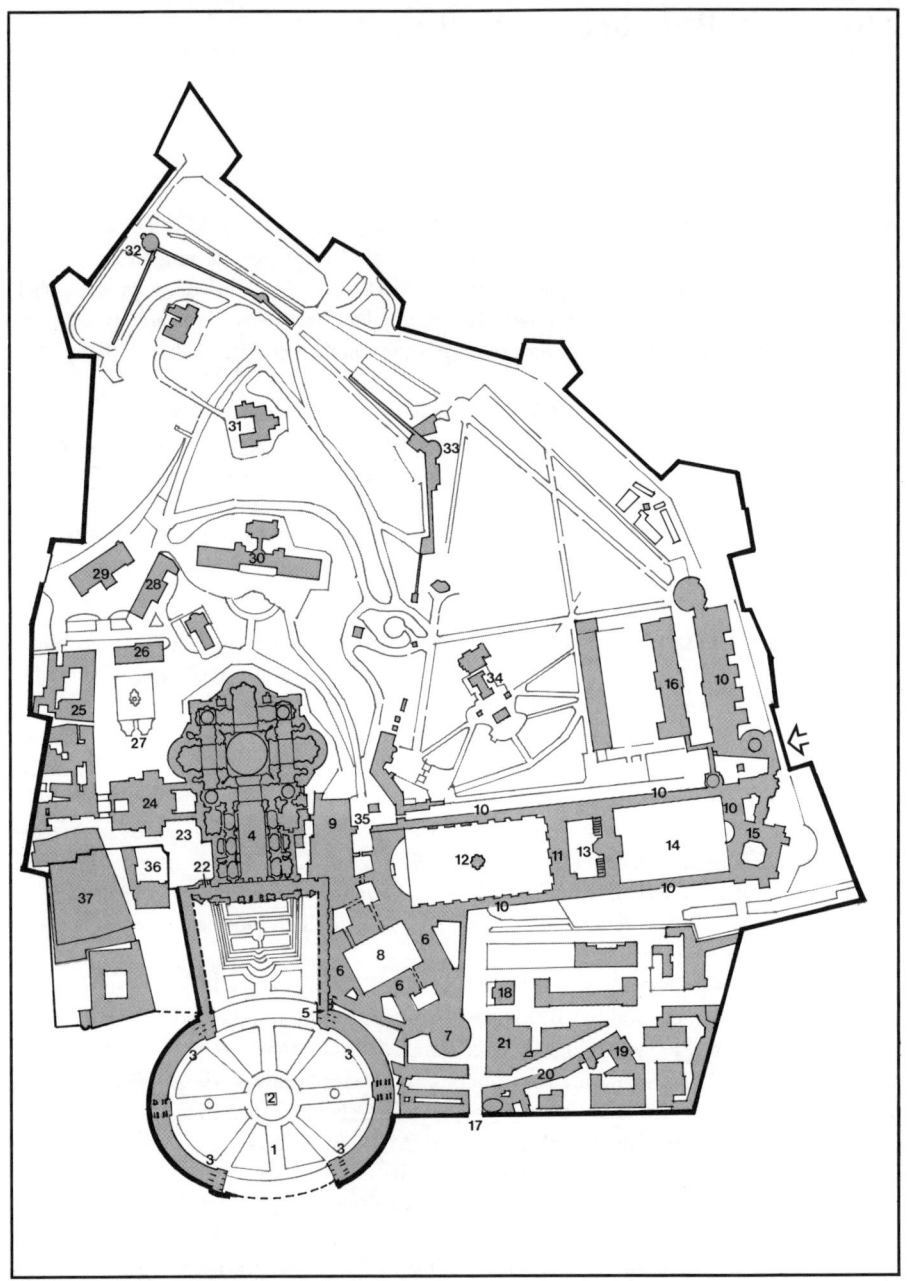

ihn vor der Kirche, doch in gemessener Entfernung, aufzustellen. Domenico Fontana leitete den höchst schwierigen Transport dieses 322 Tonnen schweren Steines, für den man vier Monate Zeit (30. April bis 10. September 1586), 44 Winden, 900 Arbeiter und 140 Pferde benötigte. Man erzählt sich, die Operation sei in letzter Sekunde, als die gespannten Seile zu zerreißen drohten, dadurch gerettet worden, daß ein Arbeiter entgegen dem Befehl des Papstes auf absolute Stille schrie:

»Wasser auf die Seile!«; ihm und seiner Familie habe der Papst das Privileg zugestanden, für die Zeremonien des Palmsonntags die Zweige zu liefern, was die Nachfahren bis auf den heutigen Tag weiter erfüllen. Im Fuß des Obelisken sei die Asche Caesars, in seiner Spitze eine Kreuzesreliquie aufbewahrt, heißt es, Antike und Christentum miteinander verbindend. Der Obelisk steht auf dem Rücken von vier Bronzelöwen; durch das Fundament ragt er noch höher empor.

Basilica di San Pietro
(Abb. 106, 113, 114; Farbt. 18–20)

Geschichte

Die Geschichte der Basilika des heiligen Petrus ist zugleich die Geschichte des Papsttums. Immer waren die Päpste mit dieser Kirche verbunden, auch wenn sie als Bischöfe von Rom jahrhundertelang im Lateran residierten, auch wenn sie erst im 15. Jahrhundert neben der Kirche sich den Vatikanischen Palast erbauen ließen und schon ein Jahrhundert später den Quirinalspalast als Residenz planten und lange benutzten. Die berühmteste und gewaltigste Kirche der Christenheit ist dem Andenken des Apostels Petrus gewidmet, dem nach der Überlieferung ersten Bischof Roms, als dessen Nachfolger sich jeder Papst als Oberhaupt der katholischen Kirche betrachtet.

Die erste Peterskirche wurde im Jahr 326 von Papst Sylvester eingeweiht. Diesen Bau verdankte die Christenheit Kaiser Konstantin. Ins Auge fiel schon damals die baulich schwierige Lage am Abhang des Vatikanischen Hügels; bei der Konstruktion mußten dafür beträchtliche Höhenunterschiede ausgeglichen werden, dazu lag die große Kirche nicht nur als Grabstätte außerhalb der Stadtmauern, wie es das Gesetz befahl, sondern auch sehr weit vom damaligen Stadtzentrum südlich des Kolosseums entfernt. Als Grund für diese besondere Ortswahl darf mit einigem (archäologisch fundiertem) Recht und unter Berufung auf das gute Orts- und

◁ *1 Petersplatz – 2 Obelisk – 3 Kolonnaden des Bernini – 4 Peterskirche – 5 Bronzetor, Eingang zum Korridor des Bernini – 6 Apostolischer Palast – 7 Turm Nikolaus' V. – 8 Damasus-Hof – 9 Sixtinische Kapelle – 10 Vatikanische Museen – 11 Vatikanische Bibliothek – 12 Cortile del Belvedere – 13 Cortile della Biblioteca – 14 Cortile della Pigna – 15 Belvedere Innozenz' VIII. – 16 Vatikanische Pinakothek – 17 Porta di S. Anna – 18 Postamt – 19 L'Osservatore Romano – 20 Teppichmanufaktur – 21 Druckerei – 22 Arco delle Capane – 23 Piazza dei Protomartiri Romani – 24 Sakristei von S. Pietro – 25 Palazzo di S. Carlo – 26 Gerichtsgebäude – 27 Piazza S. Marta – 28 Mosaikwerkstatt – 29 Bahnhof – 30 Gouverneurspalast – 31 Äthiopisches Kolleg – 32 Johannes-Turm – 33 Radio Vatikan – 34 Casino Pius' IV. – 35 Piazza della Zecca – 36 Camposanto Teutonico – 37 Audienzhalle*

Geschichtsgedächtnis der Römer vermutet werden, daß sich hier das Grab des Apostels Petrus befindet, der nach der Überlieferung im Jahr 64 oder 67 unter Nero in den kaiserlichen Gärten beim Vatikanischen Hügel das Martyrium erlitt.

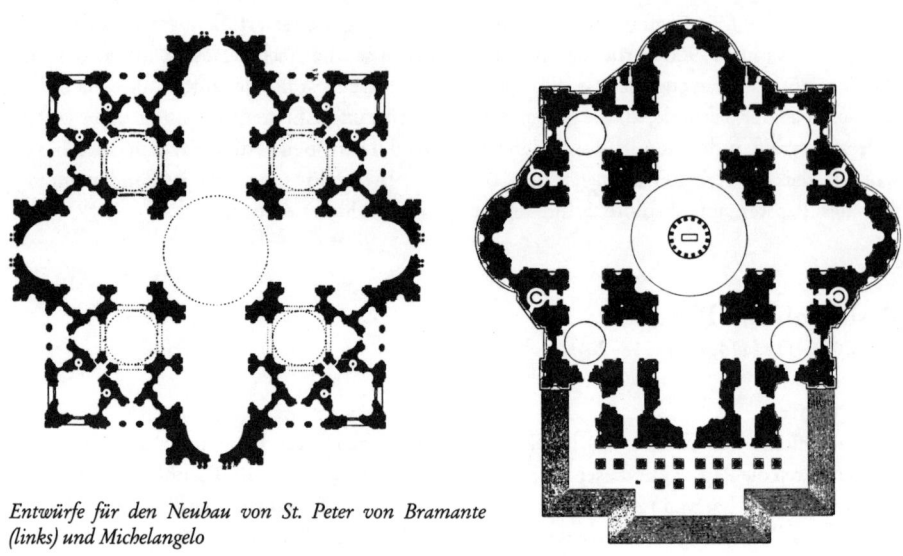

Entwürfe für den Neubau von St. Peter von Bramante (links) und Michelangelo

Alt-Sankt-Peter war eine klassische, fünfschiffige Hallenbasilika, von der wir durch mittelalterliche Beschreibungen wissen. Sie wurde vielfach restauriert und prächtig ausgeschmückt, war jedoch nach dem Exil der Päpste in Avignon und nach dem Abendländischen Schisma dem Verfall nahe. Damals gab es einen »richtigen« Papst und einen oder sogar mehrere »falsche« zur gleichen Zeit; doch kaum einer wußte, wer der rechtmäßige sei.

So beschloß Nikolaus V. im Jahr 1452, als sich die Lage für das Papsttum verbesserte, in dem aufstrebenden Rom einen Neubau von Sankt Peter zu errichten und ihn mit der Hilfe der ganzen Christenheit auszuführen, auch unter Inanspruchnahme von Ablaßgeldern, gegen die der Reformator Martin Luther wenig später so heftig rebellierte. An dem Neubau, der mit fieberhafter Intensität seit 1506 von Grund auf betrieben wurde, waren alle Päpste von Julius II. (1503–1513) bis Pius VI. (1775–1799) beteiligt, mit verschiedenen Entwürfen und verschiedenen Architekten. Den Erstentwurf für die heutige Basilika lieferte *Bramante,* dem beim Bau Veruntreuung von Geldern und Verwendung von schlechtem Material vorgeworfen wurde. Dann folgten *Raffael, Fra Giocondo, Giuliano da Sangallo, Baldassare Peruzzi, Antonio da Sangallo* und schließlich *Michelangelo,* der 1547, im Alter von 72 Jahren, die Bauleitung übernahm und vor allem die Kuppel erdachte, deren Tambour (Aufsatz) bis zu seinem Tod 1564 fertiggestellt wurde; weiter *Vignola, Ligorio, della Porta, Fontana* und *Maderna,* der auf Wunsch Pauls V. (1605–1621) den Zentralbau in dem zum Platz weisenden Schiff verlängerte.

Fassade

Da Paul V., Camillo Borghese, Römer von Geburt, neben der Verlängerung des Hauptschiffes eine Verbindung zwischen der Peterskirche und dem Vatikanischen Palast verlangte, der wegen der Symmetrie eine Verbreiterung der Fassade links entsprechen mußte, wuchs diese zu einer Länge von 114,70 Metern an; die Höhe von 45,50 Metern konnte nicht vergrößert werden, weil dann die Kuppel des Michelangelo noch mehr verdeckt worden wäre, als sie es jetzt schon ist. Durch mächtige Gliederungen mit Säulen und Pfeilern, Eingängen, Balkonen und Fenstern suchte der Baumeister Maderna, der aus einem Wettbewerb als Sieger hervorgegangen war, diese unglücklichen Proportionen auszugleichen. Von der Mittelloggia aus verkündet der Dekan des Kardinalskollegiums nach dem Konklave in der Sixtinischen Kapelle des Palastes den Namen des neuen Papstes, und dieser erteilt dann von dort aus seinen ersten Segen »Urbi et Orbi«, der Stadt und dem Erdkreis, wie auch an Festtagen. Auch Selig- und Heiligsprechungen werden von hier verkündet, ebenso wie das Dogma von der »Aufnahme Mariens in den Himmel« 1950 durch Pius XII. Es ist die feierlichste Bühne der katholischen Kirche. Oben auf der Fassade stehen 5,70 Meter hohe Statuen von Christus und den Aposteln. Die beiden Uhren über den Glockentürmen sind von dem Architekten Valadier erst im 19. Jahrhundert in die Fassade eingefügt worden.

Vorhalle

In die Vorhalle, 71 Meter breit, 13,50 Meter tief und 20 Meter hoch, führen fünf mit Bronzegittern versehene Eingänge. Ganz außen stehen zwei Reiterstandbilder, rechts der »altrömische« Kaiser Konstantin, links der »neu-römische« Karl der Große, das erste ein Werk Berninis (1670). Über dem Mittelportal sehen wir *Fragmente der Navicella* (Schiff im Seesturm), eines *Mosaiks von Giotto*, das aus der alten Peterskirche übernommen worden war. Das zweiflügelige *Bronzetor des Mittelportals*, ebenfalls aus Alt-Sankt-Peter, ein Werk des Florentiner Bildhauers *Filarete* (1445), zeigt Christus und Maria sowie Petrus und Paulus und ihre Martyrien; in den Reliefstreifen historische Szenen, im Rahmenfries Darstellungen aus der antiken Mythologie. Die Bronzetüren der vier anderen Portale sind modern: links das »Tor des Todes« von *Giacomo Manzù* (Johannes XXIII. und das Zweite Vatikanische Konzil dienten als Vorlage); es folgt das »Tor des Guten und des Bösen« von *Luciano Minguzzi*. Rechts außen die vermauerte *Heilige Pforte*, die nur im Heiligen Jahr geöffnet wird.

Inneres

Das Innere der Kirche nimmt schon durch seine Ausmaße gefangen: 186 Meter lang, im Hauptschiff 46 Meter, im Kuppelraum 119 Meter hoch; auf einer Grundfläche von rund 15 000 Quadratmetern können etwa 60 000 Menschen Platz finden. Im Fußboden des Mittelschiffs sind, von der Apsis aus gemessen, die Längenmaße anderer großer Kirchenbauten der Welt zum Vergleich angegeben. Trotz dieser riesigen Dimensionen kann der Bau von Sankt Peter wegen seiner einfachen architektonischen Ordnung – mit dem Grundriß eines lateinischen Kreuzes, bei dem das Hauptschiff länger ist als das Querhaus, und der krönenden Kuppel – bei ruhigem Betrachten aufgenommen und »bewältigt« werden.

Wenige Meter vom Mittelportal entfernt ist eine *rote Porphyrscheibe* in den Fußboden ein

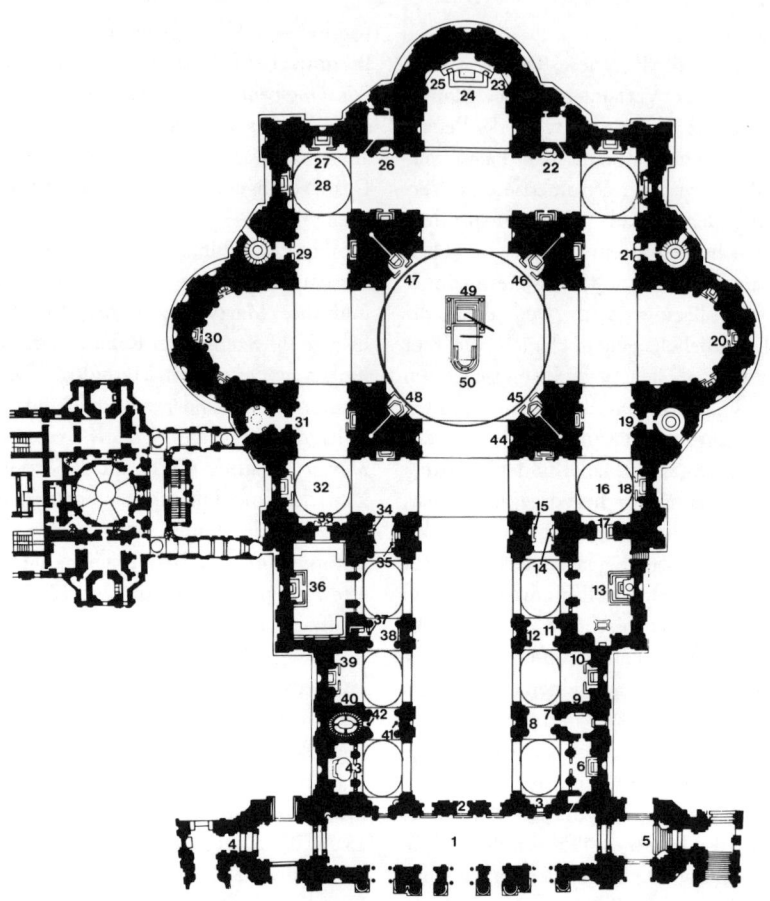

1 Vorhalle – 2 Bronzetür des Filarete – 3 Heilige Pforte – 4 Reiterstandbild Karls d. Großen – 5 Reiterstandbild Konstantins – 6 Pietà des Michelangelo – 7 Denkmal für Leo XII. – 8 Denkmal für Christine von Schweden – 9 Denkmal für Pius XI. – 10 Denkmal für Pius XII. – 11 Denkmal für Innozenz XII. – 12 Denkmal für Mathilde von Toscana – 13 Sakramentskapelle – 14 Denkmal für Gregor XIII. – 15 Grabmal Gregors XIV. – 16 Cappella Gregoriana – 17 Denkmal für Gregor XVI. – 18 Altar der Madonna der Immerwährenden Hilfe – 19 Denkmal für Benedikt XVI. – 20 Altar der hll. Processus und Martinian – 21 Denkmal für Klemens XIII. (Canova) – 22 Denkmal für Klemens X. – 23 Denkmal für Urban VIII. (Bernini) – 24 Cattedra Petri (Bernini) – 25 Denkmal für Paul III. Farnese (G. della Porta) – 26 Denkmal für Alexander VIII. – 27 Altar Leos d. Großen – 28 Cappella della Colonna – 29 Denkmal für Alexander VII. – 30 Altar der hll. Simon und Judas – 31 Denkmal für Pius VIII. – 32 Cappella Clementina – 33 Denkmal für Pius VII. (Thorwaldsen) – 34 Denkmal für Leo XI. – 35 Denkmal für Innozenz XI. – 36 Chorkapelle – 37 Denkmal für Pius X. – 38 Denkmal für Innozenz VIII. (Pollaiuolo) – 39 Altar Pius' X. – 40 Denkmal für Benedikt XV. – 41 Denkmal für die letzten Stuarts (Canova) – 42 Denkmal für Maria Sobieska – 43 Taufkapelle – 44 Statue des hl. Petrus – 45 Statue des hl. Longinus – 46 Statue der hl. Helena – 47 Statue der hl. Veronika – 48 Statue des hl. Andreas – 49 Papstaltar unter dem Baldachin des Bernini – 50 Confessio des hl. Petrus

gelassen; sie gibt die Stelle an, wo in der alten Kirche am Weihnachtstag des Jahres 800 der Frankenkönig Karl von Papst Leo III. gekrönt wurde.

In der Cappella della Pietà im rechten Seitenschiff steht auf dem Altar die »Pietà« des Michelangelo, die dieser von 1498 bis 1500 schuf: eine jugendliche, jungfräulich wirkende Madonna mit dem vom Kreuz abgenommenen Jesus im Arm; ein Band über der Brust Mariens nennt den Bildhauer Michelangelo. Der Ausdruck der Gesichter und die vollkommene Beherrschung des Marmors weisen Michelangelo schon mit 25 Jahren als großen Künstler aus. Nach einem Anschlag auf das berühmte Bildwerk kann man es nur noch durch Sicherheitsglas betrachten.

Am ersten Pfeiler rechts das Denkmal für Christine von Schweden (1626–1689), die als Königin abdankte, zum katholischen Glauben übertrat, in Rom Wohnung nahm und hier starb.

In der folgenden Seitenkapelle rechts über dem Altar des heiligen Sebastian ein Mosaik mit dem Martyrium des Heiligen nach einem Gemälde von Domenichino. Die meisten Gemälde übrigens wurden in Sankt Peter durch Mosaiken ersetzt; die Originale befinden sich im Vatikanischen Museum. Hier stehen sich außerdem zwei Statuen von Päpsten gegenüber: rechts Pius XI. (1922–1939; von Nagni) und links Pius XII. (1939–1958; von Messina). Die Standbilder für die verstorbenen Päpste wurden meist von jenen Kardinälen gestiftet, die von dem Toten in diesen Rang erhoben worden waren. Am nächsten Pfeiler des Seitenschiffes das nach einem Entwurf von Bernini ausgeführte Denkmal für Mathilde, papsttreue Markgräfin der Toskana, die in den Auseinandersetzungen zwischen Kaiser und Papst im 11. Jahrhundert eine wichtige Rolle spielte.

An der großen, reichgeschmückten Sakramentskapelle, die unter Papst Urban VIII., dem Barberini-Papst (mit den Bienen im Wappen), ausgestaltet wurde, haben Bernini (Tabernakel) und Borromini (Bronzegitter) mitgearbeitet. Im folgenden Durchgang (rechts) das Denkmal Gregors XIII. (aus der Familie der Boncompagni, mit dem Drachen im Wappen, 1572–1585), des Kalenderreformers.

Im rechten Teil des großen Querhauses tagte von 1869 bis 1870 das Erste Vatikanische Konzil mit etwa 650 Bischöfen; das Zweite (1962–1965) mußte wegen der auf mehr als 3000 Bischöfe gewachsenen Teilnehmerzahl im Langhaus stattfinden. Vorn im Durchgang das klassizistische Denkmal Klemens XIII. (1758–1769), ein vielgerühmtes Meisterwerk des Antonio Canova.

Vier fünfeckige Pfeiler von 24 Meter Durchmesser und 71 Meter Umfang tragen die Kuppel des Michelangelo, die sich als Krönung über dem Grab des Petrus erhebt. Diese Kuppel ist auf einen Tambour mit 16 Fenstern aufgesetzt und hat einen Durchmesser von 42,34 Metern, ist also etwas kleiner als die des Pantheons mit 43,20 Metern. Sie besteht aus einer inneren Raumkuppel und einer äußeren Schutzschale; zwischen beiden kann man im Inneren hochgehen. Als Abschluß der Kuppel dient – dem Raumgefühl und der Statik – die Laterne, so daß im Innern die Höhe 119 Meter beträgt. In den Pfeilernischen stehen vier riesige, 5 Meter hohe Heiligenfiguren, Veronika mit dem Schweißtuch, Helena mit dem Kreuz Christi, Longinus mit der Lanze und Andreas mit dem X-förmigen Kreuz. In den Loggien darüber werden Reliquien der Passion Christi gezeigt. Im Kuppelring stehen in zwei Meter hohen Buchstaben die Worte des Matthäus-Evangeliums in lateinischer Sprache geschrieben, auf die seit alters die Päpste den – nicht

selbst ein festliches Lebensgefühl ausdrückt und den Altar hervorhebt, die würdige Rahmung feierlicher Handlungen. 95 vergoldete Öllampen ziehen sich um die *Confessio* des Maderna, den tiefer liegenden Raum vor dem Petrus-Grab, für den Canova eine *Marmorstatue des knienden Papstes Pius VI.* (1775–1799) schuf.

Gegenstand großer Verehrung durch die Jahrhunderte und außerdem ein beachtliches Werk der mittelalterlichen Bildhauerkunst ist am Longinus-Pfeiler (im Hauptschiff) die *Bronzestatue des thronenden Petrus* aus dem 13. Jahrhundert, dem die Gläubigen mit Küssen oder mit der Hand den rechten Fuß blankgerieben haben. An Festtagen bekleidet man die Statue mit kostbaren Gewändern.

Die *Cathedra Petri in der Apsis,* ebenfalls ein Werk des *Bernini,* ist durch die gleiche barocke Bewegung wie der Baldachin bestimmt; vier Kirchenlehrer (Ambrosius, Augustinus, Athanasius und Johannes Chrysostomus) stützen einen Thron, den Bischofsstuhl des Petrus. Darüber ein Alabasterfenster mit der Taube, dem Symbol des Heiligen Geistes. Zu den beiden Seiten der Cathedra zwei *Denkmäler: für Papst Urban VIII.,* Maffeo Barberini (rechts; von Bernini, 1647) und *Paul III.,* Alessandro Farnese (links; von della Porta, 1575).

Auch im linken Seitenschiff befinden sich die Denkmäler berühmter Päpste, von bedeutenden Künstlern geschaffen: vorn im Durchgang das für *Alexander VII.* (unter der Leitung Berninis, 1678). Schräg gegenüber dem Eingang zur großen, unter Pius VI. von 1776 bis 1784 erbauten Sakristei das *Denkmal für Pius VII. von Thorwaldsen* (1823); dieser scheint als einziger protestantischer Künstler in Sankt Peter ein Werk geschaffen zu haben – weshalb es Proteste gab.

Vor der Chorkapelle, die der gegenüberliegenden Sakramentskapelle entspricht, eine

unbestrittenen – Anspruch gründen, die Kirche zu leiten und die Menschen zum ewigen Heil zu führen: TV ES PETRVS ... »Du bist Petrus, und auf diesen Felsen werde ich meine Kirche bauen, und dir gebe ich die Schlüssel des Himmelreiches.«

Unter der Kuppel befindet sich genau über dem Petrus-Grab der *Papstaltar,* den *Bernini* im Auftrag Papst Urban VIII. mit einem 29 Meter hohen *Bronzebaldachin* bedachte (1633); die Bronze stammt von der Vorhalle des Pantheons. Dieser Baldachin ist in der gedrehten Bewegung der Säulen und der wogenden Schwingung des »Stoffes« ein immer wieder gepriesenes Meisterwerk des Barock, das in sich

Mosaikkopie der »Verklärung Christi« von Raffael; vor der Cappella della Presentazione das *Grabmal für Innozenz VIII.* (1484–1492, also in der Zeit des Neubaus), der zweimal dargestellt ist: thronend und liegend, ein Werk des *Pollaiuolo*, 1498, das als einziges Papstdenkmal aus der alten Peterskirche in die neue übernommen wurde; gegenüber die *Statue für den heiligen Pius X.* (1903–1914); in der Cappella della Presentazione ein großes *Bronzerelief für Papst Johannes XXIII.* (1958 bis 1963; auf der rechten Seite) und eine *Statue für Benedikt XV.* (1914–1922; links).

Hinten im rechten Seitenschiff befindet sich der Eingang für den Aufstieg (142 Stufen)

oder die Auffahrt (Fahrstuhl) auf das Dach von Sankt Peter, von dem aus man dann zu Fuß über eine Galerie im Innern des Tambours und weitere zum Teil sehr steile Treppen bis zum Kranz der Laterne emporsteigen kann. Vom Dach der Basilika und von der Laterne bietet sich ein weiter Blick über die Stadt, vom Petersplatz bis zu den Albaner und Sabiner Bergen. Vor allem kann man die Kuppel des Michelangelo und die Einzelheiten ihres architektonischen Aufbaus aus der Nähe betrachten.

Vom Dach der Basilika und von der Laterne der Kuppel aus gewinnt man auch einen guten Überblick über den *»Staat der Vatikanstadt«*, der ringsum von einer hohen Mauer umgeben ist. (Siehe Kapitel Seite 39.) Von oben sehen wir das kleine Staatsgebiet mit den Vatikanischen Palästen, den Gärten, der Peterskirche und dem Petersplatz, vor dem ein weißer Strich die Staatsgrenze bezeichnet. Im Zweiten Weltkrieg war diese Linie nicht unwichtig für jene, die im Vatikan Zuflucht suchten. Die Gärten nehmen einen großen Teil der Vatikanstadt ein und umgeben hinter der Peterskirche und dem Palast eine Reihe von Zweckbauten, Kirchen und Verwaltungsgebäuden des Vatikanstaates, Türme und Brunnen, die Casina di Pio IV., Sitz der Päpstlichen Akademie der Wissenschaften, und ein Kaffeehaus; sie grenzen bei der Leoninischen Mauer an den Bahnhof, den Rundfunksender und die Museen.

Vatikanische Grotten

Von einem der Vierungspfeiler in der Basilika führt der Eingang in die Vatikanischen Grotten. Diese »Grotten« sind ein weiter Kellerraum unter der Basilika, der entstand, als Antonio da Sangallo vor 1546 den Fußboden der Basilika um 3,20 Meter erhöhte, um die Kirche vor Feuchtigkeit zu schützen. In diesen Gewölben fanden die Päpste aus der alten Peterskirche und viele der seitdem Gestorbenen ihre letzte Ruhestätte, darunter die letzten vier Päpste: Pius XII., Johannes XXIII., Paul VI. und Johannes Paul I. Ein Gang zu den Gräbern der Päpste gehört zu den eindrucksvollen Erlebnissen in Rom.

Mit einer Sondererlaubnis ist es auch möglich, in die Ausgrabungen (Scavi) unter Sankt Peter zu gelangen. Dort haben Archäologen die alte Gräberstadt am Vatikanischen Hügel – darunter auch das vermutete Grab des heiligen Petrus – und Fundamente der alten Konstantinsbasilika freigelegt.

Vatikanischer Palast

(Abb. 105, 107, 108, 117)

Eine Vorstellung von den Ausmaßen des Vatikanischen Palastes nördlich des Petersplatzes und der Peterskirche kann man am besten von oben, vom Dach der Basilika oder von der Laterne der Kuppel aus gewinnen. Oder – mit den eigenen Füßen: wenn man vom linken Brunnen des Petersplatzes – das riesige Gebäude des Haupttraktes ragt über einem empor – an der Mauer entlang zum Eingang der Vatikanischen Museen geht. Da wird einem leicht klar, daß die Palazzi Vaticani die größte Palastanlage der Welt bilden. Von ihrer Geschichte und dem, was sich heute darin abspielt, erfahren wir mehr in dem Kapitel »Vor den Mauern des Vatikans« (Seite 39).

Deshalb sei hier nur Folgendes erwähnt: Wohnräume für den römischen Bischof neben der Konstantinischen Petersbasilika gab es wohl schon im 6. Jahrhundert. Die Päpste residierten jedoch zunächst im Lateranspalast. Als eigentliche Papstresidenz hat erst Nikolaus III. (1277–1280) den Vatikan in Betracht gezogen, eine Alternative, die sich als günstig anbot, nachdem die Päpste bei ihrer Rückkehr aus dem französischen Exil in Avignon (1377) den Lateranspalast verfallen vorgefunden hatten. Von 1450 an bauten die Päpste den Vatikan systematisch und zielstrebig aus: Nikolaus V., Sixtus IV. (Sixtinische Kapelle), Alexander VI. (Appartamento Borgia), Julius II. (Belvedere-Hof, Loggien am Damasus-Hof), Paul III. (Cappella Paolina mit Fresken Michelangelos), Pius V. und Sixtus V. (mit den heutigen Privaträumen, Empfangssälen und der Bibliothek des Papstes) waren die Bauherren, die stets die bedeutendsten Architekten in Rom beschäftigten. Kein anderer Palast der Welt kommt daher dem Vatikan an künstlerischer Bedeutung gleich. Der Hauptzugang zum Vatikanischen Palast ist das *Bronzetor* am Ende der rechten Kolonnaden, das sich zum *Corridore del Bernini,* zu dem von Bernini geschaffenen Aufgang öffnet: der *Scala Regia.*

Vatikanische Museen

(Abb. 109–112, 115, 116; Farbt. 21, 22)

Die Musei Vaticani, die einen großen Teil des Vatikanischen Palastes einnehmen, sind eine der berühmtesten und bedeutendsten Kunstsammlungen der Welt. Sie entstand, als Papst Julius II. im Jahr 1506 begann, den Idealen der Renaissance folgend, alte Kunstwerke zu sammeln. Wertvolle Kunstwerke der Antike, die man bei Entdeckungen oder Ausgrabungen im Gebiet des Kirchenstaates fand, wurden selbstverständlich den Päpsten oder den von ihnen beauftragten Sachverständigen gezeigt und hierher gebracht, Geschenke für den Papst in den Räumen aufgestellt; interessante Gegenstände aus der Arbeit der katholischen Kirche fanden hier Aufnahme. Fast wichtiger als die eigentlichen Sammlungen sind jedoch jene Kunstwerke, die für den Vatikanischen Palast und die Bedürfnisse oder auf Wunsch der Päpste geschaffen wurden, etwa die Gemälde der Sixtinischen Kapelle oder die in den Stanzen (= Räumen) des Raffael.

Auch hier können fast nur in Stichworten Hinweise für einen Besuch gegeben werden. Das Risiko, dabei auch Interessantes wegzulassen, muß man zugunsten einer Auswahl in Kauf

Vatikanische Museen, Museo Pio Clementino, Sala a Croce Greca

nehmen, die das Wichtigste berücksichtigt, auch wenn damit nur ein Teil des vatikanischen Reichtums an Kunstschätzen erwähnt wird. Aber ohne eine gewisse »Ökonomie« sind die Museen des Vatikans nicht zu »bewältigen«. (In wenigen Museen der Welt habe ich wie hier die Erfahrung gemacht, daß Zeitaufwand und Genauigkeit beim Betrachten des einen Kunstwerks auf Kosten des anderen gehen. Die folgende Aufstellung strebt deshalb nicht danach, vollständig zu sein, sondern eine Orientierungshilfe in einem überreichen Museum zu bieten. Am Schriftenstand sind Faltpläne erhältlich, die die Raumfolge übersichtlich darstellen und eine individuelle Abfolge des Besichtigungsprogramms ermöglichen.)

Pinakothek

(Farbt. 22)

Die Vatikanische Pinakothek, von Pius VI. (1775–1799) gegründet, von Napoleon wertvoller Gemälde beraubt, enthält in 16 Sälen Gemälde vom Mittelalter bis in die heutige Zeit, die, in chronologischer Reihenfolge geordnet, einen guten Überblick über die Entwicklung der Malerei im Abendland geben. Hervorzuheben sind:

SAAL I: byzantinische, sienesische, umbrische und toskanische Werke des Mittelalters, darunter ein liturgisches Gewand (Pluviale) Bonifaz VIII. (13. Jahrhundert);

SAAL II: Triptychon des Kardinals Stefaneschi von Giotto;

SAAL III: »Madonna« und »Nikolaus von Bari« von Fra Angelico sowie ein Triptychon von Filippo Lippi;

SAAL IV: »Sixtus IV. begründet die Vatikanische Bibliothek«, Fresko von Melozzo da Forlì (Farbt. 22); Musizierende Engel, Fragmente des Apsismosaiks aus Ss. Apostoli, desselben Malers;

SAAL V: »Pietà« des Lukas Cranach;

SAAL VII: »Marienkrönung« von Pinturicchio und »Madonna« von Perugino;

SAAL VIII: Wandteppiche nach Entwürfen von Raffael sowie die berühmte »Trasfigurazione«, Verklärung Christi (1517, das letzte Gemälde des Künstlers) und die »Madonna von Foligno« von Raffael (1512/13);

SAAL IX: »Der heilige Hieronymus« von Leonardo da Vinci, um 1480, unvollendetes Werk; Pietà von Giovanni Bellini;

SAAL X: »Madonna mit Kind und Heiligen« von Tizian;

SAAL XII: »Grablegung« von Caravaggio, 1602/1604; »Kreuzigung des Petrus« von Guido Reni;

SAAL XIV: niederländische und flämische Meister: Rubens-Schule;

SAAL XV: »Der Doge Niccolò Marcello« von Tizian; Papstbildnisse verschiedener Meister.

Ägyptisches Museum

Das im Cortile della Pigna gelegene Museo Egizio, das von Gregor XVI. im Jahr 1839 neu gegründet wurde (nach Pius VII., der eine erste Sammlung zusammenfaßte), enthält eine kleine, gediegene Kollektion von Kunstwerken der ägyptischen Dynastien vom 3. Jahrtausend bis zum 6. Jahrhundert v. Chr., Basalt- und Holzsarkophage, Köpfe von Götterstatuen und Pharaonen, Mumienköpfe und Stelen, Köpfe und Statuen von Göttern und Tieren sowie ägyptische Papyri.

Museo Pio Clementino

Die Vatikanischen Museen besitzen die umfangreichste antike Skulpturensammlung der Welt. Die Päpste Klemens XIV. (1769–1774) und Pius VI. (1775–1799) ordneten die systematische Aufstellung der Werke an, die zum größten Teil in Rom und der Umgebung gefunden wurden. Hervorzuheben sind:

SALA A CROCE GRECA: Porphyrsarkophag der Costanza, der Tochter Konstantins, und Porphyrsarkophag der heiligen Helena, seiner Mutter, reich mit Figuren und Symbolen geschmückt;

SALA ROTONDA: *»Zeus von Otricoli«*, Kopie nach einem Werk des Bryaxis aus dem 4. Jahrhundert v. Chr.;

SALA DELLE MUSE: der *»Belvedere-Torso«*, ein Werk des Atheners Apollonios aus dem 1. vorchristlichen Jahrhundert, das Michelangelo bewunderte (Abb. 111), und Statuen des Apoll und der Musen;

SALA DEGLI ANIMALI: viele realistische Tierstatuen aus Marmor oder Alabaster, außerdem die Statue des Meleagros mit Hund und Wildschweinkopf (römische Kopie);

GALLERIA DELLE STATUE: »*Apollon Saurokto-nos*«, Apoll mit der Eidechse (römische Kopie eines Bronzeoriginals des Praxiteles); die *Candelabri Barberini*, die schönsten Kandelaber der Antike aus der Villa Adriana bei Tivoli.

GABINETTO DELLE MASCHERE: »*Venus von Knidos*«, römische Kopie der Aphrodite des Praxiteles aus dem 4. vorchristlichen Jahrhundert.

BELVEDERE-HOF: in den Ecken des Cortile del Belvedere die berühmtesten Statuen des Vatikans: »*Apoll*« (vom Belvedere), römische Kopie nach einem Original des Leochares (Abb. 109); »*Perseus*« von Canova (um 1800), »*Hermes*« (Kopie aus der Hadrian-Zeit eines Originals des Praxiteles) und vor allem die »*Laokoon-Gruppe*«, 1506 in Anwesenheit von Michelangelo aufgefunden, ein vielbewundertes und -beschriebenes Bildwerk, das den trojanischen Priester Laokoon mit seinen Söhnen im Kampf auf Leben und Tod gegen zwei

Cortile del Belvedere

mächtige Schlangen zeigt, ein Meisterwerk des Hellenismus (Abb. 110).

GABINETTO DEL APOXYOMENOS: »*Athlet Apoxyomenos*«, Kopie einer berühmten Bronzestatue des Lysippos (1849 in Trastevere gefunden).

Museo Chiaramonti

Von Pius VII., Barnaba Chiaramonti, (1800–1823) gegründet, enthält das Museum Chiaramonti in einer langen, zum Päpstlichen Palast hinführenden Galerie 30 Abteilungen, auf jeder Seite zahlreiche Werke der griechischen und römischen Kunst, die in ihrem Wert jedoch unterschiedlich sind. Auch die GALLERIA LAPIDARIA und der BRACCIO NUOVO, der Verbindungstrakt zwischen den langen Flügeln, die den Eingang der Museen mit dem Wohn- und Arbeitstrakt des Papstes verbinden, beherbergen Werke griechischer und römischer Bildhauerkunst.

Beachtenswert sind im Braccio Nuovo die Statuen des »*Augustus von Prima Porta*«, ein herrscherliches Standbild des Kaisers Augustus, das in der Landvilla der Livia 1863 gefunden wurde (Abb. 112), und eine Statue des Nilgottes. In der SALA DELLA BIGA nahe dem Eingang zwei »Diskuswerfer«, Kopien nach Myron und Polyklet.

Etruskisches Museum

Das von Gregor XVI. im Jahr 1837 gegründete Museo Gregoriano Etrusco birgt in 18 Sälen Kunstwerke und Gebrauchsgegenstände, die einen Einblick in Kunst und Kultur, in das Leben und in die Todesvorstellungen der Etrusker geben, dazu griechische und römische Werke. Hervorzuheben sind die *Tomba Regolini-Galassi*, eine Grabanlage aus Cerveteri; *Mars von Todi*; *Stele des Palestrita* (Attika, 5. vorchristliches Jahrhundert); *Kopf* der Athene; zudem befindet sich hier eine reiche Vasensammlung.

Vatikanische Bibliothek
(Farbt. 21)

Die Biblioteca Apostolica Vaticana, die nicht nach der Zahl der Schriften, wohl aber nach der Kostbarkeit der Werke die reichste der Welt ist, wurde seit ihrer Gründung durch Nikolaus V. im Jahr 1450 systematisch ausgebaut. Sie enthält neben den Büchern (vom Ende des 15. Jahrhunderts an) rund 25 000 handgeschriebene Codices aus dem Mittelalter, etwa 7000 Erstdrucke (Inkunabeln) und 60 000 Manuskripte. In dem mehr als 70 Meter langen, von Domenico Fontana erbauten gewölbten Saal zeigen Vitrinen einige besonders wertvolle Beispiele der schriftlichen Tradition: Bibel-Codices, illustrierte Evangeliare, aufwendig gedruckte Bücher, kostbare Pergamente, uralte Papyri und Schriftrollen.

Museo Sacro

Am Ende des langen Traktes der Biblioteca Vaticana liegen die Säle mit dem Museo Sacro, einer Sammlung von Funden religiöser Bestimmung, die bei Ausgrabungen in den Katakomben und frühchristlichen Kirchen Roms und der Umgebung entdeckt wurden. Besonders Papst Pius XI. (1922–1939) zeigte Interesse für die christliche Kleinkunst. In einem Nebensaal die »Aldobrandinische Hochzeit«, ein guterhaltenes Fresko der Antike in zarten Farben, das vor 1818 in den Gärten der Aldobrandini aufbewahrt wurde.

Collezione d'Arte Religiosa Moderna

Papst Paul VI. (1963–1978) zeigte stets großes Interesse für die moderne religiöse Kunst. Der Ausstellung der Werke, die ihm selbst oder seinen Vorgängern von Audienzbesuchern und direkt von den Künstlern geschenkt worden waren oder die er und seine Vorgänger erworben hatten, stellte er 55 (!) Säle zur Verfügung oder ließ sie neu einrichten. In der Kollektion sind Künstler aus aller Welt mit mehr als 800 Werken vertreten, darunter Rodin, Barlach, Matisse, Modigliani, Kokoschka, Dali, Munch, de Vlaminck, Feininger, Ernst, Beckmann, Nolde, Le Corbusier, Kandinsky, De Chirico, Greco, Marini, Rouault, Hartung …

Appartamento Borgia

Der Borgia-Papst Alexander VI. (1492–1505) ließ im Vatikanischen Palast für sich und seine Familie eine Privatwohnung einrichten. Den Auftrag zum Ausmalen der Räume erhielt *Pinturicchio,* der von 1492 bis 1495 zusammen mit Gehilfen und Schülern Wände und Decken schmückte. Er griff dabei Themen der Renaissance, des Humanismus und des Altertums auf und verband sie mit christlichen Darstellungen: Propheten und Sibyllen (im 1. Raum); Glaubensbekenntnis, Propheten und Apostel (im 2.); Allegorien der Sieben Freien Künste (im 3.); Heiligenlegenden (im 4.) – diese Gemälde zählen zu den besten Werken Pinturicchios; Szenen aus dem Leben Jesu und Mariens (im 5.); die Papstbilder des 6. Raumes sind nicht erhalten.

Stanzen des Raffael

Der kunstsinnige und herrschaftsbewußte Papst Julius II. wollte 1508 die von Nikolaus V. mehr als 50 Jahre zuvor erbauten Räume über dem Appartamento Borgia neu ausmalen lassen. Er dachte dabei, dem Rat Bramantes folgend, zuerst an die Maler Perugino, Sodoma und Lotto, beauftragte dann jedoch den jungen *Raffael,* der in diesen Stanzen (Räumen) sein Meisterwerk schuf.

SALA DELL' INCENDIO (des Brandes): Neben der Dekoration der Decke von Perugino wurden die thematischen Arbeiten, vier historische Szenen, ab 1517 von Schülern Raffaels ausgeführt: Leo IV. und der Brand des Borgo, eines Stadtviertels bei Sankt Peter, im Jahr 847; die Krönung Karls des Großen durch Leo III. im Jahr 800; der Seesieg Leos IV. über die Sarazenen bei Ostia im Jahre 849; der Reinigungseid Leos III. im Jahr 800. Die dargestellten Päpste waren Namensvorgänger des von 1513 bis 1521 regierenden Papstes Leo X.

SALA DELLA SEGNATURA (des Päpstlichen Gerichtshofes): Die Fresken, die Raffael von 1508 bis 1511 schuf, gelten als Höhepunkt der Renaissance-Malerei. Die damalige kulturelle Welt erscheint in ihrem ganzen Reichtum und Glanz. Die »*Disputà del Sacramento*«, der theologische Disput über das Altarsakrament, stellt die übernatürliche Glaubenswelt dar: in der unteren Zone stehen um den Altar Päpste, Bischöfe, Kirchenlehrer, Theologen, die »Gläubigen«, darunter Papst Innozenz III., die Kirchenlehrer Bonaventura und Thomas von Aquin und der Dichter Dante. In der oberen Zone finden wir Gottvater, Christus, Maria und Johannes den Täufer, daneben die großen Gestalten der christlichen Religion (auf der linken Seite von links): Petrus, Adam, Johannes der Evangelist, David, Stephanus, Jeremias, (auf der rechten Seite von rechts): Paulus, Abraham, Jakobus, Moses, Laurentius, Judas Makkabäus.

Die »*Schule von Athen*«, die ihren architektonischen Rahmen in der neuerbauten Peterskirche hat, repräsentiert den Bereich der natürlichen, ohne göttliche Offenbarung erreichbaren Wissenschaften und zeigt die Vertreter der Philosophie (die beiden Zentralfiguren Platon und Aristoteles mit Sokrates), der Architektur (Bramante), der Historie (Xenophon), der Mathematik (Archimedes, Pythagoras, Euklid) und auch den Künstler Raffael selbst (zweiter von rechts außen).

Über dem einen Fenster ist der »*Parnaß*«, der Berg der Kunst des alten Griechenland, dargestellt, ebenfalls ein vielbewundertes Werk Raffaels. Hier zeigt sich die Versammlung der großen Künstler aller Zeiten: der göttliche Apoll mit der Leier im Arm und der blinde Homer, die Musen und Dichter der Antike, Sappho, Vergil, Ovid, Catull und Horaz. Über dem anderen Fenster sehen wir die »Erteilung des weltlichen und geistlichen Rechts« an Kaiser und Papst sowie allegorische Darstellungen der Tugenden Klugheit und Maß. An der Decke über den vier Wänden die den Bildern der einzelnen Wände entsprechenden Allegorien der Theologie und der Philosophie, der Poesie und der Gerechtigkeit.

SALA D'ELIODORO (des Heliodor): Gegenüber der Sala della Segnatura ist die malerische Ausdruckskraft Raffaels in diesem von 1512 bis 1514 ausgemalten Raum kräftiger, sind die Bewegungen der Figuren lebhafter geworden. Das zeigt sich in den Themen: »*Leo der Große gebietet Attila Halt*« (mit der Szenerie des alten Rom), der »*Messe von Bolsena*« (der Würdigung der Anwesenheit Christi in der Hostie), der »*Vertreibung Heliodors aus dem Tempel*« und der »*Befreiung des Petrus aus dem Kerker*«.

SALA DI COSTANTIO (des Konstantin): auf der Längsseite das eindrucksvolle, von Schülern Raffaels gemalte Fresko der Schlacht Konstantins an der Milvischen Brücke.

Raffaels anderes Meisterwerk im Vatikan, die LOGGIEN, sind heute vom Museumsrundgang ausgeschlossen – aus Sicherheitsgründen, denn die Räume des Papstes liegen direkt gegenüber. Vom Vorraum der Kapelle Nikolaus' V. kann man einen Blick in die Arkaden erhaschen (vgl. Abb. 117). In Bild- und Dekorationsmotiven antike Vorbilder aufgreifend, hat Raffael hier das Ideal der Renaissance in vollendeter Weise gestaltet.

Das Deckengemälde des Michelangelo in der ▷
Sixtinischen Kapelle

Kapelle Nikolaus' V.

Den kleinen Andachtsraum schmückte *Fra Beato Angelico* von 1447 bis 1449 mit innigen Fresken über das Leben und das Martyrium der beiden Heiligen Stephanus und Laurentius; selten hat ein Maler eine ähnliche Frömmigkeit des Ausdrucks erreicht.

Sixtinische Kapelle – Cappella Sistina
(Abb. 115, 116)

Die Sixtinische Kapelle, die Papst Sixtus IV. von 1473 bis 1484 im Vatikanischen Palast einrichten ließ, ist ein einfacher Raum von 40,50 Meter Länge, 20,70 Meter Breite und 13,20 Meter Höhe mit großen Wand- und Deckenflächen. Er wird durch eine von Mino da Fiesole und Andrea Bregno geschaffene *Marmorschranke* geteilt. Die Kirche ist gleichsam die päpstliche Hauskapelle und wird vom Papst für Gottesdienste und bei feierlichen Anlässen benutzt. Nach dem Tod eines Papstes findet hier das Konklave statt, um das neue Oberhaupt der katholischen Kirche zu wählen.

Die Seitenwände zwischen den Fenstern sind von großformatigen Fresken bedeckt, die Sixtus IV. von den berühmtesten Malern seiner Zeit ausführen ließ (1481–1483), von *Perugino, Botticelli, Rosselli, Pinturicchio, Signorelli* und *Ghirlandaio.* Diese Maler haben biblische Szenen auf dem Hintergrund der ihnen bekannten Landschaften Umbriens und der Toskana geschaffen. Die linke Wand zeigt Szenen aus dem Leben des Moses, des Befreiers des jüdischen Volkes aus der Gefangenschaft in Ägypten: die Beschneidung des Moses; Moses mit den Schafen und der brennende Dornbusch; Durchzug der Juden durch das Rote Meer; Moses empfängt die Gesetzestafeln am Sinai; Bestrafung der Rotte des Korah; Moses' Tod. Auf der rechten Seite sind Ereignisse aus dem Leben Christi, des Befreiers von den Sünden, dargestellt: seine Taufe im Jordan; *Heilung des Aussätzigen* (bedeutendes Werk des Botticelli); Berufung der Jünger Petrus und Andreas; Bergpredigt; *Schlüsselübergabe an Petrus* (von Perugino); das Letzte Abendmahl. Gegen Ende des 15. Jahrhunderts haben hier Maler in einzigartiger Weise die Individualität des Menschen, seine Bedeutung für geschichtliches Geschehen entdeckt und ihn – malerisch vollkommen – in Architektur und Landschaft handeln lassen, damit schon die Steigerung durch Michelangelo vorbereitend. Oberhalb ist seit der jüngsten Reinigung auch die *Reihe der Papstbildnisse* in

strenger Nischenarchitektur wieder ins Licht gerückt.

Die FRESKEN AN DER DECKE hat Michelangelo vom Herbst 1508 bis zum August 1510 im Auftrag Papst Julius' II., des großen Renaissance-Fürsten, zumeist eigenhändig ausgeführt. Die Arbeit im Liegen auf einem Gerüst war quälend anstrengend. Der Künstler selbst hat sich darüber beklagt und seine bedauernswerte Lage in einer Zeichnung festgehalten. Nach einer Pause – bis an den Rand der totalen Erschöpfung zwang sich Michelangelo – legte er 1511/12 letzte Hand an. Die Erschaffung der Welt darzustellen, wie sie in der Bibel berichtet wird, war seine in dieser weitgespannten Themenausführung gänzlich neue Absicht.

In der Mitte sind zu unterscheiden (von vorn): Gott scheidet Licht und Finsternis, er erschafft die Gestirne; er scheidet Erde und Wasser; die Erschaffung Adams, die Erschaffung Evas; der Sündenfall, das Opfer Noahs; die Sintflut; die Trunkenheit des Noah. Diese Mittelfelder sind umrahmt von den mächtigen Einzelgestalten der Propheten und Sibyllen, die vor Christus die Juden und die Heiden mit der Botschaft Gottes vertraut machten. Michelangelos Farben haben einen eigenen Klang, deren Kraft durch die Restaurierungen der letzten Jahre wieder voll zur Geltung kommt: es dominieren Töne in Blau, Grün, Ocker, Rot und Weiß. Alle Personen sind von bewegter, die Decke fast sprengender Körperlichkeit erfüllt. Das Göttliche scheint mit seinem Geist und seiner Kraft auf den Menschen überzugehen (Gott und Adam berühren sich – fast). Zu Recht gehören die Deckenfresken zum unersetzbaren Kulturschatz des Abendlandes.

22 Jahre später, 1534, unter Papst Paul III. – der Künstler war inzwischen 59 Jahre alt geworden –, begann Michelangelo mit dem FRESKO AN DER ALTARWAND. Der »Erschaffung der Welt« wollte er ihr Ende entgegensetzen, das »Jüngste Gericht«, in dem nach der Lehre der Kirche Jesus Christus als Weltenrichter wiederkommt und die Gerechten zu sich ruft, die Verdammten hingegen in die Hölle weist. Dieses hochdramatische Geschehen, das Michelangelo auch persönlich als Richtspruch über das Leben des einzelnen auffaßte, ist so bewegend dargestellt, daß ohne Zweifel das »Jüngste Gericht« zu den größten Kunstwerken der Menschheit zählt.

Wie ein mächtiger jugendlicher Gott erscheint Jesus Christus auf den Wolken des Himmels – das Thema mit seinen Einzelheiten entnahm Michelangelo der Heiligen Schrift –, umgeben von Maria, den Aposteln und anderen Heiligen. Die Gerechten (links), die zum Himmel aufsteigen, und die Verdammten (rechts), die in die Hölle stürzen, bilden keine geruhsame Versammlung, sondern eine gewaltige Bewegung hinauf und hinunter, die über das ewige Schicksal der Menschen entscheidet. Unten vollzieht sich die Auferstehung der Toten aus den Gräbern, der Totenschiffer Charon treibt die Sünder in sein Reich. In der Mitte rufen die Engel mit Posaunen alle zum Gericht herbei; oben tragen Engel die Leidenswerkzeuge Christi im Triumph. Den 391 Figuren hat Michelangelo athletische Gestalten gegeben und manche mit leicht erkennbaren Einzelheiten versehen (Petrus mit dem Schlüssel, Sebastian mit den Pfeilen, Laurentius mit dem Rost, Bartholomäus mit der abgezogenen Haut, auf der das Portrait Michelangelos erscheint, Katharina mit dem Rad). Die Figuren waren zuerst nackt, einige Jahre nach der Vollendung des Gemäldes, 1541, fügte ein Schüler Michelangelos Schleier hinzu.

Durch Sponsorship der japanischen Fernsehgesellschaft NTV finden Restaurationsarbeiten statt, zu denen einige der italienischen, amerikanischen, deutschen Experten äußerten, »sie seien vielleicht zu gründlich« vorgegangen, »Die Reinigung geht noch vor den Originalzustand zurück«, »Eine Farbschicht, mit der Michelangelo seine Figuren schattierte, verschwindet«.

Galleria delle Carte Geografiche, Galleria dei Candelabri e degli Arazzi

Die 120 Meter lange *Galerie der Landkarten* zeigt die Regionen Italiens, oft mit Stadtansichten und Landschaftsüberblicken. Ihr folgen, wenn man vom Päpstlichen Palast kommt, die *Galerie der Kandelaber und der Wandteppiche* mit kostbaren Wandteppichen aus dem 5. bis 17. Jahrhundert und römischen Marmorkandelabern.

Museo Gregoriano Profano

Zu den Museen, die Papst Gregor XVI. (1831 bis 1846) einrichten ließ, gehört auch das Museo Gregoriano Profano mit Werken nichtreligiöser Bestimmung oder Herkunft. Diese Sammlung befand sich bis 1936 zusammen mit dem Museo Pio Cristiano und dem Museo Epigrafico Cristiano in den Räumen des Lateranpalastes. Johannes XXIII. (1958 bis 1963) und Paul VI. (1963–1978) ließen dafür ein modernes Museumsgebäude neben der Pinakothek errichten. In vorbildlicher Aufstellung zeigt das Profanmuseum Werke aus der Antike, die zum größten Teil auf dem Gebiet des Kirchenstaates gefunden wurden. Die Sammlung umfaßt zum einen römische Kopien nach griechischen Originalskulpturen und Originale römischer Skulpturen aus der Kaiserzeit: Statuen, Reliefs, Grabdenkmäler und Sarkophage sowie Werke politischen und religiösen Charakters.

In der 1. Sektion sind römische Kopien und griechische Originale (zum Teil überarbeitet) zu sehen; in der 2. Werke der römischen Bildhauerkunst aus dem 1. und vom Anfang des 2. Jahrhunderts; in der 3. Sektion vor allem Sarkophage; in der 4. römische Skulpturen des 2. und 3. Jahrhunderts n. Chr.

Museo Pio Cristiano

Das Museum, das Papst Pius IX. 1854 den Vatikanischen Sammlungen hinzufügte, enthält Objekte, die bis 1963 in den Räumen des Lateranspalastes Aufnahme gefunden hatten. Das Museo Pio Cristiano besteht aus zwei Abteilungen, der für Architektur, Skulpturen und Mosaiken und der für Inschriften.

Museo Missionario Etnologico

Auch jene zur Ausstellung geeigneten Gegenstände, die aus den Missionsgebieten der katholischen Kirche nach Rom gelangten und in den Besitz des Vatikans kamen, wurden zunächst seit 1926 im Lateranspalast aufgestellt. Pius XI. ordnete ihre systematische Zusammenfassung an. 1970 wurden alle Stücke von Interesse (für das Publikum, aber auch für Wissenschaftler) in den Vatikan, in das Museo Missionario Etnologico überführt. Dieses »Völkerkundemuseum« gibt einen hervorragenden Einblick in Leben, Kultur und Religion fremder Völker.

Museo Storico

Das Historische Museum des Vatikans, eingerichtet in einem großen Gebäude unter dem sogenannten Giardino Quadrato neben der Pinakothek, zeigt Objekte aus der Geschichte des Kirchenstaates, päpstliche Wagen, Waffen und Uniformen der päpstlichen Soldaten.

XIV Umgebung – Dintorni di Roma

Latium, die italienische Region Lazio, reich an landschaftlichen Reizen und Kunstschätzen, muß nicht »im Schatten« Roms liegen. Dabei stellt Rom die Umgebung jedoch nicht nur im übertragenen Sinn in den Schatten, zieht also häufig fast das ganze Interesse der Besucher auf sich; umgekehrt spendet das Umland der gewaltigen Urbs vielmehr auch selbst jenen Schatten, der einen vor der Hitze der städtischen Hast, der Erschöpfung durch rastloses Schauen bewahrt, kurz, in dem man sich erholen kann.

In vier Hauptrichtungen kann selbst der eilige Besucher von Rom aus seine Schritte lenken. Nach Norden zu den beiden Etruskerstätten Cerveteri und Tarquinia sowie Bracciano am Lago di Bracciano, nach Südosten in die Albaner Berge mit der päpstlichen Sommerresidenz in Castel Gandolfo und dem Wein- und Villenort Frascati, nach Westen mit Ostia Antica und dem Lido di Ostia, den von Archäologen freigelegten Überresten der altrömischen Hafenstadt Ostia und der heutigen Stadt Ostia am Meer, und schließlich nach Nordosten, nach Tivoli und Palestrina.

Cerveteri

Cerveteri, 51 Kilometer nordwestlich von Rom nahe der Küste gelegen, das »Alte« *Caere* der Etrusker (Caere »Vetus« verschmolz zum heutigen Namen), war vom 8. bis zum 4. Jahrhundert v. Chr. Handels- und Machtzentrum eines etruskischen Teilstaats. Die *Nekropole,* die Totenstadt von Cerveteri, führt in das Leben und den religiösen Kult jenes Volkes ein, das vor den Römern in ganz Mittelitalien seßhaft war, das eine hohe Kultur entfaltete und es in Architektur, Malerei und Bildhauerkunst ebenso zu großen Leistungen brachte wie im Handwerk und in der Technik. Von dem Leben der Etrusker erfahren wir durch die ausgedehnte Totenstadt, die sich nördlich des heutigen Cerveteri erstreckt. Die hier gefundenen Gold- und Bronzearbeiten, Vasen und Urnen sowie Malereien auf Wänden und Gegenständen sind über Museen in Paris, London und Rom (Vatikanische Museen und Villa Giulia) verteilt. Ein Rundgang führt an den verschiedenen eindrucksvollen Gräbern vorbei. Diese Gräber (Tombe) sind es, die den Ruhm und die Bedeutung dieses Ortes ausmachen.

Hervorzuheben sind: »Tomba (Grab) dei Capitelli«, »della Casa con tetto stramineo«, »dei Dolii«, »dei Letti Funebri«, »dei Vasi Greci«, »dei Rilievi«, »della Cassetta«, »delle Colonne Doriche«, »del Triclinio«, »dei Sarcofagi«, »degli Iscrizioni«, »dell' Alcova« und »delle Ulive« sowie der »Tumulus (Grabhügel) della Cornice« und »della Ophelia Maroi«.

Tarquinia

Tarquinia, 96 Kilometer von Rom im Nordwesten nicht weit vom Tyrrhenischen Meer, ist ebenfalls – wie Cerveteri – etruskischen Ursprungs. In dieser Stadt führten die Etrusker bis zu ihrer Niederlage gegen die Römer im Jahr 311 v. Chr. ein stolzes, an Kultur reiches Gemeinwesen. Von ihrem Leben geben uns das *Museo Nazionale Tarquiniense* in dem beachtenswerten *Palazzo Vitelleschi*, für Kardinal Giovanni Vitelleschi (1436–1439) errichtet, und die in der Umgebung Tarquinias verstreuten *Nekropolen* (Grabstätten) eindrucksvolle Kunde. Vasen und Urnen aus feiner und grober Keramik, Werkzeuge und Gebrauchsgegenstände, Waffen und Schmuck, Gemälde mit Darstellungen aus dem Leben der Verstorbenen und aus dem Jenseits der Götter stammen aus drei Kulturepochen, der »Zeit der Brandgräber oder der Villanova-Kultur« (10. bis 8. Jahrhundert v. Chr.), der »Orientalisierenden Epoche« (Anfang des 7. bis zur Mitte des 6. Jahrhunderts v. Chr.) und dem »Zeitalter der etruskischen Grabmalerei« (6. bis 2. Jahrhundert v. Chr.).

Beachtenswert sind die »Tomba dei Letti Funebri« (der Totenbetten), »del Triclinio« (des Speisezimmers), »delle due Bighe« und »del Barone« mit hervorragend erhaltenen Wandmalereien sowie Steinsarkophage und ein großes farbiges *Terrakottarelief mit zwei geflügelten Pferden* (ein Wahrzeichen Tarquinias).

Die sehr lohnende Besichtigung der in der Umgebung liegenden Grabanlagen ist nur vom Museum aus mit einem Führer und einem Auto möglich.

Bracciano

Bracciano, ein kleines Städtchen, 39 Kilometer von Rom entfernt über dem *Lago di Bracciano,* dem Braccianer See, gelegen, ist eine beliebte Sommerfrische der Römer und Erholungsort ausländischer Wahlrömer. Das mächtig aufragende *Castello Orsini* errichteten Napoleone Orsini und sein Sohn Gentile Virginio von 1470 bis 1485; es hielt manchen Belagerungen statt. Von seinen Zinnen aus bietet sich ein herrlicher Blick über die römische Landschaft bis zu den Sabiner Bergen.

Colli Albani – Castelli Romani

Im Gebiet der Albaner Berge, etwa 20 bis 30 Kilometer südöstlich von Rom, hatten früher die römischen Adelsfamilien und Päpste ihre Burgen, daher wird das Gebiet auch »Castelli Romani« (Römische Burgen) genannt; heute ziehen sich viele Römer in diese höher als Rom gelegenen Zonen der besseren Luft und der größeren Ruhe wegen zurück. Die vulkanischen Berge steigen bis zu einer Höhe von 949 Metern an (Monte Cavo); die Krater der Vulkane bilden zwei Seen, den *Lago di Albano* (Albaner See) und den *Lago di Nemi* (Nemi-See). Auf den Abhängen dieses Gebietes wächst ein guter Wein (mit der Bezeichnung »Castelli Romani«). Aus den alten Burgen haben sich bevölkerte Städtchen entwickelt: Frascati, Grottaferrata, Marino, Castel Gandolfo, Albano, Ariccia, Genzano, Nemi und Rocca di Papa.

Lago di Albano

Der Krater des Albaner Sees, etwa 10 Kilometer im Umfang, in einer Höhe von 293 Metern über dem (in der Ferne glänzenden) Meeresspiegel gelegen und bis zu 170 Meter tief, ist – von welchem Punkt auch immer – landschaftlich besonders reizvoll. Durch einen unterirdischen Ableitungskanal (Emissarium), 1,20 Meter breit, 1,60 Meter hoch und 2500 Meter lang, wird der Wasserspiegel des Sees auf gleicher Höhe gehalten; die überflüssige Wassermenge wird dem Tiber zugeführt. Die erste Anlage dieser Art wurde von römischen Ingenieuren bereits im Jahr 397 v. Chr. gebaut. Nach alter Überlieferung hat zu diesem Bau die Römer eine Weissagung veranlaßt, die ihnen bedeutete, sie würden andern-falls die Etruskerstadt Veji nicht erobern können.

Frascati

Frascati, 22 Kilometer von Rom entfernt, im Südosten, ist wegen seines Weines und seiner Villen gleich berühmt. Der Zahl der länd-lichen Weinstuben entspreche, so heißt es scherzhaft, die der architektonisch bedeu-tenden Landvillen der römischen Adelsfami-lien aus dem 16. und 17. Jahrhundert; man sagt es auch umgekehrt.

Hervorzuheben sind von den Landpalä-sten: die *Villa Aldobrandini,* die ihre Fassade stolz dem Haupt-(Park-)Platz zuwendet, der *Falconieri* (Maddalena, Ruffini), die *Villa Ruf-finella* (Ferreria), der *Lancelotti,* der *Grazioli* (Aquavia, Montalto), der *Muti* (Arrigoni), der *Pallavicini,* der *Torlonia* (Ludovisi, Conti), der *Borghese* (Taverna), der *Mondragone* und die *Villa Vecchia.* Außerhalb Frascatis be-finden sich die Ruinen des alten TUSCULUM, das zu allen Zeiten berühmte Römer, wie etwa in der Antike der Schriftsteller Cicero, als Sommerwohnsitz wählten. Auf dem Berg befinden sich Reste einer römischen Akro-polis und einer mittelalterlichen Zitadelle.

Grottaferrata

Bei der Rundfahrt durch die Castelli Romani sollte man die alte Abtei der Basilianer, eines Ordens der griechisch-katholischen Kirche, bei Grottaferrataa, 21 Kilometer von Rom in 329 Meter Höhe gelegen, nicht auslassen. Sie sei eine »Gemme aus dem Orient in der Tiara des Papstes«, lobte Leo XIII. Ende des letzten Jahrhunderts. Die Abtei ragt als Festungsbau-werk der Renaissance und als ehrwürdiges *Kloster mit bedeutenden Kunstwerken* her-vor.

Rocca di Papa

Rocca di Papa, 27 Kilometer von Rom ent-fernt, 681 Meter hoch am Abhang des Monte Cavo gelegen, führt seinen Namen auf eine Festung der Päpste aus dem 12. Jahrhundert zurück. Unter der mittelalterlichen Stadt haben sich nun Villen, Gärten und Hotels aus-gebreitet.

Castel Gandolfo

In Castel Gandolfo befindet sich die Sommer-residenz der Päpste, die als exterritoriales Ge-biet zum Vatikanstaat gehört und deren Bau unter Urban VIII. im Jahr 1624 begonnen wurde. Von dem Städtchen aus, das nach der Sage von Ascanius, dem Sohn des Aeneas, ge-gründet wurde und das in der realen Historie als *Alba Longa* im Krieg mit Rom unterlag, hat man einen weiten Blick über die römische Campagna bis zur Kuppel der Peterskirche, aber auch bis zum Meer und hinunter zum Albaner See. Die Kirche am Hauptplatz ge-genüber dem päpstlichen Palast, San Tom-maso di Villanova, ist ein Werk Berninis (1661). Auch der Brunnen auf dem Haupt-platz ist von Bernini.

Ariccia

Wie viele der alten Städte Latiums lag auch Ariccia, das alte *Aricia,* im Kampf mit Rom, was es durch mehrmalige Zerstörung büßen mußte. Die schöne Lage, 412 Meter hoch auf einem Sattel zwischen zwei Tälern, zieht noch heute viele Römer in der heißen Jahres-zeit an.

Albano

Durch Albano (Laziale), 26 Kilometer von Rom entfernt, führt die Via Appia Antica. Ruinen (Stadttor, Mauern, Amphitheater, Thermen, Grab, Zisterne) weisen auf die hohe

Zivilisation der Bewohner von *Castra Albana* in römischer Zeit hin.

Lido di Ostia

Der schöne Strand des Badeorts Ostia zählt zwar immer noch zu den beliebtesten Ausflugszielen der Römer und damit zu den belebtesten Sandstreifen und Promenaden der italienischen Halbinsel; doch ist das am Meer gelegene Ostia (Lido di Ostia) in den letzten Jahren fast eine Großstadt mit beinahe 55 000 Einwohnern geworden. Da sie ihre Abwässer zumeist ins Meer leitet und außerdem die von Rom durch den Tiber herbeigeschwemmt werden, ist das Baden im Meer nicht zu empfehlen, zeitweilig sogar von der Gesundheitsbehörde verboten.

Ostia Antica

(Farbt. 31)

An keinem Ort der Umgebung Roms kann man einen so anschaulichen und umfassenden Überblick über eine antike Stadt gewinnen wie in den Ruinen des alten Ostia.

An der Mündung (Ostium) des Tibers, so lauten die Legenden, sei Aeneas, der Ahnherr der Latiner, an Land gegangen; hier habe der König Ancus Marcius im 7. Jahrhundert v. Chr. eine Siedlung gegründet. Nach der archäologischen Forschung war es jedoch um 335 v. Chr., daß hier eine Siedlung an der Mündung des Tibers ins Meer entstand, günstig gelegen für Fischerei und Handel. Die Stadt wuchs zusammen mit Rom empor und wurde in der Kaiserzeit einer der lebhaftesten und wichtigsten Handels- und Kriegshäfen. Dieser Rang drückte sich in vielen Bauten für die damals etwa 50 000 Bewohner aus.

Als jedoch Roms Bedeutung als Macht- und Handelszentrum mit der Teilung des Reiches unter Konstantin, mit den Plagen der Jahr-zehnte der Völkerwanderung und dem Untergang des Weströmischen Reiches im 5. Jahrhundert zurückging, als die politische Lage mit den wechselnden Machtverhältnissen im frühen Mittelalter und der Bedrohung durch die Sarazenen sich gegen Ostia wandte, als zudem der Tiber immer mehr Sandmassen anschwemmte und dadurch die Hafenstadt immer weiter vom Meer abrückte, als dazu noch die Malariaplage kam und 1613 ein Kanal bei Fiumicino den Einwohnern den Seehandel nahm – zuviel für eine Stadt –, da versank Ostia in Trümmer und – Vergessenheit.

Bis sich die Altertumsforscher und Archäologen der berühmten Hafenstadt Roms erinnerten. Seit dem 19. Jahrhundert förderten Ausgrabungen etwas mehr als die Hälfte des verfallenen Stadtgebiets von 66 Hektar zu Tage: Straßen und Wohnhäuser, Theater und Bürobauten, Tempel und Kasernen, Kunststätten und Geschäfte, Grabanlagen und Lagerhäuser, Thermen und Stadttore, Wirtshäuser und Hotels, Sportanlagen und Hafeneinrichtungen, Statuen und Mosaiken. All das waren jedoch nicht beziehungslose Fragmente, sondern es ließ sich zu einem Stadtorganismus zusammenfügen, dessen Gliederung in fünf Stadtteile mit rechtwinkligen Straßenzügen klar vor Augen liegt.

Die Besichtigung der Scavi, der Ausgrabungen, beginnt entweder am Haupteingang und führt dann über die Via dei Sepolcri (Gräberstraße) an der Porta Romana und den Grabanlagen, den Thermen und dem Piazzale della Vittoria (mit einem Standbild der Siegesgöttin Minerva Victoria), an Lagerhäusern (Horrea) und Wohnhäusern vorbei auf der von Rom kommenden Via Ostiense, der jetzt *Decumanus Maximus* geheißenen Hauptstraße, bis zum Theater; oder man fährt mit dem Auto in das Gebiet der Scavi hinein bis zum Parkplatz und geht auf kurzem Weg zu Fuß zum Theater.

Auch ein kurzer Rundgang sollte das *Theater* nicht auslassen. Es wurde unter Kaiser Augustus errichtet, unter Septimius Severus und Caracalla umgestaltet, vor einigen Jahren wieder restauriert und faßt etwa 2700 Zuschauer; noch heute finden während der Sommermonate Aufführungen darin statt. Von den Rängen des Theaters sieht man auf den *Piazzale delle Corporazioni,* ein Geviert mit den Büros von 70 Handelsvertretungen, deren Herkunft und Tätigkeit von Mosaiken davor angegeben werden. In der Mitte des Platzes erhebt sich der *Tempel der Ceres.* Vom Theater geht der Blick weiter auf die *Thermen des Neptun* (mit Mosaiken) und eine *Palästra* (Sporthalle) sowie die *Kaserne der Wachleute,* schließlich auf die *Horrea des Hortensius;* dahinter erstrecken sich weite, noch unausgegrabene Teile des alten Ostia.

Dann kann man zum schönen *Haus des Apulejus* (Casa di Apuleio) gehen, mit dem danebenliegenden *Mithras-Heiligtum* und weiteren Lagerhäusern, hinüber in das Häusergewirr mit dem *Collegium Augustale,* der *Casa der Fortuna Annonaria,* auf das Feld und zum *Tempel der Magna Mater Kybele* und zurück Richtung Hauptstraße. Auf dem Weg dorthin liegen die *Thermen des Forums,* der *Tempel der Roma und des Augustus* und die *Casa dei Triclini* sowie die *Basilika am Forum* mit dem hochaufragenden Gebäude der *Curia,* die das Forum abschließt. Der Rundgang kann jetzt noch weiter ausholen und den *Tempio Rotondo,* die *Scuola di Traiano,* den *Piazzale di Bona Dea,* die *Casa a Giardino* mit großen Wohnungen, Gärten und Laubengängen, die *Casa delle Muse,* eine *christliche Basilika, Thermen der Sieben Weisen* und *Thermen des Mithras,* weiter *republikanische Tempel,* das

Haus von Amor und Psyche, den *Kleinen Markt,* die *Casa dei Dipinti* und die *Casa di Diana* berühren. Zum Schluß lädt ein interessantes *Museum* ein, die künstlerisch wertvollen Funde von Ostia Antica zu besichtigen.

Tivoli – Villa d' Este – Villa Adriana

Tivoli, das alte römische Tibur an der Via Tiburtina, 31 Kilometer von Rom entfernt und heute eine Stadt von 50 000 Einwohnern, wird vor allem wegen der Villa d'Este und der Villa Adriana aufgesucht.

Villa d' Este

Die Villa d' Este, Gebäude und Park für die Familie der Este aus Ferrara, gilt als die »Königin der Villen«. Im 16. Jahrhundert wurde für den Kardinal Ippolito d' Este von Pirro Ligorio eine Anlage geschaffen, in der sich die natürliche Gestalt der Landschaft (an einem Hügelabhang), das Spiel des Wassers und die architektonischen Formen der Bauten harmonisch und erfrischend verbinden. Luigi und Alessandro d' Este ließen die Anlage der Villa, die später in den Besitz des Hauses Habsburg und 1918 in den des italienischen Staates überging, zu Beginn des 17. Jahrhunderts vollenden. Von dem Palazzo tritt man über Terrassen und zahlreiche Treppen in den parkähnlichen Garten. Hunderte von Fontänen, Brunnen, großen und kleinen Wasserbecken nehmen das Wasser auf, sammeln es, um es weiterzugeben oder emporzuschleudern: Ein beständiges Rieseln und Rauschen erfüllt die Luft, die hier viel reiner ist als in Rom, was Touristen nach einem anstrengenden Kirchen- oder Museumsbesuch zu schätzen wissen. Fontänen und Brunnen sind von den Baumeistern in spielerischen Formen gestaltet, zuweilen miniaturhaft Größeres nachahmend, nur mit dem Ziel, zu erfreuen.

Villa d' Este in Tivoli. Stich von G. B. Piranesi

Villa Adriana – Villa des Hadrian
(Farbt. 30)

Die Villa Adriana, etwas außerhalb von Tivoli gelegen, ließ der baufreudige Kaiser Hadrian (117–138) anlegen. In diesem »Schloß« war alles Notwendige für eine angemessene Führung des kaiserlichen Hofes vorhanden. Zugleich hatten die Architekten in kleinerem Maßstab die Orte und Bauwerke kopiert, die Kaiser Hadrian bei seinen ausgedehnten Reisen im Römischen Reich besonders beeindruckt hatten, so das Tempeltal von Thessalien, ein Kanal bei der ägyptischen Stadt Kanopus oder die Akademie zu Athen. Deshalb führt ein Rundgang an den Bauten für die kaiserliche Sommerresidenz und an den Nachbildungen dieser fremden Stätten vorbei. Hervorzuheben sind – und bei einer Besichtigung leicht zu erkennen, wozu im Eingangsgebäude noch ein Gipsmodell der Anlage verhilft:

Griechisches Theater (am Eingang); der Gartensaal eines kleinen Palastes mit der für die Hadrian-Zeit typischen, bewegten Architektur (konvexe und konkave Linien); *Piazza d' Oro*, der Goldene Platz, der von 60 Säulen umgeben war; das sogenannte *Teatro Marittimo*, das Seetheater; eine kleine *Villa* mit marmornem Säulengang und der »Insel der Einsamkeit«, kleine und große *Thermen;* der *Canopus*, eine langgestreckte Anlage im Freien mit einem *Serapis-Tempel* und (dahinter) der *Akademie;* das *Stadion*, die *Kaserne* der Wachen, die *Bibliothek* für griechische und lateinische Autoren neben dem eigentlichen *Kaiserpalast*. Ein *Museum* zeigt einige beachtenswerte Objekte. Von der Pracht der Kaiserzeit, von imperialer Größe vermittelt die Villa des

Hadrian mit ihren mächtigen Ruinen einen überwältigenden Eindruck.

Subiaco

Das Städtchen Subiaco, 72 Kilometer von Rom entfernt, zog schon die alten Römer wegen seiner idyllischen Lage an, so den Kaiser Nero, der sich künstliche Seen und eine Villa anlegen ließ, bevor *Benedikt von Nursia,* der berühmte Gründer des Benediktinerordens, sich hierher in die Einsamkeit mit Gleichgesinnten zurückzog. Deshalb lockt Subiaco vor allem die Verehrer des heiligen Benedikt und seiner Schwester, der heiligen *Scholastika,* der zu Ehren Kirche und Kloster in der Nähe des Ortes erbaut wurden. Das Kloster des heiligen Benedikt mit der Heiligen Höhle *(Sacro Speco)* erreicht man über eine kurvige Autostraße. Das Gedächtnis des heiligen Benedikt wird in der winkelreichen, über- und ineinandergestaffelten Klosteranlage durch *Wandmalereien* gefeiert, die aus dem 8. bis 14. Jahrhundert stammen und in Darstellungen Szenen aus dem Leben des Ordensgründers und der Bibel zeigen.

Palestrina

Das alte *Preneste,* das heutige Palestrina, liegt 38 Kilometer östlich von Rom entfernt an der Via Prenestina. Es bietet im Sommer vielen Römern – seit alters – Erholung. Der *Tempel der Fortuna Primigenia,* eine Anlage, die bis in das 4. vorchristliche Jahrhundert zurückgeht und in die hinein im 11. Jahrhundert – später erweitert – der *Palazzo Colonna-Barberini* gebaut wurde, ist einen Ausflug nach Palestrina wert. Der Palast beherbergt seit 1955 das Archäologische Museum mit dem berühmten *Nil-Mosaik.*

Literaturhinweise

Eine Auswahl weiterführender Literatur zur Geschichte und Kunst der Stadt Rom

Ergänzend zu diesem Kunst-Reiseführer sind in der gleichen Reihe erschienen:
Herbert Alexander Stützer, *Das antike Rom.* Die Stadt der sieben Hügel: Plätze, Monumente und Kunstwerke, Geschichte und Leben im alten Rom. Köln 1985[5]
Leonard von Matt / Franco Barelli, *Rom in 1000 Bildern.* Kunst und Kultur der »Ewigen Stadt«. Köln 1980[5]
Standardwerk zur römischen Kunstgeschichte:
Leo Bruhns, *Die Kunst der Stadt Rom.* Ihre Geschichte von den frühesten Anfängen bis in die Zeit der Romantik. München – Wien 1972[2]
Speziell zur Kunst der Antike:
Wolfgang Helbig, *Führer durch die öffentlichen Sammlungen klassischer Altertümer in Rom.* 4 Bde, hrsg. v. Hermine Speier. Tübingen 1963/1982
Herbert Alexander Stützer, *Die Kunst der römischen Katakomben.* (DuMont Taschenbuch 141). Köln 1983
Einzelthemen:
Roloff Beny, Peter Gunn, *Die Kirchen von Rom.* Freiburg 1982
Maurizio F. dell'Arco, *Petersdom und Vatikan.* Ein Führer durch die Geschichte und Kunstwerke des Petersdoms und des Vatikan. Freiburg 1983
Deoclexio Redig de Campos, *Raphaels Fresken in den Stanzen,* Stuttgart 1984
Klassiker der Geschichtsschreibung:
Ferdinand Gregorovius, *Geschichte der Stadt Rom im Mittelalter.* Vom V. bis XVI. Jahrhundert. 4 Bde, München 1978
Rom und Italien:
Harald Keller, *Die Kunstlandschaften Italiens.* 2 Bde. Insel-Taschenbuch 627. 1960/1983
Giuliano Procacci, *Geschichte Italiens und der Italiener.* München 1983
Rudolf Lill, *Geschichte Italiens in der Neuzeit,* Darmstadt 1986[3]
Papsttum:
Horst Fuhrmann, *Von Petrus zu Johannes Paul II.* Das Papsttum. Gestalt und Gestalten. (Beck'sche Schwarze Reihe 223) München 1984[2]
Franz X. Seppelt / Georg Schwaiger, *Geschichte der Päpste.* 5 Bde, München 1956–1959
Römische Veduten:
Das barocke Rom. Vorwort von Harald Keller (Die bibliophilen Taschenbücher 92)
Domenico Amici, *Die Ansichten Roms.* Nachwort und hrsg. von C. Grützmacher (Die bibliophilen Taschenbücher 425)
John Wilton-Ely, *Giovanni Battista Piranesi.* Vision und Werk. München 1978 (mit vollständiger Abbildung der »Vedute di Roma«)
Giambattista Piranesi, *Vedute di Roma.* 2 Mappen (Faksimile d. Ausg. Rom 1792), 138 Taf.

Colonna
Martin V.
1417   1431

Condulmero
Eugen IV.
1431   1447

Parentucelli
Nikolaus V.
1447   1455

Borgia
Kalixtus III.
1455   1458

Piccolomini
Pius II.
1458   1464

Barbo
Paul II.
1464   1471

della Rovere
Sixtus IV.
1471   1484

Cibo
Innozenz VIII.
1484   1492

Borgia
Alexander VI.
1492   1503

Todeschini-Piccolomini
Pius III.
1503

della Rovere
Julius II.
1503   1513

Medici
Leo X.
1513   1521

Florensz
Hadrian VI.
1522   1523

Medici
Klemens VII.
1523   1534

Farnese
Paul III.
1534   1549

del Monte
Julius III.
1550   1555

Cervini
Marcellus II.
1555

Carafa
Paul IV.
1555   1559

Medici
Pius IV.
1559   1565

Ghislieri
Pius V.
1566   1572

Boncompagni
Gregor XIII.
1572   1585

Peretti
Sixtus V.
1585   1590

Castagna
Urban VII.
1590

Spondrati
Gregor XIV.
1590   1591

Facchinetti
Innozenz IX.
1591

Aldobrandini
Clemens VIII.
1592   1605

Medici
Leo XI.
1605

Borghese
Paul V.
1605   1621

Ludovisi
Gregor XV.
1621   1623

Barberini
Urban VIII.
1623   1644

Pamphilj Innozenz X. 1644 1655	Chigi Alexander VII. 1655 1667	Rospigliosi Klemens IX. 1667 1669	Altieri Klemens X. 1670 1676	Odescalchi Innozenz XI. 1667 1689
		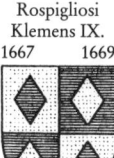		

Ottoboni Alexander VIII. 1689 1691	Pignatelli Innozenz XII. 1691 1700	Albani Klemens XI. 1700 1721	Conti Innozenz XIII. 1721 1724	Orsini Benedikt XIII. 1724 1730

Corsini Klemens XII. 1730 1740	Lambertini Benedikt XIV. 1740 1758	Rezzonico Klemens XIII. 1758 1774	Ganganelli Klemens XIV. 1769 1774	Braschi Pius VI. 1775 1799
	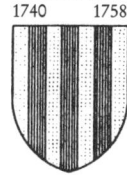			

Chiaramonti Pius VII. 1800 1823	Sermattei della Genga/Leo XII. 1823 1829	Castiglioni Pius VIII. 1829 1830	Cappellari Gregor XVI. 1831 1846	Mastai-Ferretti Pius IX. 1846 1878

Pecci Leo XIII. 1878 1903	Sarto Pius X. 1903 1914	della Chiesa Benedikt XV. 1914 1922	Ratti Pius XI. 1922 1939	Pacelli Pius XII. 1939 1958
	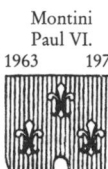			

Roncalli Johannes XXIII. 1958 1963	Montini Paul VI. 1963 1978	Luciani Johannes Paul I. 1978	Wojtila Johannes Paul II. 1978	

Abbildungsnachweis

FARBTAFELN UND SCHWARZWEISSABBILDUNGEN:

Giancarlo Gasponi, Rom (Edizioni Indaco): Ft. 9, 15, 16, 23–29, 32, 33
Hirmer Fotoarchiv, München: Abb. 77
M. Jeiter, Aachen: Abb. 30, 46, 53, 67, 78, 89
A. F. Kersting, London: Abb. 3, 12, 15, 20, 27, 28, 41, 55, 56, 60, 68, 73, 86, 88, 108. – Titelbild, Ft. 5, 13
Helmuth Nils Loose, Buggingen: Ft. 10
Leonard von Matt, Buochs: Abb. 2, 4, 9, 11, 13, 16, 22, 24, 31, 33, 37–40, 42, 43, 47, 49, 52, 59, 63–66,
    69, 70, 74–76, 80, 83, 85, 87, 90–92, 96, 97, 99, 101–103, 111, 112. – Ft. 19–21, vordere Umschlagklappe
Musei Vaticani: Abb. 115, 116. – Ft. 22
Werner Neumeister, München: Abb. 5–8, 10, 14, 17–19, 21, 25, 26, 35, 36, 45, 48, 50, 51, 54, 57, 58, 61,
    62, 71, 79, 81, 82, 84, 93–95, 100, 104–107, 109, 110, 113, 114, 118. – Ft. 1–3, 8, 11, 12, 14, 17, 18, 30, 31
Cesare D' Onofrio, Rom (Romana Societa Editrice): Ft. 7, Umschlagrückseite
Archivio e Studio Folco Quilici, Rom: Abb. 1, 29. – Ft. 6
Hans Weber, Lenzburg: Ft. 4
Archiv des Verlages: Abb. 32, 44, 72, 98, 117

TEXTILLUSTRATIONEN:

Bayerische Staatsbibliothek, München: Seite 31, 36, 38, 53, 85, 86, 89, 91, 94, 100, 143, 145, 147, 148,
    151, 152, 154, 156, 157, 158, 160, 162, 167, 340, 355, 359, 371
British Architectural Library/RIBA, London: hintere Umschlagklappe
The British Museum, London, Dptm. of Prints: Seite 136
Leonard von Matt, Buochs: Seite 106 re.
The Metropolitan Museum of Art, New York, Elisha Whittelsey Fund, 1949: Seite 2 (Frontispiz)
Musei Vaticani: Seite 49, 130, 135
Staatliche Museen Preußischer Kulturbesitz, Kupferstichkabinett, Berlin (West): Seite 33, 98, 103, 140

Mit freundlicher Genehmigung der Verlage wurden Zeichnungen aus folgenden Publikationen über-
nommen:
J. B. Ward-Perkins, *Roman Imperial Architecture,* Harmondsworth 1970/1981 (Penguin Books, The Pelican
    History of Art): Seite 217, 222, 224, 225, 229
Reclams Kunstführer Italien, Bd. V: *Rom und Latium,* Stuttgart 1981⁴: Seite 245, 303, 308

Alle übrigen Reproduktionsvorlagen entstammen dem Archiv des Verlages.

QUELLENNACHWEIS:
Die abgebildeten Stiche von G. B. Piranesi stammen, sofern in der Legende nicht anders vermerkt, aus
der Serie »*Vedute di Roma*«; die Architekturzeichnungen aus den mehrbändigen Werken von *Paul Leta-
rouilly,* »*Edifices de Rome moderne*« und »*Le Vatican et la basilique de Saint-Pierre*«. Die Fassaden der
Kirchen und Palazzi wurden reproduziert nach: P. Ferrerio, G. B. Falda, *Palazzi di Roma de piu celebri
architetti,* Rom 1655, und G. G. de Rossi, *Insignium Romae Templorum Prospectus ...,* Rom 1684.

KARTEN UND STADTPLÄNE: DuMont Buchverlag, Köln. Den Stadtplan in der vorderen Umschlagklappe
zeichnete Gerda Rebensburg, Köln.

Praktische Reisehinweise

Adressen für touristische Auskünfte

Staatliches Italienisches Fremdenverkehrsamt (ENIT)
Niederlassungen in der Bundesrepublik:
Berliner Allee 26
4000 Düsseldorf
✆ (02 11) 13 22 31/2

Kaiserstr. 65
6000 Frankfurt/M
✆ (0 69) 23 74 10

Goethestr. 20
8000 München 2
✆ (0 89) 53 03 69

in Österreich:
Kärntnerring 4
1010 Wien
✆ (02 22) 65 43 74/65 16 39

in der Schweiz:
Uraniastr. 32
6900 Zürich
✆ (01) 2 11 36 33

3, Rue Marché
1204 Genf
✆ (0 22) 28 29 22

in Rom:
Ente Nazionale Italiano per il Turismo (ENIT)
Via Marghera, 2/6
✆ 4 97 12 22

Ente Provinciale per il Turismo di Roma (EPT)
Via Parigi, 11
✆ 46 37 48
(Auch am Bahnhof Termini,✆ 46 54 61/ 475 00 78 und an den Autobahnraststätten nördlich und südlich von Rom)

Touring Club Italiano
Via Ovidio, 7 A
✆ 6 87 44 32/6 87 46 03

DER, Deutsches Reisebüro
Piazza Esquilino, 29
(bei S. Maria Maggiore)
✆ 4 82 75 31

Deutsches Pilgerbüro
Via del Sant' Uffizio, 29
(beim Petersplatz)
✆ 6 87 31 70/6 87 76 14

Tourist-Information
im Bahnhofsgebäude (Stazione Termini)
✆ 46 54 61/4 77 00 78

Anreise

Mit dem Auto
Der Reisende aus Deutschland fährt auf direktem Wege über die *Autobahn A 1* (Europastraße 6), die in den Autobahnring um Rom *(Grande Raccordo Anulare)* mündet; von dort

Beschilderung ›Roma Centro‹ folgen. Von Civitavecchia im Nordwesten, von der Küste also, führt die *Autobahn A 16* an den Raccordo Anulare. Über die alten Römerstraßen *Via Cassia, Via Flaminia* und *Via Aurelia* wird man direkt in die Stadt geleitet. Von Süden führen die *A 2* (Autostrada del Sole) oder die *Via Appia Nuova* nach Rom.

Mit dem Zug
Die Fernzüge aus Deutschland kommen am *Hauptbahnhof Roma Termini* an (Fahrtzeit ab München ca. 13, ab Hamburg 21, ab Köln 19 Stunden); Autoreisezüge an der *Stazione Tiburtina.*

Mit dem Flugzeug
Linienflüge landen am *Flughafen Leonardo da Vinci in Roma-Fiumicino,* Charterflüge in *Ciampino.* Es gibt regelmäßige Busverbindung zum *Air Terminal* an der Westseite der Stazione Termini, Via Giolitti 36, ✆ 46 46 13 (alle 15 Minuten von 7–23 Uhr, Preis 5000 Lire).

Akademien

Accademia Nazionale di Santa Cecilia
(Musikakademie)
Via Vittoria, 6
✆ 678 39 96

Accademia Archeologica Italiana
Via San Nicola da Tolentino, 21
✆ 46 18 49

Accademia Nazionale dei Lincei
Via della Lungara, 10
✆ 65 08 31

Accademia Nazionale di San Luca
Piazza dell' Accademia di San Luca, 77
✆ 679 03 24

Accademia delle Belle Arti
Via Ripetta, 222
✆ 3 60 80 05

Accademia Nazionale d'Arte Drammatica Silvio d'Amico
Via Vittoria, 6
✆ 679 88 78

Ausländische Akademien
Deutsche Akademie (Villa Massimo)
Largo di Villa Massimo, 1–2
✆ 42 03 94

Französische Akademie (Villa Medici)
Viale Trinità dei Monti, 1/a
✆ 67 611

Amerikanische Akademie
Via Angelo Masina, 5
✆ 5 84 61

Britische Akademie
Via Gramsci, 61
✆ 3 21 43 88/8 87 02 94

Belgische Akademie
Via Omero, 8
✆ 3 60 18 89

Dänische Akademie
Via Omero, 18
✆ 3 60 09 51

Spanische Akademie
Piazza San Pietro in Montorio, 3
✆ 5 81 60 13

Finnische Akademie
Paseggiata del Gianicolo, 10
✆ 6 54 16 74

Polnische Akademie
Vicolo Doria, 2
✆ 679 21 70

Rumänische Akademie
Via de San Martin, 1
✆ 3 60 15 94

Ungarische Akademie
Via Giulia, 1
✆ 6 50 85 41/6 54 20 52

Auto/Mietwagen

Autohilfe = *Soccorso stradale*
✆ 116

ACI, Automobil Club d' Italia
(Benzingutscheine, Straßenverhältnisse)
Via Magenta, 5, ✆ 42 12 und
Via C. Colombo, 261, ✆ 51 06

Die allgemeine Autowerkstatt heißt *Officina;*
Autoreifen werden in Werkstätten mit dem
Namen *Riparazione Gomme* repariert.

Mietwagen
Avis
Piazza Esquilino, 1, ✆ 470 12 16 und
Via Sardegna, 38 a, ✆ 470 12 28/9

Hertz
Via Sallustiana, 28, ✆ 46 33 34

Maggiore
Via Po, 8, ✆ 85 16 20

Diese Firmen haben auch Schalter am Hauptbahnhof und am Flughafen.

Motorrollerverleih
Scoot-a-long, Via Cavour, 302, ✆ 678 02 06

Bahnhöfe

Zugauskunft in deutscher Sprache
✆ 473 01

Stazione Termini (Hauptbahnhof)
Piazza del Cinquecento
Internationale und nationale Züge
Auskunft ✆ 47 75
Fundbüro ✆ 47 30 – 66 82
Liegewagen, Information (keine tel. Reser-
vierungen) ✆ 475 49 41

Bahnhof Tiburtina
Piazzale Staz. Tiburtina, ✆ 4 45 66 26
Richtung Nord- und Süditalien, Autotrans-
porte

Bahnhof Trastevere
Piazza Flavio Biondo, ✆ 5 81 60 76
Richtung Genua/Pisa

Bahnhof Ostiense
Piazza dei Partigiani, ✆ 5 75 07 32
Richtung Ostia und Anzio/Nettuno am Meer

Bahnhof Roma-Nord
Piazzale Flaminio, ✆ 3 38 22 45
Richtung Viterbo

Bahnhof San Lorenzo
(Teil der Stazione Termini)
Fracht und Autoverladung
✆ 4 45 28 48

Bahnhof Prenestina
Via O. Piccolomini, ✆ 27 20 72
Richtung Pescara

Bahnhof Tuscolana
Piazzale Staz. Tuscolana, ✆ 7 57 63 59
Richtung Formia – Neapel/Nettuno

Banken/Geld

Öffnungszeiten: Montag bis Freitag 8.30–13.30 und 15–16 Uhr (einige Banken am Freitagnachmittag von 14.45 bis 15.45 Uhr).

In den meisten Banken der Innenstadt kann man Geldscheine und Euro-Schecks umtauschen.

Es bestehen *Devisenbestimmungen.* Die Einfuhr italienischer Lire ist beschränkt!

Bibliotheken/Institute

Archivio di Stato di Roma
Corso Rinascimento, 40, ✆ 6 54 38 23
Mo–Sa 9–16.45 Uhr

Archivio Storico Capitolino
Piazza della Chiesa Nuova, 18
✆ 6 54 26 62
Mo–Fr 9–13 Uhr

Biblioteca Angelica
Piazza S. Agostino, 8, ✆ 6 87 58 74
Mo, Mi, Fr 8.30–19.30; Di, Do, Sa sowie wochentags im Juli u. August 8.30–13.30 Uhr; geschlossen: 1.–15.10. u. 1 Woche vor Ostern

Biblioteca Hertziana
Via Gregoriana, 28 (Palazzo Zuccari)
✆ 67 97 73 52
Mo–Fr 9–21; Sa 9–13 Uhr (nur mit Sondererlaubnis)

Istituto per Archeologia e Storia dell'Arte
Piazza Venezia, 3, ✆ 67 97 73 9

Mo–Fr 10–18; Sa 9–13 Uhr;
Sala Barbo: Mo–Fr 10–13 u. 15–18 Uhr

Istituto Archeologico Germanico
(Deutsches Archäologisches Institut)
Via Sardegna, 79
✆ 46 56 17
Mo–Fr 9–13 u. 15.30–20 Uhr;
geschlossen: Fei u. 15.7.–15.9.

Goethe Institut
Savoia, 15
✆ 8 84 17 25
Mo–Fr 10–13 u. 16–20 Uhr;
geschlossen: Juli, August

Städtische Bibliotheken
Piazza del Orologio (Palazzo Borromini)
✆ 6 54 10 40
z. Zt. wegen Restaurierung geschlossen

Via Marmorata, 169
✆ 5 74 64 80
Mo–Fr 9–13 u. 15–19; Sa 9–13 Uhr

Via Ottaviano Assarotti, 9/b
✆ 33 62 42
Di, Mi, Fr, Sa 9.30–13; Mo, Do 15–19 Uhr

Via Gela, 8
✆ 7 85 66 45
Mo, Di, Do, Sa 9.30–13; Mi, Fr 15–19 Uhr

Deutsche Buchhandlung Herder
Piazza Montecitorio, 117
✆ 6 79 46 28

Campingplätze

Roma Camping – Via Aurelia km 8
(800 Plätze), ✆ 6 22 30 18

Flaminio – Via Flaminia Nuova km 8
✆ 3 27 90 06

Club Aurelia Camping (Loc-Castel di Guido)
Via Aurelia km 20,5
✆ 6 90 91 90

Capitol – Ostia Antica, Via Castelfusano, 45
✆ 5 65 06 21

Camping Turistico Internazionale di Castel-
fusano – Via Litoranea di Ostia, km 1200
(am Meer) – geöffnet Juni bis Oktober
✆ 6 02 33 04

Diplomatische Vertretungen

Botschaft der Bundesrepublik Deutschland
Via Po, 25/c
✆ 86 93 41/8 84 03 41

Deutsches Konsulat
Via Siacci, 2/c
✆ 87 66 91/8 87 03 37

Österreichische Botschaft
Via Pergolesi, 3
✆ 86 82 41

Österreichisches Konsulat
Viale Liegi, 32
✆ 38 04 42/38 04 75

Schweizerische Botschaft und Konsulat
Via B. Oriani, 61
✆ 8 44 35 09/29

Einkaufen

Geschäftsstraßen: Via del Corso – Via del Tritone – Via Cola di Rienzo – Via Nazionale –
Via Appia Nuova – Via Boccea – Via Condotti – Via Borgognona – Via della Croce –
Via Frattina – Via del Babuino (Antiquitä-

ten) – Via dei Coronari (Antiquitäten) – Via
Margutta (Bilder, Kunstgegenstände)

Juwelen/Pelze
Angeletti (Uhren, Schmuck), Via Condotti,
11a
Annabella (Pelze), Via del Tritone, 47/48
Bedetti & Co. (Uhren, Schmuck), Piazza San
Silvestro, 11
Bulgari (Juwelen), Via Condotti, 10
Buzzetti Attilio (Uhren, Schmuck), Via del
Corso, 155–56
Casini (Pelze), Via San Sebastianello, 6
Fendi (Pelze, Lederwaren), Via Borgognona, 39
Gucci (Lederwaren, Pelze), Via Condotti, 8
Roland's (Leder, Pelze), Piazza di Spagna, 74

Modehäuser
In den Straßen um die Piazza di Spagna,
von der Piazza del Popolo bis zur Piazza
Colonna, finden sich berühmte Ateliers:
Giorgio Armani, Via del Babuino, 102
Balestra, Via Gregoriana, 36
Roberta di Camerino, Piazza di Spagna, 30
Capucci, Via Gregoriana, 56
Filippo, Via Borgognona, 7
Sorelle Fontana, Via San Sebastianello, 6
Gucci, Via Condotti, 67 (Lederwaren)
Hermes, Via Condotti, 60
Lancetti, Via Condotti, 61
André Lang, Piazza di Spagna, 61
Mila Schön, Via Condotti, 64
SL rive gauche, Via Borgognona, 40
Emanuel Ungaro, Via Bocca di Leone, 24
Valentino, Via Gregoriana, 24

Schuhgeschäfte
Aldrovandi, Via del Tritone, 31
Alexandre, Via del Corso, 380
Tanino Crisci, Via Borgognona, 4
Salvatore Ferragamo, Via Condotti, 66
Raphael Salato, Piazza di Spagna, 34

Die Firmen *Magli, Varese, Zabato* haben in den wichtigen Geschäftsstraßen der Stadt Filialen.

Kaufhäuser

La Rinascente (Bekleidung, Parfümerie, Haushaltswaren; Piazza Colonna und Piazza Fiume) – *Coin* (Bekleidung, Textilwaren; Piazzale Appio) – *Upim* (Bekleidung, Haushaltswaren, Büroartikel; in manchen Filialen auch Lebensmittelabteilungen; in vielen Geschäftsstraßen) – *Standa* (Bekleidung, und anderes)

Lebensmittelgeschäfte

Obwohl immer mehr Supermärkte für Lebensmittel eröffnet werden, kaufen die Römer doch gern jeden Tag frische Ware, entweder auf dem Markt oder im kleinen Laden, dem *Alimentari* oder *Salumificio,* wo man auch belegte Brote für einen Schnellimbiß und Pizza am Stück kaufen kann.

Torten und Süßigkeiten findet man in der ›Pasticceria‹ oder der ›Bar‹.

Märkte

Flohmarkt ›Porta Portese‹, nur Sonntagvormittag von 7–13.30 Uhr (in Seitenstraßen der Viale Trastevere)
Landkarten und Drucke werden an Ständen auf der Piazza Fontanella Borghese verkauft, (geöffnet an Wochentagen vormittags)
Bekleidungsmarkt in der Via Sannio (Nähe San Giovanni in Laterano)
Obst- und Gemüsemärkte gibt es in jedem Viertel; einer der charakteristischsten ist der ›Campo de' Fiori‹ in der römischen Altstadt, die größten sind der Markt auf der Piazza Vittorio und der des Viertels Trionfale (an Wochentagen vormittags bis 13 Uhr geöffnet).

In den Läden und auf dem Markt wird das Gewicht in Kilogramm und ›etti‹ angegeben, 1 etto = 100 Gramm.

Öffnungszeiten

Sommerzeit: Montag bis Freitag 8–13.30 Uhr und 17.30–19.30 Uhr; Samstag 8–14 Uhr
Winterzeit: Montag bis Samstag 8–13.30 Uhr und 17–19.30 Uhr; Donnerstagnachmittag geschlossen

---

Flughäfen/Fluggesellschaften

Aeroporto Internazionale ›Leonardo da Vinci‹ – Roma-Fiumicino

✆ 60 12/6 01 21 (Zentrale u. Flugauskunft)
Lufthansa ✆ 60 12 14 56
Alitalia ✆ 60 10 32 00 (domestic), 61 10 33 72 (international)

Aeroporto Internazionale di Roma-Ciampino

✆ 72 42 41

Air Terminal

Via Giolitti, 36 (Stazione Termini)
✆ 46 46 13

Stadtbüros der Fluggesellschaften

Deutsche Lufthansa
Via Bissolati, 6/10
✆ 4 66 02 10/1
Flugreservierungen ✆ 4 66 08

Austrian Airlines (AUA)
Via Barberini, 68/91/93
Flugreservierungen ✆ 46 12 06

Swissair
Via Bissolati, 4
Flugreservierungen ✆ 8 47 05 55

Alitalia
Via Bissolati, 13
✆ 4 48 81
Flugreservierungen ✆ 54 54 (domestic), 54 55
(international)
Fluginformation ✆ 54 56

Hotels – Pensionen – Restaurants

Hotels und Pensionen, auch solche von
Ordensschwestern, gibt es in Rom in so
großer Zahl, daß man nach Möglichkeit dem
Rat von Kundigen, dem eines Reisebüros oder
eines Hotelführers folgen sollte. Gleich vielfältig ist die Auswahl der Restaurants. Man
begebe sich auf Entdeckungsreise oder folge
dem Michelin-Führer Italia.

Krankenhäuser/Erste Hilfe

Erste Hilfe = *Pronto Soccorso*
Rotes Kreuz ✆ 51 00

Krankenhäuser
San Giovanni, Via Amba Aradam
(Nähe St. Johann im Lateran)
✆ 770 51

Santo Spirito, Lungotevere in Sassia
(Nähe Vatikan)
✆ 65 09 01

San Giacomo, Via Canova, 29
(Ecke Via del Corso)
✆ 672 61

Policlinico Umberto I., Viale del Policlinico
(Universitätsstadt)
✆ 49 06 63

Es empfiehlt sich, einen Urlaubskrankenschein mitzuführen.

Museen und Galerien

Musei e Gallerie Pontificie –
Vatikanische Museen
Viale del Vaticano
Mo–Sa 9–14 (im Juli, August, September
sowie jeweils 1 Woche vor und nach Ostern
9–16; Sa 9–13); am letzten So im Monat 9–14
Uhr – gratis. Eintritt jeweils bis 1 Std. vor
Schließung.
Geschlossen an sämtlichen kirchlichen Feier-
tagen: 6. 1., 19. 3., Himmelfahrt, Fron-
leichnam, 29. 6., 15. 8., 8. 12.

Musei Capitolini e Pinacoteca –
Kapitolinische Museen
Piazza del Campidoglio, 1
Di 9–13.30 u. 17–20; Mi–Sa 9–13.30; Sa auch
17–20 vom 1. 10.–31. 3. u. 20–23.30 vom
1. 4.–30. 9.; So 9–13 Uhr

Museo Nazionale Etrusco di Villa Giulia –
Etruskisches Nationalmuseum
Piazzale di Villa Giulia, 9
Di–Sa 9–14; Mi auch 15–19.30 im Sommer
u. 9–18.30 im Winter; So 9–13 Uhr

Museo Barracco di Scultura Antica –
Museum für Antike Skulpturen
Corso Vittorio Emanuele, 168
z. Zt. wegen Restaurierung geschlossen

Museo Centrale del Risorgimento
Piazza Venezia
(im Nationaldenkmal für Viktor Emanuel II.)
für Publikumsverkehr nicht zugänglich, es
besteht nur das Archiv

Museo Nazionale Romano o delle Terme –
Thermenmuseum
Via delle Terme di Diocleziano
Di–Sa 9–14; So 9–13 Uhr

Museo Napoleonico –
Napoleonisches Museum
Via Zanardelli, 1
Di–Sa 9–14; Do auch 17–20; So 9–13 Uhr

Museo Nazionale degli Strumenti Musicali –
Museum für Musikinstrumente
Piazza Santa Croce in Gerusalemme, 9/a
Mo–Sa 9–14 Uhr

Museo dei Gessi dell'Arte Classica –
Gips-Museum
Universitätsstadt (Facoltà di Lettere)
geöffnet an Werktagen mit Sondergenehmigung, ℘ 4 99 16 53

Museo della Civiltà Romana –
Museum für Römische Kultur
Piazza Giovanni Agnelli, 10 (EUR)
Di–Sa 9–13; Do auch 16–19; So 9–13 Uhr;
geschlossen: August

Museo dell' Alto Medioevo –
Museum des Hohen Mittelalters
Viale Lincoln, 1 (EUR)
Mo–Sa 9–14; So 9–13 Uhr

Museo di Etruscologia –
Museum des Etruskischen und Italischen Alter-
tums
Universitätsstadt (Facoltà di Lettere)
geöffnet an Werktagen, mit Sondergenehmigung, ℘ 4 99 16 53

Museo delle Cere – Wachs-Museum
Piazza Ss. Apostoli, 67
tägl. 9–21 Uhr

Museo delle Mura –
Museum der Römischen Mauern
Eingang von Porta San Sebastiano, 18 (Appia
Antica)
Di–Sa 9–13.30; Do auch 16–19; So 9–13 Uhr

Museo Preistorico –
Prähistorisches Museum
Universitätsstadt (Istituto di Paleontologia)
geöffnet an Werktagen, mit Sondergenehmigung

Museo del Presepio Tipologico Internaz. –
Museum der Internat. Typologie der Krippe
Via Tor di Conti, 31/a
Sa 18–20; Fei 10–13 u. 15–20; in der Weih-
nachtszeit tägl. 16–20 Uhr

Museo Nazionale di Castel Sant' Angelo –
Museum der Engelsburg
Lungotevere Castello, 1
Mo 14–19.30; Di–Sa 9–14; So 9–13 Uhr

Museo di Goethe – Goethe-Museum
Via del Corso, 18
Mo–Sa 10–13 u. 14.30–17 Uhr

Museo di Palazzo Venezia
Piazza Venezia
Di–Sa 9–14; So 9–13 Uhr

Museo di Roma e Galleria Comunale d' Arte
Moderna
Piazza San Pantaleo, 10
Di–Sa 9–13; Di, Do auch 17–19.30; So 9–13
Uhr

Museo Nazionale dell' Arte Orientale –
Nationalmuseum für Orientalische Kunst
Via Merulana, 248
Di–Sa 9–14; So 9–13 Uhr

Museo Nazionale delle Arti e Tradizioni Popolari –
Museum für Volkskunst und Volkstraditionen
Piazza Marconi, 10
Di–Sa 9–14; So 9–13 Uhr

Dauerausstellung der Israelischen Gemeinschaft in Rom
Lungotevere Cenci (Synagoge)
Mo–Do 10–14 u. 15–18; Fr 10–13.30; So 10–12.30 Uhr

Galerien

Museo e Galleria Borghese
Villa Borghese, Piazza Scipione Borghese, 3
Mo 9–13.30; Di–Sa 9–19; So 9–13 Uhr

Galleria Nazionale d'Arte Antica
Palazzo Barberini, Via Quattro Fontane, 13
Di–Sa 9–14; So 9–13 Uhr
und Palazzo Corsini, Via dell Lungara, 10
Mo, Sa 9–14; Di–Fr 9–19; So 9–13 Uhr

Galleria Nazionale d'Arte Moderna
Viale delle Belle Arti, 131
Größte Kunstsammlung Italiens vom 19. Jahrhundert bis in die Gegenwart
Di–Sa 9–14; Mi, Fr auch 15–18; So 9–13 Uhr

Galleria dell'Accademia Nazionale di S. Luca
Piazza dell' Accademia di San Luca, 77
Mo, Mi, Fr sowie jeden letzten So im Monat 10–13 Uhr;
geschlossen: August

Galleria Colonna
Via della Pilotta, 17
Sa 9–13 Uhr

Galleria Pallavicini
Casina dell' Aurora
Via XXIV Maggio, 43
1. Tag eines Monats 10–12 u. 15–17 Uhr, nur nach schriftlicher Anfrage

Galleria Comunale d'Arte Moderna
Palazzo Braschi, Piazza S. Pantaleo, 10
s. Museo di Roma

Galleria Doria Pamphilj
Piazza Collegio Romano, 1a
Di, Fr, Sa, So 10–13 Uhr

Galleria Spada
Piazza Capo di Ferro, 3
Mo–Sa 9–14; Mi–Sa auch 15–19 Uhr

Öffentliche Verkehrsmittel

Busse
Auskunft ATAC, ✆ 46 95

Eine Fahrt kostet 700 Lire (1989) ohne Umsteigemöglichkeit. In den Bussen befinden sich Automaten zum Entwerten der Fahrscheine. Die Fahrscheine kann man in den Tabakgeschäften (Tabaccaio, erkennbar an dem großen T über der Ladentür), an manchen Zeitungsständen und an einigen Endhaltestellen der Busse (Capolinea) kaufen.

Es gibt zum Preis von 10 000 Lire (1989) Wochenkarten für Touristen *(Carta settimanale per turisti)*, erhältlich bei den Auskunftsbüros der ATAC, an der Piazza dei Cinquecento vor dem Hauptbahnhof (Stazione Termini) sowie an der Piazza della Città Leonina am Vatikan (Endhaltestelle der Linie 64) und für 22 000 Lire Monatskarten *(Tessera intera rete)* für Bus und Straßenbahn.

Halbtagskarten für je 1000 Lire (1989) sind gültig von 6.00–14.00 und von 14.00–24.00 Uhr, Tageskarten (2800 Lire für Bus und Metropolitana – 1989) den ganzen Tag.

Mit dem Bus Nr. 110 ab Hauptbahnhof kann man zum Preis von 6000 Lire (1989) Stadtrundfahrten unternehmen.

Metropolitana

Linie A: Via Ottaviano (Nahe Sankt Peter), Piazza del Popolo, Piazza di Spagna, Piazza Barberini, Bahnhof Termini bis zur Filmstadt Cinecittà.

Linie B: vom Bahnhof über Sankt Paul vor den Mauern in das Stadtviertel EUR.

Linie ›B/bis‹: Bahnhof Termini, Kolosseum, Zirkus Maximus, Cestius-Pyramide, Basilika Sankt Paul vor den Mauern, Ostia Antica, Lido di Ostia, Lido di Castel Fusano, Lido Cristoforo Colombo (Ostia-Meer).

Der Fahrschein für die Metropolitana kostet 700 Lire (1989), ebenfalls im Tabakgeschäft erhältlich oder vom Automaten in den Metro-Stationen. Monatskarten 17 000 Lire.

Straßenbahn

Mit der Linie 30 kann man, wenn man Zeit hat, eine interessante *Stadtrundfahrt* unternehmen. Die Fahrt beginnt in Monte Verde Nuovo und führt über folgende Stationen bis in die Nähe des Vatikans: Piazza San Giovanni di Dio, Viale Trastevere, Porta Portese (Flohmarkt), Porta San Paolo, Cestius-Pyramide, Viale del Parco del Celio, Piazza Colosseo, Porta San Giovanni (Sankt Johann im Lateran), Santa Croce in Gerusalemme, Piazza Ungheria, Viale delle Belle Arti, Piazza Risorgimento

Die anderen Straßenbahnlinien führen vom Hauptbahnhof an die Peripherie.

Öffnungszeiten

Die Öffnungszeiten der einzelnen Museen und Galerien siehe unter **Museen.** Nachstehend noch weitere Besichtigungszeiten:

Forum Romanum und Palatin
Einlaß 9 Uhr–2 Std. vor Sonnenuntergang; Schließung 1 Std. vor Sonnenuntergang

Ara Pacis
Di–Sa 9–13.30 (im Sommer 9–18); Di, Do, Sa 16–19; So 9–13 Uhr

Pantheon
Di–Sa 9–14; So 9–13 Uhr

Domitilla-Katakomben
Mi–Mo 8.30–12 u. 14.30–17 Uhr

Kalixtus-Katakomben
Do–Di 8.30–12 Uhr u. 14.30–17 bzw. 18 Uhr im Sommer

Kolumbarium des Pomponius Hylast
Oktober–Mai: Di–Sa 10–17; Juni–September: Di–Sa 9–13 u. 15–18; So, Fei 9–13 Uhr

Villa Farnesina
Mo–Sa 9–13 Uhr; geschlossen: an Feiertagen

Kirchen sind im allgemeinen über Mittag geschlossen (zwischen ca. 12 und ca. 16 Uhr), ausgenommen die Patriarchalbasiliken (S. Pietro, S. Maria Maggiore, S. Giovanni in Laterano und S. Paolo fuori le Mura).

Zum Thema *Öffnungszeiten* sei noch hinzugefügt, daß auch in öffentlichen Kulturstätten Roms – wie des übrigen Italiens – viel restauriert und renoviert wird. Man wundere sich darum nicht, daß Einlaßzeiten sich häufig ändern, einzelne Gebäude oder Teile davon geschlossen sind und das eine oder andere Kunstwerk sich gerade auf einer Reise oder in Händen der Konservatoren befindet. Gegen möglichen Verdruß lese man das Kapitel ›Zeit in Rom‹.

Post/Gebühren

Gebühren (Stand 1989) für Deutschland und EWG-Länder: Brief 650 Lire – Ansichtskarte 550 Lire – Eilbrief 3050 Lire; *für Österreich und die Schweiz:* Brief 750 Lire – Ansichtskarte 550 Lire – Eilbrief 3250 Lire
Briefmarken sind auf der Post, in den Tabakgeschäften (T über der Ladentür) und aus Briefmarkenautomaten erhältlich.

Der Vatikanstaat hat eigene Briefmarken. Am Petersplatz bei den Kolonnaden befindet sich je ein Postamt des Vatikans und auf dem Petersplatz ein Postamt auf Rädern, wo man Briefmarken kaufen kann. Um auch den Freistempel des Vatikans zu erhalten, muß man die Post in die blauen Briefkästen des Vatikanstaates einwerfen.

Italienisches Hauptpostamt:
Piazza San Silvestro, ✆ 6771.
Öffnungszeiten: 8.30–21 Uhr für Postscheck und telegraphische Überweisungen; 8.30–14.30 Uhr für Postanweisungen, usw.; Samstag 8.15–12 Uhr; Telegramme bei Tag und Nacht geöffnet.

Die übrigen Postämter sind ab 8.30 Uhr, doch nur bis 14 Uhr geöffnet.

Reisedokumente

Personalausweis oder Reisepaß
Urlaubskrankenschein
Gepäckversicherung
Führerschein, grüne Versicherungskarte (bekommt man auch an der Grenze)
Vollmacht des Besitzers, falls man nicht den eigenen Wagen fährt

Bei Abhandenkommen des Reisepasses oder des Personalausweises stellt das Deutsche Konsulat ein Ersatzdokument aus. Es empfiehlt sich, bei Gängen in der Stadt nur eine Fotokopie des Reisepasses bei sich zu haben.

Stadtrundfahrten und Ausflüge

Büros, in denen man Stadtrundfahrten und Ausflüge in die Umgebung Roms buchen kann, Führungen in fast allen Sprachen:

Appian Line, Via Vittorio Veneto, 84
✆ 474 16 41

Carrani-Tours, Via Vittorio Emanuele Orlando, 95
✆ 474 25 01

CIT, Piazza della Repubblica, 64 und Hauptbahnhof
✆ 475 82 77/46 16 78/474 09 23

Taxi

Die Farbe der Taxis ist gelb. Vorsicht – besonders am Flughafen – vor Personen, die ihr Fahrzeug als Taxi anbieten!

Da wegen der ständig steigenden Benzinpreise die Gemeinde Rom mit der Umstellung der Taxameter auf die neuen Tarife kaum nachkommt, sind Zuschläge auf den angezeigten Betrag möglich.

Bei Fahrten außerhalb des Stadtgebietes, zum Beispiel zu den Flughäfen, wird auf den vom Taxameter angezeigten Betrag ein oft ebenso hoher Aufschlag erhoben.

Radiotaxi ✆ 35 70 – Radiotaxi ›La Capitale‹ ✆ 49 94 – Radiotaxi Roma Sud ✆ 3875 – Radiotaxi Cosmos ✆ 84 33

Telefon

Vorwahl von Rom nach Deutschland: 00 49
– nach Österreich: 00 43
– in die Schweiz: 00 41
Vorwahl nach Rom von Deutschland aus:
0 03 96
– von Österreich aus: 04 06
– von der Schweiz aus: 0 03 96
(Die Null vor der Ortsnummer wird weggelassen)

In den meisten Bars gibt es Telefonautomaten (erkenntlich an der runden gelben Scheibe über dem Eingang), wo man mit Telefonmünzen *(gettoni)* Stadtgespräche führen kann (bei Stadtgesprächen eine Münze für einen Zeittakt von 6 Minuten). Steht in der gelben Scheibe der Vermerk ›teleselezione‹ oder ›interurbana‹, so kann man auch direkt ins Ausland telefonieren – mit einer größeren Zahl von ›gettoni‹. Ein ›gettone‹ kostet 200 Lire (1989). Bei neueren Telefonautomaten können auch 100 und 200 Lire-Münzen benutzt werden. Außerdem kann man auf den Postämtern und beim Telefonamt der SIP (der staatlichen Telefongesellschaft) am Bahnhof und in der Via Santa Maria in Via telefonieren.

Theater/Oper

Oper
Teatro dell' Opera (Dezember-Juni)
Piazza Beniamino Gigli, ✆ 46 17 55
Terme di Caracalla
(Opernaufführungen im Sommer, Juli bis Mitte August)
Via delle Terme di Caracalla, ✆ 5 75 83 00

Für beide Opern werden die Karten an der Kasse des Teatro dell' Opera, Piazza B. Gigli, verkauft (geöffnet 10–13 und 17–19 Uhr)

Von den zahlreichen Theatern sind hervorzuheben:
Teatro Argentina, Largo Argentina
✆ 6 54 46 02

Teatro del Satiri, Via di Grotta Pinta, 19
✆ 6 56 13 11

Teatro dei Servi, Via del Mortaro, 22
✆ 679 51 30

Teatro Goldoni, Vicolo de' Soldati, 4
✆ 6 56 11 56

Teatro delle Arti, Via Sicilia, 59
✆ 4 81 85 98

Teatro Eliseo, Via Nazionale, 183
✆ 46 21 14

Teatro Sistina, Via Sistina, 129
✆ 475 68 41

Da die Theaterkassen verschiedene Öffnungszeiten haben, empfiehlt es sich, vorher anzurufen. Die meisten Kassen sind von 10 bis 13 Uhr und von 16 bis 18.30 Uhr geöffnet.

In der wöchentlich in mehreren Sprachen erscheinenden Zeitschrift ›La Settimana a Roma‹ (Die Woche in Rom) werden die Programme von Oper und Theater veröffentlicht.

Vatikan

Ufficio Informazioni Pellegrini e Turisti
Piazza S. Pietro
✆ 6 98 44 66/6 98 48 66

(hier Auskunft über Führungen in die Vatikanischen Gärten, die Peterskirche und die Sixtinische Kapelle)

Vatikanische Museen

Der Eingang befindet sich am Viale Vaticano, in der Nähe der Piazza Risorgimento, zu erreichen mit den Stadtbussen 19, 23, 30, 32, 49, 50, 64, 77, 81, 913, 991. Metro: Station ›Ottaviano‹.

Der Vatikan verfügt über einen Busdienst für Hin- und Rückfahrt zwischen dem Petersplatz (auf der linken Seite, wenn man auf die Basilika schaut) und dem oberen Eingang der Museen.

Parkmöglichkeiten bestehen auf dem Viale Vaticano. Auch die Reisebusse können hier warten, nachdem sie die Museumsbesucher am Eingang abgesetzt haben. Die Besuchergruppen können die Museen aber auch unmittelbar nach der Besichtigung der Sixtinischen Kapelle zum Petersplatz hin verlassen, ohne den gesamten Rundgang bis zum Ausgang am Viale Vaticano zurückzulegen. Der Ausgang auf den Petersplatz schließt den Besuch der

Vatikanischen Bibliothek, des Museums der Kutschen und der ehemaligen Lateran-Museen (Museo Gregoriano Profano, Museo Pio Christiano und Völkerkundliches Museum) aus.

Auf schriftliche Anfrage gestattet die Museumsdirektion unter bestimmten Bedingungen, aus Studiengründen *Skizzen anzufertigen oder Kunstwerke zu kopieren. – Fotografieren* ist in den Museen erlaubt – jedoch ohne Blitzlicht und ohne Stativ (dafür muß Sondergenehmigung bei der Museumsleitung eingeholt werden).

Eintrittsgebühr: Lire 8000 (1989); für Schulen und andere Lehrinstitute wird auf vorherigen Antrag an die Generaldirektion der Museen ein Sondertarif gewährt. Die Eintrittskarten gelten nur für den Tag, an dem sie benutzt werden; nicht benutzte Karten werden nicht ersetzt. Am letzten Sonntag jeden Monats ist der Eintritt frei.

Öffnungszeiten: siehe unter **Museen**.

Der Zugang zur Vatikanstadt und nach St. Peter wird nur *in angemessener Kleidung* gestattet.

Veranstaltungen

---

6. Januar	Epifania (Bescherungstag für Kinder, Fest auf der Piazza Navona); Ende des Weihnachtsmarktes auf der Piazza Navona.
Mitte Januar	Alta Moda Italiana (Frühjahrs- und Sommer-Modenschau)
Januar/Februar	›Roma Ufficio‹ (Büroeinrichtungs-Messe)
Fastnachts-Dienstag (Ende Februar)	Martedì grasso (und bereits die Woche davor in den Straßen Roms Umzüge in Kostümen und Masken)
9. März	Santa Francesca Romana (Autoweihe am Kolosseum)
19. März	San Giuseppe (hl. Josef – es werden überall ›Zeppole‹, mit Creme gefüllte Brandteigkrapfen, verkauft)
März/April	Frühlingsfest

März/April	›Casaidea‹ (Möbelmesse)
Gründonnerstag	Fußwaschung in der Basilika Sankt Johann am Lateran
Karfreitag	Kreuzweg am Kolosseum (Passionsprozession mit dem Heiligen Vater)
Ostersonntag	Segen ›Urbi et Orbi‹ des Papstes vom Balkon der Petersbasilika
2. Hälfte April	Azaleen auf der Piazza di Spagna
Anfang Mai	Internationale Reiterwettkämpfe auf der Piazza di Siena der Villa Borghese
2. Hälfte Mai	Antiquitätenschau in der Via dei Coronari
Mai/Juni	Roseto di Roma: Rosenschau auf dem Aventin
Juni bis Oktober	›Estate Romana‹ (Römischer Sommer) – Konzerte, Theater-Aufführungen, Ausstellungen – meist im Freien – den ganzen Sommer hindurch
23./24. Juni	Johannisnacht (Feuerwerk)
Juli	Opernsaison in den Thermen des Caracalla; Konzertsaison der Musikakademie Santa Cecilia; Theatersaison in Ostia Antica.
Juli	Alta Moda Italiana (Herbst-Winter-Modenschau)
15. Juli	Festa de' Noiantri (Volksfest in Trastevere; Feuerwerk, Spanferkel-Schmaus auf den Straßen)
Juli	›Tevere Expo‹ auf den Ufern des Tibers, Ausstellung von Produkten aus allen italienischen Regionen
August	Opernaufführungen in den Caracalla-Thermen; Theateraufführungen in den Ausgrabungen von Ostia Antica; Pop-Konzerte, Liederabende im Freien.
5. August	Festa della Madonna della Neve (Fest der Madonna des Schnees) – religiöse Feiern in der Basilika Santa Maria Maggiore
15. August	Ferragosto (Mariä Himmelfahrt). Gesetzlicher Feiertag, alles geschlossen
Anfang September	Kindermoden-Messe
September	›Tevere Expo Internazionale‹, Ausstellung von Produkten aus aller Welt auf den Ufern des Tibers
September/Oktober	Antiquitäten-Messe
Oktober	MOA (Möbel- und Dekorationsausstellung)
8. Dezember	Immacolata Concezione (Mariae Empfängnis – religiöse Feier auf der Piazza di Spagna)
15. Dezember bis 6. Januar	Weihnachtsmarkt auf der Piazza Navona
Dezember	Krippen-Ausstellungen in den Kirchen und auf der Piazza di Spagna
Dezember	›Natale Oggi‹ (Weihnachten heute) Ausstellung
24. Dezember	feierliche Christmesse in Sankt Peter

25. Dezember	Weihnachtsmesse in der Basilika Sankt Peter, anschließend hält der Papst vom Balkon der Basilika aus die alljährliche Weihnachtsansprache.

Zeit in Rom – Zeit für Rom

Wieviel Zeit muß man zur Besichtigung Roms ansetzen? – Diese oft gestellte Frage ist nicht zu beantworten. Schon jeder Versuch dazu erschiene mir wahrhaft leichtsinnig. Leichten Sinnes muß jemand sein, der guten Gewissens empfehlen wollte, Rom in vier, sieben oder vierzehn Tagen zu ›machen‹. Man kennt vielleicht den Scherz über vielreisende Touristen, in deren Programm angegeben ist: »Rome in one day, Pope included«. Immerhin, diese Eiligen können dann sagen, sie seien in der Ewigen Stadt gewesen, und gewiß werden sich dann die Bilder vom Kolosseum und Sankt Peter auf großartige Weise mit dem Triumphbogen von Paris und den Fachwerkhäusern von Rothenburg ob der Tauber zu einem strahlenden Europa-Mosaik vermischen. »Rom in einem Tag«, das geht wohl nicht. Aber reichen unter Umständen zwei Tage, oder müssen es unbedingt sieben sein oder doch besser zwei, drei Wochen?

Ich weiß es nicht und bin vielleicht auch ein schlechter Ratgeber, da ich nun schon einige Jahre in Rom lebe. Aber ich würde die Frage, ob es besser sei, ein paar Stunden zum Beispiel nur auf dem Kapitol zu verbringen, als gar nicht in Rom zu sein, sicher bejahen. So hängt es weitgehend von Ihrem Zeitvorrat ab, wie lang Sie in der Tiber-Stadt verweilen, wie gesagt, ein paar Stunden – oder auch ein ganzes Leben, in dessen Verlauf sich mit Rom zu beschäftigen nie langweilig wird. Man kann deshalb schwerlich den Fehler begehen, zu viele Tage für Rom ›anzusetzen‹; es bleibt immer noch etwas übrig, neu zu sehen, diesen Palazzo zu entdecken, jenes Kirchlein aufzuspüren.

Immerhin, ich selbst habe, um Rom zu ›bewältigen‹, die ›Sehenswürdigkeiten‹ der Stadt in Besichtigungszonen bzw. Rundgänge eingeteilt. Hiervon mag der einzelne je nach Gusto ausgehen, kann sich das heraussuchen, was ihm als ›Muß‹ erscheint. Daran wird man anhängen, was als ›besonders interessant‹ gilt. So füllt man mit den zwölf Besichtigungsvierteln der Stadt und dem Kapitel des Vatikans (mit der Peterskirche und den Museen) leicht eine Woche, und ebenso ohne Schwierigkeiten auch zwei. Probieren Sie dabei am ersten Tag Ihre eigene ›Besichtigungsgeschwindigkeit‹ aus und bestimmen dann für die nächsten Tage die Etappen! Dafür kann man ein einziges Besichtigungsviertel für einen ganzen Tag planen – die Zeit wäre nicht verschwendet –, aber auch, wenn es sein muß, eventuell drei Besichtigungszonen auf einen Vor- oder Nachmittag zusammenziehen.

Für diese Methode spricht auch, daß die wenigsten einen Aufenthalt in Rom abstrakt nach den zu erwartenden Sehenswürdigkeiten planen, sondern nach der ihnen zur Verfügung stehenden Zeit, in der Gewißheit, daß die Ewige Stadt den Kunstliebhaber, den geschichtlich Interessierten, den Pilger mehr als sieben oder vierzehn Tage ›halten‹ kann. Daß dabei die Umgebung von Rom nicht ausgespart werden soll, versucht ein eigenes Kapitel am Schluß zu empfehlen.

Raum für Ihre Reisenotizen

Register

Personenregister

(Abkürzungen: A = Architekt, B = Bildhauer, M = Maler, Mos = Mosaizist, St = Stecher, Stuk = Stukkateur. Mythologische Namen sind kursiv gesetzt.)

Orts- und Sachregister

(Kursive Ziffern verweisen auf die Abbildungen: Abb. = Schwarzweißabbildungen, Ft. = Farbtafel, S. = Seite der Abbildung im Text. Kursiv gesetzt sind ferner einzelne berühmte Bildwerke sowie historische Begriffe.)

Autor und Verlag bemühen sich darum, die ›Praktischen Reiseinformationen‹ aktuell zu halten, können aber keine Gewähr für die Richtigkeit jeder einzelnen Angabe übernehmen – Anschriften wie Telefonnummern, Öffnungszeiten wie Währungskurse etc. ändern sich oft kurzfristig. Wir bitten um Verständnis und werden Korrekturhinweise gerne aufgreifen (DuMont Buchverlag, Postfach 10 04 68, 5000 Köln 1).